Reinhold Bernhardt

Die Erfahrung des Tragischen

T V Z

Reinhold Bernhardt

Die Erfahrung des Tragischen

Tragödien – Philosophie – Theologie

T V Z

Theologischer Verlag Zürich

Der Theologische Verlag Zürich wird vom Bundesamt für Kultur für die Jahre 2026–2028 mit einem Strukturbeitrag unterstützt.

Bibliografische Informationen der Deutschen Nationalbibliothek
Die Deutsche Nationalbibliothek verzeichnet diese Publikation in der Deutschen Nationalbibliografie; detaillierte bibliografische Daten sind im Internet über http://dnb.dnb.de abrufbar.

Umschlaggestaltung: Simone Ackermann, Zürich
Unter Verwendung des Bilds «Abstract Head, Tragic» von Alexej von Jawlensky, Wikimedia Commons

Druck: gapp print, Wangen im Allgäu

ISBN 978-3-290-18592-3 (Print)
ISBN 978-3-290-18593-0 (E-Book: PDF)

DOI: https://doi.org/10.34313/978-3-290-18593-0

Hersteller:
TVZ Theologischer Verlag Zürich AG, Schaffhauserstr. 316, CH-8050 Zürich
info@tvz-verlag.ch

Verantwortlicher in der EU gemäß GPSR:
Brockhaus Kommissionsgeschäft GmbH, Kreidlerstr. 9, D-70806 Kornwestheim
info@brocom.de

Weitere Informationen bezüglich Produktsicherheit finden Sie unter: www.tvz-verlag.ch/produktsicherheit

Inhalt

Vorwort

Seit langem hat mich dieses Thema beschäftigt. Als Pfarrer bin ich ihm in der Erfahrungsdeutung von Menschen begegnet; in der medialen Berichterstattung über Unheilsereignisse ist es präsent; und es gibt auch Bezüge in meiner eigenen Lebensgeschichte. An der Universität habe ich mich mit philosophischen Zugängen dazu auseinandergesetzt und theologische Anschlussmöglichkeiten gesucht. Doch war das Resultat dieser Suche dürftig. Der existenziellen Relevanz des Tragischen steht eine weitgehende theologische Ignoranz gegenüber. Wenn dieses Thema überhaupt in den Blick kommt, wird es zumeist nicht als eigenes verhandelt, sondern im Zusammenhang der allgemeineren Frage angesprochen, wie sich Unheil theologisch deuten lässt. Dies geschieht dann etwa im Rahmen der Theodizeedebatte. Doch wird man damit der Eigenart tragischer Erfahrungen nicht gerecht. Dazu muss zunächst geklärt werden, worin diese besteht. Das ist das erste Etappenziel meines Denkweges: die Erfahrung des Tragischen möglichst präzise phänomenologisch zu beschreiben. Aber wo sind die Erkenntnisquellen dafür? Die Beschäftigung mit den Tragödien legt sich nahe. Diese liefert wertvolle Hinweise, führt aber auch an Grenzen, weil es sich dabei um eine weitgehend antiquierte Kunstform handelt. Die Konsultation philosophischer Konzepte öffnet weitere Horizonte, zeigt aber auch, wie sehr die Bestimmung des Tragischen darin von den philosophisch-weltanschaulichen Interessen der Entwürfe geprägt ist. Dennoch lohnt es sich, aus diesen Quellen zu schöpfen. Man muss aber über sie hinausgehen und Erfahrungen in der Lebenswelt, die als tragisch erlebt werden, einer existenzhermeneutischen Betrachtung unterziehen.

Dann erst kommt die Theologie ins Spiel. Ich frage zum einen, woher die theologischen Aversionen gegen die Tragödien und das Tragische rühren, und präsentiere zum anderen das Ergebnis meiner Suche nach tragischen Motiven in der Bibel und nach systematisch-theologischen Reflexionen zu diesem Thema. Am Ende steht dann der Versuch, eigene Überlegungen zur theologischen Deutung des Tragischen anzustellen. Diese enthalten einiges Provokationspotenzial.

Querverweise auf andere Kapitel oder Abschnitte dieses Buchs nehme ich eingeklammert in den Text auf (z. B.: → 6.3). Die Bibelzitate sind in der Regel der Zürcher Bibel entnommen.

Zu danken habe ich Katharina Schäublin für die Durchsicht des Manuskripts, wertvolle Korrekturhinweise und inhaltlich fruchtbare Anregungen dazu. Kerstin Otterstein hat mich auf etliche Schreibfehler aufmerksam gemacht. Mein Dank gilt schließlich Dr. Tobias Meihofer vom Theologischen Verlag Zürich für sein wie immer sorgfältiges Lektorat.

1. Einleitung

Erfahrungen tragischen Unheils sind verstörend. Das Verstörende liegt dabei nicht bloß im physischen und psychischen Leid, das mit ihnen verbunden ist, sondern in der Art, wie es zu diesem Leid gekommen ist und wie es empfunden wird. Das Tragische ist eine bestimmte Situationserfahrung, die die Erwartung eines geordneten Gangs der Dinge – sowohl im individuellen menschlichen Leben als auch im Geschichtsverlauf – erschüttert. Auf diese Weise untergraben tragische Erfahrungen die Erwartungssicherheit im Vollzug des Lebens und rütteln an der existenziellen Geborgenheit. Die Lebenswelt wird brüchig und die selbstbestimmte Lebensführung gerät aus dem Lot. In dieser Hinsicht sind tragische Erfahrungen nicht nur verstörend, sondern zerstörend.

Tragische Erfahrungen betreffen zunächst das Leben eines Menschen oder einer Gemeinschaft. Sie stellen aber auch eine Herausforderung für die Deutung der Kultur bzw. der «Welt» dar. Für Glaubende betreffen sie auch das Gottesverständnis. Besonders in Zeiten, die von einer optimistischen Sicht des Menschen, der Geschichte und der Welt insgesamt bestimmt sind, tun sich die Kulturdiagnostiker verschiedener Provenienz schwer, dem Tragischen Raum zu geben. Es stellt eine Provokation dar, die nach Bearbeitung verlangt. Dabei wird das Tragische entweder ganz geleugnet oder in einen größeren Sinnzusammenhang gestellt, in dem seine Negativität «aufgehoben» (Hegel) (→ 3.1.1) ist.

- Besonders für ein Verständnis von Geschichte, das diese als Fortschrittsprozess auf ein heilvolles Ziel versteht, stellt die Erfahrung des Tragischen eine Herausforderung dar. Handlungen und Ereignisse, die als tragisch erfahren werden, müssen dann deutend in diesen teleologischen Prozess integriert werden. Es muss ihnen eine Funktion zugesprochen, d. h. angenommen werden, dass sie zwar Sand im Getriebe des Weltgeschehens bzw. der menschlichen Existenz sind, letztlich aber doch zur Weiterentwicklung des Ganzen beitragen.
- Auch für ein Verständnis des Menschen als eines autonomen Handlungssubjekts, das seine Lebenswelt nach eigenen Vorstellungen und Zielen rational gestaltet, wird das Tragische schwer verdaulich

sein. Es muss in dieses Menschenbild eingeordnet werden; etwa indem es als Krise aufgefasst wird, an deren Bewältigung der Mensch wachsen kann.

Manche Theoretiker der Moderne betrachteten tragische Welt- und Lebensdeutungen als Überrest einer mythischen Weltanschauung. Sie waren und sind von der Erwartung beseelt, mit der Emanzipation von religiösen Vorstellungen und der Rationalisierung der Lebensverhältnisse löse sich das Tragische auf und mit ihm kämen auch die Tragödien an ein Ende. Die Überwindung des Tragischen und der Tragödien konnte auf diese Weise geradezu zum Definitionsmerkmal der Moderne erklärt werden.

Solche Kulturdiagnosen und -prognosen werden aber durch die unvermittelt hereinbrechende Erfahrung des Tragischen immer wieder untergraben. Diese Erfahrungen lassen sich nicht weltanschaulich sedieren. Sie stellen den «größeren Sinnzusammenhang», wie überhaupt ein optimistisches Menschen- und Weltbild, infrage. Rita Felski bringt es auf den Punkt:

> «tragedy undermines the sovereignty of selfhood and modern dreams of progress and perfectibility, as exemplified in the belief that human beings can orchestrate their own happiness. In confronting the role of the incalculable and unforeseeable in human affairs, it forces us to recognize that individuals may act against their own interests and that the consequences of their actions may deviate disastrously from what they expected and hoped for. Exposing the limits of reason, the fragility of human endeavor, the clash of irreconcilable desires or incommensurable worlds, the inescapability of suffering and loss, tragedy underscores the hopelessness of our attempt to master the self and the world.»[1]

In diesem Zitat klingen schon einige Aspekte an, welche die Erfahrungsqualität des Tragischen ausmachen: das Unberechenbare, Unvorhersehbare, Unbeherrschbare; ein Handeln, das gegen die eigenen Interessen verstößt und unerwartete unheilvolle Folgen hat; die schmerzliche Erfahrung, an die Grenzen der Vernunft zu stoßen und dem Widervernünftigen ausgesetzt zu sein; die bittere Einsicht in die Fragilität aller menschlicher Bemühungen und die Vulnerabilität des Lebens; der zur Verzweiflung

1 Rita Felski: Introduction, in: dies. (Hg.): Rethinking Tragedy, Baltimore 2008, 1–25, Zitat: 11.

führende Konflikt zwischen unvereinbaren Bestrebungen; die schwer erträgliche Unentrinnbarkeit von quälenden Verlust- und sonstigen Leiderfahrungen.

Erfahrungen des Tragischen führen an die Grenze des autonomen Handelns, das seine Bedingungen selbst setzen und seine Folgen kontrollieren kann, das sich daher moralisch eindeutig zurechnen und damit rational verstehen lässt. In solchen Erfahrungen zerbricht das erwartungssichere Verhältnis von Ursachen und Wirkungen, von Intentionen, Taten und Tatfolgen. Bisher selbstverständliche Kontinuitäten brechen ab. Rationale Planungen und Vorhersehbarkeiten pulverisieren. Die Regelhaftigkeit und Verhältnismäßigkeit von Tun und Ergehen wird erschüttert. Der Boden unter den Füssen wankt.[2] Die Zukunft verschließt sich.

Dabei kann das tragische Geschehen als Ausfluss einer unkalkulierbaren Kontingenz oder einer metarationalen numinosen Notwendigkeit erfahren werden (→ 4.2.2). Im ersten Fall spricht man dann etwa von einem «unglücklichen (bzw. dummen) Zufall», im zweiten Fall vielleicht von «Schicksal», «höherer Gewalt» «der Hand Gottes», einer «kosmischen Gerechtigkeit, die sich Geltung verschafft hat», «dunklen bzw. bösen Mächten, die am Werk waren», usw. In jedem Fall wird das Geschehen als ein über die Handlungsmacht der Betroffenen hinausgehendes, undurchschaubares und daher irrationales erfahren. Das betrifft – in unterschiedlicher Gewichtung – zugleich die Selbst- wie die Welterfahrung.

Auslöser dafür kann ein unlösbarer innerer Konflikt zwischen gegensätzlichen Bestrebungen bzw. zwischen je für sich erstrebenswerten, aber miteinander unvereinbaren Handlungsaufforderungen sein, in den sich das Handlungssubjekt ungewollt verstrickt. Aus Aporien erwachsen Katastrophen. Auslöser kann aber auch eine äußere Ereigniskonstellation sein, die der darin verstrickten Person zum Verhängnis wird. Heterogene, je für sich harmlose Kausalketten kollidieren so unglücklich miteinander, dass daraus unvorhersehbares Unheil entsteht. Die guten Absichten und wohlgemeinten Pläne kehren sich gegen das Handlungssubjekt und lassen es

2 In Büchners «Dantons Tod» heißt es: «Ja, die Erde ist eine dünne Kruste, ich meine immer ich könnte durchfallen, wo so ein Loch ist. Man muss mit Vorsicht auftreten, man könnte durchbrechen» (2. Akt, 2. Szene). Man kann das als Beschreibung eines posttraumatischen tragischen Lebensgefühls verstehen.

scheitern. Gute Intentionen führen in ein Desaster. Das Streben nach einem Gut bewirkt ebenso Unheil wie der Verzicht auf dieses Streben. Dies kann als Absturz in das Sinn- und Ausweglose empfunden werden, das sich der Bewältigung in rational plausible und existenziell tragfähige Deutungsmuster entzieht.

Bei weitem nicht jede Erfahrung von Unheil wird als tragisch erlebt. Wenn ein Mensch nach einem ausgefüllten Leben eines natürlichen Todes stirbt, so hat das zunächst ebenso wenig den Beigeschmack des Tragischen wie ein selbst- oder fremdverschuldeter Tod. Unter bestimmten Umständen können solche Ereignisse aber durchaus als tragisch erscheinen. Es braucht also eine genauere Bestimmung der spezifischen Erfahrung des Tragischen.

In einer Studie zum Tragischen kann es aber nicht nur um die Beschreibung der unmittelbaren Erfahrungsqualität gehen. Das ist die Ebene erster Ordnung: die Phänomenologie. Auf einer zweiten Ebene steht die Reflexion dieser Erfahrung im Rahmen einer Weltanschauung zur Diskussion. Es gibt Weltanschauungen, die solchen Erfahrungen nur widerwillig Raum geben, und andere, die sie zu ihrer Grundlage erheben, wie es bei Schopenhauer der Fall ist. Zu den ersteren gehören die monotheistischen Religionen semitischen Ursprungs – vor allem das Judentum, das Christentum und der Islam. Sie gehen davon aus, dass sich das Weltgeschehen im Rahmen einer von der höheren Vernunft Gottes eingerichteten Schöpfungsordnung und unter der Regentschaft eines personalen Gottes vollzieht. Mit diesem Glauben an Gottes Vernunft und Gottes Willen tun sie sich schwer, der Erfahrung des tragischen Unheils das Gewicht zu geben, das ihm in der Erfahrung der davon Betroffenen zukommt. Indem sie es in den Rahmen der Schöpfungsordnung und der Herrschaft Gottes stellen, wird es in die damit verbundene Vollendungshoffnung aufgehoben.

Aber auch außerhalb der religiösen Weltdeutungen wurden in der Geistes- und Kulturgeschichte der Menschheit Kosmologien und Geschichtsverständnisse entwickelt, die das Weltgeschehen auf ein einheitliches rationales Prinzip zurückführen. In der Stoa beispielsweise ist es der unpersönlich vorgestellte göttliche Logos, der den ganzen Kosmos durchwirkt. Alles Geschehen läuft nach einer von ihm verordneten Kausalität ab. Der Lebenslauf des Menschen ist durch die *heimarméne,* das Schicksal, vorgezeichnet und durch die *prónoia,* die Vorsehung, bestimmt.[3] Erfahrungen von Unheil werden dann in diese Anschauung der Welt eingeordnet. Sie bekommen einen Platz in der vernünftigen Weltordnung zugewiesen. Das Chaotische wird in den Kosmos integriert. Solche Weltanschauungen versuchen, irrationale Erfahrungen des Tragischen auf die rationale Weltordnung hin durchschaubar zu machen und ihre Uneigentlichkeit zu demonstrieren. Damit aber werden diese ihres Ernstes beraubt.

Das ist die Gefahr aller Weltanschauungen, welche die Welt als einen von einer kosmischen Vernunft getragenen Ordnungszusammenhang und/oder als eine von einem göttlichen Willen bestimmte Schöpfung verstehen: Sie müssen Unheilserfahrungen, die dieser Ordnung entgegenstehen oder dem göttlichen Willen widersprechen, relativieren. Das kann den davon Betroffenen Trost spenden und ihnen bei der Bewältigung der Unheilserfahrungen helfen. Es kann aber auch eine zynische Vertröstung darstellen.

Nach dem von Jean-François Lyotard ausgerufenen «Ende der großen Erzählungen» haben die sinnstiftenden Universalweltdeutungen an Überzeugungskraft verloren. Die einzelnen konkreten Erfahrungen stehen in all ihrer Widersprüchlichkeit unverbunden nebeneinander und verlangen danach, in ihrer jeweiligen Eigenbedeutung anerkannt zu werden. Hinzu kommt, dass auch die optimistische Stimmung, die nach dem Abbau des Ost-West-Gegensatzes am Ende des 20. Jahrhunderts verbreitet war, in den multiplen Krisen der jüngeren Vergangenheit und Gegenwart einer Ernüchterung gewichen ist. Auf diesem Wurzelboden hat sich die Sensibilität für das Tragische, wie auch für andere Erscheinungsformen von Unheil, verstärkt.[4]

3 Mark Aurel schreibt in seinen «Selbstbetrachtungen»: «Alles ist miteinander verflochten, und die Verbindung ist etwas Heiliges, und das eine ist dem anderen kaum fremd. Denn es ist zusammengefügt und bildet gemeinsam denselben Kosmos. Es gibt nämlich nur einen Kosmos, der aus allem, was existiert, besteht, nur einen Gott, der in allem ist, nur eine allen denkenden Wesen gemeinsame Vernunft, nur eine Wahrheit unter der Voraussetzung, daß es auch nur eine Vollkommenheit der Wesen gibt, die alle diese Herkunft haben und an derselben Vernunft teilhaben.» (Marc Aurel: Selbstbetrachtungen. Griechisch – deutsch, hg. von Rainer Nickel, Mannheim ^{2}2010, VII. Buch, 9).

4 Siehe dazu auch: Michel Maffesoli: The Return of the Tragic in Postmodern Societies, in: Felski (Hg.): Rethinking Tragedy (siehe Anm. 1), 319–336.

Meine Überlegungen zu diesem Thema beziehen sich zwar weniger auf Entwicklungen der Geschichte und mehr auf Lebenserfahrungen. Doch der individuelle Lebensvollzug ereignet sich immer im Rahmen von Natur und Geschichte und die Lebensdeutung ist immer eingebettet in die Deutung von Natur und Geschichte. Die Erfahrung des Tragischen ist daher auch eine Welterfahrung. Sie ist bestimmt vom Weltverständnis des Erfahrungssubjekts und wirkt darauf zurück.

Damit ist die Aufgabenstellung umrissen, der sich dieses Buch widmen will. Nach einer Einleitung, in der ich meinen methodischen Zugang zur Bearbeitung des Themas offenlege, hermeneutische und terminologische Überlegungen anstelle und nach dem Wirklichkeitsstatus des Tragischen frage, beschäftige ich mich mit der Kunstform der Tragödie. Lässt sich das Tragische aus Tragödien herausdestillieren? Worin besteht es und wie kommt es darin zur Darstellung? Im Anschluss daran tauche ich in die philosophische Diskussion um das Tragische ein, wie sie in der Neuzeit besonders im Deutschen Idealismus geführt wurde. Ich werfe dabei auch einen Blick auf den Pantragismus Schopenhauers und Nietzsches. Im darauffolgenden Kapitel versuche ich, Erscheinungsformen der tragischen Erfahrung zu benennen, also eine Phänomenologie dieser Erfahrung herauszuarbeiten. Dabei nehme ich Einsichten aus den vorangegangenen Auseinandersetzungen mit den Tragödien und mit der Philosophie auf, gehe aber über sie hinaus. Mich interessiert die «Tragik des Alltags»[5]. Um diese zu ergründen, setze ich bei der existenziellen Erfahrung des Tragischen an.

Dann folgen theologische Reflexionen. Das Tragische ist in der Theologie nahezu durchweg auf Ablehnung gestoßen. In der Lebenserfahrung vieler Menschen und auch vieler Christinnen und Christen spielt es aber eine wichtige Rolle. Wie kann es seinen angemessenen Platz im christlichen Glauben und in der theologischen Reflexion finden? In der Auseinandersetzung mit dieser Frage besteht der Zielpunkt meiner Überlegungen.

Anstoß für die theologischen Überlegungen ist mein Eindruck, dass die christliche Glaubenslehre und auch die Seelsorgepraxis Erfahrungen des Tragischen, wie generell Erfahrungen von sinnlosem Unheil oft nicht ernst genug nahm und nimmt, sondern dazu neigt, solche Widerfahrnisse in einen «höheren» Sinnzusammenhang des Handelns Gottes einzuordnen,

5 Nach Maurice Maeterlinck: Le Tragique quotidien, in: ders.: Le Trésor des humbles, Essai (1896), Brüssel 1986, Neuauflage 1998, 101.

um auf diese Weise Trost zu spenden. Der Versuch einer solchen Sinnstiftung ist anzuerkennen – darin liegt ja eine wichtige Funktion der Religion generell; man hat die Kirche als «Sinnagentur» bezeichnet. Wenn dabei aber die Abgründigkeit der Sinnlosigkeitserfahrung nicht ausgehalten, sondern geleugnet oder wenn diese «Karsamstagserfahrung» (→ 6.4.3) insgesamt als eine bloß uneigentliche, weil schon im Osterlicht stehende umgedeutet wird, kann es keinen echten Trost, sondern nur eine billige Vertröstung geben.

In seinem posthum veröffentlichten Vortrag «Die Lügen der Tröster» von 1991 schrieb Henning Luther: «Seelsorge, die Trost vermitteln will durch die Behauptung von Sinn und Bestärkung von Lebensgewißheit, ist immer in der Gefahr, der Fassadenwelt aufzusitzen. Das ‹Dahinter› einer trostlosen Welt, die um den Verstand bringt und in die Verzweiflung treibt, bleibt ausgespart und verdrängt.»[6] Und weiter: «Trost wird da zur Lüge, wo Sinn suggeriert wird und jeder Anflug eines Verdachts der Unsinnigkeit und Sinnlosigkeit unserer Lebensverhältnisse tabuisiert und verdrängt wird.»[7]

Mit der Klage, die Botho Strauß in seinem Essay «Anschwellender Bocksgesang» vorgetragen hat, zielte er gewiss nicht auf die Theologie, sondern auf den in seinen Augen verharmlosenden und darin unseriösen Umgang mit dem Tragischen in der Gegenwart. Doch sollte sich auch die Theologie diese Warnung zu Herzen nehmen: «Die Schande der modernen Welt ist nicht die Fülle ihrer Tragödien, darin unterscheidet sie sich kaum von früheren Welten, sondern allein das unerhörte Moderieren, das unmenschliche Abmäßigen der Tragödien in der Vermittlung».[8]

6 Henning Luther: Die Lügen der Tröster. Das Beunruhigende des Glaubens als Herausforderung für die Seelsorge, in: Praktische Theologie 33/3, 1998, 163–176, Zitat: 164 (https://doi.org/10.14315/prth-1998-330302).

7 A. a. O., 166f.

8 Botho Strauß: Anschwellender Bocksgesang, in: Der Spiegel, 1993/6, 202–207, Zitat: 206. Siehe auch die längere Fassung des Essays: Botho Strauß: Anschwellender Bocksgesang, in: Heimo Schwilk / Ulrich Schacht (Hg.): Die selbstbewusste Nation. «Anschwellender Bocksgesang» und weitere Beiträge zu einer deutschen Debatte, Berlin/Frankfurt a. M. [3]1995, 19–40, Zitat: 30.

1.1 Das Tragische in der Kunst, in der Philosophie und im Leben. Die Frage nach der Perspektive

Wo kann man das Tragische finden? Überschaut man die vor allem in der Geisteswelt der griechisch-hellenistischen Antike und der europäischen Neuzeit geführten Diskussionen um das Tragische, so lassen sich zwei charakteristisch verschiedene Ansatzpunkte und Horizonte für seine Interpretation erkennen: zum einen die Rekonstruktion des Tragischen aus den Tragödien als literarischer und dramaturgischer Kunstform, zum anderen seine philosophisch-weltanschauliche Erhebung zu einem Zentralbegriff der Wirklichkeitsdeutung in der deutschsprachigen Philosophie des 19. und 20. Jahrhunderts.

Mit den Tragödien als Erkenntnisquelle des Tragischen werde ich mich im zweiten Kapitel ausführlich beschäftigen. Dabei wird sich allerdings zeigen, dass der Versuch, das Tragische aus den Tragödien herauszudestillieren, mit einigen Schwierigkeiten behaftet ist. Denn er ist immer von der Frage begleitet, ob das Tragische der Tragödie vorausliegt und in ihr zur Darstellung kommt, oder ob die Tragödie das Tragische als ein künstlerisches Stilelement allererst hervorbringt.[9] Oder sollte das Tragische erst eine philosophische Erfindung der Dichter und Denker des ausgehenden 18. und des 19. Jahrhunderts sein, die es dann in die Tragödien hineinprojiziert haben? Geht es beim Tragischen also um ein anthropologisches bzw. ontologisches, um ein literarisches bzw. theatrales oder um ein philosophisches Phänomen? Ist Tragik ein Stück Lebenserfahrung oder eine Kunstgattung oder eine Idee?

Ich gehe vom ersten Fall aus, blicke in einer existenziellen Perspektive auf Erfahrungen des Tragischen und versuche, solche Erfahrungen phänomenologisch zu beschreiben. Dazu kann die Beschäftigung mit den Tragödien allerdings eine wichtige Hilfestellung bieten. Man muss dabei jedoch bedenken, dass die Tragödien nicht zu dem Zweck verfasst worden

9 Diese beiden Zuordnungen des Tragischen zur Tragödie entsprechen den von Oscar Mandel herausgearbeiteten Typen von Tragikdefinitionen: den «derivative definitions» und den «substantive definitions». Die «derivative definitions» lokalisieren das Tragische in der Konstitution der Wirklichkeit und sehen in den Tragödien deren exemplarische Darstellung. Die «substantive definitions» hingegen bestimmen das Tragische als Element der Tragödie (Oscar Mandel: A Definition of Tragedy, New York 1961, Nachdruck 1986, 10–20).

sind, solche Erfahrungen realistisch abzubilden. Es sind Schauspiele, die eine bestimmte Wirkung erzielen, also Erfahrungen und Reflexionen induzieren bzw. evozieren wollen. Die literaturwissenschaftlichen und tragödientheoretischen Zugänge zum Tragischen beschäftigten sich daher vorzugsweise mit der Handlung der Tragödien, der Inszenierung dieser Handlung unter Anwendung bestimmter Kompositionsprinzipien und der Wirkung auf die Zuschauer der Stücke.

Die philosophischen Auseinandersetzungen mit diesem Thema gehen zwar oft auch von den Tragödien aus, verorten das Tragische aber «hinter» den Tragödien: in den Abgründen des menschlichen Daseins und der weltlichen Wirklichkeit insgesamt. Sie fragen nach dem Grund dieser Abgründigkeit und stellen metaphysische Überlegungen an, um diesen zu erhellen. Auf der Grundlage einer weltanschaulich optimistischen Geistphilosophie konnte das Tragische als bloße Entwicklungshemmung in der Selbstentfaltung des Geistes bzw. der ‹Weltvernunft› angesehen werden, deren Überwindung durch die Verlaufslogik der Geschichte aber garantiert ist (so bei Hegel) [→ 3.1.1]). Im Rahmen eines eher pessimistischen Weltbildes wurde das Tragische dagegen zur Grundbeschaffenheit allen weltlichen Seins und des menschlichen Daseins erklärt. Die Wirklichkeit ist demnach eine im Grunde gebrochene und alles menschliche Streben ist letztlich zum Scheitern verurteilt (so etwa bei Schopenhauer [→ 3.2.1] und mit anderer Ausrichtung bei Nietzsche [→ 3.2.2]).

Es gibt daneben einen dritten Typus der philosophischen Annäherung an das Tragische. Er besteht im Versuch, eine Phänomenologie des Tragischen herauszuarbeiten. Ich finde ihn etwa bei Max Scheler (→ 3.3.1) und Karl Jaspers (→ 3.3.2). Bei meinem eigenen Versuch, das Tragische als Erfahrung zu beschreiben, kann ich daran anknüpfen.

Dabei beziehe ich Einsichten ein, die ich in der Auseinandersetzung mit den Tragödien sowie mit den Ansätzen der idealistischen und nachidealistischen Philosophie gewonnen habe. Im Blick auf die philosophischen Entwürfe geht es mir weniger um deren Weltanschauung und mehr um das Angeschaute, d. h. um die darin verarbeiteten Erfahrungen. Im Blick auf die Tragödien interessiert mich weniger die Inszenierung und mehr das Inszenierte, also weniger die Poetik und mehr die Inhalte und die Strukturen der Handlung. Ich folge hier Friedrich Dürrenmatt, der schrieb: «Tragisch empfinden wir nicht mehr die Kunst, sondern die Welt.»[10]

Mein Interesse gilt also weniger den Tragödien an sich und auch nicht so sehr den spekulativen philosophischen Ergründungen des Tragischen. Es gilt der *Ereignung* des Tragischen im gelebten Leben und in der Welt. Ich befrage daher die tragödientheoretischen und die philosophischen Zugänge zum Tragischen daraufhin, was sie für eine Phänomenologie des Tragischen austragen. Die Analyse der Tragödienhandlungen und der Nachvollzug philosophischer Reflexionen können wertvolle Erkenntnisse dazu liefern. Das gilt besonders für philosophische Ansätze, die weniger auf metaphysische Erklärungen als auf phänomenologische Beschreibungen des Tragischen ausgerichtet sind.

Im letzten Teil meiner Studie frage ich dann, wie sich das Tragische in und an der Erfahrung *theologisch* deuten lässt. Anvisiert ist dabei ein christlich grundiertes Verständnis, bei dem das Tragische weder prinzipalisiert noch marginalisiert wird.

1.2 Das Tragische als diskursives Konzept und als existenzielle Erfahrung. Die Frage nach der Hermeneutik

Im Alltagssprachgebrauch wird der Begriff des Tragischen oft unspezifisch auf Unheilsereignisse jeder Art angewendet. Er bezeichnet dabei die Schrecklichkeit von Geschehnissen. In trivialisierter Form können sogar «Pechsträhnen» als «tragisch» und die darin verwickelten Akteure als «tragische Figuren» bezeichnet werden – wie bei einem Fußballer, der aufopferungsvoll für seine Mannschaft kämpft, eine Fülle von Torchancen nicht nutzt und dann ins eigene Tor trifft, sodass seine Mannschaft das Spiel verliert.

Schon Hegel hat diesen unreflektierten Sprachgebrauch kritisiert. Er will «tragisch nicht im oberflächlichen Sinn des Worts [verstanden wissen], wie man jedes Unglück – wenn jemand stirbt, einer hingerichtet wird –

10 Friedrich Dürrenmatt in einem von Siegfried Melchiner geführten Gespräch, das unter dem Titel: Wie schreibt man böse, wenn man gut lebt?, in: Theater heute 9, 1968, 6–8 abgedruckt wurde. Zitat: S. 8.

tragisch nennt; dies ist traurig, aber nicht tragisch.»[11]. Gegenüber einer solch oberflächlichen Rede vom Tragischen bedarf es einer philosophischen Klärung und Präzisierung des Begriffs.

Wir bewegen uns dabei in einem *hermeneutischen Zirkel* zwischen einem bestimmten Verständnis bzw. einem Begriff bzw. einem Konzept des Tragischen einerseits und der Identifizierung tragischer Phänomene bzw. Erfahrungen andererseits: Der Begriff bestimmt, was als eine solche Erfahrung gelten kann, und an der Erfahrung tritt der Inhalt des Begriffs zutage. Hier «zeigt» sich, was das Tragische ist; hier wird es anschaulich. An dieser Zirkularität ist nichts Besonderes. Sie gilt für alle Allgemeinbegriffe, mit denen wir Erfahrungen deuten.

Wenn man sich aber in einem hermeneutischen Zirkel bewegt, muss man angeben, wo man in diesen Zirkel einsteigt. Mein Einstiegspunkt liegt – wie schon deutlich geworden sein dürfte – nicht beim Konzept des Tragischen, sondern bei der Erfahrung; nicht bei der Poetik der Tragödie, nicht bei tragischen Weltanschauungen; auch nicht bei einer geschichtsphilosophischen Theorie des Tragischen, sondern bei Lebenssituationen, die als tragisch erfahren werden. Anders gesagt: Der Ausgangspunkt meiner Überlegungen ist nicht die Kunst und auch nicht die Geschichte, sondern die Geschichtlichkeit des Daseins. Von dort führt der Weg dann «nach oben», zu philosophischen und theologischen Reflexionen. Dieses induktive Vorgehen hat den Vorteil, philosophische und theologische Auffassungen des Tragischen kritisch daraufhin zu befragen, ob und inwieweit sie der Erfahrungsdeutung dienen, oder ob sie nur ihre eigene Systemlogik entfalten und dabei leicht zum intellektuellen Glasperlenspiel werden. Nicht zu Unrecht wird ein solches Erfahrungsdefizit immer wieder empfunden und beklagt. Mit Kathleen M. Sands kann man konstatieren:

> «The difficulty of speaking of tragedy in the language of Christian theological tradition is a measure of the deadening distance that has grown up between theology and religious experience.»[12]

11 Georg W. F. Hegel: Vorlesungen über die Geschichte der Philosophie I (TWA 18), Frankfurt a. M. 1980, 446.

12 Escape from Paradise: Evil and Tragedy in Feminist Theology, Minneapolis, MN, 1994, 2.

In den folgenden Kapiteln soll es darum gehen, den spezifischen Erfahrungstypus des Tragischen einer möglichst genauen Beschreibung zu unterziehen und ihn dabei erst als solchen zu bestimmen. Wenn auch eine solche deskriptive Herausarbeitung immer schon interpretationshaltig ist, so bleibt sie doch primär dem anvisierten Erfahrungskomplex und nicht einem philosophischen oder theologischen Rahmenkonzept verpflichtet.

Ein Wort noch zu der im Folgenden verwendeten Terminologie: Ich spreche weniger von «Tragödien», die Menschen widerfahren bzw. in die sie verstrickt sind, weil dieser Begriff einerseits in die Literatur- und Theaterwissenschaft verweist, andererseits durch seinen Gebrauch in der Alltagssprache noch stärker verwässert ist als der Begriff des «Tragischen». Auch das im 18. Jahrhundert aus dem Adjektiv «tragisch» (von lat. *tragicus*) abgeleitete und im 19. Jahrhundert oft (pathetisch aufgeladen) gebrauchte Substantiv «Tragik» spielt keine zentrale Rolle. Es war und ist stärker auf Erscheinungen der Geschichte bezogen und tendiert dazu, geschichtliche Entwicklungen und ihre Resultate als schicksalhaft zu interpretieren. In der Zeit zwischen 1919 und 1945 konnte dieser Begriff in Deutschland für problematische Geschichtsdeutungen ge- bzw. missbraucht werden, denen zufolge im Untergang der Nation eine erhabene Tragik liegt. Demgegenüber spreche ich eher vom «Tragischen» oder gebrauche das Adjektiv «tragisch» (etwa in der Rede von «tragischen Erfahrungen»). Der substantivische Ausdruck «das Tragische» darf dabei aber nicht so verstanden werden, als sei damit eine Substanz hinter den Erfahrungen gemeint, die sich in diesen manifestiert. Es geht vielmehr um eine Erfahrungsqualität, die noch näher zu bestimmen ist (→ 4.). Inhaltlich sinnvoller wäre die adjektivische oder adverbiale Redeweise («tragisch») und deren (plurale) Substantivierung «Tragisches». Dies führt aber zuweilen zu sperrigen Formulierungen. Deshalb spreche ich in der Regel von «dem Tragischen» bzw. von «Erfahrungen des Tragischen».

1.3 Das Tragische im Sein und im Bewusstsein. Die Frage nach dem Wirklichkeitsstatus

Ich betrachte das Tragische als eine bestimmte Erfahrungs*qualität* und in diesem Sinne als *Interpretament* von Erfahrung. Dieses Interpretament ist weder willkürlich noch notwendig. Es legt sich aus der Erfahrung heraus nahe, drängt sich auf. Es gehört zum «Wie» der Erfahrung. Die als «tragisch» bezeichnete Konstellation lässt sich nur im Modus ihres Verständnisses, also hermeneutisch, erfassen. Es handelt sich dabei um ein «erfahren als» bzw. «verstehen als». Wenn etwas «als etwas» gesehen wird, eignet der Interpretation eine «epistemologische Nachträglichkeit»[13], die aber nicht in einem zeitlichen Sinn als Nacheinander von Geschehen und Deutung zu verstehen ist. Ein innerer Konflikt oder ein bestimmtes äußeres Widerfahrnis wird im Kontext einer bestimmten Situation *als* tragisch erfahren.

Die Erfahrung eines Geschehens *als* tragisch stellt eine Interpretation erster Ordnung dar, über die sich Interpretationen zweiter Ordnung legen können, die das Tragische in einen umfassenden Sinnhorizont stellen. So kann es gedeutet werden *als* Fügung des Schicksals oder göttlicher Mächte, als Auswirkung des *karma*-Prinzips, als Vorsehungshandeln des biblisch bezeugten Gottes, als Resultat einer verhängnisvollen geschichtlichen Entwicklung, als (unverhältnismäßige) Strafe für ein Vergehen usw.

Es geht bei der Phänomenologie der tragischen Erfahrung darum, die Erfahrungsqualität und das Deutungsmuster des Tragischen zu entfalten und näher zu bestimmen. In einem Deutungsmuster wird die erfahrene Wirklichkeit in einer bestimmten Perspektive «gesehen». Für das Erfahrungssubjekt gibt es den Erfahrungsgegenstand nur in dieser Sichtweise. Mehr noch: Für das Erfahrungssubjekt *ist* die erfahrene Situation tragisch. Das Deutungsmuster erschließt die Wirklichkeit für das Subjekt. Die Bezeichnung «tragisch» qualifiziert also nicht nur die Erfahrung, sondern die erfahrene Wirklichkeit selbst! Diese zeigt sich als tragisch.

Auch wenn der betroffenen Person bewusst ist, dass andere Personen die gleiche Situation anders erfahren können, so berechtigt das noch nicht, hinter den verschiedenen Erfahrungen und Sichtweisen eine reine «unerfahrene» Wirklichkeit «an sich» zu postulieren. Es gibt die Wirklichkeit nur im Modus der Erfahrung: als rezipierte und erschlossene Wirklichkeit und das heißt: in Beziehung zum Erfahrungssubjekt.

Mit dieser erkenntnistheoretischen und hermeneutischen Weichenstellung ist der Wirklichkeitsbezug der tragischen Erfahrung (wie jeder Erfahrung) in der Mitte zwischen den beiden Polen der Subjektivierung und der Objektivierung angesiedelt: Geht man einseitig vom Pol des Subjektiven aus, dann gibt es die Wirklichkeit nur als Erfahrung; das Tragische wird

13 Christian Kassung: Einleitung, in: ders. (Hg.): Die Unordnung der Dinge. Eine Wissens- und Mediengeschichte des Unfalls, Bielefeld 2009, 9.

dann ganz auf die subjektive Erfahrung bezogen bzw. in diese hinein aufgelöst. Geht man in umgekehrter Einseitigkeit vom Pol des Objektiven aus, dann wird das Tragische ontologisiert bzw. essenzialisiert, das heißt als «objektive» Zuständlichkeit der Wirklichkeit aufgefasst, die es auch dort gibt, wo sie nicht erfahren wird. Die Erfahrung wäre dann nur der Entdeckungszusammenhang für die Tragik der Wirklichkeit.

Gegenüber diesen beiden Polen vertrete ich die Mittelposition, der zufolge das Tragische nicht einseitig auf die Erfahrung *oder* auf die Wirklichkeit, sondern auf die *erfahrene Wirklichkeit* zu beziehen ist. Das Tragische ist also einerseits eine nicht verobjektivierbare, sondern immer nur existenziell zu fassende Erfahrungsdeutung und als solche Bestandteil menschlicher Praxis, andererseits referiert es auf *wirkliche* innere Konflikte und äußere Situationen.

Es ist dies ein phänomenologisch-existenzhermeneutischer Ansatz, der durch die Erfahrung hindurch auf Situationskonstellationen blickt. Man kann diese Sichtweise charakterisieren als Wirklichkeitswahrnehmung in der Ersten-Person-Perspektive.

Daraus ergibt sich, dass es «das Tragische» als eine wie auch immer geartete *Wesens*bestimmung der Wirklichkeit oder der Erfahrung nicht geben kann. Es gibt nur tragische Erfahrungen bzw. tragische Strukturen in Erfahrungen in einer Vielfalt von Erscheinungsformen. Das Tragische lässt sich nicht essenzialisieren und auf einen definitorischen Begriff bringen, sondern nur phänomenal umschreiben.

Als Phänomen begegnet die Qualität des Tragischen wiederum in zwei Dimensionen, die man zwar analytisch unterscheiden, aber nicht trennen kann: Zum einen erscheint es in realen Geschehensabläufen, Situationskonstellationen und inneren Konflikten, die eine desaströse Entwicklung heraufbeschwören, zum anderen ist es mit Empfindungen, Affekten und Anschauungen verbunden, die sich angesichts solcher desaströser Entwicklungen einstellen. Es sind Empfindungen von Depressivität, Jammer, Trauer, Wehmut, aber auch Furcht und Schrecken. Die objektive Seite kann man als eine bestimmte Form des *Übels* beschreiben, die subjektive Seite als eine bestimmte Form des *Leidens*.

Wie ist das Verhältnis von «Übel» und «Leid» zu bestimmen? Auf der Ebene der Erfahrung ist ein Widerfahrnis ein Übel, wenn es Leid verursacht. Insofern ist «Leid» die basale Kategorie und «Übel» eine davon abgeleitete. In einer ontologischen Betrachtungsweise wäre diese Zuordnung umzukehren und dem Übel – als das, was Leid verursacht – sachliche Priorität zuzusprechen.

Ich folge dem von der Erfahrung ausgehenden Denkweg. Demzufolge gibt es kein unerfahrenes Übel an sich, sondern nur ein solches, das als Leiden erfahren wird. Dabei muss man allerdings einen weiten Begriff von «Leiden» voraussetzen, der über das Empfinden von physischen oder psychischen Schmerzen hinausgeht. So kann man etwa auch an der Beschädigung oder am Verlust eines Kulturgutes oder an Naturzerstörungen leiden. Auch das Sekundärleiden am Leiden anderer («Mitleid») ist darin eingeschlossen. Würde man dagegen von einem enger gefassten Begriff des Leidens – als das, was einem empfindungsfähigen Wesen Schmerzen bereitet – ausgehen, könnte man ökologische und kulturelle Schäden nicht mehr (oder nur noch insofern, als sie unmittelbar Schmerzen verursachen) als Übel bezeichnen.

Der Ausgangspunkt beim subjektiven Leiden leugnet nicht, dass es objektive Übel gibt, die Leiden verursachen, dass also die Wirklichkeit selbst leidverursachend sein kann, er betont aber, dass diese Übel nur von ihrer leidverursachenden Wirkung her als solche erfahren und bezeichnet werden. Beim Tragischen geht es um solche leidverursachenden Übel. Aber nicht jedes leidverursachende Übel ist tragisch zu nennen. Es braucht eine Näherbestimmung: Worin besteht die Erfahrungsqualität des Tragischen? Im nun folgenden zweiten Kapitel will ich dieser Frage im Blick auf die Darstellung des Tragischen in Tragödien nachgehen. Die Leitfrage lautet: Was ist das Tragische in Tragödien?

2. Das Tragische in den Tragödien

Der Versuch, des Tragischen in Tragödien ansichtig zu werden, steht vor gravierenden Schwierigkeiten: Diese bestehen zum einen in der Bestimmung von Inhalt und Umfang des Begriffs «Tragödie» und zum anderen in der Antwort auf die Frage, was das Tragische in den Tragödien ist.

Die Bestimmung des Begriffs «Tragödie» und die Anwendung dieses Begriffs auf die einzelnen (literarischen und/oder theatralen) Stücke steht auf schwankendem Grund. Soll man diesen Begriff induktiv von den Stücken ableiten, die als Tragödien bezeichnet wurden, oder soll man ihn deduktiv aus philosophischen, kunsttheoretischen Reflexionen gewinnen und dann bestimmte Stücke als «Tragödien» identifizieren? Soll man ihn nur auf solche Stücke anwenden, die von ihren Urheberinnen und Urhebern selbst so bezeichnet werden (wie Goethes «Faust»)? Oder soll man unabhängig von der Selbstbezeichnung eine Bestimmung über den Inhalt (das «Tragische»), die Form (Gattungsmerkmale, Aufbauschemata, dramatische Stilmittel usw.) oder über die Wirkung (Erregung von Betroffenheit, ethische Bewusstseinsbildung usw.) vornehmen? All diese Versuche führen nicht zu eindeutigen Festlegungen. Man bewegt sich in dem gleichen hermeneutischen Zirkel, den ich oben (→ 1.2) als Kreisbewegung zwischen dem Begriff des Tragischen und tragischen Erfahrungen bzw. zwischen dem Tragischen als Diskurs und dem Tragischen als geschichtliche Ereignung beschrieben habe. Hier besteht der Zirkel aus der Bestimmung des Begriffs «Tragödie» und der Auseinandersetzung mit den einzelnen Stücken, die damit bezeichnet werden.

Um das Tragische in den Tragödien aufzusuchen, braucht es ein Vorverständnis davon. Dieses kann man aber nicht aus der Tragödie selbst gewinnen, weil die Stücke nicht als Inszenierungen einer aus der Erfahrung gewonnenen Idee des Tragischen konzipiert sind (→ 3.4). Man kann das Vorverständnis nur aus dem «kulturellen Gedächtnis», dem eigenen Lebensgefühl[14] und der philosophischen Reflexion existenzieller Erfahrungen entwickeln. Auf diese Weise gebildet, kann man es dann an die als

14 «Lebens*gefühl*» ist hier in einer tieferen Bedeutung verstanden, wie sie etwa in der Frühromantik bekannt war: als Intuition, als unmittelbares Innewerden eines Phänomens, als Ergriffensein unserer Rezeptivität durch das Widerfahrende.

Tragödien zu bezeichnenden Stücke herantragen und in der Auseinandersetzung mit ihnen schärfen. Daraus ergibt sich auch die jeweilige Bestimmung dessen, was als Tragödie gelten kann. Die Ränder des Begriffsinhalts und -umfangs sind dabei notorisch unscharf.

In seiner engsten, damit aber auch präzisesten Bedeutung trifft der Begriff nur auf die griechischen Tragödien des 5. Jahrhunderts v. Chr. zu, wo diese Kunstform ihren historischen Ursprung hat. So hat ihn etwa Walter Benjamin u. a. ausgelegt (→ 2.3).

Mit seiner an die Tragödientheorie des Aristoteles angelehnten Definition geht Hans-Dieter Gelfert darüber hinaus. Sie lautet:

> «Die Tragödie ist die dramatische Darstellung eines Geschehens, in dem ein Held, der weder ein Verbrecher noch ein Heiliger sein darf, durch eine schuldhafte Verfehlung (Hamartia) zuerst in Gefahr gerät und nach einem Wendepunkt (Peripetie) unter Gewahrwerdung seiner Verstrickung (Anagnorisis) ins unausweichliche Verderben stürzt, was im Zuschauer zuerst Schauder (Phobos) und nach dem Wendepunkt Jammer (Eleos) hervorruft, worauf ein Gefühl der emotionalen Entlastung (Katharsis) zurückbleibt.»[15]

Diese Definition erlaubt es ihm, auch die literarischen und theatralen Dramen späterer Epochen als Tragödien zu bezeichnen. So wendet er diesen Begriff auf die Dramen des elisabethanischen England (Shakespeare) und der französischen Klassik des 17. und frühen 18. Jahrhunderts (Pierre Corneille, Jean Racine) an. Selbst die vom Geist der Aufklärung, der Romantik und der Weimarer Klassik, von Idealismus, Historismus und Naturalismus geprägte Produktion tragischer Dramen in Deutschland von Lessing über Schiller, Büchner bis Hebbel zählt er dazu. Damit endet dann aber die Geschichte der Tragödien.

Fasst man den Begriff der Tragödie noch weiter und geht dabei weniger von der Form und der Wirkung und mehr vom tragischen Inhalt aus, dann lassen sich sogar moderne Stücke dieser Gattung zurechnen, etwa solche von Gerhart Hauptmann, Samuel Beckett oder der Existenzialisten Sartre, Anouilh und Camus, auch wenn in ihnen viele Strukturmerkmale der klassischen Tragödien fehlen.

Weitet man den Blick über die abendländische Kulturgeschichte hinaus, so kann man Analogien dazu in den Dramen anderer Kulturkreise

15 Hans-Dieter Gelfert: Die Tragödie. Theorie und Geschichte, Göttingen 1995, 19.

finden.[16] Andererseits gibt es selbst im Westen lange Epochen und weite Regionen, die kaum Tragödien hervorgebracht haben. Hans-Dieter Gelfert spricht beispielsweise vom «untragischen Mittelalter»[17] und vom «untragischen Amerika»[18].

Tragödien sind eine Kunstform.[19] Die literarische Produktion und die theatrale Aufführungspraxis tragischer Dramen waren zumeist von literaturwissenschaftlichen und tragödientheoretischen Überlegungen begleitet. Idealtypisch kann man zwischen zwei Arten der Tragödientheorie unterscheiden, wobei sich beide Ansätze in den konkreten Theorien berühren und mehr oder weniger überlagern: einer poetologischen und einer philosophischen.

Der *poetologische* Ansatz, wie ihn schon Aristoteles vertreten hat (→ 3.1), fragt nach den Konstruktionsprinzipien, der Aufführungspraxis und der zu erzielenden Wirkung der Tragödien (im Plural). Er hat seinen akademischen Ort in den Literatur- und Theaterwissenschaften.[20] Der *philosophische* Ansatz, wie er erstmals bei Platon, dann vor allem im 19. und

16 Siehe dazu etwa die Übersicht, in: Andreas Englhart / Franziska Schößler (Hg.): Grundthemen der Literaturwissenschaft: Drama, Berlin/Boston 2019, 207–265.

17 Gelfert: Die Tragödie (siehe Anm. 15), 44–48.

18 A. a. O., 144–152. In Aufnahme des Titels eines «editorial»-Beitrags, der am 2.12.1946 in der Zeitschrift «Life» (S. 32) erschien.

19 Die Literatur zur Tragödientheorie sowie zur Deutung antiker und moderner Tragödien ist kaum überschaubar. Exemplarisch nenne ich: Kurt von Fritz: Antike und moderne Tragödie, Berlin 1962; Dietrich Mack: Ansichten zum Tragischen und zur Tragödie. Ein Kompendium der deutschen Theorie im 20. Jahrhundert, München 1970; David E. R. George: Deutsche Tragödientheorien vom Mittelalter bis zu Lessing. Texte und Kommentare, München 1972; Stephen Halliwell: Aristotle's Poetics, London 1986; Manfred Fuhrmann: Die Dichtungstheorie der Antike. Aristoteles, Horaz, Longin, Darmstadt ²1992; Alfred Weber: Das Tragische und die Geschichte, hg. von Richard Bräu, Marburg 1998, 187–379; Michael Silk (Hg.): Tragedy and the Tragic. Greek Theatre and Beyond, Oxford 1996; Jürgen Thaler: Dramatische Seelen. Tragödientheorien im frühen zwanzigsten Jahrhundert, Bielefeld 2003. Werner Frick (Hg.): Die Tragödie. Eine Leitgattung der europäischen Literatur, Göttingen 2003. Weitere Literatur findet sich in anderen Anmerkungen.

20 So will etwa Karl Heinz Bohrer nicht von philosophischen Lektüren des Tragischen, sondern ganz von der Ästhetik der Tragödie ausgehen (Karl

20. Jahrhundert zur Entfaltung kommt, zielt demgegenüber stärker auf das *Wesen* der Tragödie (im Singular). Von dieser Wesensbestimmung aus wird nach dem Tragischen in der Welt und im Leben sowie nach dessen metaphysischem Grund gefragt. Die Tragödien bieten die Materialgrundlage dafür.

Im Folgenden versuche ich einen groben Überblick über die Entwicklung dieser Kunstform im Blick auf das in ihr erkennbare Tragische zu geben. Am Ende fasse ich die herausdestillierten Strukturelemente des Tragischen – etwa das Scheitern hochstrebender Absichten an den Widerständen kosmischer oder geschichtlicher Mächte oder die inneren Konflikte der Protagonisten, die sie in den Abgrund des Verderbens reißen – versuchsweise zusammen.

Bei der Bestimmung von Erfahrungen des Tragischen in der Tragödie muss man zwei Ebenen in den Blick nehmen: die im Stück bzw. auf der Bühne dargestellten Erfahrungen und die Erfahrungen der Zuschauenden beim Betrachten des Stücks. Bei letzteren kann man noch einmal unterscheiden zwischen den vom Autor intendierten und den tatsächlichen Erfahrungen des Publikums, wobei man hier über Vermutungen nicht hinauskommt.

Auf die Interpretation einzelner Stücke kann ich dabei nicht – oder nur im Sinne einer knappen Illustration – eingehen; auch nicht auf die Situierung der Tragödien in ihrem jeweiligen kulturgeschichtlichen, sozialen und politischen Kontext,[21] auch nicht auf die Verästelungen der literaturwissenschaftlichen und tragödientheoretischen Diskussionen.

2.1 Die attischen Tragödien und die philosophische Kritik daran

(a) «Tragödie» bedeutet in wörtlicher Übersetzung «Bocksgesang», abgeleitet von *trágos* = Bock und *odé* = Gesang. Dieser Gesang wurde im Rahmen von kultischen Festen für Dionysos, den Gott des Weins und der rauschhaften Ekstase, aufgeführt. Die genaue Funktion ist umstritten. Einige Forscher nehmen an, dass der Bocksgesang beim Opfer eines Bocks

Heinz Bohrer: Das Tragische. Erscheinung, Pathos, Klage, München 2009).

21 Siehe dazu u. a. die Arbeiten von Christian Meier, etwa: Die politische Kunst der Tragödie, München 1988.

gesungen wurde[22], andere halten ihn für den Gesang der bocksgestaltigen Satyrn, die das Gefolge des Dionysos bildeten.[23]

Aus diesen kultischen Wurzeln entwickelte sich auf nicht restlos geklärte Weise die Tragödie.[24] In den Chorgesang führte Thespis in Athen um 530 v. Chr. einen *hypokrites* (Einzeldarsteller als Gegenspieler zum Chor) ein, der den *mythos* (Erzählung) von einem menschlichen Unglück vortrug. Aischylos und Sophokles ließen einen zweiten und dritten *hypokrites* auftreten und eröffneten damit die Möglichkeit, die Erzählung zu inszenieren, also eine Handlung darzustellen. So wurde der Mythos zum Drama.[25] Der Chor hat ursprünglich die Hauptrolle gespielt und der Schauspieler antwortete ihm. Von den späteren Stücken des Aischylos an trat die Interaktion zwischen den Schauspielern in den Vordergrund und der Chor erhielt eine eher reflektierende und kommentierende Funktion. Auf diese Weise verselbstständigte sich die Tragödie zu einem eigenen Genre des Theaters. Die Dramaturgie der Stücke folgte dem festen Aufbauschema von Prolog – Parodos (Eingangslied des Chores) – Epeisodien (Sprechhandlungen der Schauspieler) und Stasima (Chorlieder) im Wechsel – Exodos.

Die vom Dionysoskult abgelösten, aber immer noch innerhalb des Festes für Dionysos stattfindenden attischen Tragödien von Aischylos, Sophokles, Euripides u. a.[26] sind zumeist auf Tun und Ergehen einer

22 So etwa Bernhard Zimmermann: Europa und die griechische Tragödie, Frankfurt a. M. 2000, 13–23.

23 So etwa Joachim Latacz: Einführung in die griechische Tragödie, Göttingen 1993, 56–64.

24 Eine knappe Problemübersicht bietet Fritz Graf: Griechische Mythologie, München / Zürich ^{3}1991, 138–150. Deutungen des Ursprungs der Tragödie stellt Johanna Canaris: Mythos Tragödie. Zur Aktualität und Geschichte einer theatralen Wirkungsweise, Bielefeld 2012, 29–38, zusammen.

25 Der griechische Begriff *dráma* bezeichnet das Schauspiel im Allgemeinen als eine zur Schau gestellte Handlung. Die Tragödie ist eine bestimmte – die tragische – Art des Dramas. Das griechische Substantiv *dráma* leitet sich vom Verb *drán* («tun», «handeln») ab.

26 Siehe dazu: Siegfried Melchinger: Das Theater der Tragödie. Aischylos, Sophokles, Euripides auf der Bühne ihrer Zeit, München 1990. Zur griechischen Tragödie insgesamt: Max Pohlenz: Die griechische Tragödie, Göttingen 1954; Jean-Pierre Vernant / Pierre Vidal-Naquet: Mythe et tragédie en Grèce ancienne, Bd. 1, Paris 1973, Bd. 2, Paris 1986; Martha C.

heroischen Zentralfigur fokussiert, deren Einsicht und Handlungsmacht an Grenzen stößt und die von schicksalshaften Einwirkungen überrollt oder in Konflikten mit «höheren Mächten» zerrieben wird. Die dargestellte Handlung hat also einen metaphysischen bzw. religiösen Bezug. Sie inszeniert das *daimonion,* die göttliche Fügung, in die der Mensch mit seinem Handeln einbezogen ist.

Besonders bei Aischylos ist die Zentralfigur den ewigen Gesetzen der kosmischen Seinsordnung ausgesetzt. Sie kann ihnen weder genügen noch entgehen. Die Störung dieser Ordnung – sei es aus der Unfähigkeit *(hamartia)* oder aus eigener trotziger Entscheidung *(hybris)* – stört auch die Beziehung zwischen Göttern und Menschen. In jedem Fall ereilt den Protagonisten ein unabwendbares Unheil, sei es der Tod oder ein anderes desaströses Geschick.[27]

Bei Sophokles und vor allem bei Euripides setzt dann eine stärkere Psychologisierung der Figuren ein. Doch ist auch hier Vorsicht geboten, moderne Vorstellungen von der Autonomie des Subjekts und seines individuellen Willens in die Interpretation einzutragen. Der Wille des Menschen ist mehr oder weniger von (metaphysischen, sozialen, politischen usw.) «Mächten» bestimmt.

Diese Mächte (bzw. die Macht des Schicksals) beschneiden dabei nicht die Freiheit der Handelnden, bestrafen aber den falschen Gebrauch der Freiheit. Was dem Moralgesetz zufolge richtig und falsch ist, vermögen die *dramatis personae* jedoch oft nicht – oder nur retrospektiv – zu erkennen.

Nussbaum: The Fragility of Goodness. Luck and Ethics in Greek Tragedy and Philosophy, Cambridge 1986, ²2001; Bernhard Zimmermann: Die griechische Tragödie. Eine Einführung, München 1986; Wolfgang Schadewaldt: Die griechische Tragödie, Frankfurt a. M. 1991; Arbogast Schmitt: Wesenszüge der griechischen Tragödie. Schicksal, Schuld, Tragik, in: Hellmut Flashar (Hg.): Tragödie. Idee und Transformation, Stuttgart 1997, 5–49; Joachim Latacz: Einführung in die griechische Tragödie, Stuttgart 1993, ²2003; Gustav Adolf Seeck: Die griechische Tragödie, Stuttgart 2000; Edith Hall: Greek Tragedy. Suffering under the Sun, Oxford / New York 2010; Asmus Trautsch: Der Umschlag von allem in nichts. Theorie tragischer Erfahrung, Berlin / Boston 2020. In den genannten Publikationen finden sich weitere Literaturangaben.

27 Siehe dazu: Sabine Föllinger: Aischylos. Meister der griechischen Tragödie, München 2009.

Ihr Wissen und Nichtwissen, ihr Tun und Nichttun wird ihnen zum Verhängnis.[28] Sie handeln anders, als sie zu handeln glauben.

Dabei besteht die tragische Pointe nicht selten darin, dass die Helden im Versuch, ihrem Schicksal zu entgehen, dieses gerade herbeiführen, wie im Fall von Sophokles' König Ödipus. Ihm wird vorausgesagt, dass er seinen Vater töten und mit seiner Mutter ein Kind zeugen werde. Um dem zu entgehen, verlässt er diejenigen, die er für seine Eltern hält, die es aber nicht sind. Auf der Flucht ermordet er seinen leiblichen Vater, den er nicht als solchen erkennt, und zeugt danach mit seiner Mutter in gegenseitiger Unkenntnis der Verwandtschaftsbeziehung vier Kinder. Als der Mutter bekannt wird, dass der Vater der Kinder ihr leiblicher Sohn ist, erhängt sie sich. Eine wichtige Rolle spielt dabei die Nichterkenntnis der Wahrheit und deren Aufhebung. Die Einsicht in die wahren Verwandtschaftsbeziehungen und in seine «Blindheit» treibt den Protagonisten in den Ruin. Indem Ödipus seine eigene Verwicklung nicht sehen kann, agiert er blind, führt die Katastrophe herbei und blendet sich als Selbstbestrafung. Er ist einer für ihn fatalen Spannung von Schein und Sein, Verborgenheit und Entbergung ausgesetzt. Das kommt auch in dem folgenden Zitat aus Euripides' «Iphigenie bei den Taurern» zum Ausdruck:

> «Was im Rat der Götter beschlossen worden, dessen Ende liegt im Ungewissen; keiner kennt sein Unglück, denn Schicksalslaunen lenken seinen Weg, so dass das Ende nimmer wir ergründen.»[29]

Das Tragische besteht zum einen in dieser Verwicklung des menschlichen Handelns in einen schicksalhaften Ergehenszusammenhang, der dieses Handeln in seine eigene, für den Betroffenen unheilvolle, mit Notwendigkeit ablaufende Eigendynamik einbezieht, so dass der Handelnde an seinem eigenen Untergang mitwirkt. Sein Blick ist auf die eigene Handlungsabsicht verengt; er überschaut nicht den Gesamtzusammenhang und dessen metaphysische Einbettung. Erst wenn sich der Gang der Dinge nicht mehr aufhalten lässt, gehen ihm die Augen auf für den wahren Zustand, in dem er sich befindet.

Das Tragische besteht zum anderen – und damit zusammenhängend – im Missverhältnis zwischen der eigenen Schuld, die aus menschlichen

28 Im Griechischen steht dafür der Begriff *ate*.

29 Zitiert nach: Euripides: Iphigenie bei den Taurern. Übersetzt von Georg Finsler, hg. von Bernhard Zimmermann, Stuttgart 1988, 20, Z. 514–518.

Schwächen entspringt (wozu auch ein starrsinniger Wille gehören kann), und der Vergeltung, die der Protagonist dafür auferlegt bekommt. Es bleibt auch dann tragisch, wenn diese Vergeltung im letzten Moment noch abgewendet wird, indem etwa (wie in einigen Tragödien des Euripides) ein *deus ex machina* auftritt und den Untergang des Helden verhindert, oder wenn es zu einer Lösung des Konflikts kommt (wie in Sophokles' «Philoktet»). Das Tragische liegt nicht – jedenfalls nicht primär – im Untergang, sondern im Tun und Ergehen, das in den Untergang führt, also nicht im fatalen Endpunkt des Geschehens, sondern im Verlauf dieses Geschehens: im ausweglosen Kampf und im agonalen Leiden des Helden. Mehr noch: «Das Tragische liegt nicht einfach in der Ausweglosigkeit unlösbarer Widersprüche, sondern in der widersprüchlichen Natur des Menschen und der Zweideutigkeit allen Geschehens», wie Ferdinand Barth feststellt.[30]

Die antiken Tragödien sind Schauspiele, die dem Publikum vor Augen führen wollen, dass der Geschehensverlauf von einer schicksalhaften Teleologie bestimmt ist und einer höheren, metamoralischen, metaphysischen Gerechtigkeit Geltung verschafft, die in der rechten Ordnung des Seins besteht. Wenn sich das Individuum dagegen erhebt, wird es von dieser höheren Rechtsordnung – dem Fatum – in seine Schranken gewiesen oder gar zertrümmert. Die Zuschauer sollen die davon bewirkten Fügungen miterleben, sich in die scheiternden *dramatis personae* einfühlen, Ehrfurcht vor den höheren Mächten und Resilienz im Umgang mit vergleichbaren Erfahrungen gewinnen.

In seiner schon 1855 vorgetragenen Darstellung nimmt Robert Zimmermann die Position eines Zuschauers ein und beschreibt in der Wir-Form die von den Tragödiendichtern beabsichtigte Wirkung. Demnach muten die Tragödien dem Publikum einen Perspektivenwechsel zu: «Wir» sollen das Geschehen aus der Sicht der Götter sehen:

> «Wir sollen erkennen, daß es die ewige Gerechtigkeit selbst ist, die hier eingegriffen hat, daß dem Vergehen die Vergeltung auf dem Fuße folgen muß, so verzeihlich vom menschlichen, unverzeihlich vom göttlichen Standpunkte. Wir sind parteiisch, die Götter sind unparteiisch; wir sehen die Dinge, wie wir sie sehen können, die Götter sehen sie, wie wir sie sehen sollten. Indem die Kunst es unternimmt, uns auf diesen Standpunkt zu stellen, hebt sie uns über uns selbst hinaus, zeigt sie uns selbst den Lauf

30 Ferdinand Barth: Art. «Theater», in: TRE 33 (2002), 176.

> der Dinge und die Verkettung von Schuld und Strafe von einem erhabenen Gesichtspunkt. Auf bloß menschlichem Standpunkte uns niederschmetternd, erscheint das tragische Ereignis vom göttlichen aus erhebend.»[31]

Es geht nach Zimmermann nicht darum, Furcht und Mitleid bei den Zuschauern zu wecken, sondern Furcht in Ehrfurcht und Mitleid in Ergebung in die höhere Notwendigkeit zu verwandeln. Der Protagonist sei kein Opfer der Willkür, vielmehr stelle das ihm auferlegte Leiden «ein rechtmäßiges Glied des moralischen Weltzusammenhangs [dar], dem eingereiht sich zu fühlen, eine Quelle der Seligkeit ist.»[32] Die – nach menschlichem Ermessen geurteilt – ungerechte Strafe, die ihm zuteilwird, soll als Walten einer höheren Gerechtigkeit anschaulich gemacht werden. Die Zuschauer sollen also in eine Erkenntnisposition versetzt werden, die dem Standpunkt der Darsteller überlegen ist und von dem aus sie das als unverdient erscheinende Unglück auf seinen Grund hin «durchschauen» können.

> «So zerschmettert uns das Tragische zuerst, um uns dann desto höher emporzuheben, zeigt den Menschen gegen das Göttliche in der tiefsten Erniedrigung, um ihm durch das Bewußtsein, daß er sich zur Erkenntniß der Gerechtigkeit des göttlichen Waltens emporzuschwingen vermag, das Gefühl der höchsten Erhöhung zu gewähren.»[33]

In der Absicht, das Publikum nicht nur intellektuell, sondern auch affektiv zu stimulieren, sah man in der Antike das Verbindende von Rhetorik und Tragödie. So stellt etwa der Vorsokratiker Gorgias die Redekunst und die Schauspielkunst in einen Zusammenhang.[34] Was sie verbindet, ist die psychagogische, man könnte auch sagen: magische Wirkung von Worten:

31 Robert Zimmermann: Über das Tragische und die Tragödie. Vorlesungen gehalten zu Prag im Frühjahre 1855, Wien 1856, 14 (teilweise kursiv).

32 A. a. O., 15.

33 A. a. O., 16 (teilweise kursiv).

34 So etwa in Gorgias: Lobrede auf Helena (Jonas Schollmeyer: Gorgias' Lobrede auf Helena. Literaturgeschichtliche Untersuchungen und Kommentar, Berlin/Boston 2021).

> «Logos ist ein großer Herrscher, der mit einem sehr kleinen und unscheinbaren Körper göttlichste Werke vollendet; denn er kann Schrecken beenden, Kummer stillen, Freude bewirken und Rührung verstärken.»[35]

In der Tragödie sieht er aber eine bewusste Täuschung am Werk. Plutarch überliefert Gorgias' Auffassung folgendermaßen:

> «In Blüte stand [in Athen] die Tragödie und war in aller Munde; ein wunderbares Hör- und Schauspiel ward sie den damaligen Menschen und erzeugte durch ihre Mythen und Leidenschaften eine Täuschung *(apáte)*.»[36]

Die Tragödie sei mit poetischer Technik *(téchne)* geschrieben und darin nicht der Wahrheit verpflichtet. Sie ist ein veranschaulichter Mythos, eine inszenierte Fabel.

(b) Gegen diese «Fabelhaftigkeit» richtete sich *Platons* philosophische Kritik an den tragischen Dramen.[37] Er kritisiert zum einen, dass sie an der Erscheinungsoberfläche der Wirklichkeit verharrten und diese nachspielten *(mimesis),* statt zu den Wesensgehalten, d. h. zur Wahrheit vorzudringen. Die Tragödie wie auch die Rhetorik *lehrten* nicht, sondern wollten *überzeugen.*[38] Sie evozierten *Meinungen,* statt *Erkenntnis* zu fördern. Dazu inszenierten sie den Mythos durch erzählerische Phantasie, wie es auch im Homerischen Epos der Fall war, und erzeugten dabei Imaginationen und Illusionen. Indem sie die Leidenschaften und die affektive Zerrissenheit des Menschen darstellten, verdunkelten sie den Verstand und verbauten damit einen rationalen Zugang zur Wahrheit.

Zum anderen kritisiert Platon die ethische Fragwürdigkeit der Tragödien. Sie führten vor, wie das Gute und Rechte von der *týche* – dem Zufall, der chaotischen Macht der Umstände – sowie von menschlichen Schwächen und Fehlern unterwandert werde. Dass den handelnden Personen ihr Wissen wie ihr Nichtwissen, ihr Tun wie ihr Nichttun zum Verhängnis werden kann, war für Platon nicht akzeptabel. Solche Ambiguitäten sollten nicht vorgeführt werden.

Demgegenüber hielt Platon an der letztlich unbezwingbaren Selbstdurchsetzung des intelligiblen Guten fest und stellte die philosophische

35 Gorgias: Lobrede auf Helena 8.2f, zitiert nach Schollmeyer: Gorgias' Lobrede auf Helena, 155.

36 Plutarch, De gloria Atheniensium 5, mor. 348BC = B23.

37 Platon: Politeia II–III und X; Sophistes 235e ff; Nomoi VI–VIII.

38 Platon: Gorgias 502c–d, 455a, 462c.

Gesetzgebung den bloßen Dichtungen in scharfem Kontrast gegenüber.[39] Der in der guten Staats- und Gesellschaftsverfassung, wie im guten Leben überhaupt, waltende Logos soll ihm zufolge an die Stelle des Mythos treten. Das hatte für ihn auch praktische Konsequenzen: Tragischen Aufführungen, die das Scheitern des Protagonisten inszenieren, sollten enge Grenzen gesetzt werden. In der *Politeia* plädiert Platon sogar dafür, die Tragödiendichter aus dem idealen Staat auszuschließen.[40] Im VII. Buch der *Nomoi* stellt er sich selbst als verkörperten philosophischen Gesetzgeber den tragischen Dichtern gegenüber und bezeichnet sich als den wahren Tragiker[41]:

> «Wir sind selbst Dichter einer Tragödie, die so weit als möglich die beste und schönste sein soll. So ist die gesamte Staatsverfassung von uns als Darstellung des schönsten und besten Lebens konzipiert worden, was unserer Meinung nach doch wirklich die wahrste Tragödie ist.»[42]

In der wahren Tragödie führe tugendhaftes Leben trotz aller Widrigkeiten des Lebens zum erstrebten Glück *(eudaimonia).* Die Menschen sollten dem Ethos folgen, das sich aus der philosophischen *theoria* ergibt, statt sich ihren Leidenschaften hinzugeben. Sie sollten (nach dem Vorbild des Sokrates) ihre Affekte kontrollieren, auch im Angesicht des Todes, der für Platon die Befreiung der Seele vom Körper bedeutete und deshalb positiv besetzt war.

(c) *Aristoteles'* funktional-pragmatischer Ansatz zur Deutung der Tragödie kann als Reaktion auf diese Kritik verstanden werden, mit der er die Tragödie zu rehabilitieren versuchte. Ihm zufolge kann man nicht nur

39 Platon: Nomoi VII 817b 7: *antítechnoi, antagonistaí.*

40 Platon: Politeia III 398al–b4; X 606el–607a8. Platons Kritik an den poetischen Tragödien findet sich auch, in: Gorgias 502b–c; Politeia X 603eff; 605c–d; 606d. Weiterführend: Karl Hahn: Die Präsenz des Tragischen in Platons politischer Philosophie, in: Peter Nitschke (Hg.): Politeia. Staatliche Verfasstheit bei Platon, Baden-Baden 2008, 73–104. Ausführlicher: Helmut Kuhn: Die wahre Tragödie. Platon als Nachfolger der Tragiker, in: Konrad Gaiser (Hg.): Das Platonbild, Hildesheim 1969, 231–323.

41 Platon: Nomoi VII 812a5ff.

42 Platon: Nomoi VII 817b2–5. Siehe dazu: Volker Gerhardt: «Die Politik ist die wahre Tragödie». Versuch, eine Bemerkung Platons zu verstehen, in: Lore Hühn / Philipp Schwab (Hg): Die Philosophie des Tragischen. Schopenhauer – Schelling – Nietzsche, Berlin/Boston 2011, 83–130.

durch reine Vernunfterkenntnis, sondern auch aus der Dichtung und aus der affektbesetzten Erfahrung von Konflikten und Krisen einen persönlichen Reifungsgewinn erzielen. Seine Bestimmung der Tragödien kreist ganz um deren *Wirkung* auf die Zuschauer.[43] Mit ihrer pathetischen Darstellungsweise wollten sie Jammer *(éleos)* und Furcht *(phóbos)* erregen und damit eine Reinigung *(kátharsis)* bewirken. Die Anteilnahme am Geschick der fallenden Zentralfigur(en) verbindet sich mit der Erschütterung über dieses Unglück.

Die Deutung dieser Bestimmung hängt allerdings von der Übersetzung der von Aristoteles verwendeten Begriffe *éleos, phóbos* und *kátharsis* ab. Lessing fasste *éleos* als «Mitleid» auf. Seit Jakob Bernays wahrscheinlich machen konnte, dass Aristoteles den *kátharsis*-Begriff aus einem medizinischen Kontext entnahm und darunter den Abbau eines psychosomatischen Erregungszustandes verstand,[44] wurde die Deutung von *éleos, phóbos* als moralische Empfindungen jedoch problematisch. Gemeint sind nicht

43 Etwa in: Aristoteles: Poetik 6, 1449b, 24–28 (übersetzt und erläutert von Arbogast Schmitt: Aristoteles. Werke in deutscher Übersetzung, Bd. 5: Poetik, Berlin 2008, 9). Siehe dazu: Ada B. Neschke: Die «Poetik» des Aristoteles. Textstruktur und Textdeutung, Bd. 1: Interpretationen, Frankfurt a. M. 1980; Walter Kaufmann: Tragödie und Philosophie, Tübingen 1980, 37–85; Max Kommerell: Lessing und Aristoteles. Untersuchungen über die Theorie der Tragödie, Frankfurt a. M. 1984; Hellmut Flashar: Die Poetik des Aristoteles und die griechische Tragödie, in: Poetica 16, 1984, 1–23; Manfred Fuhrmann: Die Dichtungstheorie der Antike. Aristoteles, Horaz, Longin, Darmstadt [2]1992; Otfried Höffe (Hg.): Aristoteles – Poetik, Berlin 2009, 87–213; Martin Hose: Einleitung, in: ders.: Aristoteles, ‹Poetik›. Einleitung, Text, Übersetzung und Kommentar, Berlin/Boston 2023, 3–98.

44 Jakob Bernays: Grundzüge der verlorenen Abhandlungen des Aristoteles über die Wirkung der Tragödie, Breslau 1857, 135–184. Siehe dazu auch: Wolfgang Schadewaldt: Furcht und Mitleid? Zur Deutung des Aristotelischen Tragödiensatzes, in: Hermes, 83/2, 1955, 129–171; Hellmut Flashar: Die medizinischen Grundlagen der Lehre von der Wirkung der Dichtung in der griechischen Poetik, in: Hermes 84/1, 1956, 12–48; Bereits Gorgias hatte die Wirkung von Worten mit derjenigen von Medikamenten verglichen, die Körperzustände verändern können, so etwa, in: Lobrede auf Helena, 14 (Schollmeyer: Gorgias' Lobrede auf Helena, 157).

> Emotionen, sondern physiologische («triebhafte») Affekte, die kognitiv nicht verarbeitet sind. Sie werden ausgedrückt in Aussagen wie: «mir stehen die Haare zu Berge», «es dreht sich mir der Magen um», «mir schießen Tränen in die Augen» usw. Solche affektiven Regungen lassen sich mit Rationalität und Willen nicht – jedenfalls nicht leicht – kontrollieren. Ich würde daher *éleos* mit «aufwühlender Betroffenheit» und *phóbos* mit «Eschaudern» oder «Erschrecken» übersetzen.
>
> Wenn es sich bei *kátharsis* um die Mäßigung eines Erregungszustandes handelt, dann ist die Genitivverbindung zwischen «Reinigung» und «Leidenschaften» nicht als «Reinigung *der* Leidenschaften» zu verstehen, bei der die Affekte moralisch sublimiert werden, denn die Reinigung vollzieht sich auf der affektiven, nicht auf der moralischen Ebene. Es kann sich auch nicht um eine «Reinigung *von* den Leidenschaften» handeln, denn mit der dabei angestrebten «stoischen» Affektlosigkeit ginge auch die von den Affekten ausgehende Selbstreinigungskraft verloren. Am sinnvollsten erscheint daher die Deutung als «Reinigung *durch die* Leidenschaften», die deren affektive Kraft nutzt, um das, was sie erregt, mit emotionaler Intelligenz in positive Antriebskräfte zu kanalisieren und dabei eine affektive Erleichterung zu erfahren.

Die Tragödie versetzt die Zuschauer in einen Spannungszustand und verabreicht zugleich ein Therapeutikum zum Spannungsabbau. Es kommt zu einer homöopathischen Selbstentladung der Spannung, indem die Affekte auf die Spitze getrieben und damit überwunden werden.

Möglicherweise intendierte Aristoteles mit dieser Tragödientheorie, die Tragödie für die platonische Philosophie zumindest anschlussfähig zu machen, ohne das Schauspiel seines Charakters als ekstatisches Erlebnis zu berauben. Die Katharsis ist nicht nur ein psychosomatischer Vorgang, sie hat auch eine epistemisch aufklärende Funktion, indem sie Verschleierungen aufhebt und damit den Blick auf die wirklichkeitsbestimmenden Mächte hinter der empirischen Wirklichkeit freigibt. In diesem Sinn wirkt sie offenbarend.

Mit der Fokussierung auf die von der Tragödie angestrebte Wirkung auf die Zuschauer wird die Frage wichtig, mit welchen dramaturgischen Mitteln die erstrebte Wirkung erzielt wird bzw. werden kann. Darin liegt der Impuls für eine poetologische Beschreibung und Deutung der Tragödien. Es sind Schauspiele, die bei ihrem Publikum «ankommen» und dieses «bewegen» wollen. Dazu setzen sie theatralische Mittel (wie den singenden und tanzenden Chor) ein und folgen – nach Aristoteles – einem bestimmten Strukturschema: Exposition, Aufbau der Spannung in einer ansteigenden Handlung, Peripetie (*peripéteia* = Umschlag), Niedergang mit retardierenden Momenten bis hin zur Katastrophe oder einer anderen Auflösung.

Besonders wichtig ist dabei die Peripetie *(peripéteia)*, also der plötzliche Umschlag *(metabolé)* der Handlungsintention in ihr Gegenteil bzw. des Handlungsverlaufs in die entgegengesetzte Richtung – zumeist vom Glück zum Unglück. Dieser Umschlag kann vom Helden selbst oder von anderen Mächten herbeigeführt worden sein. Der Held ist dabei weder ganz aktiv noch ganz passiv, sondern der tragischen Wendung ausgeliefert. Dass die Protagonisten am Ende des Stücks zur Einsicht in die tragische Verwicklung kommen *(anagnorisis)*, ist wichtig für die Wirkung der Tragödie auf die Zuschauer. Die Aufklärung über das Tragische zeigt dieses erst als solches.

In seiner Poetik gibt Aristoteles technische Anleitungen zur Komposition von Tragödien, die das Ziel haben, den katharsischen Effekt beim Zuschauer zu erwirken. Deshalb bezeichnet er die Handlung der Tragödie als «Anordnung der Ereignisse» und gebraucht dafür nicht den Begriff «Praxis», sondern den des «Mythos»[45]. Es handelt sich also um eine inszenierte Erzählung. Dabei steht nicht die Darstellung der Figuren und ihrer Charaktere im Vordergrund, sondern die erzählte Handlung.[46] Diese soll eine Lebenswirklichkeit kunstvoll nachahmen, sie aber nicht realistisch abbilden. Für die Darstellung der Tragödienhandlung galt die «Einheitsregel»: die Einheit der Handlung, die zu einer bestimmten Zeit an einem bestimmten Ort spielt und nach einer bestimmten Verlaufslogik folgerichtig abläuft.

(d) Aus der Sicht der mythenkritischen Philosophie bleibt die Handlung der Tragödie, also der in ihr inszenierte Mythos, zu sehr der weltlichen Erfahrungswirklichkeit verhaftet, die im Licht einer schicksalhaften

45 «Prinzip und gleichsam die Seele der Tragödie ist also die durchorganisierte Handlungsdarstellung [Mythos].» (Poetik 6, 1450a, 38 in der Übersetzung von Schmitt [siehe Anm. 43], S. 11).

46 «Denn die Tragödie ist nicht Nachahmung von Menschen, sondern von Handlungen und von einer Lebensweise.» (Poetik 6, 1450a, 17f, in der Übersetzung von Schmitt [siehe Anm. 43], S. 10). «Daher sind die (einzelnen) Handlungen und der Mythos (als Einheit dieser Handlungen) das Ziel der Tragödie.» (Poetik 6, 1450a, 23f, in der Übersetzung von Schmitt [siehe Anm. 43], S. 10).

Notwendigkeit gedeutet wird. Auch die Götter und die Heroen sind mit menschlichen Schwächen behaftet und werden dafür bestraft. Die philosophische Schau richtet den Blick dagegen über die Welt hinaus: auf die Ideen und die darin gründende Ordnung des Kosmos.

Daran konnte die von Plato und Aristoteles geprägte antike Philosophie und dann auch die christliche Theologie anschließen. Die antike Philosophie war bestrebt, eine in sich stimmige Ordnung des Kosmos aufzuweisen. Unstimmigkeiten, zu denen auch die Negativitäten der Welt- und Lebenserfahrung gehören, wurden in diese Ordnung integriert, indem man sie etwa zu einem bloßen Mangel an Gutem *(privatio boni)* abmilderte. Der Existenzvollzug des einzelnen Menschen wurde in den Rahmen dieser Seinsordnung gestellt. Besonders in der stoischen Philosophie galt die Apathie, die Leidlosigkeit und Indifferenz, als vorbildliche Lebenshaltung. Abgründige Erfahrungen, wie sie in den Tragödien inszeniert worden waren, mussten im Licht dieser Vernunfteinsicht als (noch) unverstanden erscheinen und sowohl intellektuell als auch in der praktischen Bewältigung über sich hinausgeführt werden.

Die altkirchliche christliche Theologie rezipierte die platonische Philosophie und deren Weiterentwicklungen. Sie konnte die Logifizierung des Mythos wie des gesamten Wirklichkeitsverständnisses mit ihrer Logostheologie verbinden. Wie Platon, so richtete auch sie dabei den Blick über die Welt hinaus: auf den Grund und das Ziel des Kosmos. Für sie bestand dieser Grund allerdings im biblisch bezeugten Gott, der die Welt mit höherer Vernunft und einer Heilsabsicht regiert.

2.2 Shakespeares Dramen

In der Frühneuzeit, d. h. seit dem Ende des 16. Jahrhunderts, wurde das tragische Drama neu belebt, dabei gegenüber den klassischen Tragödien aber auch charakteristisch verändert. Die Dramaturgie folgte nicht mehr dem festen Aufbauschema der attischen Tragödie (→ 2.1), orientierte sich aber weiterhin an der von Aristoteles beschriebenen Struktur von Spannungsaufbau, Umschlag und Entlastung (→ 2.1). Die Darsteller trugen keine Masken mehr, die ihre Individualität verbargen. Der metaphysische Bezug auf das kosmische Schicksal und die Fügungen der Götter, wie er in den attischen Tragödien gegeben war, trat zurück. Ansätze dazu gab es allerdings schon bei den griechischen Tragödiendichtern selbst, etwa bei

Euripides, der die psychische Verfassung seiner Figuren zur Darstellung brachte. In den neuzeitlichen Dramen waren es nicht mehr transzendente, sondern weltliche Konstellationen, die zu den leidvollen tragischen Verwicklungen führten. Noch ausgeprägter als in den griechischen Tragödien ist es aber das Handeln der Personen selbst, das sie in die missliche Situation bringt. Sie sind selbst für ihr Schicksal verantwortlich, wobei sie in einem spannungsreichen Geflecht von Situationsumständen, Beziehungsdynamiken und z. T. zwanghaften psychischen Dispositionen handeln. Auf diese Weise sind sie zugleich frei und unfrei, zugleich verantwortlich und getrieben. Sie verrennen sich in ihr Unglück, wobei zuweilen böse Mächte – personifiziert etwa in Hexen – ihr Unwesen treiben.

Im Kontext der englischen Renaissance im ausgehenden 16. und zu Beginn des 17. Jahrhunderts verfasste William Shakespeare seine Tragödien, die zu den einflussreichsten Werken dieses Genres gehören. Man teilt sie ein in die frühen Tragödien (etwa «Romeo und Julia», 1595), die Römerdramen (wie «Julius Caesar», 1599) und die «großen» späteren Tragödien («Hamlet», 1601; «Macbeth», 1608 u. a.). Er nahm Stoffe aus der griechischen und römischen Geschichte auf, inszenierte aber auch literarische Vorlagen, die von geschichtlichen Begebenheiten in anderen Epochen und Regionen – vor allem in England – handeln. Bei den Protagonisten handelt es sich um Figuren aus Königshäusern oder Adelsfamilien, wobei die Handlung der dichterischen Phantasie des Autors entspringt. Die Darstellung orientiert sich nicht an der historischen Wahrheit, sondern porträtiert die innere Haltung und das Verhalten der Personen im Spannungsfeld der jeweiligen situativen Kontexte.

Davon lebt die Dramatik der Stücke: Es geht darin um Willensstärke und Handlungsmacht, aber auch um die Lenkung des Willens durch geistige Verwirrung und starke Affekte wie Liebe und Eifersucht, Begehren und Hass, Ehrgeiz und Stolz. Die Verhaltenssteuerung nicht durch die Vernunft, sondern durch taumelnde Leidenschaften führt zu unheilvollen Verstrickungen, zu Intrigen und Ränkespielen. Mit Kurzsichtigkeit und Hochmut bereiten sich die Protagonisten selbst die Fallgrube, in die sie dann aus großer Fallhöhe stürzen. Mit ihrem eigenen, oft manischen Handeln verwickeln sie sich in eine ausweglose Situation.

Shakespeare fokussiert die Darstellung auf das gesprochene Wort und verzichtet weitgehend auf visuelle Effekte. Dadurch treten die handelnden Personen mit ihren Charakteren, ihrer Gesinnung und ihren psychischen Bewegungen in den Vordergrund. Nicht eine Schicksalsmacht, sondern der Wille – oder auch die Selbstblockade der leidenschaftlichen Tatkraft durch skrupulöses Räsonieren, wie bei Hamlet[47] – lenkt das Geschick und führt ins Verhängnis. Es ist selbstverschuldet und hat seinen Grund im Verfehlen dessen, was die Situation und/oder die eigene Stellung gefordert hätte.

> Bei Hamlet ist es der innere Konflikt um den Auftrag, seinen ermordeten Vater zu rächen und dessen Bruder zu töten. In den Widersprüchen seiner Person – zwischen Vernunft und (gespieltem?) Wahnsinn, Scharfsinn und zweifelnder Melancholie – ist er zu entschlossenem Handeln unfähig und schiebt die Ausführung des Auftrags bis zum Ende hinaus. Dabei kommt er selbst, wie auch die anderen Hauptfiguren ums Leben. Bei Macbeth ist es ein innerer Kampf zwischen Gewissen und der Leidenschaft, die ihn in Versuchung und Verblendung führt. Die Versuchung geht von drei Hexen und von seiner Frau aus, die Macbeth dazu verleiten, den schottischen König zu ermorden, um damit Macht und Ruhm zu erlangen. Dieser Mord erscheint bei Shakespeare als Rebellion gegen die Seinsordnung. Damit bereitet sich Macbeth seinen Untergang.

Das Psychologische – das nicht selten ins Psychopathische übergeht – spielt in diesen Stücken eine zentrale Rolle. Man darf es aber nicht isoliert betrachten. Die äußeren Einflüsse auf die Personen, deren Gestelltsein in eine bestimmte Situation, ihr Eingebundensein in ein soziales Gefüge und in kosmische Ordnungen sind von ebenso großer Bedeutung für die Entwicklung der Handlung. Die Stücke können also nicht als reine Psychodramen gedeutet werden.

Dass die Gesinnung der Personen verbalisiert wird, macht die Handlung der Tragödie «von innen heraus» verständlich. Das Tragische besteht – etwa in «Hamlet» – in der «Widerwilligkeit» des Ereignisverlaufs, in der Spannung zwischen der Subjektivität des Handelnden und den eigentlichen Erfordernissen der Handlungssituation. Dies führt dazu, dass die innere Notwendigkeit der Ereignisse den von seiner Willens- und Handlungsfreiheit Gebrauch machenden Protagonisten überrollt. Es ist dies aber keine metaphysische, sondern eine geschichtliche Notwendigkeit (wobei das Geschichtliche durch die Annahme einer ihm immanenten

47 Siehe dazu aber die Hamlet-Interpretation von Karl Jaspers: «Die ihm vom Schicksal aufgezwungene Situation bewirkt diesen Schein des von Reflexion gelähmten Schwächlings. Keineswegs ist Hamlet feige oder unentschlossen überhaupt» (Jaspers: Über das Tragische [siehe Anm. 213], 116).

Notwendigkeit dann selbst quasi mythologisiert wird). Wo dem Handelnden diese Notwendigkeit zu Bewusstsein kommt, bricht ein innerer Konflikt in ihm auf, der aber den verhängnisvollen Gang der Dinge nicht mehr aufzuhalten vermag. Es ist zu spät, um das Gesollte zum Inhalt des Wollens zu machen.

Das Tragische liegt im Missverhältnis zwischen dem «menschlich-allzumenschlichen» Handlungsantrieb der *dramatis personae* und dem fatalen Unheil, das sie damit heraufbeschwören. Schuld daran kann ihr Machtstreben, ihre mangelnde Einsicht oder ihre Leidenschaft sein. Diese «Schuld» löst einen Ereignisverlauf aus, der in seiner Eigendynamik dann aber weit über das Vergehen hinausgeht und zu einem katastrophalen Resultat führt. Im Bild gesprochen: die handelnde Person tritt eine Lawine los, die sie dann überrollt.

In «Romeo und Julia» ist es nicht eine menschliche Verfehlung, sondern die reine Liebe, die das Paar in den Tod führt, zerrieben in der Feindschaft zwischen ihren Familien. Die Tragik liegt im Verlauf der Ereignisse und in der Fehldeutung der Situation durch Romeo selbst: Als er Julia für tot hält, obwohl sie nur bewusstlos ist, nimmt er sich das Leben. Als sie aus der Bewusstlosigkeit aufwacht und ihn tot vorfindet, tötet auch sie sich selbst. Wäre der Tod der beiden also vermeidbar gewesen? Oder hatte eine höhere Macht ihre Hände im Spiel?[48] Tragödien sind deuteoffen. Die Tragik des Geschehens führt dann allerdings zur Versöhnung der verfeindeten Familien.

2.3 Das barocke und das bürgerliche Trauerspiel in Deutschland

(a) In der Barockzeit des 17. Jahrhunderts entwickelt sich das dramaturgische Genre des Trauerspiels. «Trauer» meint dabei nicht ein subjektives Traurigsein. Es geht vielmehr – wie auch in den antiken Tragödien – um eine bestimmte «Weltbeschaffenheit»[49]. Während die Literaten der französischen Klassik (Pierre Corneille, Jean Racine, Voltaire u. a.) ihre Stoffe

48 So zumindest die Deutung von Pater Lorenzo im 5. Akt, 3. Szene, 21f: «A greater power than we can contradict / Hath thwartet our intents.»

49 Ich übernehme diesen Ausdruck von Max Scheler, der ihn auf das Tragische im Allgemeinen bezogen hat (siehe Anm. 201).

noch weitgehend aus der antiken Geschichte und Mythologie entnahmen, bezogen sich die Autoren des deutschsprachigen barocken Trauerspiels (vor allem Andreas Gryphius und Daniel Casper von Lohenstein) – auf die Feudalgesellschaft ihrer Zeit. Ihre Stücke kreisten um Fragen von Herrschaft und Untertanenschaft, Tyrannen- und Märtyrertum, aber auch von Schicksal und Vorsehung, Jenseits und Seelenheil. Die Protagonisten der Stücke gehörten zu den gesellschaftlichen und politischen Eliten. Dementsprechend spielen diese vornehmlich im Milieu gekrönter Häupter, in Königs- und Fürstenhäusern.

Die Autoren dieser Trauerspiele wenden sich von der griechisch-römischen Antike und von der Katharsistheorie des Aristoteles (nicht aber von dessen Aufbauschema und seiner Einheitsregel [→ 2.1]) ab. Darauf hat Walter Benjamin mit Nachdruck hingewiesen. Er schreibt zu den Trauerspielen dieser Epoche:

> «Die Geschichte des neueren deutschen Dramas kennt keine Periode, in der die Stoffe der antiken Tragiker einflußloser gewesen wären. Dies allein zeugt gegen die Herrschaft des Aristoteles. Zu seinem Verständnis fehlte alles und der Wille nicht zum wenigsten.»[50]

Die von Aristoteles beschriebene affektive Wirkung von Furcht und Mitleid habe im barocken Trauerspiel ihre Bedeutung verloren. An deren Stelle sei die Trauer getreten.[51] Benjamin stellt dabei einen Rückbezug zu

50 Walter Benjamin: Der Ursprung des deutschen Trauerspiels (Berlin 1928), in: Gesammelte Schriften, Bd. I/1, Frankfurt a. M. 1974, 203–430, Zitat: 240. Zu Benjamins Deutung des Trauerspiels siehe: Claude Haas / Daniel Weidner (Hg.): Benjamins Trauerspiel. Theorie – Lektüren – Nachleben, Berlin 2014; Alexander Honold: Benjamins Konzept des Tragischen, in: Helmut Hühn u. a. (Hg.): Benjamins Wahlverwandtschaften. Zur Kritik einer programmatischen Interpretation, Berlin 2015, 128–173.

51 Man kann allerdings fragen, ob Benjamins Hinweis auf die Abwendung von der Tragödien*theorie* des Aristoteles eine so radikale Unterscheidung zwischen den *Kunstformen* der antiken Tragödie und dem barocken Trauerspiel zulässt. Im Gegensatz zu Benjamin konstatiert Bohrer, dass die griechische und römische Tragödie zwischen 1600 und 1800 als Maßstab des europäischen Dramas galt, auch wenn man sie modifizierte (Bohrer: Das Tragische [siehe Anm. 20], 35).

den kirchlichen Passionsspielen des Mittelalters her.[52] Die zweite Differenz zu den antiken Tragödien besteht ihm zufolge darin, dass es im barocken Trauerspiel nicht um Mythos, sondern um das geschichtliche Leben geht.[53] Mythos ist dabei verstanden als das in der unveränderlichen Seinsordnung verwurzelte Schicksalhafte, während Geschichte die Sphäre relativ freier menschlicher Aktion und Interaktion bezeichnet.

Das geschichtliche Leben wird aber nicht in seiner Alltäglichkeit zum Stoff des Trauerspiels, sondern in katastrophischen Szenarien, in denen es zu extremen Auswüchsen brutaler Konfliktaustragung zwischen den heroischen Akteuren kommt. Der Versuch des Souveräns als des «Inhaber[s] diktatorischer Gewalt im Ausnahmezustand»[54], sein Schicksal in die eigene Hand zu nehmen, führt zu Blutvergießen. Es ist eine Ästhetik des Schreckens.

Szenen, die tragische Inhalte darstellen, finden sich kaum in diesen Trauerspielen. Statt Ambiguitäten gibt es vorhersehbare Eindeutigkeit. Die Rechtschaffenheit der Märtyrer und das Unrecht auf Seiten ihrer mächtigen Peiniger sind klar gegeneinander profiliert. So sollen die dargestellten Märtyrer den Zuschauern zum moralischen Vorbild werden und der Sturz der Tyrannen soll ihr Gerechtigkeitsbedürfnis befriedigen. Das barocke Trauerspiel kann man also kaum als Tragödie bezeichnen. Doch gerade damit, also *ex negativo,* trägt es dazu bei, nach dem zu fragen, was tragisch genannt zu werden verdient. Zudem ist es eine Vorentwicklung des bürgerlichen Trauerspiels, das dem Tragischen wieder mehr Raum gibt.

(b) Das *bürgerliche Trauerspiel* entwickelte sich im Rahmen der Emanzipation des (Bildungs-)Bürgertums im 18. Jahrhundert.[55] Als Hauptvertreter dieser Kunstform in Deutschland kann Lessing gelten, der sie mit

52 Benjamin: Der Ursprung (siehe Anm. 50), 255–259.

53 A. a. O., 243.

54 A. a. O., 245f.

55 Siehe dazu: Peter-André Alt: Tragödie der Aufklärung. Eine Einführung, Tübingen 1994. Eine wertvolle Quellensammlung für die Tragödientheorien dieser Epoche und darüber hinaus bieten die von Benno von Wiese hg. Bände zur «Deutschen Dramaturgie»: Bd. 1: Deutsche Dramaturgie vom Barock bis zur Klassik, Berlin/New York 1979; Bd. 2: Deutsche Dramaturgie des 19. Jahrhunderts, Berlin/Boston 1969; Bd. 3: Deutsche Dramaturgie vom Naturalismus bis zur Gegenwart, Berlin/Boston 1970.

«Emilia Galotti» (1772) paradigmatisch realisierte. Die von Lessing geprägte Bezeichnung «bürgerliches Trauerspiel»[56] hebt dieses Genre sowohl von der antiken Tragödie als auch vom barocken Trauerspiel ab. In der vom Adel bestimmten Feudalgesellschaft schrieb man nur den Mitgliedern dieses Standes die Fähigkeit zu tragischem Erleben zu. Dem Bürgertum war die Komödie, also das (zumeist derbe) «Lustspiel» vorbehalten.[57] Leonhard Herrmann bestreitet allerdings, dass es im bürgerlichen Trauerspiel primär um Sozialkritik geht und stellt damit die politische Interpretation dieser Stücke infrage:

> «‹Bürgerlich› bedeutet dabei zunächst ‹privat›, ‹allgemein-menschlich›, ‹auf den einzelnen Bürger bezogen› und damit ‹persönlich› oder auch ‹häuslich› und ist nicht primär auf die historische Situation des Bürgertums als einer sozialen Klasse und den Bürger als ihren politischen Agenten bezogen.»[58]

Politische und sozialkritische Tragikdeutungen hoben vor allem auf den Standesunterschied zwischen Adel und Bürgertum ab. Dieser spielt aber in «Emilia Galotti» nur im Hintergrund eine Rolle; es geht primär um die Spannung zwischen Tugend und der Macht der Liebe, aus der sich Emilia nur mit dem selbstgewählten Tod zu befreien vermag. Die Rede von einem «Trauerspiel» bezieht sich dabei nach Lessing auf den erschreckenden «Anblick des menschlichen Elendes»[59], das dramaturgisch dargestellt wird. Dieses Elend hat tragische Züge.

56 Gotthold Ephraim Lessing: Hamburgische Dramaturgie, 14. Stück vom 16. Juni 1767, in: Gotthold Ephraim Lessing: Werke und Briefe in zwölf Bänden, hg. von Winfried Barner u. a., Frankfurt a. M. 1985–2003; Bd. 6: Werke 1767–1769, hg. von Klaus Bohnen, Frankfurt a. M. 1985, 250.252. Siehe dazu u. a.: Christian Rochow: Das bürgerliche Trauerspiel, Ditzingen 1999; Wolfgang Pasche: Das bürgerliche Schauspiel, Stuttgart 2005; Karl S. Guthke: Das deutsche bürgerliche Trauerspiel, Stuttgart 2006.

57 Schon nach Aristoteles sucht die Komödie schlechtere und die Tragödie bessere Menschen darzustellen (Poetik 2, 1448a, 16–18).

58 Leonhard Herrmann: «… und sie wird die letzte nicht sein». Fontanes realistisches Erzählen und Lessings bürgerliches Trauerspiel, in: Matthias Grüne / Jana Kittelmann (Hg.): Theodor Fontane und das Erbe der Aufklärung, Berlin/Boston 2021, 106f.

59 Gotthold Ephraim Lessing: Hamburgische Dramaturgie, 74. Stück vom 15. Januar 1768, in: Lessing: Werke, Bd. 6 (siehe Anm. 56), 554.

Von den beiden Affekten, die Aristoteles durch die Tragödie stimuliert sah – aufwühlende Betroffenheit und Erschaudern – betont Lessing den ersten, deutet ihn aber als Mitleid.[60] Das die Zuschauer anrührende Mitleid ist für ihn fühlende Menschlichkeit. Es stellt eine «vermischte Empfindung [dar], die aus der Liebe zu einem Gegenstande, und aus der Unlust über dessen Unglück zusammengesetzt ist.»[61] Das Erschaudern rührt vor allem aus der

> «Furcht, daß die Unglücksfälle, die wir über diese [die im Trauerspiel unter dem tragischen Geschick leidende Person – R. B.] verhängt sehen, uns selbst treffen können; es ist die Furcht, daß wir der bemitleidete Gegenstand selbst werden können.»[62]

Das bürgerliche Trauerspiel verfolgt nach Lessing die Darstellungsabsicht, zur ethischen Bewusstseinsbildung des Publikums beizutragen. Es will die «Verwandlung der Leidenschaften in tugendhafte Fertigkeiten»[63] bewirken. Aus der Haltung, dem Tun und dem Ergehen der Protagonisten sollten die Zuschauer Einsichten für die eigene Werthaltung und Lebensführung gewinnen. Die damit angeregte Ausbildung bürgerlicher Tugenden – vor allem Vernünftigkeit und Sittlichkeit – entsprach dem Bildungsideal der Aufklärung.

Das Moralische geht dabei aber auch einher mit dem Ästhetischen, die Trauer mit der Bewunderung. Die an ihrem tragischen Geschick Zugrundegehenden gehen erhobenen Hauptes unter. Sie kämpfen einen aussichtslosen Kampf und halten an ihren Werten und Zielen fest, auch wenn ihnen Unrecht geschieht und sie dieses Geschick beklagen oder vor ihm verstummen oder es mit schwarzem Humor verhöhnen. Auf diese Weise stehen sie über dem, was ihnen widerfährt. Von einer solchen Aufrichtigkeit geht eine Faszination auf die Zuschauer aus. Diese empfinden nicht nur Schrecken über die Grausamkeit des Geschehens, Mitleid mit der leidenden Hauptfigur und Trauer über das Unglück, sondern auch Achtung für die Standfestigkeit und die menschliche Größe der tragischen Helden.

60 Siehe dazu: Max Kommerell: Lessing und Aristoteles. Untersuchung über die Theorie der Tragödie, Frankfurt a. M. [5]1984.

61 Gotthold Ephraim Lessing: Hamburgische Dramaturgie, 74. Stück vom 15. Januar 1768, in: Lessing: Werke, Bd. 6 (siehe Anm. 56), 554.

62 Gotthold Ephraim Lessing: Hamburgische Dramaturgie, 75. Stück vom 19. Januar 1768, in: Lessing: Werke, Bd. 6 (siehe Anm. 56), 556.

63 A. a. O., 574.

Der «tragische Affekt» besteht somit aus einer spannungsreichen Kombination verschiedener Affekte. Das macht die Tragödie so spannend.

Ich fasse die Veränderungen, in denen sich das bürgerliche Trauerspiel von den antiken Tragödien und dem barocken Trauerspiel unterscheidet, in den folgenden Punkten zusammen:

Erstens wird die Darstellung – wie schon bei Shakespeare – entfatalisiert, individualisiert und psychologisiert: Der Blick richtet sich nicht mehr auf die Unausweichlichkeiten der Seinsordnung, sondern auf die dargestellten Personen, ihre Charaktere und deren Entwicklung. Das Tragische manifestiert sich in psychischen Zwiespalten, in Entscheidungsdilemmata und Loyalitätskonflikten, etwa in der Spannung zwischen sozialen Normen und der ethischen Selbstbestimmung des Subjekts. Zentrales Thema ist die an Grenzen stoßende Autonomie des Handlungssubjekts. Die handelnde Person untersteht nicht mehr einem unabänderlichen Schicksal, sondern agiert selbstbestimmt. Damit ist sie auch selbst für ihr Handeln verantwortlich. Doch trifft sie dabei auf Widerstände, an denen sie scheitert. Auch daran trägt sie eine Mitverantwortung. Die «Größe» der Zentralfigur ist nicht mehr von ihrer gesellschaftlichen Position, sondern von ihrem Ethos bestimmt.

Zweitens werden die Personen «entheroisiert» und «verbürgerlicht»: Bei den von tragischen Ereignissen und Konflikten Betroffenen handelt es sich zumeist nicht mehr um Helden und Personen in herausgehobener sozialer Stellung. Die (von Aristoteles eingeführte) «Ständeklausel», der zufolge in der Tragödie nur Könige und höhere Adlige auftreten durften, wird aufgehoben. Die *dramatis personae* entstammen gewissermaßen dem Publikum der Tragödie, also den höheren Schichten des Bürgertums, was diesem die Identifikation mit jenen erleichterte. In seiner «Hamburgischen Dramaturgie» schreibt Lessing: «Das Unglück derjenigen, deren Umstände den unsrigen am nächsten kommen, muss natürlicherweise am tiefsten in unsere Seele dringen.»[64] So werden die Personen möglichst realistisch dargestellt. Der Grad der dramaturgischen Stilisierung verringert sich.

Drittens wird auch die dargestellte tragische Situation stärker an die Erfahrungswirklichkeit der damaligen Zeit angenähert, sodass sich die Zuschauer in sie hineinversetzen können. Die Fokussierung auf Personen geht einher mit einer Zentrierung auf bestimmte lebensweltliche Themen,

64 A. a. O., 251.

an denen sich der Konflikt entzündet. Es sind dies nicht mehr Staatskrisen, Verwerfungen im Königshaus, politische Verschwörungen usw., sondern familiäre Dissonanzen oder auch soziale, ökonomische und politische Konflikte «im Kleinen», d. h. im zwischenmenschlichen Bereich, etwa Auseinandersetzungen zwischen Adligen und Bürgern (wie in Friedrich Schillers «Kabale und Liebe») oder auch Selbstkritik an der Moral des (Klein-)Bürgertums (wie in Friedrich Hebbels «Maria Magdalena»).

Viertens tritt gegenüber dem Metaphysischen das Sittliche in den Vordergrund. Das Tragische besteht in der Zuspitzung moralischer Konflikte, wie sie etwa durch eine als untugendhaft angesehene Liebe oder durch den drohenden Verlust der Ehre aufbrechen. Der Konflikt treibt die darin verstrickte Person in den Tod, wobei dieser Tod – wie bei Emilia (oder auch bei Philotas) – ein selbstgewählter ist. Dabei kann allerdings – wie bei Schiller – die Dimension des Schicksalhaften im Sinne einer äußeren Notwendigkeit erhalten bleiben. Die Tragik besteht dann im erhabenen Kampf des innerlich freien Menschen gegen sein Schicksal.

Fünftens wird die von Aristoteles postulierte Einheit von Handlung, Ort und Zeit (→ 2.1) im bürgerlichen Trauerspiel und daran anschließend in den modernen Dramen weitgehend aufgelöst. Die dargestellte Handlung folgt nicht mehr zwingend einem linearen Verlaufsschema. Sie kann sprunghaft und episodisch sein, an verschiedenen Orten spielen und sich über einen längeren Zeitraum hinziehen. Es können Zeitsprünge und Rückblenden eingefügt werden. Die dargestellten Ereignisse stehen auch nicht mehr notwendig in einem Ursache-Wirkungs-Zusammenhang. Mit dieser Kausalität verliert der dargestellte Geschehensablauf die schicksalhafte Notwendigkeit. Kontingente Ereignisse und Entwicklungen greifen in das Geschehen ein.

Bei Friedrich Schiller verschiebt sich der Akzent vom Psychologischen (der bei Shakespeare zentral ist) und vom Moralischen (bei Lessing) zum Geschichtlichen und Politischen.[65] Die Weltgeschichte ist der Ort vieler

65 Friedrich Schiller: Über das Erhabene, in: Schillers Werke. Nationalausgabe, Bd. 21: Philosophische Schriften 2, Weimar 1963, 38–54; ders.: Vom Erhabenen, a. a. O., 171–195. Einen wichtigen Impuls für die Deutung der Tragödien als Ausdruck des «Erhabenen» hat Immanuel Kant gegeben, in: Beobachtungen über das Gefühl des Schönen und Erhabenen (1764) (Akademie-Ausgabe 2, 212). Siehe dazu: Kap Hyun Park: Kant über das Erhabene. Rekonstruktion und Weiterführung der kritischen Theorie des Erhabenen Kants, Würzburg 2009.

seiner Tragödien. Der Grundkonflikt, der für den Protagonisten in tragische Ent- und Verwicklungen führt, besteht – etwa bei Wallenstein – im Aufeinandertreffen zweier Formen von Autorität: einer moralischen und einer, die sich aus dem bestehenden politischen System legitimiert und von den Eliten der Gesellschaft getragen wird. Diese bestimmt das geschichtliche Geschehen. Charismatische Einzelkämpfer, die sich auf ihr Gewissen berufen, rebellieren dagegen. Sie stellen die herrschenden Verhältnisse und deren Ordnung infrage. Wie Wallenstein versuchen sie, dem Räderwerk der Geschichte in die Speichen zu fallen, um die ihnen als erstrebenswert erscheinenden Ziele zu realisieren. Dabei sind sie aber innerlich zerrissen, mit menschlichen Schwächen behaftet und von illoyalen Gefolgsleuten umgeben. So stehen sie sich selbst im Weg und verstricken sich in verhängnisvolle Machtstrukturen, denen sie dann zum Opfer fallen.

Das Tragische besteht hier darin, dass ein in sich spannungsreiches Individuum mit seinen moralischen und politischen Intentionen in einem wiederum in sich spannungsreichen sozialen und politischen System so agiert, dass es im Getriebe des Systems untergeht. Freiheit und Notwendigkeit, Neigung und Pflicht sind die Spannungen, denen Tragödienfiguren ausgesetzt sind.

Während Lessing die über das Mitleid vermittelte moralische Lehre der Tragödie betont, stellt Schiller deren ästhetische Wirkung auf die Zuschauer in den Vordergrund. Diese wird durch die Darstellung von Erhabenheit erzielt. Das Erhabene besteht in der Erhebung über das Sinnliche und über Naturnotwendigkeiten. Das ruft ein erhebendes Gefühl der Bewunderung für den tragischen Helden hervor.[66] In dieser durch das Gefühl vermittelten Erkenntnis besteht die erzieherische Wirkung der Tragödie.[67]

66 In seinem Aufsatz «Über das Pathetische» von 1793 schreibt Schiller: «Der letzte Zweck der Kunst ist die Darstellung des Uebersinnlichen, und die tragische Kunst insbesondere bewerkstelligt dies dadurch, dass sie uns die moralische Independenz von Naturgesetzen im Zustand des Affekts versinnlicht.» (In: Schillers Werke. Nationalausgabe, Bd. 20: Philosophische Schriften 1, Weimar 1962, 196–221, Zitat: 196).

67 Siehe dazu: Friedrich Schiller: Über die tragische Kunst, in: Schillers Werke: Nationalausgabe: Bd. 20: Philosophische Schriften 1, Weimar 1962, 148–170.

2.4 Moderne Dramen

Die Kunstform der Tragödie scheint nicht mehr zeitgemäß zu sein. Daniel Fulda und Thorsten Valk fassen das Urteil der vielen Kulturdiagnostiker zusammen, die den Totengesang auf die Tragödie angestimmt haben:

> «Die prinzipielle Unvereinbarkeit von Schicksal oder tragischer Notwendigkeit und modernem Weltgestaltungsoptimismus, von Heldentum und Subjektkrise, von Wertbezug und Normkritik, von Unbedingtheit und demokratischem Kompromiss, von strenger Form und einem allenfalls parodistischen Verhältnis zu Gattungstraditionen gilt als evident.»[68]

Ob es in der Moderne, also seit dem ausgehenden 18. Jahrhundert, überhaupt Tragödien gibt, hängt – wie bereits festgestellt – von der Bestimmung des Begriffs «Tragödie» ab. Je mehr diese an den klassischen Tragödien der Antike und evtl. noch an denen Shakespeares sowie an der Tragödientheorie des Aristoteles orientiert ist, umso mehr wird man vom «Tod der Tragödie» in der Moderne sprechen.[69] Eröffnet man hingegen eine deutlich größere Variationsbreite dessen, was als Tragödie gelten kann, dann wird man viele literarische und theatrale Stücke im 19., 20. und 21. Jahrhundert ausfindig machen können, die diesem Genre zugeordnet werden können. Und man wird auch in anderen Kunstformen – in Filmen etwa – tragische Elemente finden.[70] So vertreten auch Fulda und Valk die Auffassung, dass die Tragödie in der Moderne «so präsent wie zu kaum einer anderen Zeit ihrer zweieinhalbtausendjährigen Geschichte»[71] ist. Diese Präsenz könne sich allerdings auch in der kritischen Auseinandersetzung mit der Tragödie manifestieren.

Weil mich besonders die existenzielle Dimension des Tragischen interessiert, legt es sich nahe, exemplarisch die existenzialistischen Dramen in den Blick zu nehmen. Dabei frage ich wiederum nur nach den inhaltlichen Grundmotiven.

68 Daniel Fulda / Thorsten Valk: Einleitung, in: dies. (Hg.): Die Tragödie der Moderne. Gattungsgeschichte – Kulturtheorie – Epochendiagnose, Berlin/New York 2010, 1.

69 George Steiner: The Death of Tragedy, London 1961; dt.: Der Tod der Tragödie. Ein kritischer Essay, München 1962.

70 Siehe dazu: Andreas Englhart: Moderne und Gegenwart, in: Englhart/Schößler (Hg.): Grundthemen (siehe Anm. 16), 113–158.

71 Fulda/Valk: Einleitung (siehe Anm. 68), 2.

Roland Galle bezeichnet den Existenzialismus als «Aufgipfelung der Moderne»[72], weil er das «Heraustreten aus religiösen und sozialen Ordnungen, das Abstreifen der Tradition sowie das Setzen eines autonom gewonnenen Lebensentwurfs»[73] thematisiert. Die Besonderheit des Existenzialismus besteht darin, dass er nicht nur die Handlungsorientierung, sondern die gesamte Existenz des Menschen von tiefen Ambivalenzen durchzogen sieht: Der Mensch ist zur Freiheit verflucht; in seinem Kampf um Selbstwerdung verliert er sich und wird sich seiner Selbstentfremdung bewusst; im Bemühen, seinem Tun und Ergehen einen Sinn zu geben, blickt er in den Abgrund der Sinnlosigkeit. Auch wenn das Absurde[74] nicht einfach mit dem Sinnlosen identisch ist, sondern die existenzielle Verlorenheit des Menschen in seiner Lebenswelt und das Scheitern der Sinnerkennung und -stiftung bezeichnet, lässt es doch auch nach Sinn und Sinnlosigkeit der Welt insgesamt fragen. Es handelt sich dabei nicht zuletzt um eine Verarbeitung der Kriegs- und Krisenerfahrungen in der ersten Hälfte des 20. Jahrhunderts.

Zu Recht erkennt Galle in dieser Absurdität eine Affinität zum Phänomen des Tragischen und der Form der Tragödie. Es seien «Konstellationen von agonaler Schubkraft, von fallenartiger Aussichtslosigkeit und irreduzibler Un-Ordnung»[75], die hier zur Darstellung kämen. Man darf aber auch den tiefgreifenden Unterschied zu den vormodernen Tragödien nicht übersehen. Diese setzen eine – im Prinzip erkennbare, wenn auch faktisch oft verborgene – Ordnung der Welt voraus. Diese Gewissheit ist im Existenzialismus verloren gegangen.

In seinem Essay «Mythos des Sisyphos» (1942) zeigt Camus, wie der Mensch in einer sinnlosen Welt dazu gezwungen ist, sich selbst durch sein Handeln einen Sinn zu geben, der ihm aber immer wieder zerbricht. Das Tragische liegt nicht nur in dieser Fragilität der Sinnbildungen selbst, son-

72 Roland Galle: Existentialismus und Tragödie, in: Fulda/Valk (Hg.): Die Tragödie der Moderne (siehe Anm. 68), 235–258, Zitat: 235. Siehe auch: ders.: Der Existentialismus. Eine Einführung, Paderborn 2009.

73 Galle: Existentialismus und Tragödie (siehe Anm. 72), 235.

74 «Absurd» kommt von lat. «absurdus» = «widrig klingend». Es meint also den Missklang, die Disharmonie.

75 Galle: Existentialismus und Tragödie (siehe Anm. 72), 235.

dern darin, dass Sisyphos die Sinnlosigkeit seines Tuns erkennt und trotzdem damit fortfährt. Das erst macht ihn zum tragischen bzw. zum absurden Helden *(héros absurde).*

Samuel Beckett, der seit 1937 in Frankreich lebte, hat mit «Warten auf Godot» (1948f) der vergeblichen Hoffnung auf eine bevorstehende Erfüllung einen wirkmächtigen Ausdruck gegeben. Das Stück hat keine Handlungsstruktur und besteht aus weitgehend inhaltsleeren, banalen Konversationen, die nicht als Dialoge bezeichnet werden können, weil die Darsteller aneinander vorbeireden. Die Einheit von Raum, Ort und Zeit ist aufgelöst, das Stück spielt im Nirgendwo. Die Persönlichkeiten der auftretenden Figuren werden nicht profiliert.

Die existenzialistischen Dramatiker blicken nicht in die Tiefen der menschlichen Psyche, sondern in den Abgrund der menschlichen Existenz, in dem die Subjektivität des Subjekts wie eine Seifenblase platzt. Das Tragische liegt im unerfüllten Warten, in der vergeblichen Sinnsuche, in der Orientierungslosigkeit und Verlorenheit des Menschen in der Welt.

Nicht nur in seiner Individualität, sondern auch im Sozialen findet der Mensch in den Augen der existenzialistischen Dramatiker keine Geborgenheit. «Die Hölle, das sind die anderen», heißt es in Sartres «Geschlossener Gesellschaft» (1944).[76]

Drei Personen treffen nach ihrem Tod in einem Hotelzimmer aufeinander und blicken auf ihr Leben und das Leben der anderen zurück. Dabei sind sie in der «unerbittliche[n] Wiederholungsstruktur ihrer verstellten Lebensmöglichkeiten»[77], in ihren Lebenslügen und Rollenverkrustungen gefangen und werden durch die anderen schonungslos darauf behaftet. Sie können das Geschehene nicht mehr ändern oder fortschreiben. Sie können sich auch nicht davon distanzieren.

Sartre will aufdecken, wie es zu solchen Höllen mitten im Leben kommt. Einerseits braucht der Mensch zu seiner Selbstkonstitution andere Menschen. Andererseits bedrohen diese Menschen aber sein Selbstsein, wenn sie ihm nicht die Freiheit lassen, sich selbst zu entwerfen und die zu sein, die sie sein wollen. Es geht um soziale Identitätsbildung und Identitätsberaubung. Letztere besteht darin, den anderen in seinem «An-sich-Sein»

76 Jean-Paul Sartre: Geschlossene Gesellschaft, Reinbek bei Hamburg 1991, 59.
77 Galle: Existentialismus und Tragödie (siehe Anm. 72), 238.

zum Objekt zu machen bzw. von ihm zum Objekt gemacht zu werden, statt ihn in seinem «Für-sich-Sein» anzuerkennen.

Sartre hat seine Stücke nicht als Tragödien verstanden und verstanden wissen wollen. Er hielt diese Kunstform für historisch überholt.[78] Gleichwohl finden sich in seinen Dramen wie auch in denen von anderen Existenzialisten zahlreichen Strukturelemente, die – weniger im Blick auf die klassischen Tragödien und mehr bezogen auf die zeitgenössische Existenzerfahrung – tragisch zu nennen sind. Dazu gehören vor allem die im menschlichen Daseinsvollzug aufbrechenden Ambivalenzen, die zu abgründigen Erfahrungen existenziellen Scheiterns führen.[79]

Weitet man den Blick über die existenzialistischen Dramen hinaus und fragt nach den Grundthemen moderner Tragödien generell, dann lassen sich die Folgenden benennen: die Spannung zwischen Subjektivität und deren Verlust, zwischen Autonomie und Heteronomie, das Scheitern an den eigenen Idealen, die Vergeblichkeit des Bemühens, sich selbst zu konstituieren, die Erfahrung abgrundtiefer Sinnlosigkeit, die in die Verzweiflung führt, usw. Das Subjekt wird sich fraglich in einer sich verselbstständigenden Welt. Die Welterfahrung ist von Natur- und Geschichtskatastrophen, sowie von globalen Krisen geprägt. Im Blick auf die Spannung zwischen Autonomie und Heteronomie sind es weniger Naturnotwendigkeiten, die der Handlungsfreiheit des Subjekts Grenzen setzen. Es sind politische, ökonomische, soziale und kulturelle Eigendynamiken, die als übermächtig und unkontrollierbar empfunden werden. Dabei ist weniger das Gefühl einer unmittelbaren Bedrohung bestimmend; als bedrängend wird vielmehr ein Beherrschtwerden durch soziale Strukturzwänge und durch technische und bürokratische Systeme, die der Mensch selbst geschaffen hat, empfunden. Die Erwartung, das eigene Geschick handelnd bestimmen und darüber hinaus Einfluss auf metaindividuelle Entwicklungen nehmen zu können, schwindet. Das um Selbstbewahrung und -verwirklichung bemühte Individuum kämpft ohnmächtig gegen die Heteronomien einer anonymen Gesellschaft. Es geht nicht mehr – wie in den klassischen Tragödien – um die Verletzung und Wiederherstellung einer ontischen Gerechtigkeit. Dass es eine solche nicht gibt, ist vielmehr vorausgesetzt. Das aber wirft elementare Sinnfragen auf.

78 Siehe dazu a. a. O., 248.

79 Galle deckt auf, wie Sartre «tragik- und tragödienaffine Charakterdispositionen, Handlungsabläufe und Wirkungsintentionen» einsetzt (a. a. O., 251).

2.5 Postdramatisches Theater

Im «postdramatischen» Theater[80] der jüngeren Vergangenheit seit den 1980er Jahren werden Tragödien bestenfalls noch in dekonstruierter Form gespielt. Mit der Abkehr vom herkömmlichen Sprechtheater, das einen Handlungszusammenhang in den rezitierten Texten, den Aktionen und Interaktionen der Darsteller und dem Arrangement der Bühne repräsentiert, ist die Gattung der Tragödie obsolet geworden. Es soll nicht mehr eine dem Stück vorausliegende Handlung durch «Spielfiguren» dargestellt, sondern ein aktuelles Bedeutungsgeschehen kreiert werden. Dabei wird mehr auf gegenwärtige gesellschaftliche Ereignisse und Entwicklungen als auf existenzielle Grundfragen, innere Konflikte, unbewusste Antriebe und überindividuelle Einwirkungen auf den Geschehensverlauf Bezug genommen. Philosophische Ansätze der Postmoderne, besonders des Poststrukturalismus stehen im Hintergrund, wobei man diese Linie noch weiter bis zur ästhetisch-rituellen Deutung der Tragödie im Frühwerk Nietzsches zurückverfolgen kann.

Die Frage nach Recht und Grenzen von Repräsentation wird aufgeworfen: Dürfen die Schauspieler andere Personen oder nur sich selbst darstellen? Es geht dabei um Authentizität. Die Ausdrucksmöglichkeiten der Sprache werden problematisiert. Die Stücke sollen keine vorgefertigten Vorlagen nachspielen, sondern möglichst aus der Situation, d. h. aus dem sozialen und politischen Kontext, aber auch aus der Vorbereitung und der Aufführung der Stücke selbst heraus entstehen. Mit dieser Entliteralisierung geht ein Überschreiten der Gattungsgrenzen (zur Musik, zum Tanz, zur bildenden Kunst, zum Film usw.) einher: Elektronische Medien werden einbezogen. Auch die Aufführungstechnik hinter der Bühne kann in der Aufführung zur Darstellung kommen. Es gibt keine festgelegten Rollen mehr. Die Ästhetik der Performanz und die Kommunikation mit den Zuschauern steht im Vordergrund. Statt die Zuschauer in eine illusionäre Welt zu versetzen, sollen diese möglichst unmittelbar mit dem dargestellten Geschehen und dem Aufführungsprozess konfrontiert werden.

Mittlerweile ist die Entwicklung über die Postdramatik hinausgegangen.[81] Wie in der Philosophie, so werden auch in der Kunst postmoderne

80 Siehe dazu etwa: Hans-Thies Lehmann: Postdramatisches Theater, Frankfurt a. M. ^{7}2023.

81 Siehe dazu: Simon Hansen: Nach der Postdramatik. Narrativierendes Text-

Ansätze durch einen neuen Realismus kritisiert und überholt, der wieder mehr Wert auf den Wirklichkeitsbezug und auch auf Subjektivität legt. Das freie Spiel mit Bedeutungen in einem selbstreferenziellen Zeichensystem hatte – mindestens in seinen Auswüchsen – das Theater der Beliebigkeit und der Effekthascherei preisgegeben. Ohne zum konventionellen dramatischen Theater zurückkehren zu wollen, werden Elemente davon – wie der Bezug auf Textvorlagen, die Anwendung von Erzählstrategien und die Darstellung von Handlungszusammenhängen – wieder aufgegriffen und innovativ im Sinne einer epischen Ausrichtung umgesetzt.

Inhaltlich geht es in den Stücken um das Leben in einer technisierten und digitalisierten Lebenswelt, um die Auswirkungen transsozialer politischer, ökonomischer und ökologischer Krisen, um Erfahrungen von Gewalt, Marginalisierung und Diskriminierung, um zwischenmenschliche Konflikte und Kommunikationsstörungen, um den Genderaspekt in sozialen Rollenmustern und Beziehungen, um psychisches und körperliches Leiden in bestimmten sozialen Milieus, um Identitätskrisen und fragmentarische Lebensentwürfe usw. Diese Inhalte können durchaus die Erfahrungsqualität des Tragischen haben.

Nach dieser kurzen historischen Übersicht blicke ich nun in einer *systematischen* Perspektive auf die Tragödien. Zunächst versuche ich eine Typologisierung vorzunehmen, dann stelle ich in den Tragödien wiederkehrende inhaltliche Strukturelemente zusammen und frage schließlich nach der Möglichkeit, das Tragische aus den Tragödien zu eruieren.

2.6 Typologien der Tragödien

Man kann verschiedene Typen von Tragödien unterscheiden, wobei diese Unterscheidungen nicht trennscharf sind. Ich stelle zwei Typologien vor. Die erste ist aus unterschiedlichen Quellen gespeist und von mir bearbeitet, die zweite stammt von Mark W. Roche.

Die erste stellt die Typen der Schicksalstragödie, der Schuldtragödie, der Konflikttragödie und der Ambivalenztragödie einander gegenüber. Benannt wird in diesen Bezeichnungen jeweils der für das tragische Geschick maßgebliche Faktor.

Theater bei Wolfram Lotz und Roland Schimmelpfennig, Bielefeld 2021.

- In der *Schicksalstragödie* gerät ein Mensch in das Räderwerk der Seinsordnung, gegen die er verstößt, und wird darin vernichtet. Nicht ohne eigene Schuld, aber auch nicht nur aufgrund dieser Schuld wird er in ein Verhängnis getrieben. So wird Ödipus gerade dadurch schuldig, dass er vermeiden will, schuldig werden. Die Grenzen der Erkenntnis spielen dabei eine wichtige Rolle, ebenso wie andere menschliche Schwächen. Vor allem sind aber Mächte am Werk, die über die menschlichen Handlungsmöglichkeiten hinausgehen.
- In der *Schuldtragödie* (bzw. Charaktertragödie) verstößt der Protagonist mehr oder weniger bewusst gegen das Sittengesetz und die sich daraus ergebende Pflicht, weil er seiner Leidenschaft folgt oder auch Wahnvorstellungen unterliegt.[82] Es geht hier nicht um eine Verletzung der Seinsordnung, sondern um widerstreitende Kräfte in der Psyche des Menschen: Die ethische Vernunft steht den Affekten, dem Machtstreben und dem kurzsichtigen Verfolgen von Eigeninteressen gegenüber. Macbeth wird schuldig, weil er seiner Leidenschaft erliegt.
- In der *Konflikttragödie* geht es um eine Kollision von gegensätzlichen Normen und Werten, die je für sich gerechtfertigt sind. Dies kann zum Konflikt zwischen den *dramatis personae,* aber auch zum Konflikt *im* Protagonisten führen, wie im Falle der Antigone, die bewusst gegen ein Gesetz verstößt, um ein anderes Gesetz zu befolgen. Damit wird sie unausweichlich schuldig. Die tragische Konstellation wurzelt hier in der moralischen Ordnung der Gesellschaft.
- In der *Ambivalenz- oder Antinomietragödie* treffen nicht konträre Normen und Werte aufeinander, sondern *ein* Wert wird in einer Weise realisiert, die das von ihm repräsentierte Wertvolle gerade vernichtet. Im Streben, den Wert handelnd umzusetzen, wird dieser gegen sich selbst gekehrt. In einem dialektischen Prozess setzt der Wert den Gegensatz seiner selbst aus sich heraus. Michael Kohlhaas begeht Unrecht, weil er kompromisslos nach Gerechtigkeit strebt.

Es sind dies klassisch zu nennende Konstellationen des Tragischen, die in Tragödien zur Darstellung kommen, wobei in der Antike die Schicksalstragödie dominiert, in der Renaissance die Schuldtragödie und seit dem

82 Zur Rolle von menschlichem Wahn in tragischen Konstellationen siehe: Rudolf Boehm: ‹Tragik›. Von Oidipus bis Faust, Würzburg 2001, 143–146.

19. Jahrhundert die Konflikt- und die Antinomietragödie. Doch überlagern und durchdringen sich diese Typen. Zudem sind sie im Lauf der Kulturgeschichte Veränderungen unterworfen. So ist etwa das Motiv der Katharsis in der Neuzeit weitgehend zurückgetreten, ebenso wie metaphysische Bezüge, die Referenz auf eine objektiv geltende Wertordnung und das rhetorische Pathos. Tragisches Heldentum erscheint nicht mehr erhaben, sondern aus der Zeit gefallen und damit grotesk. Inhaltlich sind die Dramen an der jeweiligen Lebenswelt orientiert. Sie nehmen zeitgenössische Entwicklungen und Fragen auf.

In seiner Bestimmung von Formen der Tragödie in der Moderne unterscheidet Mark W. Roche drei Tragödientypen, die sich in unterschiedlicher Gewichtung zu allen Zeiten finden, in der Moderne aber besondere Ausprägungen erfahren haben: Tragödien der Selbstaufopferung, des Eigensinns und der Kollision. Davon hebt er das «Drama des Leidens» ab, das der Tragödie eng verwandt ist und in der jüngeren Vergangenheit und Gegenwart eine wichtige Rolle spielt. Die drei von ihm gewählten Bezeichnungen beziehen sich auf die Handlungsmotive, die in das tragische Verhängnis führen. Sie alle wurzeln nach seiner Definition der Tragödie in der «Größe des Helden». Diese Definition lautet:

> «Als Tragödie bezeichne ich ein Werk, in welchem die Größe des Helden zwangsläufig schweres Leid heraufbeschwört […], wobei ich unter Größe all das verstehe, was mit Tugend zusammenhängt: sowohl mit Primärtugenden wie Güte und Gerechtigkeit als auch mit Sekundärtugenden wie Tapferkeit oder Ehrgeiz.»[83]

Die Größe des Helden kann sich nach dieser Deutung in unterschiedlichen Formen der Aktivität und Passivität im Umgang mit einem Konflikt manifestieren: in Selbstaufopferung, in der eigensinnigen Verfolgung der Handlungsziele und in der Entscheidung zwischen konfligierenden Werten. In jedem Fall resultiert daraus Unheil. Roche beruft sich auf die Aussage Reinhold Niebuhrs:

83 Mark W. Roche: Formen der Tragödie in der Moderne, in: Fulda/Valk (Hg.): Die Tragödie der Moderne (siehe Anm. 68), 339.

«In der wahren Tragödie leidet der Held, weil er stark ist, und nicht, weil er schwach ist. Er verwickelt sich in Schuld nicht durch sein Laster, sondern durch seine Tugend.»[84]

- In der *Tragödie der Selbstaufopferung* kämpft der Protagonist gegen das Unrecht bzw. eine ungerechte Macht. Er kann die Gegenmacht nicht bezwingen, will ihr aber auch nicht ausweichen. So begibt er sich freiwillig und selbstbewusst auf einen Leidensweg, an dessen Ende er sich von dieser Macht vernichten lassen muss. Auf solche Weise verschafft er dem Rechten, das er vertritt, Geltung, sodass sich dieses in seiner Nachfolge verwirklichen kann. Sein Tod hat einen Sinn. Er wird zum Vorbild für andere, die er mit seinem Selbstopfer ermutigt. Als Beispiel nennt Roche Rolf Hochhuths «Der Stellvertreter». Dieser Typus ist für religiöse Märtyrererzählungen anschlussfähig.
- In der *Tragödie des Eigensinns,* die man im Gegenüber zur Tragödie der Selbstaufopferung auch Tragödie der Selbstsucht nennen könnte, handelt der Protagonist nicht den o. g. ethischen Primärtugenden gemäß, sondern lässt sich von den Sekundärtugenden des Mutes und der Standhaftigkeit in der Verfolgung seiner Handlungsziele leiten. Sein Handeln kann dabei ethisch problematisch, übermotiviert und kontextblind sein. Die Größe des Helden zeigt sich nicht an der moralischen Qualität, sondern an der Entschiedenheit und Konsequenz – bis hin zur Besessenheit und Hybris – seines Handelns. Dabei ist dieses Handeln nicht Resultat purer Willkür, sondern Ausfluss einer nachvollziehbaren Leidenschaft, Reaktion auf eine frühere Verletzung oder Realisierung eines verabsolutierten Wertes oder einer Tugend. Als Beispiele nennt Roche Schillers «Räuber» und Ibsens «Brand». Auch Kleists Novelle «Michael Kohlhaas» gehört in diese Kategorie.
- In der *Tragödie der Kollision* prallen zwei, je für sich gerechtfertigte Werte bzw. Forderungen aufeinander, entweder vertreten von zwei verschiedenen Personen oder in der Handlungsorientierung *einer* Person. Im einen Fall ist der Konflikt äußerlich, im anderen innerlich. Als Beispiel für einen äußerlichen Konflikt kann man auf

84 A. a. O., 339f. Zitiert aus: Reinhold Niebuhr: Beyond Tragedy. Essays on the Christian Interpretation of History, New York 1941, 156 (Übersetzung: Mark W. Roche).

> Büchners «Dantons Tod» verweisen, wo sich Robespierre und Danton als Vertreter konträrer Leitvorstellungen in Bezug auf Lebensstil und Staatsorganisation gegenüberstehen. Das fast schon klassisch zu nennende Beispiel für die Tragödie des innerlichen Konflikts ist «Antigone».

Den skizzierten drei Typen der Tragödie stellt Roche das «Drama des Leidens» gegenüber, das in Gerhart Hauptmann einen seiner Hauptvertreter hat. Dieses ist nicht nur für die Literatur und das Theater im 20. und 21. Jahrhundert, sondern auch für meinen Versuch, das Tragische näher zu bestimmen, von besonderer Bedeutung, auch wenn es nach der von Roche gegebenen Definition nicht in die Kategorie der Tragödie fällt. Denn in diesem Typus geht es nicht um heldenhafte Größe, die scheitert und ins Leiden führt, sondern um die alltäglich mögliche, gänzlich unheroische Verstrickung in Leidenssituationen, die nicht oder nur teilweise auf eigene Schuld zurückführbar sind.

Roche nennt drei Gründe für die Dominanz, die das «Drama des Leidens» seit Beginn des 20. Jahrhunderts gegenüber der klassischen Tragödie gewonnen hat:[85] Zum einen sei mit der Betonung der Diesseitigkeit des Lebens und der Subjektivität des Menschen in der Moderne die menschliche Sensibilität für unverdientes Leiden gewachsen, besonders für ein Leiden, das die Würde der Person untergräbt. Zweitens habe sich die Rangordnung der Tugenden verändert: Heroische Tugenden wie Begeisterungsfähigkeit, Mut und Entschlossenheit seien zugunsten von sozialen Tugenden wie Verständnis, Toleranz und Bescheidenheit zurückgetreten. Diese führten aber seltener zu tragischen Konflikten. Auch die Sensibilität gegenüber dem Leiden sei zu einer Tugend aufgestiegen. Drittens ist – so Roche – das Kunstideal des organischen Zusammenhangs durch das Unverbundene und das Fragmentarische verdrängt worden. Damit habe auch der Zusammenhang von heroischer Größe und Leiden seine Plausibilität eingebüßt.

2.7 Strukturelemente des Tragischen in den Tragödien

Eine essenzialisierende Definition von «Tragödie» zu geben, d. h. das *Wesen* dieser Kunstform zu bestimmen, ist weder möglich noch sinnvoll. Der Versuch es zu tun, wird immer eine mehr oder weniger willkürliche

85 Roche: Formen der Tragödie (siehe Anm. 83), 349f.

Setzung in den oben (→ 1.2) beschriebenen hermeneutischen Zirkel einfügen und von dort aus dann den Kreis der Stücke bestimmen, die als Tragödien bezeichnet werden können. Um der inhaltlichen, formalen und wirkästhetischen Variationsbreite der in Betracht kommenden Stücke in möglichst großem Umfang einigermaßen gerecht zu werden, scheint es dagegen möglich und sinnvoll zu sein, wiederkehrende Strukturmerkmale in ihnen, «Familienähnlichkeiten» zwischen ihnen bzw. Kontinuitäten in der geschichtlichen Entwicklung dieser Gattung ausfindig zu machen.[86]

Mit diesem Verfahren bewege ich mich bewusst innerhalb des angezeigten hermeneutischen Zirkels zwischen dem Vorverständnis dessen, was als Tragödie gelten kann, und den Strukturelementen, die für diese Gattung charakteristisch sind, und die es dann erlauben, einzelne Stücke als Tragödien zu identifizieren. Für die antiken und die neuzeitlich-vormodernen Tragödien ist das Vorverständnis leichter zu entwickeln, weil sich im Blick auf diese Epochen ein Kanon von Tragödien herausgebildet hat. Für die modernen Tragödien ist es ungleich schwieriger, weil strittig ist, ob es in dieser Epoche überhaupt Tragödien gibt und welche der Stücke dieser Kategorie zuzuordnen sind.

In Frage steht auch, auf welche Art von Strukturelementen die Suche zielt. Sollen es formal-poetologische, also die Komposition der Tragödie betreffende sein? Oder richtet sich das Interesse eher auf inhaltliche, ideelle Motive? Geht es also um das Wie oder um das Was der Darstellung? Im folgenden Abschnitt unternehme ich den Versuch, *inhaltliche* Motive zusammenzustellen, die man als Ausdruck des Tragischen in den Tragödien verstehen kann.

Das Tragische besteht demnach im kumulierten Auftreten bestimmter Elemente einer dargestellten Handlungssituation. Diese können mehr oder weniger stark ausgeprägt sein oder auch ganz entfallen. Kein einziges Element ist unverzichtbar. Es müssen nicht alle Elemente vorhanden sein, damit der Plot die Qualität des Tragischen bekommt. Je mehr und je stärker sie aber vorhanden sind, umso tragischer erscheint das Stück. Ich gehe also von einem *graduellen* Verständnis des Tragischen aus, demzufolge

86 So schon Donald MacKinnon: Theology and Tragedy, in: Religious Studies 2/2, 1967, 163–169, Zitat: 163; ders.: The Stripping of the Altars, London 1969, 42. Dann auch: Fulda/Valk: Einleitung (siehe Anm. 68), 12f.

dieses mehr oder weniger klar ausgeprägt sein und mehr oder weniger deutlich erfahren und empfunden werden kann.[87] (→ 4.)

(a) Die erste Gruppe von Elementen bezieht sich auf das *Resultat* der Handlung: Es besteht zumeist in einem Scheitern, d. h. in der Verfehlung des Handlungsziels oder sogar in der Verkehrung der Handlung gegen das ursprüngliche Ziel. Dieses Ziel wird dann nicht nur nicht erreicht, sondern konterkariert. Gemessen am erstrebten Nutzen bringt die Handlung immensen Schaden. Dieser Schaden kann mit der psychischen und/oder physischen Vernichtung der Protagonisten, ihrer Gefolgsleute und auch ihrer Gegner verbunden sein.

Das Resultat der Handlung kann aber auch in einer Auflösung der tragischen Spannung, in Versöhnung und Erlösung bestehen.

Am Ende von Aischylos' «Orestie» besänftigt Athene das Rachebedürfnis der Erinnyen. In Euripides' «Alkestis» überwindet Herakles nach seinen Rettungs- und Gewalttaten seine innere Zerrissenheit, findet Erlösung von seiner Schuld und kehrt in die Gemeinschaft der Menschen zurück. In Goethes «Faust» I wird die Seele Gretchens gerettet.

Die Vernichtung der Protagonisten ist kein unverzichtbares Strukturelement der Tragödienhandlung. Und selbst wenn es dazu kommt, führt dieser Tod zumeist zur Wiederherstellung der kosmischen oder moralischen Ordnung und hat damit einen Sinn.

In diesem Punkt vertreten auch die Tragiktheorien gegensätzliche Positionen. Während die von Hegels Dialektik beeinflussten Ansätze – dem Dreischritt von These, Antithese und Synthese folgend – davon ausgehen, dass es zu einer Aufhebung des tragischen Konflikts kommt, postuliert Peter Szondi, der tragische Widerspruch dürfe «nicht aufgehoben sein in einer übergeordneten – sei's immanenten, sei's transzendenten – Sphäre.»[88] (→ 3.1.2) Damit widerspricht er allen Auffassungen, die zwar von einer immanenten Unversöhnlichkeit des tragischen Konflikts ausgehen, zugleich aber annehmen, dass die gestörte Ordnung (nicht zuletzt durch den Untergang des tragischen Helden) auf einer höheren, transzendenten Ebene wiederhergestellt wird. So konstatiert etwa Eduard von Hartmann, in der Tragödie sei «nur ein solcher Conflict wahrhaft

87 So auch Harol A. Mason: The Tragic Plane, Oxford 1985, 10.

88 Peter Szondi: Versuch über das Tragische, in: ders.: Schriften I, hg. v. Jean Bollack, Frankfurt a. M. 1978, [5]2006, 149–260, Zitat: 209.

brauchbar, der von Hause aus unversöhnlich ist.»[89] Der Konflikt gründet in einer Notwendigkeit und führt mit Notwendigkeit in die Katastrophe.[90] Dort aber, in der Katastrophe, wird er einer transzendenten Lösung zugeführt und so besteht die Wirkung der Tragödie in der Beruhigung der Zuschauenden.

(b) Die zweite Gruppe von Strukturelementen des Tragischen in den Tragödien bezieht sich auf den *Verlauf* der dargestellten Handlung und auf das Bedingungsgefüge, in dem diese sich vollzieht. Folgende Faktoren lassen sich dabei unterscheiden: die Intention und das Handeln des Protagonisten, das damit interagierende Handeln der anderen Figuren, politische und soziale Rahmenbedingungen, die das Geschehen beeinflussen, gegebenenfalls impersonale höhere Mächte, die sich aus den ewigen Gesetzen der Seinsordnung ergeben, oder Interventionen personaler Götter. Paul Ricœur sprach von einer «feindlichen Transzendenz» («transcendance hostile»).[91] Die Wirkung dieser transzendenten Mächte auf den Geschehensverlauf wird oft als «Schicksal» aufgefasst, wobei dieser Begriff eine doppelte Bedeutung hat: Zum einen bezeichnet er *das* Schicksal als Macht im Gegenüber zu der davon betroffenen Person, zum anderen das unverfügbare Ergehen der Person selbst, also *ihr* Schicksal.

89 Eduard von Hartmann: Das Problem des Tragischen (1868), in: ders.: Gesammelte Studien und Aufsätze gemeinverständlichen Inhalts, Berlin 1876, 276–307, Zitat: 298 (unter Verweis auf die Aussage Goethes, dass der tragische Fall von Haus aus unversöhnlich sein müsse. [Goethe an Zelter am 31. Okt. 1831, WA, IV. Abt., Bd. 49, 128]). In einem Gespräch mit Friedrich von Müller und Friedrich Wilhelm Riemer (6. Juni 1824) sagte Goethe: «Alles Tragische beruht auf einem unausgleichbaren Gegensatz. Sowie Ausgleichung eintritt oder möglich (wird), schwindet das Tragische.» (Goethes Gespräche, Bd. 3/1: 1817–1825, hg. von Wolfgang Herwig, Zürich/Stuttgart 1971, 697).

90 «Nur dann, wenn der Konflikt ein solcher ist, daß er *mit Notwendigkeit* den Helden zum Untergange führt, nur dann wirkt er tragisch; man kann sogar behaupten: wenn der Fall wahrhaft tragisch sein soll, so muß nicht nur der tragische Ausgang aus dem Konflikt, sondern auch schon der Konflikt selbst aus den Charakteren mit Notwendigkeit folgen.» (von Hartmann: Das Problem des Tragischen (siehe Anm. 89), 299, Hervorhebung EvH).

91 Paul Ricœur: La symbolique du mal, Paris 1960, 207.300; dt.: Symbolik des Bösen. Phänomenologie der Schuld, Bd. 2, Freiburg i. Br. ^{4}2018.

Die psychischen, physischen und metaphysischen Faktoren wirken in einem komplexen Gemenge mit unterschiedlicher Gewichtung zusammen und geben dem Geschehen einen Verlauf, der sich der Kontrolle der handelnden Personen entzieht. Er vollzieht sich mit einer ihm von außen auferlegten oder ihm innewohnenden Notwendigkeit, Zwangsläufigkeit und Unausweichlichkeit. Dabei sind die handelnden Personen nicht bloß Marionetten; sie bringen das Geschehen in Gang und versuchen es im Sinne ihrer Intention zu steuern, wobei ihr Handeln zum Kampf wird. Daraus entfaltet sich eine Eigendynamik, die sie überrollt. Sie geraten in eine ausweglose Situation, in der sie untergehen. Die Polarität von bedingter Freiheit und Notwendigkeit bestimmt das Handeln der Figuren und damit die Handlung des Stücks.

In den antiken Tragödien erweist sich das, was der Protagonist als Kontingenz erfährt, als Ausdruck einer metaphysischen Notwendigkeit. Ihm und vor allem den Zuschauern sollen die Augen für diese Notwendigkeit aufgehen. In neuzeitlichen Tragödien sind es eher psychische und/oder geschichtliche (politische, ökonomische und soziale) Dynamiken und Zwänge, die den tragischen Konflikt heraufbeschwören und zum Verhängnis führen. In modernen Dramen kann das Prinzip der äußeren oder inneren Notwendigkeit dagegen ganz zurücktreten, sodass der Geschehensablauf durch pure Kontingenz bestimmt ist und sich kein Sinn mehr darin erkennen lässt. Die existenzialistischen Dramen lösen den Geschehenszusammenhang sogar weitgehend in absurde Kommunikation auf. Das Tragische besteht hier in der Unfähigkeit, einen Sinn im eigenen Tun und Ergehen zu finden oder zu stiften.

Das Geschehen läuft in einer nichtlinearen Dynamik ab. Es beschleunigt sich, nimmt unerwartete Wendungen und schlägt um. Intentionen, Handlungen und deren Folgen stehen in einem Missverhältnis; zwischen Tun und Ergehen, Schuld und Strafe besteht eine Dissonanz; Ursachen und Wirkungen korrelieren in einer unvorhersehbaren Weise. Schuld und Verhängnis sind unentwirrbar ineinander verstrickt. Die Handelnden unterstehen dem Fluch der oft gut gemeinten, aber zum Unheil führenden Tat. Ihr Handeln und die dem Handeln zugrunde liegenden Absichten sind inkompatibel mit der Seinsordnung, den Situationsumständen und/oder dem Handeln der Mit- und Gegenspieler. An diesen Widerständen arbeiten sie sich ab. Sie verlieren die Orientierung sowie ihre Handlungsmacht und gehen dabei zugrunde.

(c) Die dritte Gruppe von Elementen, die vor allem in den neuzeitlichen Tragödien eine wichtige Rolle spielt, bezieht sich auf die *psychischen Dispositionen und Prozesse* in den handelnden Personen. Ihre Willensbildung und Handlungsorientierung vollziehen sich im Spannungsfeld von Leidenschaft und Vernunft, von Neigung und Pflicht, von kontradiktorischen Geboten und Forderungen, denen sie ausgesetzt sind. Verschiedene Tugenden und Wertorientierungen widerstreiten einander oder es kommt zu einem inneren Konflikt bei der Realisierung einer Tugend und Wertorientierung, sodass dabei auch überindividuelle Wertordnungen aufeinandertreffen. Der Kampf der Protagonisten ist hier zunächst ein innerer und von da ausgehend dann auch ein äußerer. Goethes «Faust» bekennt, zwei Seelen in seiner Brust zu haben.

Menschliche Schwächen sowie die Begrenztheit der menschlichen Erkenntnis- und Handlungsmöglichkeiten spielen eine wichtige Rolle. Selbsttäuschungen, Verblendungen, Verführungen usw. beeinflussen das Handeln. Aber auch das Beherrschtsein durch Leidenschaften, die Hybris, ein ungezügelter Machtwille, Selbstgerechtigkeit und die sich daraus ergebende blinde Selbstdurchsetzung sowie die Verabsolutierung einer an sich tugendhaften Intention gehört zum Menschlich-allzumenschlichen, das in seinen unheilvollen Folgen in der Tragödie zur Darstellung kommt.

Diese Schwächen und Überheblichkeiten *manifestieren* sich zwar in der Handlungsorientierung der dargestellten Figuren, *gründen* aber zum einen in ihren charakterlichen Dispositionen und zum anderen in den Werten und Zielen, die sie für erstrebenswert halten. Je zerrissener dieser Charakter ist, umso schwieriger wird es, das Handeln der Personen moralisch eindeutig zu qualifizieren und sie für schuldig zu erklären. Sie sind weder nur gut noch nur böse, weder rein schuldig noch rein unschuldig; sie sind weder Verbrecher noch Heilige. Vielmehr ist ihre Persönlichkeit und das sich daraus ergebende Handeln von Selbstspaltungen, Ambiguitäten, unausgleichbaren Gegensätzen und Unversöhnlichkeiten geprägt. Dabei können allerdings die guten wie die bösen Anteile überwiegen.

So bekundet Shakespeares Richard III. schon in der ersten Szene des ersten Aktes die Absicht, ein Bösewicht («villain») zu werden.[92] Franz Moor in

92 Tobias Döring gibt seinem Editionskommentar den Titel «Richard oder Die Macht der Gemeinheit» (in: Shakespeare: König Richard III. Zweisprachige Ausgabe, deutsch von Frank Günther, München 2001, 339–366). Für die attischen Tragödien siehe: Arbogast Schmitt: Tragische

Schillers «Räuber» ist von seinem Hass beherrscht, den er in kalter Rationalität ausagiert. Dagegen ist die Figur der Antigone in den verschiedenen Bearbeitungen des Stoffes von durchweg ehrenwerten Motiven geleitet.

Die Charaktere der meisten Dramenfiguren bewegen sich allerdings zwischen diesen beiden Polen. Einige der inneren Selbstentzweiungen liegen zudem gar nicht auf einer moralisch qualifizierbaren Ebene, wie etwa die zwei Seelen Fausts.

Die tragische Schuld ist ein wiederkehrendes Motiv in den Tragödien.[93] In den sogenannten «Schuldtragödien» (wie Sophokles' «Elektra», Euripides' «Medeia» oder Shakespeares «Macbeth») ist der Zusammenhang zwischen schuldigem Handeln bzw. schuldhaftem Unterlassen und leidvollem Ergehen deutlich konturiert.[94] Doch lassen sich die tragischen Verhängnisse in vielen Tragödien nicht oder nur bedingt der moralischen Handlungsorientierung der davon betroffenen Figur zurechnen. Manche stolpern durch einen kleinen, vielleicht sogar unbewussten Fehltritt in ihr Unheil. Sie tragen dann zwar zu diesem Ergehen bei, sind aber nicht im ethischen Sinn schuldig, zumindest nicht in vollem Umfang. Zwischen ihrer leichtsinnigen Unbedachtsamkeit und deren gravierenden Folgen herrscht eine krasse Disproportion.

Als Beispiel mag das Verhalten Romeos in «Romeo und Julia» gelten, in dem eine falsche Wahrnehmung zum Tod des Liebespaares führt. Die eigentliche Schuld Romeos liegt dem voraus; sie besteht in der Tötung Tybalts. In modernen Schuldtragödien, wie in Schillers «Maria Stuart» oder in Ludwig Tiecks «William Lovell» steht der Umgang mit dem Schuld*bewusstsein* im Vordergrund.

Das Element der menschlichen Größe wurde oft als konstitutiv für das Tragische der Tragödien angesehen.[95] Mit ihm ist das «Erhabene» verbunden.

Schuld in der griechischen Antike, in: Günther Eifler / Otto Saame (Hg.): Die Frage nach der Schuld. Vorträge, Studium Generale der Johannes Gutenberg Universität, Mainz 1991, 157–192.

93 Für die antiken Tragödien siehe dazu: Ingo Werner Gerhartz: Tragische Schuld. Philosophische Perspektiven zur Schuldfrage in der griechischen Tragödie, Freiburg i. Br./München 2016.

94 Siehe dazu auch: Claudia Benthien: Tragödie der Scham, Trauerspiel der Schuld. Konzeptionen des Tragischen um 1800, in: Fulda/Valk (Hg.): Die Tragödie der Moderne (siehe Anm. 68), 41–65.

95 Exemplarisch in der oben zitierten Definition von Mark W. Roche (→ 2.6).

Doch kann dieses Motiv sehr unterschiedlich ausgeprägt sein und auch ganz eingezogen werden. Es kann sich auf die soziale Stellung der Zentralfigur beziehen, aber auch auf Tugenden wie Willensstärke und Durchsetzungskraft, ebenso wie auf die Bewältigung von Leid, auf ein konsequent ethisches Handeln, auf die Auseinandersetzung mit der eigenen Schuld oder auf die Kraft der Liebe bis hin zur Selbstaufopferung. Das damit verbundene tragische Heldentum und die mit diesem wiederum verbundene «Fallhöhe» wurde in modernen Tragödien weitgehend zurückgenommen. In den modernen, stärker egalitär als hierarchisch organisierten Gesellschaften musste sich das übermenschlich Heroische eine Nivellierung gefallen lassen.

Die oben genannten Perversionen des Geschehensablaufs haben ihren Grund nicht selten in den Verkehrungen der affekt-, aber auch der vernunftbasierten Handlungsorientierung und ihrer Ausführung: Aus Liebe vernichtet der Liebende die Geliebte. Aus dem Versuch, schuldlos zu bleiben, entsteht Schuld. Die gute Absicht führt ins Verderben. Das Streben nach dem Rechten gebiert Unrecht. Im Kampf um Freiheit wird Zwang ausgeübt. In solchen Fällen sind die Perversionen des Geschehensablaufs nicht primär auf äußere Faktoren zurückzuführen, sondern vom Handelnden selbst herbeigeführt. Er desavouiert seine eigene Intention, sei es durch leidenschaftliche Impulsivität, durch eine falsche Folgenabschätzung oder auch durch ethischen Rigorismus.

Bei alledem kann man die antiken Tragödien – gegen Schopenhauer – nicht als Inszenierungen einer pessimistischen oder gar nihilistischen Weltanschauung deuten. Darauf hat Nietzsche mit Nachdruck hingewiesen. Man kann in diesen Tragödien die Inszenierung einer tragischen Weltanschauung sehen, aber sie sind keineswegs pessimistisch, sondern – sofern es sich um Schicksalstragödien handelt – eher fatalistisch. In den Trauerspielen der Aufklärungszeit und auch bei Schiller artikuliert sich sogar eher ein moralischer Optimismus. Auch die Tragiktheorien etwa des Aristoteles und Hegels lassen keine Spur von Pessimismus erkennen. Nach Hegel zeigen die Tragödien, dass ein gegen «die sittliche Substanz und Einheit» aufbegehrendes Individuum an der ewigen Gerechtigkeit scheitern muss.[96] Das Sinnwidrige liegt in der Handlungsorientierung der Individuen, nicht in der sittlichen Weltvernunft, die das Weltgeschehen bestimmt.

96 Georg W. F. Hegel: Über die Tragödie, in: Benno von Wiese (Hg.): Deutsche Dramaturgie des 19. Jahrhunderts, Tübingen 1969, 35–40, Zitat: 38.

2.8 Die Tragödie als Schau-Spiel

Im vorigen Abschnitt habe ich versucht, Strukturelemente des Tragischen aus den Tragödien herauszudestillieren. Diese liegen dort aber nicht offen zutage, sondern ergeben sich aus Selektion und Interpretation. Diese wiederum sind geleitet von einem Vorverständnis dessen, was als tragisch gelten kann. Ich werde mein (Vor-)Verständnis des Tragischen in Kapitel 4 entfalten.

Wir bewegen uns damit in dem schon mehrfach angesprochenen hermeneutischen Zirkel von Vorverständnis (des Tragischen) und Konkretisierung, d. h. der Bestimmung konkreter Elemente, in denen sich das Tragische instanziiert bzw. manifestiert. Deshalb wird die Bestimmung solcher Strukturelemente immer strittig sein – wie überhaupt der Versuch, nach dem Tragischen in den Tragödien zu fragen. Versuchen wir es trotzdem.

Ich gehe von der Annahme aus, dass in der Tragödie ein «tragischer» Geschehenszusammenhang zur dramatischen Darstellung kommt, auch wenn es gar nicht die Absicht der Autorin bzw. des Autors ist, ein von ihm/ihr als «tragisch» verstandenes Geschehen zu zeigen. Die Rezipienten können es darin sehen. Das Tragische ist dann der Inhalt der Tragödie. Die Tragödie ist selbst nicht tragisch, sondern bringt das Tragische zur Darstellung. Dabei folgt die Darstellungsform bestimmten Konstruktionsprinzipien und Interessen, hinter denen wiederum verschiedene kunstphilosophische Zielrichtungen stehen: die Absicht, einen kognitiven Erkenntnisgewinn zu erzielen oder zur sittlichen Erziehung beizutragen oder den ästhetischen Sinn für Erhabenheit anzusprechen. In jedem Fall bildet die Tragödie nicht einfach Erfahrungen ab, sondern repräsentiert diese im Blick auf ihren Grund symbolisch-expressiv in der Formatvorlage eines Schauspiels. Dabei hat sie eine performative Ausrichtung: Die Repräsentation der tragischen Erfahrung soll für die Zuschauer selbst zur Erfahrung und zur Selbstreflexion werden. Man könnte auch sagen: Sie will sie ihnen einbilden.

Bei der Suche nach dem Tragischen in den Tragödien muss man deren mimetische und pragmatische Dimension mitbedenken. Die *mimetische* Dimension besteht darin, dass im Schauspiel ein als real vorgestelltes Geschehen anschaulich «nachgeahmt» und auf diese Weise vergegenwärtigt wird. Das Publikum erfährt das tragische Geschick und Geschehen mittelbar: nicht am eigenen Leib, sondern in einer Inszenierung. Es wird ihm vorgeführt. Dabei wird es aber in das gespielte Geschehen mit hineingenommen. Es spielt sich vor seinen Augen ab. Anders als bei einem Bericht von einem vergangenen Ereignis ist ihm damit die Möglichkeit verwehrt oder zumindest erschwert, sich innerlich davon zu distanzieren. Die Tragödie will nicht nur gesehen, sondern erlebt werden. Darin ist sie anderen Kunstformen – wie der bloß gelesenen Literatur oder der bildenden Kunst – überlegen. Aber sie ist eben ein kommunikatives Schau-Spiel im Viereck von Textvorlage des Autors, Regie der Spielleiter, Aufführungspraxis der Schauspieler auf der Bühne und Rezeption durch das Publikum. Diese erleben keine wirklichen Leiderfahrungen, sondern deren künstlerisch stilisierte Ausdrucksformen und damit eine ästhetische Erfahrungssuggestion.[97]

Aldous Huxley hat die Tragödie als eine «chemisch reine» («chemically pure») Kunstform bezeichnet.[98] Oscar Mandel setzt diese konstruierte Künstlichkeit mit einer experimentellen Laborsituation gleich: Vor allem die vormodernen Tragödiendichter lassen die Darsteller in extrem zugespitzten Situationen agieren, die von allen Einflussfaktoren, die den Handlungsverlauf ablenken, gereinigt sind. Die komplexen Gemengelagen der lebensweltlichen Wirklichkeit sind ausgekämmt auf den *einen* Faden der in den Konflikt führenden Handlung.[99] Schon Aristoteles hatte gefordert, die Tragödienhandlung müsse eine in sich geschlossene und von ablenkenden Episoden freie Einheit sein. Doch selbst dort, wo diese Einheit aufgelöst und – im Bild gesprochen – das Labor zur Feldforschung ausgeweitet wird, handelt es sich bei den Stücken um Präparate, die das «Feld» der Spielhandlung nach künstlerischen Leitideen konstruieren.

In den klassischen Tragödien werden die Akteure in nahezu irreale Ausnahmesituationen gestellt und mit außergewöhnlichen Herausforderungen konfrontiert; Im «theatralischen Exzeß der Emotion»[100] agieren sie in einer drastisch überzogenen Weise, welche die Ausweglosigkeit ihrer Situation demonstrativ zur Darstellung bringt. Mit diesem Destillations- und

97 Das Theater ist nach Asmus Trautsch «ein Ort der ästhetisch ergriffenen und begrifflich denkenden Betrachtung von Praxis – eines ästhetisch erfahrenden und reflexiven Sehens *(theōrein)* von Handlungen in Form ihrer Nachahmung *(mimēsis praxeōs)*» (Trautsch: Der Umschlag von allem in nichts [siehe Anm. 26], 8; mit Verweis auf Aristoteles: Poetik, 6, 1449b, 24).

98 Aldous Huxley: Tragedy and the Whole Truth, in: ders.: Collected Essays, London 1960, 100.

99 Oscar Mandel: A Definition of Tragedy, New York 1961, Nachdruck 1986, 3–10.

100 Bohrer: Das Tragische (siehe Anm. 20), 183.

Verstärkungseffekt wird die in der Realität undeutliche Konfliktstruktur – wie durch eine Lupe betrachtet – ostentativ herausgearbeitet und überscharf konturiert, um sie auf diese modellartige Weise den Zuschauern vor Augen zu führen.

Damit verbindet sich die *pragmatische* Absicht. Tragödien wollen bei den Zuschauern eine Wirkung erzielen. Die Rezipienten sollen nicht nur intellektuell, sondern auch emotional bewegt werden. Die Tragödien inszenieren das Ungeschick, in das Menschen verstrickt sind und sich selbst verstricken, sodass sie schuldlos schuldig abstürzen. Sie stellen das daraus resultierende Leid, die Schuld, den Tod als unvermeidlich dar, um beim Publikum eine Einsicht in die Fallgruben der Lebenswirklichkeit zu erzielen, die sich unter der Macht des Schicksals und der Götter oder unter der Macht geschichtlicher Eigendynamiken oder in der Ausagierung psychischer Ambiguitäten auftun können. Auf rationaler und mehr noch auf affektiver Ebene sollen die Zuschauer mit der Möglichkeit solchen Scheiterns konfrontiert werden.

Indem Tragödien ontische, geschichtliche, soziale und psychische Spannungen inszenieren, bieten sie ein im wahrsten Sinn des Wortes «spannendes» Erlebnis, wobei die Spannung vom tiefen affektiven Ergriffensein bis zur Empfindung einer voyeuristischen «Lust am Untergang» reichen kann: «süß ist's, vom sichern Hafen Schiffbrüchige zu sehen», schrieb Wilhelm Raabe 1854/55 in seinem Roman «Die Chronik der Sperlingsgasse».[101] Der Gegenpol zum Mit-Leiden besteht in der vor allem von Schiller betonten Erhebung, die Gefühle der Bewunderung für den Heldenmut auslöst (→ 2.3). Mit der Aufführung ist aber auch ein Bildungsanspruch verbunden: Das Publikum soll durch affektive Stimulierung zu Einsichten in die Seins- und Sittlichkeitsordnung geführt, zur Vertiefung des ethischen Bewusstseins oder zu existenzieller Selbstreflexion angeregt werden. Die Tragödien sind als affektiv mitreißendes Lehrtheater

101 Wilhelm Raabe: Ausgewählte Werke in sechs Bänden, Bd. 1, Berlin und Weimar 1964–1966, 298. Ein ähnlicher Gedanke findet sich schon bei Lukrez in «De rerum natura», 2. Buch, v. 1–4. In der mittelalterlichen Theologie wendete man Plutarchs Unterscheidung zwischen einer *bona* und einer *mala curiositas* auf die Passionsspiele an. Diese sollten nicht eine *mala curiositas* befriedigen. Siehe dazu: Gunther Bös: Curiositas. Die Rezeption eines antiken Begriffs durch christliche Autoren bis Thomas von Aquin, Paderborn 1995.

konzipiert. Sie wollen intellektuelle Einsicht, aber auch ästhetischen Genuss vermitteln.

Die durch ästhetische Stilisierung zu erzielende Wirkung auf den Zuschauer fasst Nenos A. Georgopoulos folgendermaßen zusammen:

> «In tragedy objects are dynamic and multireferential, metaphorically powerful and emotionally loaded, and as such they relate to the audience as participants in a cultural tradition in a changing way. In the experience of the tragic drama we undergo a developmentally complex affective maturation, a cultural growth and integration.»[102]

Der mimetische Charakter und die pragmatische Abzweckung der Tragödien lassen es problematisch erscheinen, diese Kunstform als primäre Materialgrundlage für die Erhebung des Tragischen zu verwenden. Tragödien zielen nicht darauf, ihnen vorausliegende tragische Erfahrungen möglichst authentisch abzubilden. Sie entwerfen das Tragische nach ihrem Darstellungsinteresse in einer prototypischen Handlung.[103] Dabei geht es ihnen vor allem um die Inszenierung und deren Wirkung, nicht eigentlich um die «Sache» des Tragischen. Bis zur Emanzipation des Tragischen von der Tragödie in der Philosophie des Deutschen Idealismus kennen die Tragödiendichter nicht einmal das Konzept des Tragischen.

So wie man zwischen dem Inhalt der Darstellung (dem «Was») und der Darstellungsweise (dem «Wie») unterscheiden muss, so zwischen der Produktions- und der Rezeptionsperspektive. Das Darstellungsinteresse der antiken und neuzeitlichen Tragödiendichter scheint oft gar nicht oder nicht primär auf die oben zusammengestellten Strukturelemente des Tragischen ausgerichtet zu sein. Rudolf Boehm geht noch weiter, indem er konstatiert, in den bekannten Tragödien von Ödipus bis Faust lasse sich weder hinsichtlich der Schuldfrage noch im Blick auf das Schicksalsmotiv eine besondere Akzentuierung, geschweige denn eine Übereinstimmung ausmachen. Mit Gleichgültigkeit gehe die Tragödie über die Schuldfrage hinweg ohne auch nur das Bemühen zu zeigen, sie zu klären. Und auch die für philosophische Reflexionen auf das Tragische der Tragödie bedeut-

102 Nenos A. Georgopoulos: Editor's Introduction, in: ders. (Hg): Tragedy and Philosophy, London 1993, 9.

103 Karl Heinz Bohrer spricht von literarischer Epiphanie: Es gehe darum, was innerhalb, nicht was außerhalb der Texte geschehe (Bohrer: Das Tragische [siehe Anm. 20], 15).

same Schicksalsidee spiele in den Schauspielen selbst bestenfalls eine untergeordnete Rolle: «Keine Tragödie, selbst *Hamlet* nicht, klagt je ein ‹Schicksal› an».[104] Boehm resümiert:

> «Wenn es ‹tragisch› sein soll, daß jemand ohne eigene Schuld oder nur ‹schuldlos-schuldig›, durch ein unerbittliches Schicksal zugrundegehen ‹muß›, ist festzustellen, daß eine solche ‹Tragödie› in der *Tragödie* – nicht stattfindet.»[105]

Ich halte das für eine zwar überzogene, aber doch bedenkenswerte Mahnung.

Die o. g. Strukturelemente sind also vor allem für die *Rezeption* der Tragödien im Blick auf die Erfahrungsqualität des Tragischen von Bedeutung. Daher kann man das Tragische nicht einfach aus den Tragödien ableiten, man kann es aber in ihnen aufsuchen. Indem man das tut, bieten die Tragödien – und vor allem die darauf bezogenen, in und seit der Aufklärung entwickelten poetologischen und philosophischen Reflexionen – wichtige Einsichten in tragisch zu nennende Konstellationen, wie ich sie im vorigen Abschnitt herauszuarbeiten versuchte. Nicht alle, aber einige davon sind von ungebrochener Aktualität. In den Tragödien kann man Konflikte und Krisensituationen dargestellt finden, die für eine Phänomenologie der Erfahrung des Tragischen von zeitübergreifender Bedeutung sind. Nicht nur ein Heros in der attischen Tragödie, sondern jeder Mensch zu allen Zeiten kann in einen unlösbaren Konflikt der eigenen Handlungsorientierung im Spannungsfeld von widerstreitenden «Mächten» geraten. Diese «Mächte» können als transzendente Notwendigkeiten erfahren und als göttliche Fügungen, als Zufügungen des Schicksals, als Gesetze der Seinsordnung usw. gedeutet werden. Es kann sich aber auch um immanente (seins- bzw. naturhafte, geschichtliche oder psychische) Zwänge handeln. Sofern Konflikte und Krisensituationen solcher Art in den Tragödien dargestellt werden, veranschaulichen diese tragische Erfahrungen. Aber es sind eben verdichtete *Veranschaulichungen* von Vorstellungen, die auf reale Erfahrungen verweisen mögen, diese aber nicht zum eigentlichen Inhalt haben. Mit Rolf Breuer kann man konstatieren: «Tragödien sind also verdeutlichtes Leben im Hinblick auf ‹tragische› Situationen, Konflikte, Geschehnisse».[106] Sie verhalten sich zu diesen tragischen Situationen wie

104 Rudolf Boehm: «Tragik» (siehe Anm. 82), 142.

105 A. a. O., 143 (Kursivsetzung von R. B.).

106 Rolf Breuer: Tragische Handlungsstrukturen. Eine Theorie der Tragödie,

das Kunstwerk zur Realität, wie der Liebesroman zur Liebe oder wie das reale Abenteuer zu seiner filmischen Inszenierung, eben mimetisch.

Soll der Begriff des Tragischen existenziell und von da aus dann auch theologisch relevant werden, dann kann sich das damit Gemeinte nur in abgeleiteter Weise auf die dichterische Mimesis der Tragödie beziehen. Vielmehr muss es sich an den Erfahrungen des gelebten Lebens ausweisen. Das Tragische ist primär in existenzieller und erst sekundär in ästhetischer Perspektive in den Blick zu nehmen. Die Philosophie verspricht, dabei Erkenntnishilfe zu geben.

Im nun folgenden dritten Kapitel wende ich mich daher ausgewählten philosophischen Entwürfen zu, die sich mit dem Tragischen beschäftigen, zeichne ihre Darstellungen nach und frage, was sie zur Erhellung tragischer Erfahrung beitragen können.

München 1988, 53. Breuer deutet das Tragische kommunikations- und handlungstheoretisch. Er unterscheidet zwei tragische Handlungsstrukturen: die Eskalationsstruktur und die Widerspruchsstruktur.

3. Das Tragische als Thema der Philosophie

Ich beginne mit zwei Vorbemerkungen:
(a) Abstrahiert man von allen konkreten Bestimmungen in der Erfahrung und Darstellung des Tragischen, dann kann man sagen: Das Tragische ist ein Widerfahrnis von *Negativität*. Pläne werden durchkreuzt, gute Absichten scheitern im Prozess ihrer Realisierung, sinnloses Leiden wird zugefügt. Die Deutung solcher Erfahrungen vollzieht sich immer im Rahmen der jeweils vorherrschenden Weltanschauung. Daher beginne ich die folgenden Überlegungen zu einer philosophischen Erhellung des tragischen Dunkels mit einer sehr groben Skizze weltanschaulicher Grundoptionen, die nach einem letzten Grund der Wirklichkeit fragen.

Grundlegend kann man zwischen monistischen und dualistischen Weltbildern unterscheiden. Die *monistischen* können positiv grundiert sein, wie es beim Idealismus der Fall ist, der das Wirkliche auf das Ideelle, bzw. auf den Geist, also auf eine teleologische Kreativ- und Formativkraft zurückführt. Die höchste Idee ist die des Guten. Das Negative, zu dem auch das Tragische gehört, erscheint dann als «Störung» des Geistwirkens. Beim Tragischen geschieht diese Störung – den idealistischen Deutungen zufolge – durch die Auflehnung der individuellen Handlungsorientierung gegen das allgemeingültige Ideelle. Das Negative ist kein eigenes Prinzip, sondern eine negative Begleiterscheinung.

Man kann das Verhältnis zwischen dem Positiven des Geistwirkens und diesem Negativen eher statisch-ontisch oder eher dynamisch-historisch deuten. Der ontischen Deutung zufolge wird das Negative etwa als *privatio boni* verstanden, also als bloße Abwesenheit des Guten und Positiven, so wie der Schatten einen Mangel an Licht darstellt. Eine dynamisch-historische Verhältnisbestimmung kann mit der Denkform der Dialektik vorgenommen werden. Diese erlaubt es, die Aufhebung des Negativen als Prozess zu denken, eben als Stufenweg von These, Antithese und Synthese. Das ist vor allem in der Geschichtsphilosophie Hegels der Fall, der ich mich gleich zuwenden will.

Generell kann man sagen: Wenn man von einer prinzipiellen Bonität der Welt ausgeht, dann müssen die Übel (also die Vergänglichkeit, Entfremdung, Verfehlung, Gebrochenheit und Mangelhaftigkeit des Seins im Allgemeinen und des menschlichen Daseins im Besonderen) als ein Moment an dieser guten Ordnung gedeutet werden, so wie es etwa Leibniz mit seiner Lehre von der «prästabilierten Harmonie»[107] der «besten aller möglichen Welten»[108] getan hat oder wie es in der traditionellen Glaubenslehre des Christentums der Fall ist, die von einer prinzipiell guten, durch die Ursünde der Menschen dann aber korrumpierten Schöpfungsordnung ausgeht.

Je mehr die Perfektion des Kosmos und die Mächtigkeit der ordnungssetzenden und ordnungswiederherstellenden Macht betont wird, umso mehr wird das Tragische, Chaotische und Sinnlose zurückgedrängt werden. Es erscheint dann als ontische Ausnahmeerscheinung, als Schattenseite der eigentlich lichtvollen Wirklichkeit oder sogar nur als epistemische Ignoranz. All dieses ist dazu bestimmt, überwunden zu werden. Alle Wirklichkeitsverständnisse, die auf der Annahme einer prinzipiellen rationalen Geordnetheit der Welt basieren und diese auf einen Monotheismus oder auf ein monistisches metaphysisches Prinzip zurückführen, tendieren dazu, das Chaotische aus dem Kosmos auszuscheiden oder es zu marginalisieren.

Das monistische Weltbild kann aber auch negativ grundiert sein. Das geschieht in den Philosophien, die auf einem metaphysischen Pessimismus oder Nihilismus basieren, etwa bei Schopenhauer, der dem Panlogismus Hegels einen Alogismus entgegensetzt. Nicht die Vernunft bestimmt das Weltgeschehen, sondern die Strebungen des arationalen Willens zum Leben. Diese Weltanschauung geht von der allgemeinen Negativität des menschlichen Lebens und der Welt, der letztlichen Nichtigkeit und Sinnlosigkeit alles Bestehenden aus. Das Leben ist durch Leiden, Kampf und Verderben gekennzeichnet, die Welt geht in Abwärtsspiralen dem Verfall entgegen. Im Blick auf das Tragische führt das zu einem Pantragismus. Das Tragische ist demnach nicht ein Sonderfall im Leben und im Weltgeschehen, sondern der Normalfall. Es gilt als das Wesen, nicht als das Unwesen der Wirklichkeit.

Die *dualistischen* Weltbilder sehen zwei Mächte bzw. Prinzipien im kosmischen Prozess am Werk, sodass Negatives und Positives, Chaos und Ordnung, Unheil und Heil auf diese beiden Ursprünge zurückgeführt werden können. In der Religionsgeschichte findet sich ein solcher Dualis-

107 So etwa in: Theodizee §§ 58.62f; Monadologie §§ 51.78ff; Principes de la nature et de la grace § 3.

108 Leibniz: Theodizee, vor allem in §§ 168 und 196.

mus etwa in der altpersischen Religion oder im Manichäismus. Im Rahmen polytheistischer Religionskonzepte kann sich der Dualismus auch pluralisieren, wobei verschiedene Positivitäts- und Negativitätserfahrungen und -erwartungen der Wirkmacht verschiedener Götter zugeschrieben werden.

Im Rahmen des weltanschaulichen Dualismus können die beiden Prinzipien einander antithetisch oder polar zugeordnet werden. Im ersten Fall stehen sie sich exklusiv und unvermittelbar gegenüber, im zweiten Fall sind sie inklusiv aufeinander ausgerichtet, gewähren also dem Gegenprinzip Raum. Diese zweite Möglichkeit ermöglicht es, den Dualismus mit einem idealistischen Monismus und/oder einem theologischen Monotheismus zu verbinden. Philosophisch ist dies etwa (in rationalistischer Variante) bei Platon und (in empiristischer Variante) bei Aristoteles der Fall. Dabei wird das negative Prinzip dem positiven nicht gleichberechtigt zur Seite gestellt, sondern ihm untergeordnet. In den Monotheismus können dualistische und polytheistische Elemente eingefügt werden, etwa indem angenommen wird, dass es widergöttliche «Mächte» gibt, die ihr Unwesen «unter» dem einen Gott treiben. Dabei wird aber Gott die Macht zugeschrieben, sich letztlich über diese Mächte hinwegzusetzen.

Es gibt auch die Denkmöglichkeit, Monismus und Dualismus auf eine geschichtliche Weise miteinander zu verbinden: so dass das eine letzte Prinzip sich in der Realisierung seiner selbst in verschiedene Streberichtungen ausdifferenziert, die dann in Konflikt miteinander geraten. Diese Auffassung ist besonders für die Deutung des Tragischen bei Hegel und Schopenhauer von Bedeutung.

Monistische und dualistische Denkformen erscheinen in den religiösen und philosophischen Weltanschauungen selten in Reinkultur. Sie überlagern sich, können sich miteinander verbinden und brechen sich aneinander.

Zu den philosophischen Deutungen des Tragischen gehören auch die phänomenologischen Ansätze, die nicht von letzten, transempirischen Prinzipien, sondern von geschichtlichen Erscheinungsformen ausgehen. Sie nehmen die Erfahrungen des Tragischen «von unten her» in den Blick und fragen von dort aus nach ihren Gründen bzw. nach dem transempirischen Wesen der Phänomene. Bei diesen beiden Verstehensversuchen – von den Ursprüngen und von den Phänomenen her – handelt es sich nicht um einen Gegensatz; es wird lediglich die Bewegungsrichtung des Erkenntnis- und Darstellungsweges umgekehrt. Wir werden das bei Scheler und Jaspers sehen.

(b) Blicken wir von diesen allgemeinen Vorüberlegungen zur weltanschaulichen Grundierung der Deutung des Tragischen nun in die deutschsprachige Philosophiegeschichte seit dem 19. Jahrhundert. Die Beschränkung auf die *deutschsprachige* Philosophie legt sich von der Sache her nahe, weil es sich dabei um eine Diskussion handelt, die in dieser Zeit vor allem dort geführt wurde. Erst in jüngerer Zeit wird dieses Thema auch in der englisch-[109] und französischsprachigen[110] Philosophie behandelt.

Ansatzweise schon in den Tragikdeutungen der Aufklärer (besonders bei Lessing [→ 2.3]), Romantiker (etwa bei Schlegel)[111] und Klassiker (besonders bei Schiller [→ 2.3]), ausgeprägter dann in der Philosophie des

109 Exemplarisch nenne ich einige neuere englischsprachige Literatur: Nussbaum: The Fragility of Goodness (siehe Anm. 26); dies.: Tragic Dilemmas, in: Radcliffe Quaterly 75, 1989, 7–10; Georgopoulos (Hg): Tragedy and Philosophy (siehe Anm. 102); Silk (Hg.): Tragedy and the Tragic (siehe Anm. 19); Felski (Hg.): Rethinking Tragedy (siehe Anm. 1). Terry Eagleton: Sweet Violence: The Idea of the Tragic, Oxford 2003; ders.: Hope without Optimism, Charlottesville, 2015; George W. Harris: Reason's Grief. An Essay on Tragedy and Value, Cambridge 2006; Simon Critchley: Tragedy, the Greeks, and Us, New York 2019. Weitere Angaben finden sich in 5.5.

110 Von Paul Ricœur (Sur le tragique [1953], in: ders., Lectures 3: Aux frontières de la philosophie. Paris 1994, 178–209) ging ein wichtiger Impuls für die französischsprachige Diskussion aus. Zum einen arbeitet Ricœur den Unterschied zwischen der griechischen Tragödie und dem christlichen Glauben heraus, zum anderen betont er aber auch, dieser Unterschied sei nicht so groß, wie oft angenommen werde. Die Differenz besteht ihm zufolge erstens darin, dass die Schuld des Menschen nach christlichem Verständnis nicht seinshaft in der Existenz liege, sondern erst in der Geschichte durch die Abweichung von der Schöpfungsordnung entstanden sei. Die Sünde ist nicht ursprünglich, sondern in die Welt gekommen. Die griechischen Tragödien gingen dagegen davon aus, dass die Schuld mit der Existenz selbst gegeben sei. Den zweiten Unterschied sieht Ricœur darin, dass die Schuld nach christlichem Verständnis nur dem Menschen zukommt, nicht aber ein Verhängnis darstellt, das über den Göttern und den Menschen liegt; sie ist anthropologisch geworden. Siehe auch: ders.: La symbolique du mal (siehe Anm. 91).

111 Siehe dazu: Friedrich Schlegel: Über das Studium der griechischen Poesie (1796f), in: ders.: Ästhetische und politische Schriften, Berlin 2014, 4–95, bes. 25–29.

Deutschen Idealismus (bei Schelling[112] und Hegel [→ 3.1.1]) und vollständig bei Nietzsche wurde die Theorie der Tragödie in eine Philosophie des Tragischen überführt. Es fand eine Verlagerung vom Ästhetischen zum Ontologischen statt. Das Tragische wurde von der Tragödie ansatzweise emanzipiert und in der (Welt-)Geschichte (wie bei Schiller) oder in lebensweltlichen Verstrickungen lokalisiert. Mit Schopenhauer gesprochen, ging es bei diesem Thema nun um «die Beschaffenheit der Welt und des Daseyns»[113], also um Welt- und Lebensdeutung (→ 3.2.1).

Die Tragödien boten den Entdeckungszusammenhang dafür; in ihnen sah man das Tragische zur Darstellung kommen. Es wurde als deren Essenz bestimmt und auf seinen Grund hin durchleuchtet. Diesen sah man in der *conditio humana* bzw. in der Beschaffenheit des Seins. In der Beschäftigung mit den Tragödien ging es nun nicht mehr eigentlich um Gehalt und Gestalt, d. h. um die künstlerische Komposition und die Wirkung der Tragödien (im Plural), sondern um das *Wesen* der Tragödie (im Singular), nicht mehr um Poetologie, sondern um Ontologie, Anthropologie, Geschichts-, Gesellschafts- und Kulturtheorie. So entspann sich seit 1800 ein substanzialistischer Tragikdiskurs, der um die sogenannte «Kollisionstheorie» kreiste. Demnach besteht das Wesen der Tragödie in einer Kollision von unvereinbaren Handlungsimperativen, die sich aus übergeordneten Notwendigkeiten, Prinzipien oder Wertsetzungen ergeben.

112 Auseinandersetzungen mit dem Tragischen finden sich schon in Schellings «Philosophische[n] Briefe[n] über Dogmatismus und Kriticismus» (1795) (Historisch-kritische Ausgabe, Bd. I/3, hg. von Hartmut Bucher u. a. Stuttgart 1982, 49–112 [in den von Karl F. A. Schelling hg. Sämtlichen Werken = SW I/1, 281–341]; bes. im 10. Brief: 106–112 [SW I/1, 336–341]) und dann, in: «Philosophie der Kunst» (1802f) (Historisch-kritische Ausgabe, Bd. II/6,1, hg. von Christoph Binkelmann u. a., Stuttgart 2018, 92–405 [SW I/5, 353–736], bes.: 371–384 [SW I/5, 693–711], siehe auch 190–197 [SW I/5, 461–470]).
Zu Schellings Tragikverständnis siehe: Jörg Jantzen, (Hg.): Die Realität des Wissens und das wirkliche Dasein. Erkenntnisbegründung und Philosophie des Tragischen beim frühen Schelling (Schellingiana 10), Stuttgart 1998; Hühn/Schwab (Hg.): Die Philosophie des Tragischen (siehe Anm. 42), Sektion III (185–315). Dort finden sich weitere Literaturhinweise.

113 Arthur Schopenhauer: Die Welt als Wille und Vorstellung, § 51 (Sämtliche Werke, hg. von Arthur Hübscher), Mannheim ^{4}1988, Bd. 2, 3. Buch, 298.

Es kann sich dabei um einen Konflikt zwischen einem natürlichen Handlungszweck und einem moralischen Gebot oder um einen Konflikt zwischen zwei moralischen Geboten handeln. Auf diese Weise bestimmt Friedrich Schiller das Tragische.[114] Auch Schelling sieht den Gegensatz von Freiheit und (Natur-)Notwendigkeit bzw. Schicksal als Grundkonstellation des Tragischen. Die Vermittlung von Freiheit und Notwendigkeit findet in der freien Annahme des notwendigen Schicksals statt.[115] Nach Goethe bestehen «die größten Qualen, denen ein Mensch ausgesetzt ist», in Konflikten zwischen Sollen und Wollen oder Sollen und Vollbringen oder Wollen und Vollbringen.[116] Neigung und Pflicht prallen aufeinander. Die Handlungsintentionen kollidieren mit den Anfangs- und Rahmenbedingungen des Handelns und/oder mit den Handlungsfolgen.

114 Die Tragödie «umfaßt alle möglichen Fälle, in denen irgend eine Naturzweckmäßigkeit einer moralischen, oder auch eine moralische Zweckmäßigkeit der andern, die höher ist, aufgeopfert wird.» (Friedrich Schiller: Über den Grund des Vergnügens an tragischen Gegenständen, in: Schillers Werke. Nationalausgabe, Bd. 20: Philosophische Schriften 1, Weimar 1962, 133–147, Zitat: 140).

115 So etwa in: Philosophie der Kunst (siehe Anm. 112), 371 [SW I/5, 693], passim.
Schelling beschreibt das in der Tragödie inszenierte Geschehen als «Stürmen blind gegeneinander wütender Leidenschaften, wo für die Handelnden selbst die Stimme der Vernunft verstummt und Willkür und Gesetzlosigkeit immer tiefer sich verwickelnd zuletzt in eine gräßliche Notwendigkeit sich verwandeln» (Zur Geschichte der neueren Philosophie. Münchener Vorlesungen, hg. von Karl-Maria Guth, Berlin [2]2016, 100 [SW I/10, 118]). Dabei lenkt er die Aufmerksamkeit auf den Erkenntnisstandpunkt des Tragödiendichters «als das stille, allein noch leuchtende Licht, als das allein oben bleibende, in der heftigsten Bewegung selbst unbewegliche Subjekt, als weise Vorsehung, welche das Widerspruchsvollste doch zuletzt zu einem befriedigenden Ausgang zu leiten vermag.» (ebd.).

116 Johann Wolfgang Goethe: Shakespeare und kein Ende, in: Berliner Ausgabe, Bd. 18, Berlin 1972, 147–160, Zitat: 151. Zu Goethes Sicht des Tragischen siehe: Joachim Müller: Zum Problem des Tragischen bei Goethe und in der Weltliteratur, in: Volkmar Sander (Hg.): Tragik und Tragödie, Darmstadt 1971, 129–147.

Während diese Deutungen den ruinösen Konflikt vor allem in der subjektiven Willensbildung und Handlungsorientierung im Rahmen naturhafter und/oder geschichtlicher Notwendigkeiten lokalisiert sehen, verlagert ihn Hegel auf eine höhere ideelle Ebene. Er stellt auch nicht den Konflikt selbst in den Mittelpunkt, sondern postuliert eine dialektische Vermittlung der widerstreitenden Positionen. Seine Tragikdeutung ist eine der einflussreichsten der Neuzeit, hat aber auch scharfe Kritik auf sich gezogen.

Es ist im gegebenen Rahmen nicht möglich und im Blick auf das Interesse dieser Studie auch nicht notwendig, die idealistischen und nachidealistischen Philosophien flächendeckend darzustellen. Ich greife diejenigen heraus, von denen eine besonders starke Wirkung auf die philosophischen Diskussionen um das Tragische sowie die tragödientheoretischen Reflexionen ausgegangen ist und die mir ein hohes Anregungspotenzial für die theologische Auseinandersetzung mit diesem Thema zu haben scheinen.[117] Ich gehe dabei nicht streng chronologisch vor, sondern versuche anhand ausgewählter Ansätze drei idealistische Grundoptionen der philosophischen Deutung des Tragischen herauszuarbeiten. Ihnen gemeinsam ist die Unterscheidung zwischen einer transempirischen (metaphysischen) Sphäre als dem eigentlichen Seinsgrund und der (physischen) Erscheinungswelt, in der sich dieser Grund manifestiert. Im ersten Fall besteht der transzendente Seinsgrund im Geist (Hegel), im zweiten Fall in einem Urwillen (Schopenhauer) und im dritten Fall in einem Reich der Werte

117 Auf Søren Kierkegaards existenziale, kollisionstheoretische Deutung des Tragischen werde ich nicht eingehen, will aber doch darauf hinweisen. In seinem Existenzvollzug unterliegt der Mensch nicht wie die Tragödienhelden einer schicksalhaften Notwendigkeit, sondern sieht sich in die Spannung von Notwendigkeiten und Freiheit, von Zeitlichem und Ewigem gestellt. Er muss sich zwischen widersprüchlichen Anforderungen und Möglichkeiten entscheiden. Obwohl diese Anforderungen seine Handlungskompetenz oft übersteigen, hat das Subjekt Verantwortung für sein Entscheiden und Handeln zu übernehmen, was es zur Verzweiflung, aber auch zu existenziellen Transformationen führen kann. Diesbezügliche Überlegungen finden sich etwa in «Entweder – Oder» (1843) (darin: «Der Reflex des Antik-Tragischen in dem Modern-Tragischen») und in «Furcht und Zittern» (1843), wo Kierkegaard die Erzählung von der Opferung Isaaks bespricht.

(Scheler). Das Tragische geht jeweils aus dem Konflikt zwischen den beiden Sphären hervor.

Ich stelle die drei Grundoptionen an drei Entwürfen dar, die sie prominent repräsentieren, und ziehe von dort aus jeweils eine Rezeptionslinie zu einem Entwurf, in dem diese Grundoption rezipiert und transformiert wird. In 3.1 ziehe ich eine Linie von Hegels geistphilosophisch grundierter dialektischer Deutung hin zu Peter Szodnis Rezeption und Revision der Dialektik. In 3.2 stelle ich den willensphilosophisch ansetzenden Pantragismus Schopenhauers dar und zeige, wie Nietzsche diese Tragikdeutung aufnimmt und an zentraler Stelle umkehrt. Die dritte Grundoption sehe ich in den phänomenologisch orientierten Ansätzen, aus denen ich den wertphilosophisch ausgerichteten Entwurf Schelers und die davon mitangeregte existenzphilosophische Deutung Jaspers' herausgreife (3.3). Am Ende dieses Abschnitts nehme ich die Frage noch einmal auf, ob sich das Tragische von der Tragödie abheben lässt, wie es in diesen philosophischen Entwürfen geschieht. Wird es damit essenzialisiert?

3.1 Dialektik als Ereignungsprinzip des Tragischen

Die zwei Entwürfe, die ich in diesem Abschnitt präsentiere und diskutiere, ziehen die Dialektik – verstanden nicht nur als Denkform, sondern als Grunddynamik allen Lebens – zur Deutung des Tragischen heran. Die Ansätze Hegels und Szondis unterscheiden sich allerdings in der Art, wie sie die Dialektik auffassen: als dreistufige, die auf Versöhnung der Antagonismen hinausläuft, oder als zweistufige, die bei der Dissonanz stehen bleibt.

3.1.1 Die Selbstentzweiung des Geistes und ihre Aufhebung. Das Tragische bei Hegel

In der *Phänomenologie des Geistes* beschreibt Hegel[118] – noch ohne expliziten Bezug zum Tragischen – Antinomien zwischen Rechtsansprüchen, Normen und Werten als Selbstentzweiung der absoluten Sittlichkeit: «[D]as sittliche Wesen hat sich selbst in zwei Gesetze gespalten, und das

118 Ich zitiere aus der von Eva Moldenhauer und Karl Markus Michele hg. Theorie Werkausgabe, Frankfurt a. M. 1969–1971 (= TWA)

Bewusstsein, als unentzweites Verhalten zum Gesetze ist nur einem zugeteilt.»[119] Die im absoluten Geist gründenden Ideen des Guten und Rechten, an denen sich alles Handeln letztlich zu orientieren hat, differenzieren sich in Normen, Gesetze und Gebote aus, zwischen denen es in konkreten Handlungssituationen zum Konflikt kommen kann.

Dieser Gedanke wird für Hegels Tragikdeutung zentral, die er vor allem in seiner Vorlesung zur *Ästhetik* ausgearbeitet hat.[120] Das Tragische besteht demnach nicht in der Auflehnung gegen eine dunkle Schicksalsmacht. Es gibt für Hegel keine numinosen Mächte, die das Geschehen bestimmen, und daher auch keinen Konflikt zwischen diesen und dem menschlichen Willen. Die Freiheit des Helden bleibt auch im Zugrundegehen gewahrt. Das Tragische besteht auch nicht in der zerrissenen Subjektivität des Individuums, also in einem innerpsychischen Konflikt zwischen gegensätzlichen subjektiven Handlungs*intentionen,* die im Aufeinandertreffen von Leidenschaften und Vernunfteinsicht, Sinnlichkeit und Sittlichkeit gründen. Die tragische Kollision ist vielmehr auf einer metasubjektiven Ebene lokalisiert: im Konflikt zwischen Handlungs*geboten,* denen die Subjekte ausgesetzt sind. Diese Gebote gehen auf höhere Prinzipien, letztlich auf die transhistorische Idee der ewigen Gerechtigkeit zurück. Daher kann Hegel das Göttliche als das eigentliche Thema der ursprünglichen Tragödie bezeichnen.[121] Und er fügt hinzu: «aber nicht das Göttliche, wie es den Inhalt des religiösen Bewußtseins als solchen ausmacht, sondern wie es in die Welt, in das individuelle Handeln eintritt.»[122]

Indem sich also die absolute Idee des Rechts und der Sittlichkeit in der Welt realisiert, zerspaltet sie sich in verschiedene Normensysteme, die in folgenden Bereichen herrschen: in der «Familienliebe der Gatten, der Eltern, Kinder, Geschwister», im «Staatsleben», im «Patriotismus der Bürger», im «Wille[n] der Herrscher», im «kirchliche[n] Dasein».[123] Zwischen den an den unterschiedlichen Normensystemen orientierten Handlungszwecken kann es zur Kollision kommen. Die Kollision *ereignet* sich in der jeweiligen Handlungssituation, ihren *Grund* aber hat sie in der Selbstent-

119 Hegel: Phänomenologie des Geistes (TWA 3, 345).
120 Hegel: Vorlesungen über die Ästhetik III (TWA 15, 520–569).
121 A. a. O., 522.
122 A. a. O., 522.
123 A. a. O., 521.

zweiung der absoluten Sittlichkeit, aus der die widerstreitenden rechtlichen und sittlichen Prinzipien hervorgehen. Zur Kollision kommt es also dort, wo sich die absolute Sittlichkeit – als grundlegende Bedingung der Möglichkeit sittlichen Handelns – in lebensweltliche, bereichs- und situationsspezifische Handlungsanforderungen *konkretisiert*.

Dabei können sich die gegensätzlichen Handlungsimperative jeweils auf ihren sittlichen Gehalt berufen und sind darin prinzipiell *gleichberechtigt*. Es treffen mithin nicht sittliche auf unsittliche Forderungen, sondern sittliche auf sittliche, die jeweils in der ewigen Ordnung des Rechts und der Sittlichkeit wurzeln, aber miteinander unvereinbar sind. Für die Handlungsorientierung gilt: Nicht Tugend versus Laster, Ehre versus Schande, Gewissen versus Trieb, sondern Selbstbestimmung versus Selbstbestimmung im Rahmen eines ethischen Antagonismus.

Nach Hegels Deutung brechen die Konflikte in den klassischen Tragödien nicht *in* der Person, sondern *zwischen* Personen sowie zwischen den persönlichen Handlungsgründen und dem allgemeinen Gesetz der Sittlichkeit auf. Die tragischen Helden stehen nicht innerlich gespalten zwischen den widerstreitenden Anforderungen, denen sie ausgesetzt sind. Vielmehr verkörpern sie ungebrochen das eine oder das andere Gesetz bzw. Prinzip. Statt zwischen den Prinzipien zu wählen und zu entscheiden, folgen sie mit festem Charakter unbedingt entschlossen dem einen von ihnen gegen das andere. Die damit verbundene Schuld dem anderen Prinzip gegenüber nehmen sie auf sich; das gereicht ihnen zur Ehre. Genau das aber – die Versteifung auf die eigenen Handlungsgründe – führt sie in den Abgrund.

Der eigentliche Konflikt besteht also nicht zwischen widerstreitenden subjektiven Willensrichtungen, auch nicht zwischen schwankender Subjektivität und metasubjektiver Sittlichkeit, sondern zwischen den sittlichen «Mächten», aus denen sich die individuellen Handlungsmotive in den o. g. Bereichen des Familiären, des Politischen, Gesellschaftlichen und Kirchlichen ergeben. Es geht dieser philosophischen Tragikdeutung nicht um die Psychologie der Figuren, also um deren subjektive Verfasstheit, die Affekte und die inneren Auseinandersetzungen. Die «subjektive Tragik innerer Zwiespältigkeit» hat für Hegel «teils etwas bloß Trauriges und Peinliches, teils etwas Ärgerliches»[124]. Das Tragische wird bei ihm vielmehr zu einer fundamentalethischen Kategorie. Die pathetischen Darstellungsformen

124 A. a. O., 563.

der Tragödie müssen demnach auf ihren sittlichen Konfliktgehalt hin durchschaubar gemacht werden.

Nach Hegels Auffassung stehen die konfligierenden Handlungsforderungen dabei nicht in einer starr dualistischen, unversöhnlichen Entgegensetzung, sondern in einem *dialektischen* Verhältnis zueinander. Das gilt auch für das grundsätzliche Verhältnis zwischen dem Allgemeinen der ewigen Gerechtigkeit und dem Besonderen der gelebten Sittlichkeit, zwischen Gesetz und Leben. Die widerstreitenden Positionen und Ansprüche haben sich aus einem dialektischen Prozess ergeben, der sich zwischen dem Allgemeinen und dem Besonderen durch die Konkretion des Allgemeinen vollzieht, und sie streben in diesem Prozess einer Versöhnung auf höherer Ebene entgegen. Da sie im gleichen Grund der allgemeinen absoluten Sittlichkeit wurzeln, aus dem sie ihre jeweilige Rechtfertigung beziehen, können sie keinen letztlich unversöhnlichen Gegensatz bilden.

Hegel betrachtet die Tragödie als

> «eine Kollision zweier Positionen, die zwar beide gerechtfertigt, jedoch auch in dem Ausmaß falsch sind, in dem sie die Gültigkeit oder wenigstens die Teilwahrheit der anderen Position negieren.»[125]

Das Problem liegt also in der Einseitigkeit der Positionen, die gegeneinander ins Feld geführt werden. Sie verschließen sich der Dialektik und verhärten sich gegeneinander. Dabei ist in ihnen selbst die dialektische Dynamik hin zu einer Vermittlung angelegt. Hegels Tragikverständnis ist mit der Erwartung verbunden, dass die tragische Kollision am Ende der Tragödie durch eine Synthese auf höherer Ebene aufgelöst wird. Die Tragödie inszeniert also einen dialektischen Prozess, der von der Selbstentzweiung zur Selbstversöhnung der sittlichen Natur verläuft.

Um diese Deutung zu belegen, bezieht sich Hegel weniger auf die neuzeitlichen Tragödien, in denen oft unversöhnliche psychische Konflikte

125 Roche: Formen der Tragödie (siehe Anm. 83), 346. Die Aussage Hegels, auf die sich dieses Zitat bezieht, lautet im Original: «Das ursprünglich Tragische besteht nun darin, dass innerhalb solcher Kollision beide Seiten des Gegensatzes für sich genommen *Berechtigung* haben, während sie andererseits dennoch den wahren positiven Gehalt ihres Zwecks und Charakters nur als Negation und *Verletzung* der anderen, gleichberechtigten Macht durchzubringen imstande sind und deshalb in ihrer Sittlichkeit und durch dieselbe ebensosehr in *Schuld* geraten.» (Hegel: Vorlesungen über die Ästhetik III, 523, Hervorhebung GWFH).

zwischen Vernunft und Leidenschaft dargestellt werden, und mehr auf die antiken Tragödien, besonders auf die des Sophokles. Hier treffen nach seiner Deutung Gebote der Staatsmacht mit ethischen Familienpflichten aufeinander, wie er es besonders in *Antigone* auf «vortrefflichste [und] befriedigendste» Weise dargestellt sah.[126] Beide Imperative – die des Staatsgesetzes und die der familiären Liebe, die sich auf ein göttliches Gebot beruft – sind jedoch miteinander vermittelbar: Auch Antigone respektiert als Königstochter die staatlichen Gesetze und königlichen Verordnungen, auch wenn sie ihnen in diesem Fall nicht folgen kann; und auch Kreon weiß als Familienvater um die Pflichten der Familie gegenüber. Jede der beiden Verpflichtungen hat also Anteile der jeweils anderen in sich selbst oder ist zumindest dafür offen.

> «[S]o ist beiden an ihnen selbst das immanent, wogegen sie sich wechselseitig erheben, und sie werden an dem selbst ergriffen und gebrochen, was zum Kreise ihres eigenen Daseins gehört.»[127]

Damit ist eine Synthese der sittlichen Anforderungen prinzipiell möglich.[128] Die Tragik besteht darin, dass die Berechtigung der je anderen Position nicht erkannt und anerkannt wird, also in einem Mangel an Erkenntnis und Anerkennung. Das verhindert die Versöhnung der verschiedenen Handlungsgründe mit dem Gesetz der allgemeinen Sittlichkeit und damit auch miteinander. Solche Unversöhnlichkeit führt in die Katastrophe.

Zu dieser Erkenntnis der höheren Gerechtigkeit sollen die Rezipienten der Tragödie kommen. Sie sollen eine Art intellektueller Sympathie mit den Protagonisten empfinden und den Konflikt auf seinen Grund hin durchschauen. Damit realisiert sich die in der letztlichen Einheit der Sittlichkeit begründete Versöhnung konkret in der Rezeption der Tragödie bei den Zuschauenden. Diese sollen zum einen die Macht der Sittlichkeit, die über den partikularen Vorgaben eines bestimmten Normensystems

126 Hegel: Vorlesungen über die Ästhetik III (TWA 15, 550).

127 A. a. O., 549.

128 Auch der Schluss der «Orestie» des Aischylos mit der von Pallas Athene herbeigeführten Versöhnung zwischen den Eumeniden und Apoll bietet Hegel ein Paradebeispiel für seine Deutung.

steht, erkennen und dadurch Beruhigung erfahren.[129] Sie sollen zum anderen diese Macht aber auch anerkennen bzw. fürchten lernen, indem sie sehen, was geschieht, wenn sich das Handlungssubjekt mehr von diesen partikularen Vorgaben als von der universalen, ewigen Gerechtigkeit leiten lässt. Beides zusammen müsste sie zur Einsicht führen, dass ein solch tragisches Scheitern vermieden werden kann, wenn man sich in seiner Willensbildung und in seinem Handeln am höheren Prinzip der Sittlichkeit orientiert. Das ermöglicht es dann auch, der Position, die der eigenen entgegensteht, ihr Recht zuzubilligen.

«Versöhnung» bedeutet also nicht einen glücklichen Ausgang des tragischen Geschehens für die davon Betroffenen. Diese können dabei vernichtet werden. In der konkreten Handlungssituation ist der Konflikt unaufhebbar. Die Aufhebung wird erst möglich, wenn die individuellen Handlungsmotive, die der allgemeinen und ewigen sittlichen Substanz widerstreben, in diese «aufgehoben» (im dreifachen Sinne von *eliminare, conservare* und *elevare*) werden, indem also das Besondere der individuellen Sittlichkeit mit dem wesenhaft Sittlichen in Einklang gebracht wird. Dazu gehört die Vernunfteinsicht, dass die konfligierenden Normensysteme in der ewigen Gerechtigkeit letztlich eine Einheit bilden. Darin gründet auch die für das idealistische Dialektikverständnis grundlegende Annahme, dass in der Antinomie selbst das Potenzial zu deren Transzendierung angelegt ist.

Unter Literaturwissenschaftlern und Tragödientheoretikern hat die Hegelsche Interpretation nur wenig Zustimmung gefunden. Zu offensichtlich werden hier die Tragödien einem geistphilosophischen Überbau untergeordnet und solche Stücke zu ihrer Plausibilisierung der Interpretation ausgewählt, die sich dafür anzubieten scheinen. Die ästhetische Dimension tritt dabei weitgehend in den Hintergrund.

Für eine Phänomenologie tragischer Erfahrungen erscheint Hegels philosophisch-idealistische Deutung des Tragischen und der Tragödie wenig hilfreich; sie hat kein genuines Interesse an der Erfahrungsqualität des Tragischen, sondern sucht das Wesen des Tragischen spekulativ zu erhellen.

129 Auch Schelling sieht die Darstellungsabsicht der griechischen Tragödie darin, die letztliche Identität von Freiheit und Notwendigkeit aufzuweisen. Sie besteht in der freien Einstimmung in die Notwendigkeit. Darin liege der «Grund der Versöhnung und der Harmonie» der Tragödie, der dazu führt, dass uns gerade diese Tragödien «nicht zerrissen, sondern geheilt, und wie Aristoteles sagt, gereinigt zurücklassen» (Philosophie der Kunst [siehe Anm. 112], 373 [SW I/5, 697]).

Der Gedanke einer dreischrittigen, auf Versöhnung zielenden Dialektik, lässt den Konflikt als im Prinzip überwindbar und die Erfahrung des Tragischen als aufhebbar erscheinen. Das Fortschreiten zum Positiven gilt ihm als das «Prinzip aller natürlichen und geistigen Lebendigkeit überhaupt»[130]. Damit wird die Negation des Positiven in ihrer Abgründigkeit nicht ernst genommen, sondern auf ein Durchgangsstadium herabgestuft.

Ein weiteres, mit dem idealistischen Ansatz gegebenes Problem ergibt sich daraus, dass Hegel den tragischen Konflikt auf verschiedene Personen in den Tragödien verteilt, die je für sich für ein Normensystem stehen. Damit geraten die tragischen Kollisionen *in* einer Person aus dem Blick. Nach Hegel spielen diese lediglich insofern eine Rolle, als auch die jeweils andere Anforderung im eigenen Normensystem repräsentiert ist. Doch wird damit der Konflikt *in* der Person hierarchisiert: Diese folgt einem Normensystem und blendet die Berechtigung des Handlungsimperativs aus, der im anderen Normensystem verankert ist. Auf diese Weise kommt es nicht zu innerlich zerreißenden Entscheidungskonflikten, die mit starken Schuldgefühlen besetzt sein können. Für eine Phänomenologie tragischer Erfahrungen spielen solche Konflikte aber eine wichtige Rolle.

3.1.2 Szondis Einspruch: Das Tragische ohne Versöhnung

Das Postulat, dass die tragische Kollision – in der Tragödie wie im Leben – einer Versöhnung auf höherer Ebene entgegengeht, ist immer wieder bestritten worden, so etwa von Eduard von Hartmann im Blick auf die Tragödie.[131] Aus der Vielzahl solcher kritischen Stimmen greife ich die von Peter Szondi heraus. In seinem 1961 erschienenen *Versuch über das Tragische* hat er die Dialektik zum Grundprinzip des Tragischen in den Tragödien erklärt, den Gedanken einer letztlichen Versöhnung des tragischen Konflikts aber zurückgewiesen.[132] Auf diese Weise potenzierte er zunächst den Deuteansatz Hegels, brach ihm dann aber die Spitze ab.

In Bezug auf zwölf idealistische und nachidealistische Philosophen – von Schelling bis zu Scheler – bestimmte er das Tragische von der Struktur der Dialektik her und das Dialektische als Weltprinzip, das sich in den Tragödien künstlerisch und in der Philosophie des Tragischen reflexiv

130 Wissenschaft der Logik (TWA 5, 52).

131 Siehe die in Abschnitt 2.7 zitierte Aussage Eduard von Hartmanns.

132 Szondi: Versuch über das Tragische (siehe Anm. 88).

zum Ausdruck bringt. Das Tragische ist damit nicht inhaltlich als Wesensgehalt, sondern als Modus in einem Prozess bestimmt, der in den Untergang führt. Es ist

> «eine bestimmte Weise drohender oder vollzogener Vernichtung, und zwar die dialektische. Nur *der* Untergang ist tragisch, der aus der Einheit der Gegensätze, aus dem Umschlag des Einen in sein Gegenteil, aus der Selbstentzweiung erfolgt.»[133]

Die Dialektik ist das Wesen der Tragödie. Sie besteht im Kern darin, dass die These *aus sich selbst heraus* die Antithese hervortreibt.

Die Tragödie stellt dar, wie gerade der Versuch der Rettung zur Vernichtung wird. Das Bemühen um die Vermeidung des Risikos wird zum Verhängnis. Das Tragische liegt dabei nicht im Untergang selbst, sondern in der Verkehrung des Gewollten in sein Gegenteil: Der tragische Held will dem Untergang entgehen und schlägt dazu einen Weg ein, der ihn in den Abgrund führt. Die Realisierung eines Wertes vernichtet diesen Wert und den Träger dieses Wertes. Das Geliebte wird aus Liebe zerstört, Freiheit eingeschränkt beim Versuch, sie zu verteidigen. Der Handelnde macht sich selbst zum Gefangenen seiner eigenen Freiheit. Er verfängt sich in einem Netz, an dem er selbst mitgesponnen hat.

Gegen Hegels Deutung postulierte Szondi dann allerdings, der tragische Widerspruch dürfe nicht in einer übergeordneten –immanenten oder transzendenten – Sphäre aufgehoben werden.[134] Die tragische Kollision endet in der Vernichtung. Auch Hegel hatte den tragischen Helden untergehen sehen, doch stellte er diesen Untergang in einen größeren Sinnzusammenhang, in dem es keine prinzipiell unlösbaren Konflikte und kein in der Sache liegendes Scheitern gibt. Diesem weltanschaulichen Optimismus und Harmonismus folgt Szondi nicht. Er beschränkt seinen Blick auf das «immanente» tragische Geschehen und verzichtet auf den metaphysischen Überbau. Dabei führt er die dreischrittige Dialektik auf eine zweischrittige zurück: These und Antithese stehen sich unvermittelt, ohne Synthese, gegenüber; es sei denn, man deutet den Untergang als negative Synthese. Der tragische Konflikt transzendiert sich nicht selbst. In der Dialektik liegt keine Dynamik, die seine Selbstaufhebung hervortreibt.

133 A. a. O., 209.
134 Ebd.

Der «tragische Knoten» wird nicht auf einer höheren Ebene gelöst, sondern zerreißt. Es bleibt die Aporie, die in den Ruin führt. Dabei hat Szondi vor allem moderne Tragödien, wie etwa *Dantons Tod* vor Augen.

Mit der Kritik an der Dreistufigkeit, die auf Versöhnung zuläuft, befindet sich Szondi im Einklang mit anderen Kritikern der Hegelschen Dialektik, wie Søren Kierkegaard in der Philosophie und Karl Barth in der Theologie. Unmittelbarer scheint diese Deutung von Walter Benjamins Tragödientheorie und möglicherweise auch von der «negativen Dialektik» Adornos angeregt worden zu sein.

Mit Walter Benjamin und Peter Szondi halte auch ich daran fest, dass das Tragische nicht in eine unerschütterlich bestehende sittliche Weltordnung eingeordnet werden kann; es stellt das Postulat einer solchen Ordnung infrage. Das Tragische ist daher auch nicht als Auflehnung gegen die Ordnung zu deuten und der Untergang des tragischen Helden nicht als Sühne für seine Schuld.

Weniger überzeugend als Szondis Kritik an Hegels Auffassung der dreistufigen Dialektik scheint mir allerdings sein Versuch zu sein, das Tragische grundlegend auf das Dialektische zurückzuführen. Dabei wird das Dialektikkonzept überdehnt und das Tragische formal und abstrakt bestimmt, sodass es nur noch in einer bestimmten konfliktiven Struktur besteht, nämlich der (zwei- oder dreistufigen) dialektischen, die dann dramatisch dargestellt wird. Zweifellos lässt sich das dreistufige ebenso wie das zweistufige dialektische Schema in vielen Tragödien aufweisen, wie Szondi zeigt, doch gibt es auch viele Gegenbeispiele, in denen der tragische Konflikt aus einem dualistischen Antagonismus zwischen Leidenschaften und Vernunft besteht, wie es in den meisten Tragödien Shakespeares der Fall ist. Daran ist nichts Dialektisches. Charakteristisch für die Dialektik (zumindest im Verständnis Hegels) ist, dass die These die Antithese aus sich selbst hervortreibt.

Für einen empirischen Zugang zum Tragischen, wie ich ihn anstrebe, haben solche philosophischen Überbauten nur eine begrenzte Erschließungskraft. Diese sehe ich auf der phänomenalen Ebene, also in der philosophischen *Beschreibung* tragischer Geschehensabläufe. Hier können dialektische Deutemuster durchaus eine Verstehenshilfe bieten. In Fällen etwa, in denen eine gute Absicht in ihr Gegenteil umschlägt und die intendierte Handlung damit selbstwidersprüchlich wird. Sie kehrt sich gegen ihre Absicht und schlägt in das Gegenteil dessen, was mit ihr erreicht werden sollte, um. Das ist aber nicht auf ein Weltprinzip der Dialektik zurückzuführen. Szondi stuft die *Beschreibung* zur *Erklärung* hoch. Die Dialektik wird dabei zu einem universalen Prinzip aufgewertet. Das vermag sie nicht zu leisten und sie trifft auch nicht auf alle Erfahrungen des Tragischen und auf alle Tragödien zu.

So, wie sich das Tragische nicht auf einen inhaltlichen Begriff bringen lässt, so kann man es auch nicht in ein Strukturschema pressen. Wenn «Dialektik» in einem unspezifischen Sinn nur für die Kollision steht, dann ist dieser Begriff in der Deutung des Tragischen redundant. Wenn er dagegen in einem philosophisch präzisen Sinn gebraucht wird – wie es bei Szondi der Fall ist, der darunter folgende Tatbestände und Vorgänge versteht: «Einheit der Gegensätze, Umschlag des Einen in sein Gegenteil, Negativsetzung seiner selbst, Selbstentzweiung»[135] – dann ist er zu eng und zu formal für diese Deutung.

In seiner monumentalen Studie zur tragischen Erfahrung knüpft Asmus Trautsch in modifizierter Weise an den Grundgedanken Szondis an. Er baut seine gesamte, aus der Interpretation der antiken Tragödien abgeleitete anthropologisch-kulturphilosophische Theorie tragischer Erfahrung auf das Motiv des Umschlags auf. Das entscheidende Charakteristikum der tragischen Erfahrung besteht demnach darin, dass die Intention des Handelnden bzw. die Zielrichtung eines geschichtlichen Prozesses aus sich selbst heraus verkehrt wird, sodass sich das Handeln gegen den Handelnden richtet. Das eigene Handeln wird zum Grund einer Selbstverletzung. Trautschs Definition der tragischen Erfahrung lautet:

> «Eine tragische Erfahrung ist die Erfahrung einer durch eigenes Handeln mit bewirkten irreversiblen Zerstörung existentieller Werte und des Bruchs der praktischen Individualität der Person.»[136]

Daraus entsteht eine Deutung des Tragischen von beeindruckendem Tiefgang, die aber auf der formalen Ebene einer ins Existenzielle übersetzten Dialektik bleibt,[137] die Bestimmung des Tragischen auf dieses eine Merkmal verengt und damit wesentliche Momente der tragischen Lebenserfah-

135 A. a. O., 159, Fußnote 8.

136 Trautsch: Der Umschlag von allem in nichts (siehe Anm. 26), 574.

137 A. a. O., 4.20 u. ö.

rung (und selbst mancher Tragödienhandlung), wie das durch äußere Einwirkung heraufbeschworene Unheil, gar nicht in den Blick bekommt. Für Trautsch betrifft das tragische Leid nur den «Leidende[n], der für die Folgen seines Tuns verantwortlich ist»[138]. Gleichwohl bietet sein Entwurf eine Fülle tiefgründiger Erfahrungsanalysen. Die von ihm angewandte kulturphilosophische Betrachtungsweise erinnert zudem daran, dass der von mir bevorzugte existenzphilosophische Blick auf das Tragische ebenso soziokulturell zu kontextualisieren ist wie dessen metaphysischen Überhöhungen, wie sie sowohl in den Tragödien selbst als auch in deren Deutung vorgenommen wurden.

3.2 Das Tragische im Seinsgrund: Philosophischer Pantragismus

Pessimistische Weltanschauungen gab es zu allen Zeiten, besonders in Zeiten der Not, des Umbruchs und der Suche nach tragfähigen Orientierungen. Im Kontext der Religion kommen sie vor allem in der Apokalyptik zur Darstellung, in der sich die Verzweiflung über die erfahrene Unerträglichkeit des Lebens in der Geschichte artikuliert. Das geschieht aber weniger im Modus distanzierter philosophischer Reflexion und mehr in den Darstellungsformen der Klage. Dabei bestreiten religiöse Apokalyptiker nicht, dass es einen göttlichen Weltgrund gibt; als Adressaten ihrer Klage nehmen sie diesen gerade in Anspruch.

Im Kontext der deutschsprachigen Philosophie begegnet eine radikal pessimistische Weltanschauung im Blick auf das menschliche Dasein und die Welt insgesamt vor allem bei Schopenhauer. Friedrich Nietzsche schließt sich dieser Sicht der Welt und des menschlichen Daseins zunächst an, kritisiert Schopenhauers Denken dann aber scharf und führt dessen Ansatz auf eigene Weise weiter. Beide gehen davon aus, dass das Tragische weder bloß psychologisch (als Zerrissenheit zwischen konträren Affekten) noch ethisch (als Widerstreit unvereinbarer Pflichten) noch handlungstheoretisch (als praktische Aporie gegensätzlicher Handlungsaufforderungen), sondern *ontologisch* zu fassen ist: als Strukturmerkmal des Seins. Es kann nicht auf abgrenzbare Ereigniszusammenhänge beschränkt und primär auf die subjektive Komponente des menschlichen Gefordertseins und

138 A. a. O., 287.

Scheiterns bezogen werden. Vielmehr hat es als unmittelbarer Ausfluss aus der zwiespältigen Konstitution der Wirklichkeit zu gelten. Demnach gibt es in den Grundstrukturen der Wirklichkeit Brüche, in denen oder aus denen Unheil entsteht. Pantragische Weltanschauungen gehen von «ontischen Irrationalitäten», vom Alogischen, Apsychologischen, Asozialen in der Realität aus und deklarieren dieses «Unwesen» der Wirklichkeit als ihr Wesen. Sie sind der radikale Gegenentwurf gegen den geschichtsphilosophischen Optimismus, wie ihn vor allem Hegel vertreten hatte.

3.2.1 «Widerstreit des Willens mit sich selbst». Das Tragische bei Schopenhauer

Schopenhauers[139] Philosophie als «Pantragismus» zu bezeichnen, scheint maßlos überzogen zu sein, denn es finden sich in seinen Werken keine Reflexionen über das Tragische und auch die Betrachtungen zum Trauerspiel nehmen keinen großen Raum ein. Doch sieht er in dieser Kunstform (wobei er sich eher auf die neuzeitlichen als auf die antiken Tragödien bezieht) einen «bedeutsame[n] Wink über die Beschaffenheit der Welt und des Daseyns»[140], der «den tiefsten Sinn des Lebens aufschließt»[141]. Indem das Trauerspiel die «Vereitelung des menschlichen Strebens und die Nichtigkeit dieses ganzen Daseyns an einem großen und frappanten Beispiel lebhaft veranschaulicht»[142], gibt es gewissermaßen den Blick frei auf die Grundstruktur des Lebens und der Wirklichkeit. Diese bringt mit Notwendigkeit Konstellationen hervor, die man «tragisch» nennen kann, auch wenn Schopenhauer selbst das nicht explizit tut. Mit diesem Ansatz wurde er zum Impulsgeber für die Philosophien des Tragischen im 19. Jahrhundert und darüber hinaus.

Die in den Trauerspielen dargestellten Kollisionen lassen sich auch nach Schopenhauer auf eine Selbstentzweiung des Seinsgrundes im Prozess seiner Realisierung zurückführen. Doch tritt diese nicht wie bei Hegel in den Manifestationen des *Geistes* hervor, sondern besteht im *Willen* als dem Urprinzip des Lebens. Der metasubjektive Wille zum Leben – eine

139 Ich zitiere Schopenhauers Schriften im Folgenden aus: Sämtliche Werke, hg. von Arthur Hübscher, Mannheim [4]1988.

140 Schopenhauer: Die Welt als Wille und Vorstellung I, § 51 (Werke 2, 298).

141 Schopenhauer: Die Welt als Wille und Vorstellung II, § 49 (Werke 3, 730f).

142 A. a. O., 730.

naturhafte, blinde, irrationale, unteleologische Vitalkraft – gerät mit sich selbst in Konflikt. Seine Strebungen wenden sich gegeneinander und zerfleischen sich.

Das Leid hat seinen Grund in diesem «Widerstreit des Willens mit sich selbst»[143]. Der voluntative Grund der Wirklichkeit bringt die Erscheinungswelt, in der wir leben, hervor. Dies geschieht unter der Ägide des Individuationsprinzips: Der Urwille realisiert sich im Lebenstrieb der Individuen. Die individuellen Lebenswillen richten sich nun aber gegeneinander. Auf diese Weise wird der Urwille kontraproduktiv gegen sich selbst; er entzweit sich in seinen Individuationen bzw. Konkretionen und führt damit zur Verkehrung und Vernichtung dessen, was er hervorbringen will: Leben. Der Widerstreit entsteht also in der Individuation, wo der eine allgemeine Lebenswille zu den vielen besonderen Strebungen der Individuen wird, die dann in Konflikt miteinander geraten. Es ist ein Teufelskreis: Der Wille zum Leben erzeugt Leid, dieses wiederum aktiviert den Willen zur Überwindung des Leids, woraus wieder neues Leid entsteht.

In den menschlichen Individuen schafft der Lebenstrieb egozentrische Handlungsmotive, also solche, die in deren jeweiligem Eigeninteresse liegen. Das gilt auch für das Verfolgen altruistischer Absichten. Letztlich ist alles Wollen und Handeln egoistisch motiviert. Es zielt auf Selbsterhaltung, Selbstbehauptung und Selbstdurchsetzung. Die «Leidenschaft der Individualität»[144], das Aus-sein-auf und der daraus folgende Tatendrang erzeugen Leiden – nicht nur interpersonal bei anderen Menschen, sondern auch beim Handelnden selbst. Denn es kommt permanent zu Diskrepanzen und Antagonismen zwischen Wollen und Vollbringen, also zu immer neuem Scheitern, das letztlich ein Scheitern an sich selbst ist. In der Ausübung der Freiheit wird das Handeln gegen seine Intentionen und gegen das Dasein insgesamt subversiv.

Diese Willensmetaphysik ist eng verbunden mit einem negativen Menschen- und Weltbild.[145] Schopenhauer zufolge ist der Mensch ein Wesen,

143 Schopenhauer: Die Welt als Wille und Vorstellung I, § 51 (Werke 2, 298).

144 Asmus Trautsch: Leidenschaftliche Individualität. Zur tragischen Verfassung gesteigerten Lebens bei Schopenhauer, Nietzsche und Camus, in: Hühn/Schwab (Hg.): Die Philosophie des Tragischen (siehe Anm. 42), 417–437.

145 In einer autobiografischen Notiz schreibt Schopenhauer: «In meinem 17ten Jahre, ohne alle gelehrte Schulbildung, wurde ich vom Jammer des Lebens so ergriffen wie Buddha in seiner Jugend, als er Krankheit, Alter,

> «welches gar nicht existieren sollte, sondern sein Dasein abbüßt durch vielgestaltetes Leiden und Tod: was kann man von einem solchen erwarten? Sind wir denn nicht alle zum Tode verurtheilte Sünder? Wir büßen unsere Geburt erstlich durch das Leben und zweitens durch das Sterben ab.»[146]

Mit dieser Aussage bezieht sich Schopenhauer auf ein Wort, das vom Vorsokratiker Anaximander überliefert ist. Es besagt:

> «Alles, was ist (alles Seiende), hat seinen Anfang genommen aus dem Unendlichen *(apeiron)*. Woraus es entstanden ist, dahin vergeht es auch notwendigerweise wieder. Nach der Ordnung der Zeit wird es bestraft und zahlt (gegenseitig) Buße für sein Unrecht.»[147]

Schopenhauer sah in diesem Spruch einen Impuls für die Ausbildung seiner pessimistischen Weltsicht, welche die Vergänglichkeit und Leidenschaftlichkeit allen Seins in den Vordergrund stellt. Alles Seiende besteht in einem endlosen Streben und einem permanenten und letztlich vergeblichen Kampf. Es ist wert- und sinnlos und dem Untergang geweiht. Das Tragische liegt im nutzlosen Aufbäumen gegen diese Vergänglichkeit.[148]

Schmerz und Tod erblickte. Die Wahrheit, welche laut und deutlich aus der Welt sprach, überwand bald auch die mir eingeprägten jüdischen Dogmen, und mein Resultat war, daß diese Welt kein Werk eines allgütigen Wesens sein könnte, wohl aber das eines Teufels, der Geschöpfe ins Dasein gerufen, um am Anblick ihrer Qual sich zu weiden; darauf deuteten die Data, und der Glaube, daß es so sei, gewann die Oberhand.» (Arthur Schopenhauer: Der handschriftliche Nachlass (Werke 4/1, 96).

146 Arthur Schopenhauer: Parerga und Paralipomena ([1]1851, [2]1862) II, § 156, Anm. (Werke 6, 322).

147 Überliefert von Simplikios, in: Phys. 24,13, übersetzt von Kathrin Schäublin. In Hermann Diels / Walther Kranz: Die Fragmente der Vorsokratiker, Berlin [6]1951f, § 9, S. 12, findet sich eine wörtlichere, aber weniger glatte Übersetzung. Siehe dazu auch den Kommentar von Christof Rapp: Die Vorsokratiker, München 1997, 44–48, und Martin Heidegger: Der Spruch des Anaximander, in: Martin Heidegger Gesamtausgabe. III. Abteilung: Unveröffentlichte Abhandlungen, Vorträge, Gedachtes. Bd. 78, Frankfurt a. M. 2010.

148 Nietzsche nimmt die Anaximander zugeschriebene Aussage – als «räthselhafte[n] Ausspruch eines wahren Pessimisten» (Friedrich Nietzsche: Die Philosophie im tragischen Zeitalter der Griechen, § 4 [KSA 1, 818]) – auf und gibt sie in folgender Interpretation wieder: «Woher die Dinge ihre

In Schopenhauers auf den Spruch des Anaximander bezogener Aussage klingt ein Bezug zur Erbsündenlehre an, den er in der zweiten Auflage seines Hauptwerks im Blick auf die Tragödien explizit macht:

> «Der wahre Sinn des Trauerspiels ist die tiefere Einsicht, daß was der Held abbüßt nicht seine Partikularsünden sind, sondern die Erbsünde, d. h. die Schuld des Daseyns selbst. *Pues el delito mayor Del hombre es haber nacido* (Da die größte Schuld des Menschen ist, daß er geboren ward) wie Calderon es geradezu ausspricht.»[149]

Man kann Schopenhauers pessimistische Sicht auf den Menschen und die Welt also als philosophische Version der theologischen Erbsündenlehre deuten. Dieser Lehre werde ich mich im Rahmen meiner Überlegungen zur theologischen Deutung des Tragischen in Abschnitt 6.3.2 zuwenden.

Im Trauerspiel – dem «Gipfel der Dichtkunst»[150] – kommt die in der Verfasstheit der Wirklichkeit angelegte Negativität der Welt und des Lebens, das daraus hervorgehende Unglück und damit die schreckliche Seite des Lebens zur Darstellung:

> «der namenlose Schmerz, der Jammer der Menschheit, der Triumph der Bosheit, dic höhnende Herrschaft des Zufalls und der rettungslose Fall der Gerechten und Unschuldigen»[151].

In dieser Kunstform wird der oben beschriebene Teufelskreis anschaulich.

Entstehung haben, dahin müssen sie auch zu Grunde gehen, nach der Nothwendigkeit; denn sie müssen Buße zahlen und für ihre Ungerechtigkeiten gerichtet werden, gemäß der Ordnung der Zeit» (ebd.). Anaximander verstehe «alles Werden wie eine strafwürdige Emancipation vom ewigen Sein» (KSA 1, 819).

149 Schopenhauer: Die Welt als Wille und Vorstellung I, § 51 (Werke 2, 299f). Das Zitat stammt aus Calderóns «La vida es sueño» («Das Leben ist ein Traum»), 1. Akt, 2. Szene.
Siehe auch: Schopenhauer: Parerga und Paralipomena II, § 156 (Werke 6, 320). Wenn er erklärt: «Daß unser Daseyn selbst eine Schuld implicirt, beweist der Tod» (a. a. O. § 164, S. 334) nimmt er den biblischen Gedanken auf, dass der Tod «der Sünde Sold» ist (Röm 6,23). Nach Gen 3,3f.19 zieht die Ursünde die Sterblichkeit des Menschen nach sich.

150 Schopenhauer: Die Welt als Wille und Vorstellung I, § 51 (Werke 2, 318).

151 A. a. O., 298.

Schopenhauer unterschied drei Grundkonstellationen des Trauerspiels:

- In der ersten wird das Unglück durch menschliche Bosheit, die im Charakter des Protagonisten angelegt ist, heraufgeführt. Es ist anthropogen.
- Die zweite führt es auf ein blindes Schicksal zurück. Dabei handelt es sich nicht um eine metaphysische Macht, sondern um das fatale Zusammenwirken von Zufall und Irrtum. Dies sind die «Beherrscher der Welt»[152], die in der Erfahrung des davon betroffenen Menschen geradezu mit einer bösen Absicht am Werk zu sein scheinen. Dadurch legt es sich für ihn nahe, sie als Schicksal zu personifizieren.
- Der dritten Art maß Schopenhauer das größte Gewicht bei. Hier geht das tragische Unglück aus dem Beziehungsgeschehen der handelnden Personen mit ihren konfligierenden Intentionen hervor. Das Tragische spielt sich dabei nicht in Grenz- und Ausnahmesituationen, sondern im Alltäglichen ab. Die ganz gewöhnliche Lage, in der sich die Personen befinden, zwingt sie, «sich gegenseitig, wissend und sehend, das größte Unheil zu bereiten, ohne daß dabei das Unrecht auf irgend einer Seite ganz allein sei»[153]. Tragödien dieser Art erzeugen nach Schopenhauer bei den Rezipienten ein besonders hohes Maß an Betroffenheit, denn sie zeigen ihnen, wie die unheilvollen Verflechtungen immer und überall aufbrechen und auch sie selbst in tragische Unheilssituationen geraten können – «dann fühlen wir schaudernd uns schon mitten in der Hölle»[154].

Es ist vor allem die Normalität und Banalität des Tragischen im alltäglichen menschlichen Leben und Zusammenleben, in der Schopenhauer einen Beleg für die letztliche Nichtigkeit des menschlichen Daseins und des Seins insgesamt sieht:[155] «Das Leben jedes Einzelnen ist […] eigentlich

152 Ebd.

153 A. a. O., 300.

154 A. a. O., 301.

155 «[…] die Tendenz des Trauerspiels ist, hinzudeuten auf die Verneinung, das Aufgeben des Willens zum Leben» (Arthur Schopenhauers handschriftlicher Nachlaß, hg. von Eduard Grisebach, Bd. 4: Neue Paralipomena, Leipzig 1893, § 469, S. 269).

immer ein Trauerspiel»[156], auch wenn es zuweilen wie ein Lustspiel erscheinen mag. Er belegt diese Aussage mit dem Hinweis auf

> «die nie erfüllten Wünsche, das vereitelte Streben, die vom Schicksal unbarmherzig zertretenen Hoffnungen, die unsäligen Irrthümer des ganzen Lebens, mit dem steigenden Leiden und Tode am Schlusse»[157].

Das tragische Unheil führt den Protagonisten des Trauerspiels und mit ihm die Zuschauer in die Resignation, d. h. zur Preisgabe des eigenen Willens.[158] Dieser Ausweg aus dem leidvollen Dasein eröffnet sich, wo die Ursache des Leids im Lebenswillen, genauer: im Konflikt der Strebungen, die aus dem einen Willen zum Leben hervorgehen, erkannt wird. Er besteht darin, das Wollen stillzustellen und sich in eine anschauende, kontemplative Haltung zu begeben, wie sie vor allem die Kunst ermöglicht. Dabei versenkt sich das Erkenntnissubjekt in den Gegenstand der Erkenntnis und betrachtet diesen nicht in seiner äußeren Erscheinungsform mit einem eigenen Interesse daran, sondern interesselos in seinem ideellen Gehalt. Die Subjekt-Objekt-Spaltung ist dabei aufgehoben, die Subjektivität und damit die Selbstbezüglichkeit des Subjekts überwunden. Das soll aber nicht nur ästhetisch, in der temporären Betrachtung von Kunstwerken (inklusive Tragödien) geschehen, sondern ethisch, als Lebenshaltung, verstetigt werden. «Resignation» ist also für Schopenhauer positiv konnotiert: als Erlösung von der Herrschaft des Lebenswillens, die in einen Zustand «unanfechtbarer Ruhe, Säligkeit und Erhabenheit»[159] führt. Die mit dieser Befreiung des Erkennens vom Wollen einhergehende Desillusionierung über die Verfasstheit der menschlichen Existenz und der Welt beschreibt Schopenhauer als Aufhebung des Schleiers der *Maja,* der sich über das Dasein gelegt hat, und als dadurch erreichtes «Erwachen» zur wahren Erkenntnis dieser Verfasstheit.[160] Im Willen, diese Erkenntnishaltung einzunehmen, liegt eine Selbstaufhebung des Willens.[161]

156 Schopenhauer: Die Welt als Wille und Vorstellung I, § 58 (Werke 2, 380).
157 Ebd.
158 «darin besteht der tragische Geist: er leitet demnach zur Resignation hin.» (Schopenhauer: Die Welt als Wille und Vorstellung II [Werke 3, 495]).
159 Schopenhauer: Die Welt als Wille und Vorstellung I, § 68 (Werke 2, 464).
160 Schopenhauer ist überzeugt davon «daß das Leben ein schwerer Traum sei, aus dem wir zu erwachen haben» (Schopenhauer: Die Welt als Wille und Vorstellung II [Werke 3, 495]).
161 Schopenhauer: Die Welt als Wille und Vorstellung I, § 70 (Werke 2, 478).

Dies ist die radikale Gegenposition zu Hegels optimistischem Weltvertrauen, das sich in der dreistufigen, auf Versöhnung der Antagonismen zulaufenden Dialektik artikuliert. Das Tragische ist nicht ein aufzuhebendes Negativum, es ergibt sich unausweichlich dort, wo sich der Lebenswille zum Leben realisiert. Die daraus resultierenden Verflechtungen führen zwangsläufig ins Verhängnis. Der Wille ist in seinem Selbstvollzug in Aporien gefangen. Jeder Versuch, dem Selbstwiderspruch des Willens zu entkommen, führt nur tiefer in ihn hinein. Das Dasein ist von Grund auf deformiert, konfliktuös und der Selbstzerstörung ausgesetzt. Die Welt hat keinen rationalen Grund. Nichtigkeit stellt die Signatur allen Seins dar. Es macht keinen Sinn, im Tragischen, wie im Leiden überhaupt, nach einem tieferen Sinn zu suchen. Die einzige Möglichkeit, diesem Verhängnis zu entkommen, besteht darin, die daseinskonstituierenden Willensstrebungen so weit wie möglich zu sedieren. Das Tragische ist eine Schule der Resignation. Ihre Lektion ist die Abkehr vom Willen zum Leben.

Eine solche pessimistische Weltanschauung, in der die Einheit, die Logizität und Sinnhaftigkeit des Seins insgesamt bestritten werden, mag ihre Bestätigung immer wieder im vielfachen sinnlosen Leid finden, von dem die Natur- und Menschheitsgeschichte zeugt. Und doch handelt es sich dabei um eine perspektivische Einseitigkeit, die das Defizitäre zum Wesenhaften erklärt und der am Ende nur die resignative Weltabwendung und Lebensverneinung sowie der Rückzug auf eine Mitleidsethik bleibt. Diese (stoisch und buddhistisch inspirierte) Ethik ergibt sich aus dem Basispostulat der Weltanschauung Schopenhauers, dass alles Leben Leiden ist.

Das Tragische, wie überhaupt die Erkenntnis des Wesens der Welt wirkt als «Quietiv des Willens»[162], nicht als sinnstiftende, den Willen motivierende Katharsis. Sie motiviert auch nicht zum Engagement für die Leidenden und zum Kampf gegen die Ursachen des Leidens, sondern löst Mitleid aus. Das wahrhaft Heroische der tragischen Existenz besteht nach Schopenhauer nicht im Kampf gegen diese Tragik – selbst wenn dieser aussichtslos ist –, sondern in der Ergebenheit in die Negativität der *conditio humana*. Die Preisgabe des egoistischen Lebenswillens steht im Dienst eines höheren, auf die eigene Erlösung des Subjekts zielenden Egoismus.

162 Schopenhauer: Die Welt als Wille und Vorstellung I, § 51 (Werke 2, 299).

Wie im Blick auf Hegel, so gilt auch hier: Der metaphysische Überbau hat eine gewisse Erschließungs- und Erklärungskraft für die Deutung tragischer Erfahrungen und deren Darstellung in den Tragödien. Doch ordnet er sich diesen über und nimmt sie in Dienst für seine eigene Plausibilisierung. Indem Schopenhauer die Selbstentzweiung des Willens zum Leben als Grundprinzip der Wirklichkeit und des menschlichen Wirklichkeitsbezugs ansieht, erklärt er die Erfahrung des Tragischen zu einem Epiphänomen dieses Prinzips und nimmt ihr auf diese Weise das je Singuläre, das sie für die davon Betroffenen hat. Sie wird universalisiert und normalisiert. Aus der Erfahrung, dass es Tragisches gibt, wird geschlossen, dass *alles* tragisch ist.

Der Ansatz bei der *Erfahrung* des Tragischen – für den ich in diesem Buch plädiere – und das Bemühen um eine Phänomenologie dieser Erfahrung, stellt für Schopenhauer eine «Perversität der Gesinnung»[163] dar. Damit würden die Erscheinungen verabsolutiert und es würde der Versuch aufgegeben, zu deren Wesen, wie zum Wesen der Welt insgesamt, vorzudringen. Das führt ihm zufolge in einen unreflektierten Alltagspessimismus. Davon grundlegend zu unterscheiden sei der auf einer metaphysischen Wesensschau basierende philosophische Pessimismus. Schopenhauer will das Tragische nicht nur in seinen Erscheinungsformen *darstellen,* sondern ihm auf den Grund gehen, d. h. aus der Grundstruktur der Wirklichkeit erklären.

Dem Versuch, das Tragische willensmetaphysisch zu ergründen, folgt zunächst auch der junge Nietzsche. Dann aber wendet er sich davon ab und sieht das Tragische gerade darin, mit der Grund- und Sinnlosigkeit des Daseins zu leben, ohne diese Grund- und Sinnlosigkeit noch einmal metaphysisch begründen zu können. Nietzsche gilt als Philosoph des Tragischen *par excellence.* Aus seiner Philosophie müsste also viel für das Verständnis des Tragischen zu gewinnen sein. Sehen wir zu!

3.2.2 «Pessimismus der Stärke». Das Tragische bei Nietzsche

Es geht mir im Folgenden nicht um Nietzsches Tragödientheorie, wie er sie vor allem in «Die Geburt der Tragödie» ausgearbeitet hat,[164] sondern

163 Schopenhauer: Parerga und Paralipomena II, § 109 (Werke 6, 214).

164 «Die Geburt der Tragödie aus dem Geiste der Musik» erschien 1872 und in einer zweiten Auflage 1874/1878. Eine Neuausgabe kam 1886 mit dem

um seine Philosophie des Tragischen, um die Welt- und Lebensdeutung also. Diese ist allerdings schwer zu fassen, weil er sie nicht systematisch dargestellt hat. Er hat sie durch die verschiedenen Schaffensphasen hindurch verändert und selbst innerhalb dieser Phasen nicht in begrifflich scharfen Fassungen ausgearbeitet. Trotz aller Interpretationsprobleme versuche ich, sie in ihren Grundzügen zusammenzufassen.

In seinem Frühwerk ist Nietzsche noch stark von Schopenhauer beeinflusst. Wie dieser, so geht auch er von der Vergänglichkeit und Leidhaftigkeit allen Lebens aus, und wie dieser, so empfiehlt auch er zunächst, einen Zustand der inneren Ruhe anzustreben, um den Leiden zu entgehen.[165]

Andeutungsweise schon im Frühwerk, nachdrücklich dann in seinen späteren Schriften rückt Nietzsche allerdings von der Konsequenz ab, die Schopenhauer aus seiner pessimistischen Sicht auf das Leben und die Welt zog. An der Diagnose von der Vergänglichkeit allen Seins und der Sinnlosigkeit des Daseins hält er fest, doch sympathisiert er nun nicht mehr mit Schopenhauers Anleitung, die Strebungen des je eigenen Willens möglichst still zu stellen. Vielmehr sieht er in der leidvollen Existenzverfassung ein Bewährungsfeld, in dem sich der Mensch zum Übermenschen emporkämpfen kann. Der Übermensch ist dabei nicht als ein machiavellischer Machtmensch vorgestellt, sondern als wahrer Philosoph, mehr noch: als Künstler, der schöpferische Potenziale freisetzt. Seine tiefere Weisheit gewinnt er nicht zuletzt aus dem Leiden. Das führt Nietzsche zu der Aussage:

> «Ihr wollt womöglich – und es giebt kein tolleres ‹womöglich› – *das Leid abschaffen,* und wir? es scheint gerade, *wir* wollten es lieber noch höher und schlimmer haben als je es war. […] Die Zucht des Leidens, des *großen*

veränderten Titel «Die Geburt der Tragödie, Oder: Griechenthum und Pessimismus» heraus. Darin ersetzte Nietzsche das Vorwort an Wagner durch eine Selbstkritik an der ersten Ausgabe.
Ich zitiere Nietzsches Schriften im Folgenden aus: Sämtliche Werke, Kritische Studienausgabe (KSA), hg. von Giorgio Colli und Mazzino Montinari, München/New York ²1988, verzichte auf die in Fachpublikationen üblichen Siglen und nenne die vollen Titel der Werke.

165 In der «Geburt der Tragödie» (§ 6) spricht er von der «stillen Meeresruhe der apollinischen Betrachtung» (KSA 1, 51) und beschreibt diese als ein «beglückte[s] Verharren in willenlosem Anschauen» (§ 22, KSA 1, 140).

> Leidens, wisst ihr nicht, daß nur *diese* Zucht alle Erhöhungen des Menschen bisher geschaffen hat?»[166]

Das Leiden soll nicht zu einer Lebens- und Weltverneinung führen, sondern auf der Basis einer Lebensbejahung als Herausforderung angenommen werden. Die Einsicht in die Nichtigkeit des Daseins treibt nicht in die Resignation; sie soll vielmehr den Impuls zum Tätigwerden freisetzen. Das Tragische hat also zwei Pole: den der Negation (d. h. der negativen Sicht der Welt und des menschlichen Daseins)[167] und den der Affirmation. In der Entfaltung dieses Gedankens hat sich Nietzsche später als «den ersten *tragischen Philosophen*» – im «äußersten Gegensatz und Antipoden eines pessimistischen Philosophen»[168] – verstanden.

In den griechischen Tragödien, wie in der tragischen Kunst überhaupt kommt nach Nietzsche kein weltanschaulicher Pessimismus zum Ausdruck. «Der tragische Künstler ist *kein* Pessimist, – er sagt gerade *Ja* zu allem Fragwürdigen und Furchtbaren selbst, er ist *dionysisch.*»[169] Mit dem Dionysischen (s. u.) verbindet sich also unmittelbar die Lebensbejahung: «Das Jasagen zum Leben selbst noch in seinen fremdesten und härtesten Problemen; der Wille zum Leben.»[170]. Der Lebenstrieb will ausgelebt, nicht verneint oder gar abgetötet werden. Die «Urlust am Dasein»[171] soll lebensbestimmend werden. Die Wirkung jeder wahren Tragödie besteht

166 Nietzsche: Jenseits von Gut und Böse, § 225 (KSA 5, 161, Hervorhebungen F. N.).

167 Man kann diese Sicht in der von Nietzsche wiedergegebenen Aussage des Silen (= Begleiter des Dionysos) zusammengefasst sehen, mit der dieser auf die Frage antwortet, was «für den Menschen das Allerbeste und Allervorzüglichste sei»: «Das Allerbeste ist für dich gänzlich unerreichbar: nicht geboren zu sein, nicht zu *sein, nichts* zu sein. Das Zweitbeste aber ist für dich – bald zu sterben» (Nietzsche: Die Geburt der Tragödie, § 3 [KSA 1, 35, Hervorhebung F. N.]).

168 Nietzsche: Ecce homo: Die Geburt der Tragödie, § 3, (KSA 6, 312, Hervorhebung F. N.).

169 Nietzsche: Götzen-Dämmerung: Die «Vernunft» in der Philosophie, § 6, (KSA 6, 79, Hervorhebungen F. N.).

170 Nietzsche: Götzen-Dämmerung: Was ich den Alten verdanke, § 5 (KSA 6, 160).

171 Nietzsche: Die Geburt der Tragödie, § 17 (KSA 1, 109).

nach Nietzsche im «metaphysischen Trost»[172], das Leben sei trotz allem «unzerstörbar mächtig und lustvoll»[173].

Die Wirkung der Tragödie besteht nach Nietzsche zunächst im Überwältigtwerden von den Affekten, besonders im Erschrecken über Gewalt und Leiden. Doch gerade darin sei sie ein «tonicum»[174], also ein vitalisierendes Stärkungsmittel, das die Furcht vor dem Furchtbaren überwinden hilft. Als «Schutz und Heilmittel»[175] führt sie vor Augen und hilft zu ertragen, dass die rationale Welterschließung und -gestaltung in Aporien gerät. Die Tragödie ist ein Medium zur Steigerung der Lebenskraft. Sie zeigt, dass sich die allgegenwärtigen tragischen Konflikte nicht versöhnen und damit überwinden, sondern nur erleiden lassen, dass aber aus diesem Leiden eine Stärkung und ein Aktivierungsimpuls hervorgehen.[176] Die Tragödie hat nicht nur eine schonungslos enthüllende, sondern auch eine erhebende Funktion. Sie zeigt die Abgründigkeit des Daseins und hilft diese zu bewältigen, indem sie den Lebenstrieb und die daraus hervorgehende Lebenslust als Grund allen Daseins beschwört.

Grundlegend für Nietzsches Philosophie des Tragischen ist die Unterscheidung zwischen zwei Quellen der griechischen Kunst, denen zwei Antriebe der menschlichen Existenz und letztlich zwei (von den Göttern Apollon und Dionysos verkörperte) metaphysische Lebens- und kosmi-

172 Nietzsche: Die Geburt der Tragödie, § 8 (KSA 1, 59).

173 Nietzsche: Die Geburt der Tragödie, § 7 (KSA 1, 56). Der metaphysische Trost besteht darin, «dass unter dem Wirbel der Erscheinungen das ewige Leben unzerstörbar weiterfliesst» (Nietzsche: Die Geburt der Tragödie, § 18 (KSA 1, 115).

174 Nietzsche: Nachgelassene Fragmente 1887–1889, Frühjahr 1888 15[10] (KSA 13, 410). In: Unzeitgemäße Betrachtungen: Richard Wagner in Bayreuth, § 4 bezieht Nietzsche diesen Gedanken auf die Kunst im Allgemeinen: «*Damit der Bogen nicht breche,* ist die Kunst da» (KSA 1, 453, Hervorhebung F. N.).

175 Nietzsche: Die Geburt der Tragödie, § 15 (KSA 1, 101).

176 «Die Tapferkeit und Freiheit des Gefühls vor einem mächtigen Feinde, vor einem erhabenen Ungemach, vor einem Problem, das Grauen erweckt – dieser siegreiche Zustand ist es, den der tragische Künstler auswählt, den er verherrlicht. Vor der Tragödie feiert das Kriegerische in unserer Seele seine Saturnalien» (Nietzsche: Götzen-Dämmerung: Streifzüge § 24, (KSA 6, 127f).

sche Weltprinzipien entsprechen: das Apollinische und das Dionysische.[177] Die beiden Streberichtungen sind im Urgrund allen Seins – dem voluntativen, in sich widerspruchsvollen, leiderzeugenden und vom Leid erlösen wollenden, lustvollen «Ur-Einen»[178] – angelegt und bilden das Agens in den Prozessen der Natur und Kultur, sowie im menschlichen Daseinsvollzug. Besonders deutlich manifestieren sie sich in der Kunst,[179] vor allem in der Musik und in der daraus hervorgehenden Tragödie.

Das Dionysische ist das Irrationale, Chaotische, Ekstatische, Maßlose, Rauschhafte, Lustvolle. Es ist ein naturhaft-vitaler Schöpfungsdrang, der kreative Energie und vitale Willenskraft freisetzt. Diese Kraft sprengt alle Formen und erzeugt Neues. Dies geschieht – wie bei Schopenhauer – unter der Herrschaft des *principium individuationis,* das aus dem Allgemeinen das Besondere hervorbringt. Die Individuationen wenden sich gegeneinander und erzeugen damit das Leid der Welt.

Dem Urwillen steht aber eine Kraft gegenüber, die nach Form, Ordnung, Klarheit, Ruhe und dem rechten Maß strebt: das Apollinische. Die beiden Prinzipien – das Dionysische und das Apollinische – wirken in einem dissonanten «Bruderbunde»[180] mit- und gegeneinander, ohne dass sie sich ineinander auflösen oder miteinander versöhnen ließen. Sie stehen in einer Wechselbeziehung zueinander: Das Dionysische hat das Apollinische hervorgebracht und das Apollinische verweist auf das Dionysische. Die Spannung zwischen ihnen macht die tragische Grundstruktur der Wirklichkeit aus.

In der Kunst, die Nietzsche als «das große Stimulans des Lebens, ein Rausch am Leben, ein Wille zum Leben»[181] bezeichnet, und besonders in der Tragödie kommt dies zur Darstellung. Aus dem Dionysoskult hervorgegangen, sei die Tragödie in eine (ästhetische, apollinische) dichterische

177 Das Dionysische entspricht dem «Willen» und das Apollinische der «Vorstellung» bei Schopenhauer.

178 Nietzsche: Die Geburt der Tragödie, § 1 (KSA 1, 30, passim).

179 Das Apollinische und das Dionysische sind für Nietzsche «künstlerische Mächte […], die aus der Natur selbst, *ohne Vermittlung des menschlichen Künstlers* hervorbrechen» (Nietzsche: Die Geburt der Tragödie, § 2 [KSA 1, 30, Hervorhebung F. N.]). Er spricht sogar von «allgewaltigen Kunsttriebe[n]» in der Natur (§ 4, KSA 1, 38).

180 Nietzsche: Die Geburt der Tragödie, § 24 (KSA 1, 150).

181 Nietzsche: Nachlass: Frühjahr 1888, 15[10] (KSA 13, 409).

Form gebracht worden. Das dionysische Moment ist nach Nietzsche aber das ursprüngliche.

Während das Dionysische und das Apollinische in ihrem spannungsreichen Zusammenwirken die Kunst und besonders die Tragödie hervorgebracht haben, steht das Sokratische (d. h. die theoretische Weltbetrachtung und die rationale Philosophie) dem Dionysischen ablehnend gegenüber. Das Sokratische will das Dionysische nicht nur – wie das Apollinische – zähmen, d. h. in eine Form bringen, sondern es überwinden. Es ist antitragisch und hat nach Nietzsches Deutung schon bei Euripides zur Überwindung der antiken Tragödie geführt. Damit musste sich das Dionysische neue Ausdrucksformen suchen und es fand sie vor allem in der Musik. So wie die antike Tragödie «aus dem Geist der Musik» – im Chor des Dionysoskults – geboren war, so bringt sich das Tragische in Nietzsches Gegenwart in Richard Wagners Musik zu Gehör. Während die bildenden Künste Phänomene der Erscheinungswelt abbilden, kommt in der Musik der unbändige Wille zum Leben unmittelbar zum Ausdruck. Diese Auffassung hatte Nietzsche in seinem Frühwerk vertreten. Später rückte er jedoch von Wagner ab und sah in ihm einen Repräsentanten nihilistischer *décadence.*[182] Damit einhergehend traten auch seine tragödientheoretischen Betrachtungen zurück; im Spätwerk spielen sie kaum noch eine Rolle. Er wendete sich nun stärker der Tragik des Lebens, dem «tragischen Mythos» (im Gegenüber zu den religiösen sowie den optimistischen Mythen der idealistischen Philosophie und der fortschrittsgläubigen Wissenschaft) und dessen Reflex in der «tragischen Gesinnung» zu.

Nietzsche, erklärte sich selbst zum «letzten Jünger des Philosophen Dionysos»[183]. Zunächst hatte er im Dionysischen die Kraft gesehen, die das Individuelle nicht nur hervorbringt, sondern auch transzendiert, indem sie danach strebt, es im Rausch der Selbstvergessenheit in ein größeres Ganzes aufzulösen. Damit wirkt sie der Individuation als dem Grund des Übels entgegen; sie zerbricht das *principium individuationis.* Das kommt im Tod des tragischen Helden in der Tragödie zur Darstellung. Je weiter sich Nietzsche dann in seiner späteren Philosophie aber

182 Nietzsche: Nietzsche contra Wagner: Wie ich von Wagner loskam, § 1 (KSA 6, 431f).

183 Nietzsche: Götzen-Dämmerung: Was ich den Alten verdanke, § 4 (KSA 6, 160).

von der Beschäftigung mit der Kunstform der Tragödie abwendete, umso mehr gewann das menschliche Individuum an Bedeutung. Es avancierte zum «dionysischen» Kämpfer gegen das Elend des Menschseins und beerbte damit in gewisser Weise die Figur des tragischen Helden, der bei Nietzsche, selbst wenn er untergeht, über sich hinauswächst – oder umgekehrt: der im Über-sich-Hinauswachsen untergeht.[184] Das ist verbunden mit der von ihm propagierten Umwertung aller Werte, die auf Selbstlosigkeit zielen, zu Werten, die das Leben bejahen, die Sinnlichkeit wertschätzen und den Willen zur Macht verherrlichen.

Doch auch und gerade hier gilt: Das Tragische ist – auch dort, wo es sich destruktiv manifestiert – letztlich produktiv und sinnstiftend. Diese Sinnstiftung muss aber vom Individuum selbst vorgenommen werden. Der Rückgriff auf einen Sinn, der «objektiv» auf dem Grund der Wirklichkeit liegt und dort entdeckt werden müsste, oder der in Gottes Schöpfungs-, Heils- und Vollendungsabsicht begründet liegt, per Offenbarung mitgeteilt und im Glauben erfasst werden würde, ist verwehrt. An die Stelle eines solchen metaphysischen Trostes setzt Nietzsche die «Kunst des *diesseitigen* Trostes»[185]: Die Welt und das Leben sind im Grunde sinnlos, doch diese Sinnlosigkeit kann ausgehalten und mit Sinn gefüllt werden. Auf diese Weise kann das an sich sinnlose Leben bejaht und «das furchtbare Vernichtungstreiben der sogenannten Weltgeschichte, eben so wie [...] die Grausamkeit der Natur»[186] in einem «Pessimismus der *Stärke*»[187] ertragen werden. Wo der Mensch diesem Sinnstiftungsauftrag in einer promethischen Existenz nachkommt, ist sein Leben gerechtfertigt.

Die Kunst und insbesondere die Tragödie führen das vor Augen. Sie zeigen das Leben in seiner Abgründigkeit und aktivieren zugleich schöpferische Potenzen. Daraus soll eine Lebenshaltung werden: die tragische Gesinnung. Diese wird von Nietzsche geradezu religiös zum Grund der Hoffnung überhöht: 1876 schreibt er:

184 «Ich weiss keinen besseren Lebenszweck als am Grossen und Unmöglichen zu Grunde zu gehen» (Nietzsche: Nachlass: Sommer-Herbst 1873, 29[54] [KSA 7, 651]).

185 Nietzsche: Die Geburt der Tragödie: Versuch einer Selbstkritik § 7 (KSA 1, 22, Hervorhebung F. N.).

186 Nietzsche: Die Geburt der Tragödie, § 7 (KSA 1, 56).

187 Nietzsche: Die Geburt der Tragödie: Versuch einer Selbstkritik § 1 (KSA 1, 12, Hervorhebung F. N.).

> «Der Einzelne soll zu etwas Ueberpersönlichem geweiht werden – das will die Tragödie; er soll die schreckliche Beängstigung, welche der *Tod* und die Zeit dem Individuum macht, verlernen: denn schon im kleinsten Augenblick, im kürzesten Atom seines Lebenslaufes kann ihm etwas Heiliges begegnen, das allen Kampf und alle *Noth* überschwenglich aufwiegt.»[188]

Das führt zum Zusammenwachsen der Menschheit als Gemeinschaft derer, die einerseits der Sinnlosigkeit ohne Selbsttäuschung ins Auge schauen und andererseits aus der dionysischen Energie Kräfte mobilisieren, um sich dem Chaos und der Sinnlosigkeit entgegenzustellen. Daraus folgt für ihn:

> «Es gibt nur Eine Hoffnung und nur Eine Gewähr für die Zukunft des Menschlichen: sie liegt darin, *daß die tragische Gesinnung nicht absterbe.*»[189]

Nietzsches kunstphilosophische Reflexionen zur antiken Tragödie zielen nicht darauf ab, das Tragische im Leben mit «sokratischer» Rationalität zu analysieren. Dieses wird als Grundstruktur des Seins vorausgesetzt, aber nicht in seinen Erscheinungsformen beschrieben und philosophisch durchdrungen. Es wird vielmehr in seiner Selbstereignung – vor allem in der Kunst – nachzuvollziehen gesucht. Gleichwohl ist die Deutung der Tragödie in den Rahmen eines philosophischen Gesamtentwurfs gestellt,[190] der in diesem Fall zunächst stark von der Rezeption des Schopenhauerschen Voluntarismus und der Musik Wagners bestimmt ist. Die attischen Tragödien bilden die Materialgrundlage dafür, werden aber auch in Dienst genommen, um die aus anderen Quellen gespeiste Weltanschauung zu demonstrieren. Als sich Nietzsche dann von Schopenhauer und Wagner emanzipiert, tritt auch die Beschäftigung mit der Kunstform der Tragödie zurück; das Tragische bleibt aber Thema seiner Philosophie. Doch auch

188 Nietzsche: Unzeitgemäße Betrachtungen: Richard Wagner in Bayreuth, § 4 (KSA 1, 453, Hervorhebung F. N.).

189 Ebd. (Hervorhebung F. N.).

190 In seinem «Versuch einer Selbstkritik» (§ 3) stellt Nietzsche rückblickend den von ihm unternommenen Versuch infrage, sich dem Tragischen und der Tragödie auf dem Wege der philosophischen Reflexion zu nähern: «Sie hätte *singen* sollen, diese ‹neue Seele› – und nicht reden! Wie schade, dass ich, was ich damals zu sagen hatte, es nicht als Dichter zu sagen wagte: ich hätte es vielleicht gekonnt!» (KSA 1, 15, Hervorhebung F. N.).

dann dominiert der philosophische Rahmen einer tragischen Weltanschauung Nietzsches Auffassung des Tragischen. Mehr noch: «Nietzsche instrumentalisiert das Tragische, um seine eigene Philosophie auf den Punkt zu bringen.»[191]. Das macht diese Auffassung keineswegs irrelevant für eine Erhellung tragischer Erfahrungen, zeigt aber deren spezifisches Interesse sowie ihre Kontextualität und damit ihre Grenzen auf.

Das Tragische ist nach Nietzsche in der Grundstruktur des Seins angelegt und deshalb unausweichlich. Es besteht darin, dass der vitale Urgrund des Daseins Leiden erzeugt und in Abgründe führt. Als solches ist es keine mögliche Erfahrung, sondern die alles bestimmende Wirklichkeit. Anders formuliert: Die Wirklichkeit *ist* tragisch. Doch als solche kann und soll sie bejaht werden. «Der tragische Mensch bejaht noch das herbste Leiden: er ist stark, voll, vergöttlichend genug dazu.»[192]

Eine solche weltanschauliche Apotheose des Tragischen entwertet die individuellen tragischen Erfahrungen. Denn diese müssen – wie bei Schopenhauer – als der Normalfall des Daseins gelten. Ihnen eignet nichts Exzeptionelles, weil alles tragisch ist. Wenn aber alles tragisch ist, ist nichts mehr tragisch. Zudem muss man das Tragische nicht fürchten. Denn wenn man sich ihm nur stellt und dagegen kämpft, führt es zur Lebenssteigerung. Damit ist ihm der Stachel gezogen.

So kann und muss man sogar fragen, ob die von Schopenhauer vertretene pessimistische und die von Nietzsche besonders in seinem Spätwerk dargestellte nihilistische Überzeugung, dass die Welt von Grund auf schlecht und das menschliche Dasein sinnlos ist, die Denkmöglichkeit des Tragischen nicht generell untergräbt. Max Scheler hat es im Konjunktiv auf den Punkt gebracht: «Eine ‹satanische› Welt höbe das Tragische so gut auf wie eine vollkommen göttliche.»[193]

Auf welche Weise behandelt nun aber Scheler selbst das Tragische? Er will es als Phänomen erfassen und deutet es als Konflikt, der bei der Ver-

191 Andreas Urs Sommer: Das Tragische in Nietzsches Spätwerk, in: Hühn/Schwab (Hg.): Die Philosophie des Tragischen (siehe Anm. 42), 559.

192 Nietzsche: Nachlass: Frühjahr 1888, 14[89] (KSA 13, 266).

193 Max Scheler: Zum Phänomen des Tragischen (1914), in: ders: Vom Umsturz der Werte. Abhandlungen und Aufsätze (Gesammelte Werke, hg. v. Maria Scheler, später hg. v. Manfred S. Frings), Bd. 3, Bern/München 1955, Bonn ^{6}2007, 149–169, Zitat: 160.

wirklichung von Werten entstehen kann. Gegenüber dem geistphilosophischen Ansatz Hegels und dem voluntaristischen Schopenhauers und Nietzsches nimmt er damit eine axiologische Deutung vor.

3.3 Das Phänomen des Tragischen zwischen Sein und Bewusstsein

3.3.1 Das Tragische als Wertkonflikt (Scheler)

Das Tragische besteht nach Scheler nicht in der Selbstentzweiung des *einen* Urgrundes der Wirklichkeit, sondern in einem «Widerstreit, der unter den Trägern hoher positiver Werte […] selbst erwacht»[194], wobei einer der Träger zugrunde geht. Der Konflikt entbrennt nicht unmittelbar zwischen unterschiedlichen Werten (des Guten, Gerechten, Schönen usw.), sondern zwischen verschiedenen «Trägern» der Werte. Es können dies Dinge, Ereignisse, Personen aber auch Eigenschaften, Kräfte usw. sein.

Die konfligierenden Werteträger können allerdings auch in *einem* Ding, in *einem* Ereignis oder in *einer* Person zusammenfallen. In diesem zugespitzten Fall kommt es zur Vernichtung von etwas Wertvollem an diesem Ding z. B. seiner nützlichen Funktion), diesem Ereignis (z. B. seiner friedenstiftenden Kraft) oder dieser Person (z. B. einer ihrer Pläne) – bis hin zur Zerstörung des Dinges, des Ereignisinhalts und der Person selbst. Es kann auch sein, dass sich in *einem* Wertträger *ein und derselbe* Wert zugleich konstruktiv und destruktiv auswirkt.

> «Im ausgesprochensten Sinne tragisch ist es daher, wenn ein und dieselbe Kraft, die ein Ding zur Realisierung eines hohen positiven Wertes (seiner selbst oder eines anderen Dinges) gelangen läßt, auch in diesem Wirken selbst die Ursache für die Vernichtung ebendieses Dinges als Werteträgers wird.»[195]

In seiner Realisierung vernichtet sich der Wert selbst. Folgende Beispielfälle führt Scheler an: Derselbe Mut, mit dem jemand eine Großtat vollbringt, setzt ihn auch einer leicht vermeidbaren Lebensgefahr aus, die ihn zugrunde richtet. Die noble Gesinnung eines Menschen lässt ihn an

194 A. a. O., 155, ähnlich: 158.
195 A. a. O., 158.

Banalitäten des Lebens scheitern. Die besten Charakterzüge einer Person beschwören eine Katastrophe herauf.

Tragische Konstellationen ergeben sich aber nicht nur in der Sphäre des menschlichen Existenzvollzugs, sondern auch in der Dingwelt, in der ebenfalls Werte geschaffen bzw. verwirklicht und vernichtet werden: Sie sind «kein spezifisch Menschliches oder auf Willenstat Beschränktes [...], sondern ein *universales* Phänomen»[196]. Als Beispiel nennt er eine Bildergalerie, die durch ein Feuer zerstört wurde; die Ursache dafür war ein Defekt in einer Heizung, die zur Erhaltung eben dieser Bilder gemacht war.[197] Die tragische Konstellation besteht dabei in einer Einrichtung (der Heizung), die einem Gegenstand (den Bildern) von Nutzen sein soll, dabei aber genau diesem Gegenstand Schaden zufügt.

Eine Kausalreihe, die den Wert schöpferisch zur Entfaltung bringt, trifft auf eine andere, die seinen Träger zerstört. In beiden wirkt die gleiche *causa*. Das nennt Scheler den «tragischen Knoten». Die Eigendynamik des Geschehens setzt sich dabei mit «höherer», d. h. mit einer allem menschlichen Handeln gegenüber übermächtigen Notwendigkeit über das Wertvolle des Wertes hinweg und unterminiert dessen Selbstentfaltung auf das in ihm enthaltene und von ihm intendierte Ideal hin. Die Tragik liegt also darin, dass sich die Vernichtung des Wertvollen in seinen Trägern nicht abwenden lässt, auch mit heroischem Kampf nicht. Es liegt weiter darin, dass nicht vorhersehbar ist, ob, wann und wie der Umschlag in die Vernichtung des Werteträgers erfolgt. Diese «Peripethie» scheint zufällig zu erfolgen. Der Mensch ist dieser Dynamik ausgeliefert. Er kann sich nicht auf die Realisierung des Wertvollen verlassen und sieht sich vor die Frage gestellt, ob es überhaupt eine Wertordnung gibt. Es war dies die Frage, die der späte Nietzsche aufgeworfen hat. Er postulierte, dass jede Wertsetzung nur als perspektivische Wahrnehmung und Präferenz möglich sei. Eine unbedingte, letztgültige Wertbegründung im Rückgriff auf eine transzendente Wertordnung kann es demnach nicht geben.

Dagegen wendet sich die Wertmetaphysik Schelers. Sie geht davon aus, dass es ein «objektives», also von menschlichen Wertsetzungen unabhängiges Reich der Werte gibt. Die Werte sind an sich wertvoll; ob sie für

196 A. a. O., 169.
197 A. a. O., 159.

wertvoll gehalten und gerechtfertigt werden, ist nicht entscheidend für ihren Wert. Im transzendenten «Makrokosmos der sittlichen Werte»[198] sind die Werte hierarchisch angeordnet. Es gibt höhere und niedrigere Werte. Die Erkenntnis des Werthaften und seiner Stellung in der Hierarchie beruht auf einer wissenschaftlich fundierten intuitiven (Wesens-)Schau der Werte. Als Qualitäten *sui generis* werden die Werte durch intuitive Wertempfindungen entdeckt (Scheler spricht auch vom «Fühlen») und ins Wissen gehoben. Dieses Wissen formiert sich zu einer «absoluten Ethik»[199].

Den Werten an sich eignet keine Ambivalenz; bei ihrer Realisierung bzw. Objektivierung in individuellen Trägern und in den kausalen Geschehensabläufen, in denen diese Träger stehen, kann es aber zu Konflikten kommen. Das Tragische kann dabei aus dem Widerstreit *verschiedener* Werte innerhalb der ideellen Werthierarchie (wenn ein Wert einen gleich hohen Wert oder wenn ein niedrigerer einen höheren Wert vernichtet), aber auch aus einem *einzigen* Wert hervorgehen.

Den Werten inhärent ist die Forderung, dass sie verwirklicht werden. Sie sind erstrebenswert und wollen erstrebt werden. Schelers Wertmetaphysik unterscheidet also zwischen dem ideellen Wesen und der empirischen Verwirklichung der Werte. So liegt auch bei ihm eine idealistische Grundstruktur vor. Diese zeigt sich auch in der Weise, wie Scheler *das* Tragische den Erscheinungsformen des Tragischen in den von ihm genannten Beispielfällen zuordnet:

> «Die Beispiele sind uns nicht Tatsachen, an denen das Tragische wie eine Eigenschaft klebt, sondern nur etwas, was die konstitutiven Erscheinungsbedingungen des Tragischen enthalten wird; was uns Anlaß gibt, sie aufzufinden und in ihnen das Tragische selbst zu schauen.»[200]

Das Tragische liegt in der «Weltbeschaffenheit»[201] hinter den Beispielfällen und kommt an und in ihnen wie durch Transparenzfolien zum Vorschein. Indem es sich in ihnen manifestiert, hat es dann auch in ihnen selbst seinen Sitz. Es ist dieses «Wesen» des Tragischen, das Scheler interessiert. Nicht die Ereignungsformen des Tragischen sind für ihn Tatsachen, sondern das Tragische selbst, das sich ereignet, ist die Tatsache.

198 A. a. O., 165.

199 Max Scheler: Der Formalismus in der Ethik und die materiale Wertethik (Gesammelte Werke, Bd. 2), Bonn u. a. 1954, Bonn [8]2009.

200 Scheler: Zum Phänomen des Tragischen (siehe Anm. 193), 152.

201 A. a. O., 156.

Diese will Scheler zum einen von den psychischen Erlebensformen und zum anderen vom Überbau der philosophischen Deutungen unterscheiden. Doch ist die phänomenologische Bestimmung der «Tatsache» des Tragischen abhängig von seiner Wertphilosophie bzw. Wertmetaphysik. So zielt auch sein Deuteansatz auf den Aufweis von metaphysischen Gründen des Tragischen.

Das Tragische entsteht dort, wo die metaphysische Wertordnung in weltlichen Geschehensabläufen gebrochen wird, wo es also zu einer Divergenz von Idealität und Realität, d. h. von idealem Gehalt und Verwirklichung der Werte kommt. Würde die ideale Wertordnung ungebrochen realisiert, so gäbe es das Tragische ebenso wenig, als wenn die Welt von Grund auf wertlos wäre. Das Tragische hat seinen Ort zwischen diesen beiden Extremen.

Dabei spielt menschliche Schuld eine untergeordnete Rolle. Scheler spricht von der «*Unlokalisierbarkeit* der ‹Verschuldung›».[202] «Der tragische Held […] *verschuldet* nicht seine Schuld, sondern er *‹verfällt›* ihr.»[203] Weil diese Schuld metamoralisch ist, verstummt vor ihr «alle mögliche moralische und rechtliche Beurteilung»[204]. Tragische Konflikte lassen sich moralisch und rechtlich nicht verstehen, geschweige denn bearbeiten. Sie ergeben sich in und aus komplexen Situations- und Handlungszusammenhängen unter Mitwirkung der Handlungssubjekte, deren Werterkenntnis begrenzt ist.[205] Darin sind sie unentrinnbar.

Hier knüpft Schelers Auffassung des Tragischen an die Schellings an. Schelling hatte im Paradox der schuldlosen Schuld ein zentrales Charakteristikum des Tragischen gesehen.[206] Ein weiteres Charakteristikum war für ihn und ist auch für Scheler die Unvermeidbarkeit, Unentrinnbarkeit des tragischen Geschehens. Wenn dieses aber mit einer in der «Weltbeschaffenheit» angelegten Notwendigkeit geschieht, trifft den Menschen,

202 A. a. O., 163 (Hervorhebung M. S.).

203 A. a. O., 168 (Hervorhebungen M. S.).

204 A. a. O., 164.

205 «Die moralische oder die ‹verschuldete Schuld› ist gegründet im *Wahlakt;* die tragische oder ‹unverschuldete Schuld› schon in der *Wahlsphäre!*» (a. a. O., 168, Hervorhebungen M. S.)

206 «Dies ist das höchste denkbare Unglück, ohne wahre Schuld durch Verhängnis schuldig zu werden.» (Schelling: Philosophie der Kunst [siehe Anm. 112], 372 [SW I/5, 695]).

der daran handelnd beteiligt und davon betroffen ist, letztlich keine persönliche Schuld. Insofern stehen die beiden Charakteristika in enger Beziehung zueinander. Umgekehrt gilt: Wenn sich der unheilvolle Geschehensablauf eindeutig auf menschliche Verursachung zurückführen und damit als moralische Schuld zurechnen lässt, oder wenn sich dieser Ablauf hätte vermeiden lassen, kann nicht von Tragik gesprochen werden. Im ersten Fall handelt es sich dann um ein Vergehen, im zweiten um einen traurigen Zufall.

> Interessant ist in dieser Hinsicht seine Interpretation der Erzählung von Ikaros, der, um Minos von Kreta zu entfliehen, der Sonne entgegen fliegt, wobei das Wachs, das die Federn seiner Flügel zusammenhält, schmilzt und er abstürzt.[207] In der Antike wurde diese Erzählung als Schuldgeschichte gedeutet: Ikarus war selbst an seinem Absturz schuld, weil er die Warnungen seines Vaters ignoriert hatte. Bei Scheler hingegen geht es nicht um Schuld, sondern um den Wert des Wachses als Klebemittel, das die Flucht ermöglicht, zugleich aber unter der Sonneneinstrahlung zum Unglück führt.[208] Es ist also die Verbindung einer wertvollen Qualität, die sich in einer Trägersubstanz (dem Wachs) manifestiert, mit einem Geschehensablauf bzw. einer Kausalkette (dem Flug in die Nähe der Sonne), die das tragische Geschehen ausmacht.

Das heißt nicht, dass es keine persönliche Schuld an dem tragischen Unheilsgeschehen gäbe. Bei Ikaros ließe sich diese noch aufweisen. In vielen anderen Fällen aber ist sie nicht einfach identifizier- und zurechenbar, zum einen, weil sie auch in der Teilhabe an einem überindividuellen Schuldzusammenhang bestehen kann, zum anderen, weil die Erkenntnis des Erstrebenswerten bei den Menschen unterschiedlich ausgeprägt ist. Wer einen (höheren) Wert nicht als solchen erkennt, wird ihn auch nicht anstreben, sodass dieser sich nicht verwirklichen kann oder sogar der Vernichtung ausgesetzt wird.

Das tragische Heldentum kann auch darin bestehen, dass der Handelnde einen höheren Wert anstrebt, der aber von seinem gesellschaftlichen Umfeld nicht oder noch nicht als solcher erkannt und akzeptiert ist. Als einsamer Kämpfer scheitert er und wird schuldig gesprochen. Erst

207 Ovid, Metamorphosen 8, 183–235.

208 Scheler: Zum Phänomen des Tragischen, 159.

dann, wenn diese Erkenntnis und Anerkennung erfolgt, erscheint er retrospektiv als sittlicher Avantgardist und wird zum Helden gekürt. Die Wertordnung ruht zwar absolut in sich, die faktische Werterkenntnis aber und die Werturteile sind immer auch kontextrelativ. Es besteht eine Differenz zwischen der absoluten Wertordnung und dem jeweils gültigen Moralkodex.

Daraus folgt: Weder die Moral noch die Ontologie führen zum Verständnis des Tragischen. Dieses entsteht nicht an «verkehrten» Willensbildungen und Handlungsorientierungen und auch nicht an einer Entzweiung des Seinsgrundes. Es ist nicht metaphysisch, sondern geschichtlich zu erfassen als pervertierte Wertverwirklichung.

Scheler setzt seine Diagnose des Tragischen in Beziehung zum Erleben Jesu im Garten Gethsemane.

> «Hier erscheint gleichsam das Gesamtschicksal der Welt wie komprimiert im Erleben *eines* Menschen, als stünde er in diesem Momente allein in der ‹Mitte›, im Zentrum aller Kräfte, die das Universum bewegen. Er erlebt, wie sich ganze Epochen der Geschichte in ihm entscheiden, ohne daß ein Anderer darum weiß; wie Alles in seiner Hand als des ‹Einen› liegt.»[209]

Die Mitte ist der Ort tiefster Einsamkeit. Niemand erkennt und anerkennt die Bedeutung dieser Person und ihrer Mission. Ganz allein steht Jesus vor Gott und ringt mit dem Konflikt, der zwischen seinem Verlangen, dem Leidensweg zu entgehen, und dem Erlösungswillen Gottes besteht, dem er sich willentlich fügt. Darin kann man eine Analogie zur Struktur der griechischen Tragödien sehen, die den tragischen Konflikt als einen zwischen dem Handeln des Protagonisten und der höheren Gerechtigkeit bzw. dem Schicksal inszenieren. Scheler stellt diese Analogie allerdings nicht her, sondern bezieht sich auf Jesus als Exempel eines bestimmten Typus des Tragischen, bei dem der «sittliche[] Genius»[210] mit seiner Botschaft eine neue Epoche der Menschheitsgeschichte einläutet, dabei aber unentdeckt und unverstanden bleibt.

Auch den Tod Jesu deutet Scheler als tragisches Ereignis. Dieses hat seinen Grund nicht in der moralischen Schuld einzelner Handlungssubjekte wie Pontius Pilatus oder Judas oder dem kollektiven Fehlverhalten der Juden, sondern in der Beziehung Gottes zur Gemeinheit der Welt, die

209 A. a. O., 168 (Hervorhebung M. S.).
210 A. a. O., 167f.

der Reinheit Gottes widersteht. Hier sind die Kennzeichen des Tragischen gegeben: schuldlose Schuld und Unvermeidlichkeit des Geschehens nach einer höheren Notwendigkeit. «Jesu Tod ist nur tragisch, wenn er – überall und immer – und bei beliebig hoher ‹Pflichttreue› der Beteiligten eingetreten wäre.»[211]

Ziehen wir Bilanz: Schelers Deutung führt sehr viel näher an die Erscheinungsweisen des Tragischen im gelebten Leben heran, als es die bisher vorgestellten idealistischen und nachidealistischen Deutungen vermochten. Schon der Titel seines Aufsatzes – «Zum Phänomen des Tragischen» – zeigt das an. Die Tragödien bilden in Schelers Entwurf nicht mehr die Grundlage für die Erkenntnis des Tragischen, sondern dienen zur Illustration für seine philosophischen Reflexionen zu diesem Thema. Das Tragische muss ihm zufolge aus der Geschichte, d. h. aus dem Geschehen der Welt und aus den Bewegungen des menschlichen Daseins erkannt werden. Es ist nicht «künstlich» durch die Tragödien hervorgebracht, sondern wesenhaft im Universum, in der Beschaffenheit der Welt, angelegt. In einzelnen Ereignissen erscheint es. Daraus ergibt sich eine bedeutsame Erweiterung des Phänomenbereichs. Dieser Bereich erstreckt sich auch über das menschliche Handeln und Ergehen hinaus auf die Dingwelt. Auch dort kann es tragische Geschehensabläufe geben, an denen menschliches Handeln bestenfalls indirekt mitwirkt.

Das wird auch in meiner eigenen Beschreibung des Tragischen eine wichtige Rolle spielen. Darin werde ich Schelers Wertphilosophie allerdings hinter mir lassen. Zu fragwürdig erscheint die Annahme eines objektiv gegebenen Reiches der Werte. Es gibt über den kulturrelativen und zeitbedingten Wertsetzungen keinen archimedischen Standpunkt, von dem aus sich absolute Werte erkennen ließen. Auch der Verlust der Bilder in Schelers Beispiel von der zerstörten Bildergalerie (s. o.) ist ein Verlust für die *Menschen,* für die diese Bilder wertvoll sind. Für *sie* ist dieses Ereignis tragisch.

Auch über Schelers Phänomenologie werde ich hinausgehen. Nicht nur die Vernichtung eines Wertträgers durch den von ihm getragenen Wert, sondern beispielsweise auch ein mit hohem Aufwand betriebenes, aber vergebliches Bemühen kann als tragisch erfahren werden. Oder eine Situa-

211 A. a. O., 164.

tion, in der dem Handelnden nur «wertlose» Handlungsoptionen zur Verfügung stehen, er also das geringere Übel wählen muss, was evtl. alles nur noch schlimmer macht.

Ein weiterer Differenzpunkt ist die Frage nach der Sinnhaftigkeit des Tragischen. Wenn man wie Scheler davon ausgeht, dass die Vernichtung hoher positiver Werte in ihren Trägern durch Werte geschieht, die ihrerseits ebenso positiv sind, dann kann das Tragische nicht sinnlos sein. Dieser Auffassung vermag ich mich nicht anzuschließen. Nach meiner Deutung ist das Tragische sinnlos. Das schließt nicht aus, dass ihm nachträglich ein Sinn zuwachsen kann. (→ 6.)

3.3.2 Das «tragische Wissen» (Jaspers)

Karl Jaspers stemmt sich gegen einen spekulativen philosophischen Tragismus, der das Tragische in einem metaphysischen Grund des Seins verortet und aus einem Letztprinzip ableiten will. Er weist den Anspruch zurück, ein «Totalwissen vom Sein»[212] zu erlangen. Dabei dürfte er vor allem die universal-tragischen Weltanschauungen Schopenhauers und Nietzsches vor Augen gehabt haben. Der Deutung, dass das Tragische in der ursprünglichen Gespaltenheit bzw. in der Selbstzerspaltung dieses Grundes bei seiner Realisierung besteht, hält er entgegen: «Das Tragische ist nicht in der Transzendenz, nicht im Grund des Seins, sondern in der Erscheinung der Zeit.»[213]

Das Tragische ist ein Phänomen der Welt bzw. der Geschichte, darf aber nicht als deren Fundament verstanden und damit verabsolutiert werden. Es ist *in* der Welt; das heißt aber nicht, dass die Welt an sich und das Wesen des Menschseins tragisch wäre. Es hat auch nach Jaspers einen

212 Karl Jaspers: Vollendung der Wahrheit in ursprünglichen Anschauungen, in: ders.: Von der Wahrheit, München 1947, 915–960. Diese Schrift wird als Band I/9 in der Karl Jaspers Gesamtausgabe erscheinen. Das Kapitel zum Tragischen wurde abgedruckt, in: Sander (Hg.): Tragik und Tragödie (siehe Anm. 116), 1–57, und unter dem Titel «Über das Tragische», in: Karl Jaspers: Was ist Philosophie? Ein Lesebuch, München 1980, 340–388, sowie, in: Karl Jaspers: Die Sprache / Über das Tragische, München/Zürich 1990, 85–143. Auf die zuletzt genannte Ausgabe beziehe ich mich hier und im Folgenden. Zitat: 142.

213 Jaspers: Über das Tragische (siehe Anm. 212), 143.

«metaphysischen Grund»[214]. Doch ist dieser Grund als Bedingung der *Möglichkeit* des Tragischen zu verstehen. Dieses liegt nicht im Sein selbst, sondern tritt in der *Erscheinung* bzw. *Ereignung* des Seins im Dasein hervor: als Zerspaltenheit der Wahrheit, als Kollision berechtigter Rechtsansprüche, als Konflikt zwischen Gütern und sittlichen Geboten. Das Scheitern, das aus dem Gelingen erwächst, das von der Wahrheit hervorgebrachte Verderben, das aus dem Guten resultierende Übel – das ist nach Jaspers das eigentlich Tragische.

Jaspers unterscheidet drei Ebenen: die tragische Wirklichkeit, das «tragische Wissen»[215], in dem diese Wirklichkeit zu Bewusstsein kommt, und die philosophische Reflexion des Tragischen.[216] Seine Deutung bezieht sich vor allem auf die zweite der drei Ebenen. Die tragische Wirklichkeit ist nicht in unmittelbarem, spekulativem Zugriff zu erfassen, sondern nur so, wie sie sich zeigt bzw. offenbart; so also, wie sie in *Erscheinung* tritt und sich dem tragischen Wissen erschließt. Die vorrangige Erkenntnisgrundlage dafür sind die Tragödien. Anders als Scheler geht Karl Jaspers wieder von dieser Kunstform aus, um das Tragische zu beschreiben. Die Tragödiendichter haben ihm zufolge den Sinn für das Erscheinen der tragischen Wirklichkeit und bringen diese in dichterischer Form zur Sprache. Sie lassen die tragischen Helden die tragische Wirklichkeit vollziehen und das tragische Wissen artikulieren. Daher hat das Bemühen um eine Phänomenologie des Tragischen bei den Tragödien anzusetzen. Besonders dafür geeignet erscheinen Jaspers die «großen» bzw. «echten» Tragödien, das heißt für ihn: die griechischen und die Shakespeareschen.

Dieser Auswahl liegt eine normative Vorstellung davon zugrunde, was eine «große» Tragödie ist, und diese Vorstellung arbeitet Jaspers dann wiederum aus den Tragödien heraus. So stoßen wir auch hier wieder auf ein Beispiel für den hermeneutischen Zirkel zwischen einem (Vor-)Begriff des Tragischen und dessen Substantiierung in den Tragödien. Die Erkenntnis des Tragischen, die induktiv aus den Tragödien gewonnen werden soll, ist schon im Begriff des Tragischen angelegt, aus dem dann deduziert wird, was als «große» Tragödie gelten kann.

214 A. a. O., 123.
215 A. a. O., 89–101.
216 A. a. O., 139.

Aus der Fokussierung auf die Tragödien ergibt sich ein «heroisches» Verständnis des Tragischen, das auf den kämpfenden und leidenden Helden bezogen ist. Gegenstand des «tragischen Wissens» können also – anders als bei Scheler – keine Ereignisse sein, die sich aus den Eigendynamiken von naturhaften und geschichtlichen Prozessen ohne signifikanten Beitrag handelnder Menschen ergeben. Und auch im Bereich des menschlichen Handelns weist das «tragische Wissen» nur ganz spezifische Formen der Unheilserfahrung und vor allem der Unheilsbewältigung als «tragisch» aus, die aus der Banalität des Alltags herausragen.

> «Das Tragische erscheint im Kampf, im Sieg und Unterliegen, in der Schuld. Es ist die Größe des Menschen im Scheitern. Es offenbart sich im unbedingten Willen zur Wahrheit als die tiefste Unstimmigkeit des Seienden.»[217]

Die in diesem Zitat genannten Punkte sind nach Jaspers Wesensmerkmale des tragischen Wissens, wie es die «echten» Tragödien tiefgründig zu erkennen geben. Keines dieser Wesensmerkmale erschöpft jedoch die Qualität des Tragischen. Noch nicht einmal alle zusammen geben eine hinreichende Interpretation. Es gibt keine hinreichende Interpretation. Denn es geht hier gerade um die «Unendlichkeit eines Unfasslichen»[218]. Ich skizziere die fünf Punkte:

(a) Kampf: Das Tragische entzündet sich an einer Spaltung, die zu einer Kollision des Gespaltenen führt, die wiederum als Kampf ausgetragen wird. Es kann dies ein Kampf des Menschen mit sich selbst sein oder ein Kampf zwischen Menschen. Vordergründig treffen dabei gegensätzliche Daseinsinteressen, Pflichten, Charaktereigenschaften und Antriebe aufeinander. Doch wird dabei nur eine Spaltung ausgetragen, die auf einer tieferen Ebene liegt:

- Es kann sich um den Kampf des Einzelnen gegen ein Allgemeines, d. h. gegen Gesetze, Normen, Notwendigkeiten, politische Mächte und gesellschaftliche Strukturen handeln. Tragisch ist dieser Kampf dann und nur dann, wenn das Anliegen des einzelnen gerechtfertigt ist.
- Es können aber auch konträre geschichtliche Daseinsprinzipien aufeinandertreffen, also Leitvorstellungen für die Lebensgestaltung, die

217 A. a. O., 101.
218 A. a. O., 104.

Gesellschaftsordnung und die Politik, Weltbilder, Paradigmen der Wirklichkeitsdeutung. Der tragische Konflikt ereignet sich dann an einer Zeitenwende. Der Repräsentant der neuen Zeit scheitert an den Gegebenheiten der alten.

- Der in den Tragödien dargestellte Kampf kann sich aber auch zwischen einem Menschen und den Göttern oder Dämonen oder als Streit zwischen den Göttern ereignen. Im ersten Fall besteht das Tragische im Aufbäumen gegen diese Mächte, im zweiten Fall darin, zum Medium dieser Mächte und damit zum Opfer ihres Konflikts zu werden.

(b) Sieg und Unterliegen: Das tragische Wissen kennt den Sieg im Scheitern und das Unterliegen im ephemeren Sieg. Der Einzelne unterliegt in seinem Kampf gegen das Allgemeine und ist als Opfer doch der eigentliche Sieger. So scheitern eigentlich beide aneinander, verhelfen damit aber einer neuen geschichtlichen Ordnung zum Durchbruch.

(c) Schuld: Jaspers unterscheidet zwischen Tatschuld und Daseinsschuld.

- Im ersten Fall führt eine schuldhafte Handlung zur tragischen Verstrickung und zum Untergang des Handelnden. Die Schuld kann sich dabei aus einer bösen Absicht oder einem Mangel an Wissen ergeben. Sie kann aber auch – und das ist der eigentlich tragische Fall – aus dem Streben nach dem sittlich Geforderten, dem Rechten und dem Wahren erwachsen. Dann handelt es sich um eine unentrinnbare schuldlose Schuld.
- Im zweiten Fall ist die Schuld eine metamoralische, die im Dasein des Menschen selbst angelegt ist und damit eine allgemeine Menschheitsschuld darstellt. Durch den bloßen menschlichen Daseinsvollzug wird das Dasein anderer eingeschränkt. Die Schuld kann auch in der Herkunft eines Menschen gründen, die ihn in eine Verantwortungsgemeinschaft stellt. Ohne persönliche Schuld auf sich geladen zu haben, ist von ihm gefordert, das schuldhafte Erbe seiner Vorfahren mitzutragen. Schließlich kann die Schuld auch aus charakterlichen Dispositionen oder auch umgekehrt aus der Abweichung von solchen Dispositionen erwachsen. Auf die eine oder andere Weise ist die tragische Schuld in diesen Fällen «schicksalhaft» gegeben.

(d) Größe des Menschen im Scheitern: Die Größe besteht darin, dass der Mensch in der Tragödie «die menschlichen Möglichkeiten bis zum Äußersten treibt und an ihnen selber wissend zugrunde gehen kann»[219]. Das kann im Guten wie im Bösen, mit trotzigem Widerstandswillen, wie auch im liebenden Ertragen geschehen. Der betroffene Mensch steht in einer Grenzsituation und meistert diese mit letzter Konsequenz bis hin zur Selbstvernichtung.

(e) Die Wahrheitsfrage: Die griechischen Tragödien unterscheiden sich von den Mythen, aus denen sie hervorgegangen sind und mit deren Material sie arbeiten, dadurch, dass sie die Wahrheitsfrage aufwerfen. Sie *veranschaulichen* nicht nur die Grundunstimmigkeiten der Wirklichkeit, sondern stellen Was- und Warum-Fragen: Warum scheitern Menschen mit besten Absichten? Was sind die lebensbestimmenden Mächte und Ordnungen? Was geschieht, wenn Menschen in Konflikt mit diesen Mächten und Ordnungen geraten? usw. Auf diese Weise versuchen die Tragödien, das Unergründliche dichterisch zu ergründen und damit nach dem Eigentlichen hinter dem Vordergründigen und Schleierhaften zu fragen. Die Philosophie konnte an diese anschaulich gemachten Fragen anknüpfen und sie rationalisieren.

Das Tragische besteht in dieser Hinsicht in der Gespaltenheit des Wahrseins. Zwei Wahrheiten stehen gegeneinander. Das provoziert die Frage nach dem eigentlich Wahren und die Anschlussfrage, warum sich das Wahre nicht eindeutig als solches zu erkennen gibt und sich durchsetzt, sondern schleierhaft bleiben und scheitern kann. Warum führt die Wahrheit nicht zum wahren Leben? Der tragische Held selbst stellt diese Frage – wie Ödipus oder Hamlet – und findet keine Antwort. Sie bleibt offen. Es gibt keine Lösung. Die Tragödie führt an die Grenzen des Wahrheitswissens.

Die genannten fünf Kennzeichen des Tragischen stellen nach Jaspers Entfaltungen des tragischen Wissens auf seine Inhalte bzw. Gegenstände hin dar. Sie beschreiben, wie das tragische Sein und Geschehen dem Tragödiendichter erscheint, wie es von ihm im tragischen Wissen erfasst und dichterisch zur Darstellung gebracht wird. Der Dichter personifiziert das tragische Wissen in der Figur des tragischen Helden. Dieser *erfährt* nicht

219 A. a. O., 109.

nur das tragische Geschehen, er *weiß* um die Tragik. Auf diese Weise geben die Tragödien Einblick in die Gehalte des Tragischen, die auch in der Erfahrungswelt außerhalb dieser Kunstform begegnen können.

Während sich die Frage nach dem tragischen Geschehen auf das «objektive» WAS des tragischen Wissens richtet, fragt Jaspers in einem zweiten Anlauf nach dem «subjektiven» WIE dieses Wissens: «Wie wird das Tragische bewusst, wie geschieht das tragische Wissen [...]?»[220] Dabei betont er die *metaphysische Verankerung* des Tragischen. Dieses liegt nicht in der Vergänglichkeit des natürlichen Lebens, sondern wird als «ein Fremdes, das uns unmittelbar bedroht»[221], erfahren. Es hat einen metaphysischen Grund und drängt auf eine erlösende Transzendierung. Das unterscheidet das Tragische vom bloßen Übel, Elend und Unglück.[222]

Wenn auch das Tragische nicht in der Transzendenz, sondern in der Erscheinung der Zeit zu verorten ist (s. o.), so transzendiert es doch seine Erscheinungen. Jaspers postuliert: «Es gibt keine transzendenzlose Tragik.»[223] In der Erfahrung des Tragischen sieht sich der Mensch ganz auf sein Dasein zurückgeworfen, damit vor die Frage nach dem eigentlichen Sein gestellt. Im tragischen Scheitern transzendiert sich das Dasein auf das Sein hin. Der drohende Seinsverlust legt den Seinsgrund frei. Der tragische Held schaut in diesen (Ab-)Grund hinein und findet darin Erlösung. Damit wird er zum Paradigma für die Zuschauer. An ihm kann man erkennen, worin das Tragische besteht und wie es transzendiert werden kann. Die Tragödien sind Chiffren der Transzendenz.

Die Erfahrung des Tragischen strebt nach Überwindung dessen, was diese Erfahrung heraufbeschworen hat. Das Tragische lässt sich aber nicht überwinden. Man kann es nicht auf ein schuldhaftes Handeln zurückführen, so dass es sich durch Vergebung aufheben ließe. Es besteht vielmehr in einem von menschlichem Handeln heraufbeschworenen Unheilszusammenhang, dem sich auf der Ebene des Handelns nicht entrinnen lässt. Und doch gibt es Erlösung: eine Befreiung *im* und *vom* Tragischen *durch* das Tragische, genauer: durch die *Anschauung* des Tragischen. Erlösung meint dabei nicht die Rettung aus der tragischen Not und auch nicht die Aufhebung der Entfremdung vom göttlichen Grund allen Seins. Es geht um das

220 A. a. O., 101.
221 A. a. O., 102.
222 A. a. O., 123.
223 A. a. O., 99.

Zu-sich-selbst-Kommen des Menschen durch die Grenzerfahrung des Tragischen hindurch.

(a) Bei der Erlösung *im* Tragischen bleibt das Tragische bestehen. Im tapferen Aushalten widerfährt den davon Betroffenen eine Verwandlung. Sie durchlaufen gewissermaßen eine Reinigungs- und Reifungskrise und gewinnen dabei ein tieferes Selbstsein und Wirklichkeitsverständnis. Die Wirklichkeit zeigt sich in ihrer Brüchigkeit und Undurchschaubarkeit. Am tragischen Helden werden die Möglichkeiten des Menschen anschaulich, «standzuhalten, was immer auch geschieht»[224]. Zum würdevollen Erdulden gehört auch die aktive Suche nach Ordnung, das Streben nach dem Rechten, das Bleiben in Gemeinschaft, die Pflege von Menschenliebe, das Bewahren von Vertrauen und das Offenhalten der Frage nach dem Warum. Darin vollzieht sich eine Selbstbehauptung, die sich aus der Daseinsgebundenheit letztlich befreit weiß.

Mehr noch: Wo das Endliche untergeht, wird der Blick frei auf die Wirklichkeit und Wahrheit des Unendlichen, auf das Sein selbst, das von Jaspers sogenannte «Umgreifende»[225]. In Jaspers' «philosophischem Glauben» nimmt das Umgreifende die Position ein, die in den mythischen Vorstellungen Altgriechenlands die Schicksalsmacht der *moira,* in den religiösen Weltbildern die Wirklichkeit Gottes bzw. des Göttlichen und in den idealistischen Philosophien das Reich der Ideen bzw. des Geistes innehat. Aber das Umgreifende ist kein Jenseits, sondern der sinnstiftende Ganzheitshorziont der Erfahrungswelt. Es lenkt auch nicht das Weltgeschehen, wie die unpersönliche *moira* oder die göttliche Vorsehung. Allein das menschliche Handeln ist die geschichtstreibende Kraft. Dabei steht die Existenz des einzelnen immer in diesem allumgreifenden Sinnhorizont und empfängt von dort her ihr eigentliches Sein. «Transzendenz» verweist nicht auf eine Hinterwelt; es meint den Bezug auf das Umgreifende in dieser Welt. Doch bleibt dieses letztlich uneinholbar und lässt sich nicht begrifflich bewältigen.

Das Tragische ergibt sich letztlich aus der Unstimmigkeit zwischen dem Einzelnen und dem Umgreifenden, dem Endlichen und dem Unend-

224 A. a. O., 125.

225 Siehe dazu u. a.: Jaspers: Von der Wahrheit (siehe Anm. 212), 37–39; ders.: Der philosophische Glaube angesichts der Offenbarung (1948) (Karl Jaspers Gesamtausgabe, Bd. I/13), Basel 2016, 28–54.

lichen, dem Absoluten und dem Relativen, dem Universalen und dem Partikularen. Es gründet in der Zerspaltung des Einen und Ganzen in der Geschichte. Erlösung im Tragischen bedeutet, dieser Kollision ansichtig zu werden und dabei Seinsverbundenheit zu gewinnen, selbst, wenn das mit dem Untergang des eigenen Daseins verbunden ist.

(b) Bei der Erlösung *vom* Tragischen wird das Tragische selbst – d. h. die tragische Seinsverfassung – im Glauben an eine Versöhnung transzendiert. Dieser Weg geht dem Tragischen nicht nur auf den Grund, sondern will es hinter sich lassen. Im Wissen um das eigentliche Sein findet eine Versöhnung mit dem Tragischen statt, so dass dieses seine Macht verliert und in eine höhere Ordnung aufgehoben wird, in der es nur noch als Uneigentliches erscheint. Eine solche Erlösung *vom* Tragischen sieht Jaspers in den griechischen Tragödien des Aischylos und Sophokles dargestellt. Aus dem mythischen Licht einer göttlichen Ordnung blicken sie zurück auf die Dunkelheit des tragischen Chaos.

Auch die christlichen Tragödien (→ 5.4) gehören in diese Kategorie. Mit ihrer Berufung auf die in Christus schon erfolgte Erlösung untergraben sie allerdings das tragische Wissen. Daher kann es nach Jaspers auch keine eigentlich christliche Tragödie geben. Für den christlichen Glauben gilt: «in aller Furchtbarkeit strahlt der Glanz hindurchdringender Seligkeit der Gnade»[226]. Gegenüber einer solchen Hetero-Erlösung beharrt Jaspers auf dem Weg der Auto-Erlösung durch die Erkenntnis der tragischen Seinsverfassung, wie sie in den Tragödien anschaulich wird.

Eine dritte Version der Erlösung *vom* Tragischen führt die *philosophische* Tragödie vor Augen. Hier ist es eine philosophische Grundhaltung, die erlösend wirkt. Als Beispiel dafür verweist Jaspers auf Lessings «Nathan der Weise», «dem neben Faust tiefsten deutschen dramatischen Werk»[227]. Lessing schreibt vor dem Hintergrund persönlicher tragischer Erfahrungen und lässt auch Nathan aus der zurückliegenden tragischen Erfahrung heraus sprechen. Der Weise verkündet und verkörpert die Idee des eigentlichen Menschseins. Es ist dies das «Leibhaftwerden der ‹Vernunft› in menschlichen Persönlichkeiten»[228].

Für die Erlösung *im* Tragischen wie für die Erlösung *vom* Tragischen gilt nach Jaspers: Der Mensch, der sie durchlaufen hat, «versinkt nicht in

226 Jaspers: Über das Tragische (siehe Anm. 212), 97.
227 A. a. O., 129.
228 A. a. O., 131.

das Dunkel und nicht in das Chaos, sondern landet gleichsam auf einem Boden in einer Seinsgewißheit und Befriedigung durch sie»[229]. Doch mündet Japsers' Deutung des Tragischen nicht in einen metaphysischen Optimismus. Er will die Spannung zwischen dem tragischen Unheil, der unversöhnten Selbstbehauptung, der ausweglosen Selbstvernichtung einerseits und der Aussicht auf Erlösung andererseits gewahrt wissen. Erlösung im und vom Tragischen ist eine *Möglichkeit,* deren Realisierung keineswegs garantiert ist.

Daher wendet sich Jaspers kritisch gegen religiöse und philosophische Weltanschauungen, die das Tragische als bereits Überwundenes in den Horizont einer letzten Wirklichkeit stellen und es damit verdrängen.[230] So habe etwa die Universalphilosophie der nacharistotelischen Zeit ein im Grunde harmonisches Wirklichkeitsverständnis entwickelt, in dem alle Unstimmigkeiten zu einer nur relativen Disharmonie marginalisiert wurden. Daraus folge eine Apathie gegenüber dem tragischen Unheil. Auch Hegels Deutung des Tragischen sieht er in dieser Gefahr. Für ebenso unzureichend hält Jaspers die religiösen Erlösungsversprechen, wie sie nicht nur vom Christentum, sondern auch vom Buddhismus gemacht werden. «Die eigene Erlösungsmöglichkeit vernichtet die tragische Ausweglosigkeit.»[231]

Mit seinen Erhellungen des Tragischen leistet Karl Jaspers zweifellos einen wichtigen Beitrag zur Näherbestimmung dieses Phänomens. Eine der großen Stärken dieses Deuteansatzes liegt m. E. in der epistemischen Demut, die davor warnt, «das tragische Wissen in spekulativer Deduktion systematisch zu machen»[232], statt es als ursprüngliche Anschauung und elementare Erfahrung zu erhalten. Diese Anschauung kann und darf nicht zu einer Lehre verfestigt werden. Das Tragische lässt sich nicht eindeutig interpretieren, definieren und theoretisieren.

Alle Versuche, das Tragische zu einem Prinzip des Seins zu erheben, weist er zurück. Dieses sei nicht im Grund des Seins, sondern in der Erscheinung der Zeit zu verorten (s. o.). Darin folge ich ihm. Das Tragische

229 A. a. O., 125.
230 A. a. O., 100.
231 A. a. O., 98.
232 A. a. O., 140.

gehört nicht zur Essenz, sondern zur Existenz des Menschen, nicht zum Sein, sondern zum Geschichtsprozess.[233]

Andererseits begnügt sich Jaspers aber auch nicht mit einer philosophischen Beschreibung und Reflexion von tragisch zu nennenden Erfahrungen. Er unternimmt es, aus den Tragödien ein tragisches Wissen zu destillieren, dessen Strukturen zu bestimmen und es auf seinen Grund hin zu durchschauen. Damit ist wohl nicht die *Wirklichkeit* des Tragischen erklärt, aber doch das *Phänomen*. Er wehrt sich gegen eine Ontologisierung, vollzieht aber doch eine Rationalisierung. Die Anschauung wird in Wissen und dieses in philosophische Reflexion überführt. Er verstößt damit zwar nicht gegen die von ihm aufgerichtete Warnung vor einer zu weit gehenden denkerischen Durchdringung des Tragischen, treibt diese aber bis an ihre Grenzen voran.

Diesem Anschauungswissen öffnet sich ein befreiender bzw. erlösender Durchblick durch das Tragische hindurch. Der «philosophische Glaube» weist religiöse Erlösungsversprechen zurück, macht aber selbst ein quasi-religiös-philosophisches. Dieses besagt, dass die Abgründigkeit des tragischen Unheils zwar nicht aufgehoben, aber doch durch die Anschauung transzendiert werden kann. Auch der zweite Weg, mit dem Tragischen umzugehen – das tapfere aktive Aushalten –, ist mit einer Verheißung verbunden: Die Widerstandskraft führt tiefer ins Dasein hinein. Das als ausweglos Erfahrene muss nicht ausweglos bleiben. Es kann nicht überwunden, aber (bei entsprechender Anstrengung) doch transzendiert werden. Den Impetus dazu trägt es in sich.

Jaspers gewinnt seine Deutung des Tragischen aus dem in den Tragödien veranschaulichten tragischen Wissen. Das führt zu einem Tapferkeitspathos. Das Tragische besteht in einem heroischen Kampf. Doch es ist dies ein verheißungsvoller Kampf.

233 Ebenso betont Paul Tillich, dass «der tragische Charakter der Existenz nicht im schöpferischen Grund des Seins wurzelt, er gehört also nicht zur essentiellen Natur der Dinge» (Systematische Theologie, Bd. 1, Berlin/New York 1987, 292). Ähnlich Paul Ricœur: «Darum muss – wenn es ein christlich Tragisches gibt – dieses nicht als ‹Pantragismus›, als eine Tragik des Seins, sondern als eine Tragik der Existenz – oder vielmehr in der Existenz, auf dem Hintergrund der Imago Dei, gedacht werden.» (Paul Ricœur, Sur le tragique [1953], in: ders., Lectures 3: Aux frontières de la philosophie, Paris 1994, 192 [Übersetzung R. B.]).

Diese Deutung ist m. E. zu eng und philosophisch zu voraussetzungsreich. Sie erhebt das «eigentlich» Tragische und den Umgang damit zu einem aristokratischen und elitären Phänomen, obwohl sie genau das vermeiden will.[234] Es mag Alltagserfahrungen geben, die sich so darstellen, doch viele tragische Widerfahrnisse lassen sich auf diese Weise nicht erfassen. Sicher ist nicht alles, was als tragisch erfahren wird, in einem philosophisch reflektierten Sinn auch wirklich tragisch zu nennen; das macht die Unterscheidung des eigentlich Tragischen von einem bloß uneigentlichen unausweichlich. Wenn sich aber die philosophische Bestimmung des eigentlich Tragischen zu weit von der Erfahrungswirklichkeit entfernt, büßt sie an Deutekraft und Anwendbarkeit ein. Es muss also ein Mittelweg gesucht werden zwischen einem zu eng und zu anspruchsvoll gefassten Begriff des Tragischen und einem zu weiten, der alles als tragisch gelten lässt, was mit diesem Begriff bezeichnet wird. Der Begriff des Tragischen muss sowohl den Ansprüchen einer philosophischen Phänomenologie genügen als auch alltagstauglich sein.

An Letzterem mangelt es bei Jaspers. Das hat seinen Grund darin, dass seine Deutung des Tragischen bei den Tragödien ansetzt. Damit sehen wir uns wieder vor die Frage nach der Erkenntnisgrundlage des Tragischen gestellt. Dieser Frage will ich mich im folgenden Abschnitt zuwenden, mit dem ich den philosophischen Teil meiner Darstellung abschließe.

3.4 Die Lösung des Tragischen von der Tragödie

Die idealistischen Philosophien haben damit begonnen, das Tragische (als Konzept bzw. als Idee) gegenüber den Tragödien (als literarisch-dramaturgische Gattung) zu verselbstständigen, indem sie es aus den Tragödien herausdestillierten. Vollständig wurde diese Emanzipation dann im Spätwerk Nietzsches vollzogen. Spätere Philosophen, die sich mit dem Tragischen beschäftigten, nahmen dann oft kaum noch Bezug auf die Tragödien; so etwa Peter Szondi und Max Scheler. Von Literaturwissenschaftlern und Tragödientheoretikern wurde diese Loslösung zumeist zurückgewiesen.

234 Die Schärfe, mit der sich Jaspers von tragischen Weltanschauungen abgrenzt (a. a. O., 140f) hat ihren Grund wohl auch darin, dass einige der von ihm genannten Einwände auch gegen seinen eigenen Ansatz geltend gemacht werden können.

Ihnen zufolge lässt sich das Tragische nicht von der Tragödie abheben und als deren Wesensgehalt bestimmen. Nach Daniel Fulda und Thorsten Valk gibt es kein Tragisches vor und außerhalb der Tragödie. Die Identifikation von Tragik und Tragischem könne sich «auf nichts anderes stützen als auf die literarische Gattung der Tragödie»[235].

Doch nicht nur (literatur- und kunstwissenschaftliche) Tragödientheoretiker plädieren dafür, den methodischen Ansatzpunkt zur Erfassung des Tragischen bei den Tragödien zu nehmen, auch Philosophen vertreten diese Auffassung, wie wir es gerade bei Karl Jaspers gesehen haben. Auch Paul Ricœur hat dezidiert gefordert, man müsse von der griechischen Tragödie ausgehen, um das Wesen des Tragischen zu erfassen.[236] Die griechische Tragödie sei «die sofortige und ganze Manifestation des Tragischen als solchen, das Tragische verstehen heißt, in sich selbst das griechische Tragische wiederholen».[237] Auch Asmus Trautsch plädiert dafür, vom antiken Theater der Tragödie auszugehen, um eine Theorie tragischer Erfahrung zu entwickeln.[238] Unter «tragischer Erfahrung» versteht er daher zunächst nicht eine Erfahrung des gelebten Lebens, sondern «die von großem Leid geprägte, expressiv im Spiel vermittelte Leiderfahrung der tragischen Figuren»[239].

Ich vermag mich dieser Auffassung nicht anzuschließen und trete dafür ein, die Betrachtungsrichtung umzukehren und das Tragische nicht von

235 Fulda/Valk: Einleitung, in: dies. (Hg.): Die Tragödie der Moderne (siehe Anm. 68), 8–10, Zitat: 9.

236 Paul Ricœur: Symbolik des Bösen. Phänomenologie der Schuld II, Freiburg i. Br./München 1971, 241.

237 Ebd. Siehe dazu: Hans-Christoph Askani: Die Herausforderung menschlichen Leids. Zum Verständnis des Tragischen bei Paul Ricœur, in: Burkhard Liebsch (Hg.): Grundfragen hermeneutischer Anthropologie. Paul Ricœurs Werk im historischen Kontext. Existenz, Interpretation, Praxis, Geschichte, Baden-Baden 2024, 703–734.

238 Trautsch: Der Umschlag von allem in nichts (siehe Anm. 26), 3. Nach Trautsch ist es «möglich, einen lebensweltlich gehaltvollen formalen Begriff von Tragik zu entwickeln, der sich einer historisch sensiblen Reflexion der ästhetischen Erfahrung der Tragödie auf dem Theater verdankt und zugleich der historischen Entgrenzung des Begriffs in die Praxis des Lebens gerecht zu werden versucht» (4).

239 A. a. O., 9.

den Tragödien aus in den Blick zu nehmen, sondern von tragischen Erfahrungen aus die Tragödien zu betrachten. Man kann das Tragische nicht auf eine Kunstform reduzieren und seinen Erfahrungsgehalt in seinem Facettenreichtum auch nicht von dort aus angemessen erschließen. Es gibt das Tragische außerhalb der Tragödien in der lebensweltlichen Wirklichkeit.[240] Die Tragödien können die Bestimmung des Tragischen in einzelnen Aspekten *illustrieren,* aber nicht insgesamt *fundieren.*

Die Rede von einem «tragischen» Gehalt in den Tragödien ist ohnehin problematisch. Das griechische Adjektiv *tragikos* meint nicht «tragisch», sondern «zur Tragödie gehörig»[241]. Der Bedeutungsinhalt des «Tragischen» ist ihm erst in der deutschen Klassik und in der Philosophie des Deutschen Idealismus beigelegt worden. Mit dieser semantischen Füllung wurde der in der Blütezeit der antiken Tragödie in einem rein technischen Sinn gebrauchte Tragikbegriff theoretisch aufgeladen und essenzialisiert. Damit haben sich die Dichter und Denker dieser Zeit die Grundlage dafür geschaffen, das Tragische in den Tragödien aufzusuchen und es von dort abzuleiten. Ihrer Exegese ging somit eine Eisegese voraus. Sie gingen von ihrem eigenen philosophischen Konzept des Tragischen aus und projizierten dieses in die Tragödien hinein (wobei sie die dafür passenden Stücke in den Vordergrund stellten). Dabei leiteten sie das eigene Verständnis aus ihrem jeweiligen kunsttheoretischen Ansatz oder aus ihrem philosophischen System ab. Dieses war an eigenen Leitmotiven – im Falle Nietzsches etwa an der «Umwertung aller Werte» – orientiert. Das «Tragische vor und außerhalb der Tragödie» lag also in ihrer eigenen Philosophie.

Metaphysische Philosophien, die spekulativ erkennen zu können glauben, was die Welt im Innersten zusammenhält, erweisen sich als Konstruktionen des jeweiligen Autors. Gerade angesichts der Erfahrung des Tragischen sollte aber die Haltung einer epistemischen Demut an die Stelle der

240 Auch nach Christoph Menke gibt es Tragik «auch vor der Tragödie – im zeitlichen wie logischen Sinne: im Mythos wie im Alltag. Hier heißt Tragik, ausweglos in Konflikte verstrickt zu sein, die sich häufig absehen, aber nicht abwenden lassen; die also notwendig sind.» (Christoph Menke: Die Gegenwart der Tragödie. Eine ästhetische Aufklärung, in: Neue Rundschau 111, 2000, 85–95, Zitat: 90f). Siehe auch: Christoph Menke: Die Gegenwart der Tragödie. Versuch über Urteil und Spiel, Frankfurt a. M. 2005.

241 Siehe etwa: Zimmermann: Europa (siehe Anm. 22), 170–178.

philosophischen (und theologischen!) «Wut des Verstehens»[242] und Erklärens treten. Das Tragische ist nicht metaphysisch zu erklären, sondern bestenfalls geschichtlich und existenziell zu beschreiben und auf dieser Grundlage dann philosophisch und theologisch auf seine Gründe hin zu reflektieren. Das kann nur fragmentarisch gelingen.[243]

In den phänomenologischen Ansätzen, wie sie von Scheler und Jaspers entwickelt wurden, richtete sich die Aufmerksamkeit zwar sehr viel stärker auf die Erscheinungsformen des Tragischen selbst, doch basierte auch Schelers Deutung auf der Annahme, dass das Tragische aus der Kollision objektiver Werte hervorgeht. Bei Jaspers wird es existenzialontologisch aus den Tragödien zu ergründen versucht.

Demgegenüber postuliere ich: Das Tragische kann nicht aus den Tragödien herausdestilliert werden. Es muss am *Leben* abgelesen werden; «es wäre nicht in der Dichtung, wenn es nicht vorher im Leben wäre.»[244] Von da aus kann man es dann auch in den Tragödien aufsuchen. Aber man wird dabei nur finden, was man vorher als Tragisches bestimmt hat. Das gilt auch für einen Deuteansatz, der von tragischen Erfahrungen ausgeht.

Es gibt das Tragische nicht *an sich* in einem bestimmten Wesensbestand. So, wie es nicht vor und hinter den Tragödien liegt, so liegt es auch nicht vor und hinter den Erfahrungen. Es stellt vielmehr eine hermeneutische Kategorie der Deutung von Situationen und Erfahrungen dar. Daraus folgt, dass es in einer Vielfalt von Auffassungen erscheint, die nicht auf einen Begriff zu bringen, sondern nur phänomenologisch zu umschreiben sind. Das Tragische ist nur als Polyfonie verschiedener Erfahrungsbezeugungen zu erfassen, denen gemeinsam ist, dass sie *als tragisch* erfahren werden. Die Erfahrungsdeutung mittels des Konzeptes des «Tragischen» bewegt sich – wie schon mehrfach festgestellt – in einem hermeneutischen Zirkel. Das untergräbt nicht die reflexive Näherbestimmung dieses Konzeptes, sondern macht sie gerade notwendig. Dieser Aufgabe werde ich mich nun zuwenden.

242 Friedrich Schleiermacher: Über die Religion. Reden an die Gebildeten unter ihren Verächtern (1799) (KGA I/2, Berlin/New York 1984), 252.

243 Friedrich Nietzsche sprach einmal vom «Wahn, […] die ewige Wunde des Daseins heilen zu können» (Nietzsche: Die Geburt der Tragödie, § 18 [KSA 1, 115]).

244 Wilhelm Grenzmann: Über das Tragische, in: Volkmar Sander (Hg): Tragik und Tragödie, Darmstadt 1971, 166–176, Zitat: 168.

4. Die Phänomenologie der tragischen Erfahrung

Ich suche das Tragische weder primär in den Tragödien auf, noch will ich es philosophisch auf dem Grund der Wirklichkeit verorten. Vielmehr gehe ich von den Erfahrungen aus, die als «tragisch» erschlossen werden. Die Leitfrage lautet: Worin besteht das Vorverständnis vom Tragischen, das zu dieser Erschließung führt? Es gilt, diese Bewusstseinsformation reflexiv zu erhellen. Die Existenzialhermeneutik des Tragischen bekommt damit ein starkes Gewicht. Auch in diesem erfahrungsbasierten Ansatz können sowohl die Beschäftigung mit Tragödien als auch die Auseinandersetzung mit philosophischen Entwürfen eine wertvolle Erkenntnishilfe bieten. Diese Erkenntnis*hilfe* darf aber nicht als Erkenntnis*grenze* aufgefasst werden, sodass man nur dann und nur insofern vom Tragischen im Leben sprechen könnte, als es im Einklang mit den Handlungsstrukturen und Sinngehalten der Tragödien oder mit den philosophischen Deuteansätzen steht.

Zunächst fasse ich die Annahmen noch einmal zusammen, die mich bei der Erfassung und Beschreibung des Tragischen leiten:

(a) Das Tragische als *Ereignis (bzw. Ereignung),* das (bzw. die) zum *Widerfahrnis* wird.[245]

Das Tragische ist nicht ontisch bzw. substanzhaft als eine Wesenheit zu verstehen, die im Sein oder im menschlichen Dasein angelegt ist und der Ereignung und der Erfahrung vorausliegt. Es geschieht, ist also aktual. Es ereignet sich in einer unheilvollen Ereignisfolge; ist also sequenziell, mithin zeitlich bzw. prozessual verfasst. Diese verkettete Ereignung vollzieht sich in einem komplexen Gemenge von Handlungsabsichten, ausgeführten oder unterlassenen Handlungen, situativen Rahmenbedingungen und der Eigendynamik von Prozessen, deren Entwicklung sich der aktiven Einflussnahme der davon Betroffenen ganz oder weitgehend entzieht. Die Komplexität der Ereignisfolge führt zur Unvorhersehbarkeit des Geschehens. Auch wenn es unter aktiver Beteiligung des Handlungssubjektes geschieht, hat es den Charakter eines Widerfahrnisses. Es stößt zu. Der Widerfahrnischarakter bestimmt sich dabei gerade durch den negativen

245 Ein Widerfahrnis ist ein Ereignis, das jemanden betrifft, also nicht das Ereignis an sich, sondern das Ereignis in Relation zu einer Person.

Bezug auf das Handeln. Er besteht im Ende der eigenen Handlungsmöglichkeiten und evtl. im Angewiesensein auf das Handeln anderer.

Geht man auf diese Weise von der *Erfahrung* des Tragischen aus, muss man dieses *graduell* denken. Es gibt nicht *das* Tragische, sondern mehr oder weniger tragische Widerfahrnisse, Konflikte und Ereignisverläufe. In den Tragikdeutungen, die auf die Tragödien rekurrieren, wird das Tragische oft pathetisch aufgeladen. Es geht dann um Sein oder Nichtsein, um edlen Kampf und heldenhaften Untergang. Nach Asmus Trautsch, der das Tragische aus der Tragödie ableitet, stellt jede «tragische Erfahrung ein besonders tiefes, freiheitsraubendes und zukunftstilgendes Leiden dar […]»[246]. Solche Maximaldeutungen, die das Tragische als absolut ruinöse Grenzerfahrung beschreiben, werden dem differenzierten Profil realer Erfahrungen des Tragischen im Alltag nicht gerecht. Im Alltag des gelebten Lebens gibt es größere und kleinere Erfahrungen des Tragischen. Dabei kann die von außenstehenden Beobachtern vorgenommene Einschätzung von der Erfahrung der Betroffenen abweichen. Was für diese eine «kleine» Tragik zu sein scheint, kann für jene einen tiefen Einschnitt bedeuten.

(b) Das Tragische als *Erschließung:* Es gibt das Tragische nicht als «ein wesentliches Phänomen im Universum selbst», wie Scheler annahm,[247] das in bestimmten Erfahrungen erscheint, sondern als eine Erschließung bestimmter Geschehensabläufe. Scheler fragt, «was das Tragische *ist*»[248]; ich frage, was es bedeutet, dass etwas – eine Situation, ein Ereignis, ein Konflikt usw. – *als tragisch* erfahren wird. Das Tragische liegt im *Modus* einer als tragisch erfahrenen Ereignung. Wenn ich von der «Erfahrung des Tragischen» spreche, ist damit also nicht die Erfahrung eines essenziell Tragischen gemeint, sondern eine Qualität der Erfahrung.

Diese Erschließung geschieht allerdings nicht erst durch die (sekundäre) Anwendung eines reflexiven Deutemusters auf das (primär) Erfahrene, sondern schon in der Weise, wie etwas erfahren wird. Man kann von einer «Erfahrung zweiter Ordnung» sprechen, also von einer Erfahrung

246 Trautsch: Der Umschlag von allem in nichts (siehe Anm. 26), 555.

247 Das Tragische ist «ein *wesentliches Phänomen im Universum selbst*» (Scheler: Zum Phänomen des Tragischen [siehe Anm. 193], 151 [Kursivsetzung von M. S.], vgl. auch 159). Diese Annahme mag Scheler auch dazu geführt haben, im Titel seines Aufsatzes vom «Phänomen des Tragischen» im Singular zu sprechen.

248 Scheler: Zum Phänomen des Tragischen (siehe Anm. 193), 151 (im Original vollständig kursiv).

mit der Erfahrung. Das ist aber nicht so zu verstehen, als lasse sich die «Erfahrung zweiter Ordnung» von der «Erfahrung erster Ordnung», also der unmittelbaren Erfahrung der Situation, des Ereignisses bzw. des Konflikts, abheben. Beides ist bestenfalls analytisch zu unterscheiden. Es ist *eine* Erfahrung.

Wenn man dieser Erfahrung nach dem von Richard Swinburne formulierten «Prinzip der Verlässlichkeit»[249] zutraut, die Wirklichkeit zutreffend zu erfassen, dann stellt das Tragische nicht nur eine *Erfahrungs*qualität, sondern eine Signatur dieser Widerfahrnisse und damit der erfahrenen Wirklichkeit selbst dar. Sie hat ein *fundamentum in re.* Diese Erfahrung besteht darin, dass es Widerfahrnisse gibt, die nicht nur als tragisch erfahren werden, sondern – als erfahrene – tragisch *sind.*

Karl Jaspers hat von einer «tragischen Atmosphäre»[250] gesprochen. Das einzelne Ereignis wird im Kontext dieser Atmosphäre erfahren und bekommt dadurch den «Geschmack» des Tragischen. Es fühlt sich tragisch an. Auf ihm liegt die Last des Tragischen. Die Erfahrung ist gewissermaßen tragisch imprägniert – oder anders ausgedrückt: tragisch gestimmt.[251]

249 Zum «Principle of Credulity», das man auch mit «Prinzip der Glaubwürdigkeit» übersetzen kann, siehe Richard Swinburne: Die Existenz Gottes. Übersetzt von Rudolf Ginters, Ditzingen 1987, 350. Siehe dazu: Marco Benasso: Der skeptische Theismus – eine elegante Antwort auf ein vertracktes Problem?, in: Oliver Wiertz (Hg.): Logische Brillanz – Ruchlose Denkungsart? Möglichkeiten und Grenzen der Diskussion des Problems des Übels in der analytischen Religionsphilosophie, Münster 2021, 201–220, bes.: 204–206.

250 Karl Jaspers: Über das Tragische (siehe Anm. 213), 102.

251 Dieses Verständnis des Tragischen als einer Erfahrungsimprägnierung ist deutlich unterschieden von Miguel de Unamunos «tragischem Lebensgefühl» (Miguel de Unamuno: Del sentimiento tragico de la vida en los hombres y en los pueblos, Madrid 1913; dt.: Das tragische Lebensgefühl, in: ders: Philosophische Werke, Wien 1933). Es geht de Unamuno nicht eigentlich um eine Erhellung des Tragischen; er benutzt diesen Begriff lediglich, um das von ihm beschriebene Lebensgefühl zu bezeichnen. Im Kontext des erschütterten nationalen Selbstbewusstseins in Spanien unternimmt er eine existenzielle Suchbewegung und beschreibt dabei ein melancholisches Endlichkeits- und Sinnlosigkeitsbewusstsein im Angesicht des Todes. In diesem Welt- und Existenzschmerz sieht er eine Grundbefindlichkeit des Menschseins in der Spannung von Verstand und Gefühl,

Etwas Unheimliches liegt darin und weist das Erfahrungssubjekt an. Das Tragische ist also zunächst ein vorreflexives Erleben. Es wird «gewittert».

Ein Ereignis kann aus der Teilnehmenden- oder aus der Beobachterperspektive als tragisch wahrgenommen werden. In der Teilnehmendenperspektive stellt es sich als Ausgeliefertsein an die tragische Situation dar. Doch auch einen nicht direkt in das Geschehen verwickelten Betrachter kann der Geschehensablauf erschüttern.

Diese Erfahrung lässt sich aber nicht als eine bloß psychische Erregung und deren kognitive Verarbeitung auffassen. Sie hat einen Realitätsgehalt. Bei der Beschreibung des Tragischen ist immer auch das, *was* erfahren wird, in den Blick zu nehmen und nicht nur der Modus der Erfahrung.

(c) Die *Epistemologie* des Tragischen besteht in einer existenzialhermeneutischen Erfahrungsanalyse. Dabei liegt die Erkenntnisgrundlage für den Erfahrungsgehalt des Tragischen letztlich im je eigenen Lebensgefühl derer, die solche Erfahrungen machen (Intuition) und derer, die sie intellektuell zu fassen versuchen (Reflexion). Sowohl die intuitive als auch die reflexive Erschließung steht dabei im Kontext des «kulturellen Gedächtnisses» und der darin verwurzelten Erfahrungsprägung. Es geht also nicht nur um *eigene* Erfahrungen, sondern auch um die anderer. Auch die Erschließungen dieser Erfahrungen sind nicht nur subjektiv, sondern eingebettet in einen kulturellen Vergewisserungszusammenhang. Damit erlangen sie zumindest auf der reflexiven Ebene einen höheren Grad an Verallgemeinerbarkeit.

Gegen den Einwand, die auf dieser Grundlage gewonnenen Erkenntnisse seien arbiträr, sei daran erinnert, dass auch dort, wo das Tragische aus den Tragödien gewonnen wurde, ein Vorbegriff des Tragischen am Werk war, der letztlich eben auch aus der Lebenserfahrung und dem Lebensgefühl der jeweiligen Autorinnen und Autoren und dem historischen Kontext, in dem diese leben und den sie philosophisch verarbeiten, gespeist ist. Die große Bandbreite der Begriffsbestimmungen zeigt, wie sehr auch bei den Versuchen, das Tragische aus den Tragödien abzuleiten,

Rationalität und Leben. Der Mensch nimmt sein Handeln als ein prinzipiell vergebliches wahr. Demgegenüber empfiehlt de Unamuno einen Passionsweg zu einer Erneuerung der christlichen Religiosität, die dazu hilft, die Angst vor dem Tod zu überwinden und intensiver zu leben. Das von ihm beschriebene tragische Lebensgefühl liegt aller Erfahrung voraus, während sich das Tragische nach meinem Verständnis an bestimmten Erfahrungen entzündet.

die je eigenen Präferenzen der Interpretinnen und Interpreten maßgeblich sind.

Wenn es dann später um theologische Deutungen des Tragischen geht, werde ich über die Erfahrungsgrundlage hinausgehen und auch ontologische Fragen stellen. Doch stehen diese – und die Antworten darauf – am *Ende* und nicht am Anfang der Reflexionskette.

(d) *Mehrdimensionalität* des Tragischen: Das Tragische ist mehrdimensional und kann daher nur multiperspektivisch erfasst, beschrieben und gedeutet werden: in Bezug auf den Menschen, dem es widerfährt, in Bezug auf Situationen, in denen es sich ereignet, in Bezug auf die Faktoren, die es verursachen. Philosophisch wird nach seinen Gründen gefragt, phänomenologisch nach seinen Erscheinungsformen. Es kann von seinen Voraussetzungen bzw. Ursachen, von seiner Ereignung und von seinen Wirkungen her in den Blick genommen werden.

4.1 Tragische Situationen

Die Tragödien wie auch die tragödientheoretischen und philosophischen Versuche, das Tragische zu fassen, beziehen dieses in aller Regel auf *Personen,* d. h. auf *menschliches* Handeln und Erleiden. Dieser Fokus scheint mir das Blickfeld zu verengen. Demgegenüber gehe ich davon aus, dass der *human factor* zwar nicht bei der *Erfahrung,* wohl aber bei der *Verursachung* und der *Auswirkung* auch ganz zurücktreten kann. Das Tragische kann auch durch ein Naturereignis oder einen technischen Defekt verursacht sein und seine Wirkungen können auch nichtmenschliche Lebewesen, naturhafte, soziale und kulturelle Entitäten betreffen. Der Mensch kommt dann lediglich als ein von der Erfahrung Betroffener ins Spiel. Er erfährt diesen Ereigniszusammenhang als tragisch, selbst dann, wenn es sich dabei um eine Erfahrung handelt, die er nicht am eigenen Leib macht. Auch das Leiden anderer und selbst der Verlust eines Natur- oder Kulturguts kann als tragisch empfunden werden.

Man muss zwischen zwei Arten der tragischen Erfahrung unterscheiden: der unmittelbaren und der mittelbaren. Bei der unmittelbaren ist das Erfahrungssubjekt in das tragische Geschehen involviert, bei der mittelbaren wird es zum Zeugen dieses Geschehens. Diese mediate Erfahrung kann ebenso erschütternd sein wie die immediate. In der Tragödie sind beide verteilt auf die Darsteller und die Zuschauer.

Gegenüber einer aktualen Deutung des Tragischen, die dieses als (unverhältnismäßige) Folge menschlichen Handelns versteht (wie schon bei Aristoteles), sehe ich das Tragische als ein Merkmal bestimmter *Situationserfahrungen,* die ich im Folgenden «tragische Situationen» nennen will. Mit «Situation» meine ich also nicht objektive Gegebenheiten und Ereigniszusammenhänge, die unabhängig von der Erfahrung existieren, sondern die lebensweltlich *erfahrene* Situation. Die Situation ist das, *was* erfahren wird. Sie liegt der Erfahrung sachlich voraus, erschließt sich aber nur in und aus ihr. Darin und nur darin, also nicht im Blick auf die Verursachung und die Auswirkung, ist das Tragische unhintergehbar an den Menschen als Erfahrungssubjekt gebunden.

Mit «Situation» meine ich auch nicht einen statischen Zustand, sondern einen Ereignungszusammenhang. Dieser besteht aus fünf Komponenten, die aber unterschiedliches Gewicht haben können: aus (a) physischen Wirkursachen, (b) menschlichen Handlungen, (c) sozialen Konstellationen und Interaktionen, (d) situativen Rahmenbedingungen und (e) dem Ereignisverlauf. Die ersten drei Komponenten wirken *in* der Situation, die vierte disponiert diese und die fünfte stellt den Prozess des Geschehens dar. Das Tragische liegt im Geschehen, das sich in der Situation unter diesen Bedingungen ereignet. Ein Auslöser, der in einer der drei erstgenannten Komponenten bestehen kann, gibt dem bis dahin untragischen Ereignisverlauf eine fatale Wendung hin zum Tragischen. In den antiken Tragödien ist dieser plötzliche Umschlag als *Peripetie* dargestellt. Der weitere Ereignisverlauf ergibt sich aber nicht als lineare Folge aus diesem Impuls, sondern folgt einer chaotischen Eigendynamik, die auch als «höhere Notwendigkeit» erfahren werden kann.

In tragischen Situationen ereignet sich immer Unheil, aber nicht jede Ereignung von Unheil ist tragisch. Das macht es erforderlich, Bedingungen anzugeben, die für tragische Situationen charakteristisch sind.

An fünf Beispielen will ich näherbestimmen, worin die Qualität des Tragischen in Situationen liegt, die als tragisch erfahren werden (können). Die Beispiele sind der alltäglichen Lebenswirklichkeit entnommen. In ihnen agieren keine tragischen Heldinnen und Helden, die numinosen Mächten ausgesetzt sind und im heroischen Kampf heldenhaft untergehen. Im ersten Beispiel geht es um den natürlichen Tod eines Menschen, im zweiten und dritten um einen gewaltsamen Tod, im vierten um einen Unfall, bei dem viele Menschen ums Leben gekommen sind, und im fünften um ein Unglück, bei dem zwar kein Mensch zu Schaden kam, aber ein wertvolles Bauwerk zerstört wurde. Alle fünf Fälle würden nach den meisten Tragikdefinitionen nicht als tragisch gelten. Im fünften Beispiel bezieht sich die tragische Situationserfahrung nicht nur auf die Verletzung menschlichen Lebens, sondern auf Schäden an wertvollen Sachen.

(a) Wenn ein Mensch eines natürlichen Todes stirbt, so ist das an sich kein tragisches Ereignis. Mit Hegel gesprochen, ist das traurig, aber nicht tragisch.[252] Wenn der Tod aber zur *Unzeit* eintritt, etwa kurz bevor die verstorbene Person ein ihr wichtiges Werk vollenden konnte, oder bevor sie in das Haus einziehen konnte, das sie in jahrelanger mühevoller Arbeit gebaut hat, dann hat das die bittere Qualität des Tragischen. Das Tragische ist hier mit dem *Zeitpunkt* verbunden, an dem das Ereignis eintritt. Dieses Ereignis hat die Vollendung verhindert und das Werk als Fragment zurückgelassen. Es ist nicht durch menschliches Handeln, sondern durch eine der menschlichen Handlungsmacht entzogene Notwendigkeit verursacht, die man oft als Schicksal oder göttliche Fügung deutet.

(b) Als der 59-jährige Carabiniere Carlo L. am 12. Juni 2025 zusammen mit einem Kollegen in einem Außenbezirk von Brindisi zwei Tankstellenräuber verfolgte, wurde er erschossen. Es geschah an seinem letzten Arbeitstag vor der Pensionierung. Der Fall bewegte ganz Italien. Die höchsten politischen Amtsträger des Landes zeigten sich erschüttert und sprachen der Witwe ihr Beileid aus. Hier spielt menschliches Handeln und damit Schuld eine Rolle. Das Tragische aber liegt auch hier im *Zeitpunkt* der Tat begründet und auch darin, dass ein Repräsentant der Rechtsordnung bei der Erfüllung seiner Pflicht von einem Kriminellen getötet wurde.

(c) In eine Favela von Rio de Janeiro gerät eine schwangere Frau auf dem Weg zu ihrer Arbeit in eine Schießerei zweier rivalisierender Banden. Sie war zur falschen Zeit am falschen Ort. Auch hier geht das Unheil auf menschliches Handeln zurück. Aber dieses Handeln war nicht von der Intention geleitet, die Frau zu töten. Wäre sie nur etwas später losgegangen oder hätte einen anderen Weg genommen – nichts wäre passiert.

(d) Am 11. November 2000 brach in der Tunnelstandseilbahn in Kaprun in Österreich ein Feuer aus. 155 Menschen kamen ums Leben. Ursache war nicht ein menschliches Fehlverhalten, sondern ein technischer Defekt. Wenn der Brand nicht während der Fahrt mitten im Tunnel, sondern an der Berg- oder Talstation ausgebrochen wäre, hätten die

252 Siehe Anm. 11.

Fahrgäste problemlos evakuiert werden können. Die Qualität des Tragischen bezieht sich auch hier auf den *Zeitpunkt* und den *Ort* des Geschehens. Erst unter den raum-zeitlichen Situationsumständen, unter denen es geschah, hatte dieses Unglück so verheerende Folgen.

(e) Am 18. August 1993 wurde die weltbekannte Kapellbrücke in Luzern durch einen Brand zu großen Teilen zerstört. Ursache war eine weggeworfene Zigarette, die in ein Holzboot fiel, das ausgerechnet an dieser Stelle unter der Brücke befestigt war. Hätte das Boot woanders gelegen oder wäre die Zigarette nur ein kleines Stück weitergeflogen, wäre nichts passiert. Das tragische Ereignis ist hier zwar von einer menschlichen Handlung (dem Wegwerfen der Zigarette) ausgelöst worden. Das Tragische liegt aber nicht in der Handlung selbst, sondern im unentwirrbaren Zusammentreffen der Handlung mit den Situationsumständen. Es liegt in den unbeabsichtigten unheilvollen Folgen der Handlung, die wiederum von den situativen Rahmenbedingungen abhängen.

Die Erfahrungsqualität des Tragischen bringt sich in solchen Fällen in dem Wort «ausgerechnet» zum Ausdruck: «Warum musste er ausgerechnet jetzt sterben?», «Warum musste der Schuss des fliehenden Räubers ausgerechnet den Carabiniere bei der Erfüllung seiner Dienstpflicht am letzten Arbeitstag treffen?», «Warum musste die Frau ausgerechnet zu dieser Zeit am Ort der Schießerei sein?», «Warum musste das Seilbahnunglück ausgerechnet mitten im Tunnel passieren?», «Warum musste die Zigarette ausgerechnet in das Boot unter der Brücke fliegen?» Über die Bedeutung des Wortes «musste» in diesen Ausdrücken wird eigens zu reflektieren sein (→ 4.2.2). Es geht dabei um das Zusammentreffen von Notwendigkeit und Kontingenz.

Gemeinsam ist all diesen Beispielfällen, dass die vertrauten Geflechte von Handlungen und Situationsumständen mit den sich daraus ergebenden Erwartungen gestört werden. Ereignisse erwischen Menschen «auf dem falschen Fuß». Kontingent auftretende Vorfälle führen zu unvorhersehbaren Entwicklungen. Missverhältnisse zwischen Wollen und Vollbringen, Tun und Ergehen, Zweck und Resultat brechen auf. Ein Geschehensablauf entgleist, nicht aufzuhaltende Kettenreaktionen werden ausgelöst, Dominoeffekte eskalieren, Kontinuitäts- und Gelingenserwartungen brechen zusammen, Sinnordnungen geraten – mit Hamlet gesprochen – «aus den Fugen» *(out of joints).* Auslöser sind Querschläge in ansonsten regulären Abläufen. In der Erzählung eines Unfalls schreibt Robert

Musil: «Schon einen Augenblick vorher war etwas aus der Reihe gesprungen, eine quer schlagende Bewegung.»[253] Für die Betroffenen erwächst daraus Unheil, ohne dass man sie selbst oder andere dafür (vollumfänglich) verantwortlich machen könnte.

In den vier zuletzt genannten Beispielen lässt sich die Schuldfrage stellen. Doch in keinem dieser Fälle ist das Unglück absichtlich herbeigeführt worden. Im zweiten und im dritten Fall besteht eine identifizierbare Täterschaft. Doch galt die Tat nicht der Frau, die dabei ums Leben kam: Es handelt sich um eine fahrlässige, nicht um eine vorsätzliche Tötung. Und selbst im Fall des getöteten Carabiniere bestand kein Vorsatz für diese Tat. Entscheidend für die Erfahrung des Tragischen aber ist, dass diese Tode unter nur leicht veränderten Situationsumständen nicht eingetreten wären.

Das Tragische liegt also in den Umständen der Situation und dem, was darin geschieht. Die Erfahrung tragischer Situationen hängt daher mit der Beschaffenheit und Dynamik dieser Situationen sowie mit der aktiven und passiven Position des Erfahrungssubjekts in ihnen zusammen. Die Ereignisketten entziehen sich der Handlungsmacht der davon Betroffenen weitgehend, auch wenn diese Personen handelnd in die Situation eingreifen. Anders als in vielen Tragödien sind es nicht immer die in der Situation handelnden Personen, die vom tragischen Geschehen betroffen sind. Dieses Geschehen lässt sich in vielen Fällen nicht als negative Handlungsfolge deuten, als Umschlag, in dem sich die eigene Handlung gegen den Handelnden richtet.

Bei der Beschreibung und Deutung des Geschehens flieht man in den Konjunktiv: Im ersten der fünf Beispielfälle sagt man: «Wenn der Verstorbene doch diesen Tag noch erlebt hätte». Im zweiten Fall: «Wäre er doch nur einen Tag früher in Pension gegangen». Im dritten: «Hätte die schwangere Frau doch nur einen anderen Weg zu ihrer Arbeit gewählt oder wäre sie ein paar Minuten früher losgegangen.» Im vierten Fall: «Hätte der Brand nicht früher oder später und vor allem an einer anderen Stelle ausbrechen können?» Und im fünften: «Hätte der Raucher seine Zigarette nicht einen Meter weiter in den Fluss werfen können?»

Die Warum-Frage wird aufgeworfen: «Warum musste das passieren? Warum jetzt? Warum hier? Warum mir?» Es sind dies zunächst Fragen nach den Ursachen des Geschehens. In manchen Fällen liegt die Ursache

253 Robert Musil: Der Mann ohne Eigenschaften I: Erstes und Zweites Buch, Reinbek bei Hamburg 1994, 10.

im Dunkeln, in anderen Fällen lässt sie sich benennen oder es lässt sich ein Ursachengeflecht aufdecken. Aber damit ist die Erfahrungsqualität des Tragischen noch nicht erhellt. Diese liegt nicht in der Verursachung, sondern im Erschrecken über die Irrationalität und «Ungerechtigkeit», die Kontingenz und Sinnlosigkeit des leidverursachenden Geschehenszusammenhangs. Das Tragische lässt sich in den Kategorien der Kausalität nicht zureichend erfassen, so sehr auch wirkursächliche und finalursächliche Faktoren in tragischen Geschehenszusammenhängen eine Rolle spielen können. Der Ausgangspunkt ist vielmehr das (empathische) Ansichtigwerden des unverdienten und unverhältnismäßigen Leids, das von ihm ausgeht.

4.2 Kennzeichen tragischer Situationen

Tragische Situationen haben zunächst drei allgemeine Charakteristika: Es sind Situationen, in denen Unheil hereinbricht, das gravierendes Leid erzeugt (4.2.1). Der unheilvolle Geschehensverlauf wird als kontingent (4.2.2) und sein Resultat als sinnlos (4.2.3) erfahren. Keines dieser Merkmale ist jedoch spezifisch tragisch. Und selbst ihr Zusammentreffen macht eine Situation «an sich» noch nicht zu einer tragischen. Wo aber eine Situation als tragisch erfahren wird, lassen sich diese drei allgemeinen Kennzeichen in der Regel aufweisen. Vier weitere Charakteristika (4.2.4–4.2.7) können hinzukommen. Sie sind spezifischer und beziehen sich auf menschliches Handeln in tragischen Situationen. Bei ihrer Darstellung knüpfe ich an die tragödientheoretischen und philosophischen Deutungen des Tragischen an, problematisiere diese aber auch und führe sie weiter.

4.2.1 Leidverursachendes Unheil

Tragische Situationen erzeugen gravierendes Leid; sie sind unheilvoll. Bei diesem Unheil muss es sich nicht um den Tod eines Menschen handeln.[254]

254 Darin unterscheidet sich diese Bestimmung des Tragischen von vielen Deutungen, die von den Tragödien ausgehen. Als Beispiel sei die Deutung Hans-Dieter Gelferts angeführt. Er geht davon aus, «daß Tragik grundsätzlich den Untergang eines Menschen voraussetzt, wobei es sich mindestens um eine psychische Vernichtung – wie im Fall des Tasso –, in aller

Auch die Durchkreuzung von Chancen und Projekten des eigenen wie fremden Lebens, ein gravierender, irreversibler Verlust an sozialem Status, Ehre und Würde, oder die schwerwiegende Schädigung eines Gutes, das für ein Individuum oder ein Kollektiv von hoher Bedeutung ist, kann als tragisch erfahren werden. Die Erfahrung des Tragischen kann auch nichtmenschliche Lebewesen und sogar Gegenstände betreffen, die für den Menschen überaus wertvoll sind. Nach Peter Szondi ist tragisch «nur der Untergang von etwas, das nicht untergehen darf, nach dessen Entfernen die Wunde sich nicht schließt.»[255] Es gibt keine Hoffnung auf Wiederherstellung des *status quo ante*. Selbst wenn das durch einen Brand zerstörte Bauwerk wieder aufgebaut wird, so ist doch die historische Substanz unwiederbringlich verloren.

Die Tragik liegt dabei aber weder nur in einer bestimmten Ursächlichkeit noch bloß im Resultat des Geschehens, sondern in der leidverursachenden Unheilssituation insgesamt. Mehr noch: Sie liegt nicht im Geschehen selbst, sondern in der Erfahrungsqualität dieses Geschehens; darin, dass es als ein kontingentes, unverdientes und sinnloses Unheil erfahren wird. So kann auch ein Leiden, das durch eine Naturkatastrophe oder durch eine verbrecherische Tat heraufbeschworen wurde, als tragisch empfunden werden, wenn die Betroffenen auf eine höchst «unglückliche» Weise in das katastrophische Geschehen hineingeraten sind.

Die Verursachung von Unheil und Leid ist somit ein notwendiges, aber kein hinreichendes Bestimmungsmerkmal des Tragischen. Nicht jede kleine oder große Katastrophe wird als tragisch erfahren. Es gibt auch leidvolles Unheil, das nicht tragisch zu nennen ist. Dem Leiden, das durch eine Naturkatastrophe, eine Krankheit oder durch moralisch schuldhaftes Handeln entstanden ist, eignet zumeist nicht die Qualität des Tragischen.

Regel aber um den physischen Tod handeln muß» (Gelfert: Die Tragödie [siehe Anm. 15], 11). Von dieser Voraussetzung ausgehend schließt er sieben Todesarten aus: «den natürlichen Tod durch Alter oder Krankheit, den unnatürlichen durch Unfall, Krieg oder Verbrechen, den gewollten Tod des Selbstmörders, den moralisch gearteten Tod des sich Opfernden und den moralisch verdienten Tod des Verbrechers» (a. a. O., 14). Der tragische Tod ist demgegenüber «unnatürlich, nicht zufällig, ungewollt, selbstverschuldet und moralisch nicht völlig verdient» (ebd.). Es ist ein Scheitern, in dem jemand gegen die Niederlage kämpft und doch zugleich versagt (ebd.).

255 Szondi: Versuch über das Tragische (siehe Anm. 88), 209.

Diese kommt ihm erst durch die spezifischen Ereignisumstände zu. Gänzlich unverdientes Leid (wie das rein naturhaft verursachte) ist an sich ebenso wenig tragisch wie Leid, das wir als verdient erachten (etwa die Strafe nach einem Verbrechen). Doch kann sich auch ein naturhaft bedingtes Leid unter tragischen Umständen ereignen (wenn etwa ein Bergretter beim Versuch, einen Verletzten zu bergen, von einer Lawine getötet wird). Und das «verdiente» Leid kann auf eine Schuld zurückgehen, die in einer tragischen Situation entstanden ist (wie es der Fall ist, wenn eine Entscheidung zwischen zwei schuldhaften Handlungsoptionen getroffen werden muss).

Tragische Situationen sind heterogen und komplex. In manchen führt menschliches Wollen und Handeln in die tragische Katastrophe, in anderen sind es psychische Dispositionen oder äußere Umstände, die den Betroffenen kaum Handlungsmöglichkeiten lassen. Das tragische Geschehen hat dann vorwiegend den Charakter eines Widerfahrnisses, das die Betroffenen zum passiven Erleiden der Situation zwingt. In den meisten Fällen überlagert sich die aktive und die passive Komponente.

Die klassischen Tragödien haben die (zum Scheitern verurteilte) menschliche Aktivität betont. In modernen und postmodernen Dramen werden nicht selten Situationen dargestellt, in denen diese Aktivität weitgehend oder ganz zurückgedrängt wird. Das tragische Geschehen geht nicht aus dem bewussten Wollen, Entscheiden und Handeln hervor, sondern aus äußeren oder inneren Zwangsstrukturen. Es wird durch suprahumane (soziale, politische) Mächte und Ordnungen oder durch unbewusste Antriebe gesteuert.

In der «Tragödie der Moderne» entsteht die tragische Verstrickung nach Daniel Fulda und Thorsten Valk

> «nicht durch Handeln (und nicht erst, sobald gehandelt wird), sondern sie umfängt die Figuren bereits als wahrnehmende Wesen. Schon die bloße Wahrnehmung erliegt jener Unauflösbarkeit der Verhältnisse, an der die klassische Tragödie den handelnden Helden scheitern lässt; bereits die Entscheidung zwischen verschiedenen Lesarten der Welt, nicht erst die zwischen verschiedenen Handlungsalternativen, wie Hegel und viele andere sie im Zentrum der Tragödie sahen, erscheint aporetisch. […] Der klassischen Tragödie, die ihre Figuren in Situationen führt, in denen sie

> sich entscheiden müssen oder durch Entschiedenheit Größe zeigen können, ist damit die weltanschauliche Grundlage entzogen.»[256]

In dem von Mark W. Roche beschriebenen «Drama des Leidens» (→ 2.6) tritt das leidverursachende Unheil als Bestimmungsmerkmal des Tragischen in den Vordergrund. Die Tragik besteht nicht in der geforderten, aber nicht zu erbringenden Aktivität, sondern in der aufgezwungenen Passivität. Das Leiden des «Helden» gründet dabei in seiner Schwäche oder in äußeren Faktoren, nicht in seiner Größe.[257]

In manchen der modernen Dramen – beispielsweise in Büchners *Woyzeck* – spielt das Moment der unbewussten Zwangsstruktur eine wichtige Rolle. Aus dem Unterbewusstsein hervorgehende Antriebe werden in den psychoanalytischen Tragikdeutungen in Anschlag gebracht. So führt etwa Eugen Drewermann tragische Erfahrungen auf das unbewusste Ausgeliefertsein an psychische Strukturen zurück. Es sei vor allem die nicht-durchschaute Angst, die tragisch zu nennendes Leid erzeuge.[258] Die Linie dieser psychoanalytischen Deutung lässt sich bis zu Nietzsche zurückverfolgen, der «Katharsis» als das Erregen einer im Menschen verborgenen Spannung destruktiver Emotionen versteht, die entmächtigt werden, wenn sich das psychische Gleichgewicht wieder einstellt.[259]

Wenden wir den Blick wieder von den Tragödien und Tragödiendeutungen zu den tragischen Situationen in der Lebenserfahrung. Diese Erfahrung ist immer auch kulturell konditioniert. Wie Unheil erfahren und gedeutet wird, hängt von zeitgeschichtlichen und kulturellen Erwartbar-

256 Fulda/Valk: Einleitung, in: dies. (Hg.): Die Tragödie der Moderne (siehe Anm. 68), 19f.

257 «Das Leiden bleibt intensiv, aber die organische Verbindung zur Größe verschwindet.» (Mark W. Roche: Idealistische Ästhetik als Option für die heutige Ästhetik und Literaturwissenschaft, in: Vittorio Hösle / Fernando Suárez Müller [Hg]: Idealismus heute. Aktuelle Perspektiven und neue Impulse, Darmstadt 2015, 271–289, Zitat: 280.

258 Eugen Drewermann: Das Tragische und das Christliche. Von der Anerkennung des Tragischen – oder: gegen eine gewisse Art des Pelagianismus im Christentum, Schwerte 1981.

259 Siehe dazu: John P. Anton: Nietzsche's Critique of Aristotle's Theory of Tragic Emotions, in: Nenos A. Georgopoulos (Hg): Tragedy and Philosophy (siehe Anm. 102), 19–38.

keiten ab. Der tragische Tod eines 40-jährigen wäre auch in früheren Jahrhunderten als schmerzliches Unheilsereignis empfunden worden, hätte aber angesichts der damaligen Lebenserwartung einen deutlich geringeren Verlust an gelebtem Leben bedeutet. In diesem Verlust aber liegt das Unheil, nicht im Sterben als solchem.

«Unheil» bezieht sich aber nicht nur auf das physische und psychische Leid. Es hat eine tiefere, existenzielle Bedeutung. Heil meint Ganzheit und ist mit Sinngewissheit verbunden. Die Lebenswelt eines Menschen ist «in Ordnung», wenn und solange seine Erfahrungen darin in einen übergreifenden Sinnzusammenhang eingebettet sind. Dieser ungebrochene Sinnzusammenhang gibt Erwartungs- und Orientierungssicherheit sowie das Gefühl, darin gut aufgehoben zu sein. Wo dieser Sinnzusammenhang aber zerbricht, da ist Un-Heil. Oder umgekehrt: Unheil ist, wo das, was zusammengehört, was Halt gibt und trägt, auseinanderbricht. Das kann in tragischen Erfahrungen geschehen: Das Sinngewebe, in dem ein Mensch normalerweise lebt und handelt, zerbricht. Das Stimmigkeitsbewusstsein wird erschüttert. Das Zusammenstimmen kann dabei auf eine göttliche Ordnung bzw. allgemeiner auf eine transzendente Seinsordnung bezogen sein, die als Schicksalsmacht das Weltgeschehen und die Lebensläufe der Menschen bestimmt. Verletzt werden können aber auch die naturhaften und sozialen Regelmäßigkeiten und Verlässlichkeiten der Lebenserfahrung. Wenn das geschieht, kann das Grundvertrauen in die Tragkraft der Lebenswelt verloren gehen. Das gibt dem Tragischen den Beigeschmack des Unheimlichen. Im Extremfall macht es die Betroffenen zu existenziell Heimatvertriebenen, die eine letzte Einsamkeit in der Welt empfinden. Die existenzielle Gesichertheit des Menschen wird erschüttert, die Welt erweist sich als widerständig, die Welterfahrung als widersprüchlich, das Leben als fragil und vulnerabel. Das Tragische stürzt die Betroffenen in die Grunderfahrung der Unsicherheit, der Unverfügbarkeit und des Kontrollverlustes. Metaphern des Fallens und Untergehens, des Gefangenseins in Unheilszusammenhängen und der Sehnsucht nach (Er-)Lösung usw. werden zur Beschreibung und Deutung herangezogen.

4.2.2 Kontingenz und Notwendigkeit

Ludwig Wittgenstein charakterisierte das Tragische mit den Worten: «Es wäre gar nichts geschehen, wenn nicht … (Wenn er nicht mit einem Zipfel seines Kleides in die Maschine geraten wäre).»[260] Eine an sich ganz harmlose, in anderen Fällen vielleicht sogar gut gemeinte Aktion kann eine desaströse Wirkung nach sich ziehen. Dem als tragisch erfahrenen Geschehen haftet keine absolute Notwendigkeit an. Man kann aber auch nicht einfach von blinder Zufälligkeit sprechen. In der tragischen Situation überlagern sich diese beiden Prinzipien. Es ist die Kontingenz einer *bedingten* Notwendigkeit, in der personale Freiheit und situativer Zwang, Zufall und Notwendigkeit zusammentreffen.

Das tragische Geschehen ereignet sich in einem komplexen Zusammenspiel von Naturkräften, Handeln, Interaktionen, Situationsumständen und der Eigendynamik des Geschehensablaufs. Es hätte nicht so kommen müssen, wenn es nicht «ausgerechnet» zu dieser Zeit, an diesem Ort und unter diesen Umständen geschehen wäre. Das Tragische hat einen *Zeit- und Ortsindex* und es ist abhängig vom situativen *Bedingungsgefüge,* in dem es sich ereignet: Ein Ereignisverlauf wird als tragisch erfahren, wenn er am «falschen» Ort, zur «falschen» Zeit unter «unglücklichen» Umständen geschieht. Er wäre vermeidbar gewesen.

Auch wenn Handlungen darin eine Rolle spielen, bringen diese das Geschehen nicht absichtsvoll hervor. Es ereignet sich als nichtintendierte unheilvolle Folge einer vielleicht sogar guten Handlungsabsicht; in unbeabsichtigter Beiläufigkeit mit verheerender Wirkung. Weil es unheilvolle Folgen hat, ist das tragische Geschehen nicht nur ein Nicht-sein-Müssendes, sondern auch ein Nicht-sein-Sollendes.

In der spätantiken Philosophie hat Boethius zwischen einfacher und bedingter Notwendigkeit (*necessitas simplex* und *necessitas condicionis*) unterschieden.[261] Die einfache (oder: absolute) Notwendigkeit besteht darin, dass etwas so und nicht anders geschehen kann. Boethius führt als Beispiel dafür den Tod eines Menschen an. Die bedingte Notwendigkeit bezieht

260 Ludwig Wittgenstein: Vermischte Bemerkung (aus dem Nachlass), in: Werkausgabe, Bd. 8, Frankfurt a. M. [15]2017, 466.

261 Boethius: Philosophiae Consolatio = Trost der Philosophie. Lateinisch/Deutsch, hg. von Olof Gigon, Berlin, Boston [6]2014, Buch V, 6, § 27 («Duae sunt etenim necessitates, simplex una, veluti quod necesse est omnes homines esse mortales, altera condicionis, ut, si aliquem ambulare scias, eum ambulare necesse est.»). Siehe dazu: Hermann Weidemann: Die Unterscheidung zwischen einfacher und bedingter Notwendigkeit in der Philosophiae Consolatio des Boethius, in: History of Philosophy & Logical Analysis 1, 1998, 195–207.

sich dagegen auf kontingente Ereignisse, die auch nicht oder anders hätten eintreten können, im Moment ihrer Ereignung aber nicht mehr anders sein können, als sie sind. Boethius führt als Beispiel dafür den Spaziergang eines Menschen an. In dem Augenblick, in dem dieser Spaziergang stattfindet, kann er nicht mehr nicht und nicht mehr anders stattfinden. Aus vielen Möglichkeiten ist *eine* Möglichkeit Realität geworden. Hier gilt der Grundsatz des Aristoteles, dass «alles, was ist, dann mit Notwendigkeit ist, wenn es ist»[262]. Die einfache Notwendigkeit besteht also schon *vor* dem Eintreten des Ereignisses, die bedingte Notwendigkeit erst *im* Eintreten.

Diese in der scholastischen Theologie und Philosophie – etwa bei Thomas von Aquin, Duns Scotus u. a. – weiter ausgebaute Unterscheidung[263] ist für die Deutung tragischer Geschehensabläufe aufschlussreich. Diese Abläufe folgen einer konditionalen bzw. bedingten Notwendigkeit, die an die Bedingungen ihrer Ereignung gebunden ist.

Es sind dies Situationen, in denen wir im Rückblick sagen: «Es musste ja so kommen». Damit ist aber keine absolut zwingende Notwendigkeit unterstellt, sondern gemeint: Unter *diesen Bedingungen* musste es so kommen. So etwa, wenn jemand einen schweren Fahrradunfall erleidet, weil er übermüdet schnell nach Hause fahren wollte und auf einer dunklen Straße auf nasser Fahrbahn in eine Straßenbahnschiene geriet. Wäre nur eine dieser Bedingungen anders gewesen, wäre der Unfall wahrscheinlich nicht eingetreten. Es hätte durchaus anders kommen können, *wenn* …! Die bedingte Notwendigkeit entsteht also in einer bestimmten Situation als Folge eines Kausal- bzw. Handlungszusammenhangs, bzw. einer Kreuzung verschiedener Kausalreihen, wobei mehrere, je für sich nicht-notwendige (d. h. das Ereignis nicht zwingend verursachende) Ursachen zusammenwirken. Solche Unheilszusammenhänge werden als unabwendbar

262 Aristoteles: Hermeneutik / Peri Hermeneias, Griechisch – Deutsch, übersetzt und hg. von Hermann Weidemann, Berlin/Boston 2015, 19 a 27f, S. 101.

263 Siehe dazu: Reinhold Bernhardt: Klugheit als Analogie für die göttliche Vorsehung?, in: Simon Maria Kopf / Georg Essen (Hg.): Vorsehung und Handeln Gottes. Analytische und kontinentale Perspektiven im Dialog, Freiburg i. Br. 2023, 117–145, bes. 124–129. – Martin Luther hat diese Unterscheidung zurückgewiesen, weil sie in seinen Augen die Allwirksamkeit Gottes unterbestimmt (WA 18, 634, 30; vgl. auch: WA 1, 225,33f), Melanchthon (CR XIII, 207f) und Calvin (Inst. 16,9) haben sie dagegen (kritisch) rezipiert.

erfahren, aber sie ereignen sich nicht mit absoluter Notwendigkeit, sondern als Folge einer kontingenten fatalen Eigendynamik, die nicht mit Determination verwechselt werden darf.

Das Resultat der bedingt notwendigen Ereignissequenz bricht über einen Menschen oder ein Kollektiv herein, ohne dass es eindeutig und vollumfänglich auf ausweisbare Absichten und Ursachen zurückführbar wäre. In solchen Konglomeraten von unglücklichen Umständen, aporetischen Handlungsvollzügen und chaotischen Entwicklungen gerät die gewohnte Ordnung der Verhältnismäßigkeit von Ursache und Wirkung, Handlung und Handlungsfolge aus dem Lot. Das disruptive tragische Ereignis durchkreuzt die Wahrnehmungsroutinen. Mit seiner Unberechenbarkeit und Unbeherrschbarkeit traumatisiert es. Die bisherige Sicht auf das In-der-Welt-Sein, die Welt selbst und ggf. den göttlichen Grund der Welt werden als Täuschung gewertet und verworfen. In diesem Sinne kann die tragische Situation eine tiefe existenzielle Ent-Täuschung bewirken.

> In solchen Fällen wird die Regelmäßigkeit des Ursache-Wirkungs-Konnexes, wie er für das klassische naturwissenschaftliche Weltbild fundamental ist,[264] durch chaotische Dynamiken unterlaufen. Die modernen «Chaostheorien», welche die emergenten, nonlinear verlaufenden Selbstorganisationsprozesse komplexer Systeme zu erklären versuchen,[265] können eine naturwissenschaftliche Hilfe für das Verstehen tragischer Situationen bieten. Tragische Ereignungsverläufe wären demnach als nichtlineare Prozesse zu beschreiben, bei denen Ordnungsmuster nicht aufgebaut, sondern zerstört werden, analog zum Phänomen der Entropie. Es handelt sich dabei aber bestenfalls um eine Analogie. Der Erklärungshorizont dieser Theorien erstreckt sich ausschließlich auf naturwissenschaftlich erfassbare Phänomene, während sich die Erfahrung des Tragischen vor allem auf geschichtliche, soziale und existenzielle Situationen bezieht, die allerdings immer auch in naturhafte Rahmenbedingungen eingebettet sind.

Aus der Kontingenz ergibt sich die *Unwahrscheinlichkeit und Unvorhersehbarkeit* des tragischen Geschehens. Es war nicht zu erwarten. Im Rückblick

264 Wie es etwa zum Ausdruck kommt, in: Spinoza, Ethica, I,36 oder II,9 und in Leibniz' Theorem, dass die Natur keine Sprünge macht.

265 Siehe dazu: Reinhold Bernhardt: Geist in der Natur. Selbstorganisationstheorien und Pneumatologie, in: Bernhard Nitsche u. a. (Hg.): Gott – Geist – Materie. Personsein im Spannungsfeld zwischen Natur und Transzendenz, Regensburg 2020, 163–177.

gibt es dann Stimmen (wozu auch die eigene Stimme der Betroffenen gehören kann), die sagen: «Damit hätte man rechnen können oder sogar müssen». *Vor* dem Ereignis hat man aber nicht damit gerechnet, weil die Eintrittswahrscheinlichkeit so gering war. Ereignisse, die als tragisch erfahren werden, sind kaum antizipierbar und damit prognostizierbar. Im Rückblick wären sie bei Anwendung geeigneter Maßnahmen in vielen Fällen vermeidbar gewesen oder hätten abgemildert werden können; zum Zeitpunkt ihres Eintritts war das aber nicht erkennbar. Es geht also immer auch um die Beschränkung der Erkenntnismöglichkeiten, der Folgenabschätzung und der vorausschauenden Handlungsmacht. Daraus resultiert ein Gefühl der Ohnmacht in und gegenüber solchen Situationen.

Die Erfahrung des Tragischen besteht in einer Divergenz zwischen dem tatsächlichen Schaden bzw. dem erlittenen Leid auf der einen Seite und der Erwartung des «Rechten» auf der anderen. Sie betrifft also das Missverhältnis zwischen Erwartung und Ereignung, Anspruch und Erfüllung sowie zwischen Tun und Ergehen, sodass sie als unverdientes Leid erfahren wird. Die «konnektive Gerechtigkeit», der zufolge «alles Ergehen als Lohn oder Strafe an ein vorgängiges Tun rückbezogen und dem Walten einer alles verknüpfenden Gerechtigkeit zugeschrieben wird»[266], zerbricht.

Dieses Missverhältnis macht eine sinnhafte Deutung des Leidens, etwa als Vergeltung, unmöglich. In besonders schweren Fällen wird für die Betroffenen die Basisüberzeugung von einer rationalen, guten und gerechten Weltordnung, in der eine verlässliche Vergeltungskausalität herrscht, aus den Angeln gehoben. Es geht also nicht mehr nur um die jeweils spezifische Erfahrung des Tragischen, sondern um die Bedingungen von Erfahren und Handeln insgesamt. Die der Welterfahrung und dem Handeln zugrunde liegende Sinnunterstellung pulverisiert. Es gibt keine Garantie für die Sicherheit des Bestehenden und für eine lineare Entwicklung auf ein vorgesehenes oder wenigstens vorhersehbares Ziel hin. Man kann sich auf nichts mehr verlassen. Die Existenzvollzüge und sogar die Existenzgrundlagen erweisen sich als unzuverlässig. Das Urvertrauen in die existenztragende Wirklichkeit geht verloren.

266 Jan Assmann: Vertikaler Sozialismus. Solidarität und Gerechtigkeit im altägyptischen Staat, in: Richard Faber (Hg.): Sozialismus in Geschichte und Gegenwart, Würzburg 1994, 45–60, Zitat: 48.

Doch nicht jede tragische Erfahrung reißt solche Abgründe auf und nicht jede Kontingenz ist unheilvoll. Es gibt auch glückliche Kontingenzen. In der Alltagssprache wird die als positiv erfahrene Kontingenz oft als «Glück», die negativ erfahrene als «Unglück», in leichteren Fällen auch als «Missgeschick» bezeichnet. Doch bleiben wir bei der tragischen Kontingenzerfahrung.

Von der unmittelbaren Erfahrung tragischer Kontingenz ist deren reflexive Deutung und Beschreibung zu unterscheiden. Die Kontingenz des Tragischen kann den davon Betroffenen und außenstehenden Beobachtern auf vielfältige Weise erscheinen; sie kann von ihnen unterschiedlich gedeutet und zum Ausdruck gebracht werden: als Verkettung unglücklicher Umstände, als Zusammenwirken von an sich harmlosen Ursachen und Entwicklungslinien, als irrationale Eigengesetzlichkeit von Prozessverläufen, als Verkopplung von Dysfunktionen, als Verstricktsein in ausweglose Situationen, als vergebliches Bemühen und Scheitern bei der Verwirklichung bester Absichten, als Verblendung, die zur (Selbst-)Zerstörung führt, als Verwicklung in ruinöse Beziehungsgeflechte, (metaphorisch gesprochen) als Dämonie der Dinge, «Tücke des Objekts»[267], Ironie des Schicksals usw.

Die Kontingenzerfahrung kann als unglücklicher Zufall («Unfall») hingenommen, aber auch auf eine verruchte schicksalhafte Notwendigkeit, auf einen numinosen Fluch, auf die Verschwörung dämonischer Mächte, auf verdeckt wirkende Aktinstanzen oder auf den geheimen Ratschluss Gottes und das daraus folgende göttliche Handeln zurückgeführt werden. Es sind dies Strategien zur Bewältigung der Kontingenzerfahrung, die aus der bedingten eine absolute Notwendigkeit machen und dazu metaphysische Deutungen heranziehen.

Zu diesen metaphysischen Deutungen gehören auch die pessimistischen Weltanschauungen und pantragischen Philosophien, die das Tragische aus einer inneren Unstimmigkeit der Wirklichkeit und aus grundlegenden Widersprüchen des menschlichen Daseins erklären. Sie stellen das Tragische unter ein Notwendigkeitsprinzip. Selbst in Schellings und Hegels Dialektik herrscht dieses Prinzip: Die These treibt mit innerer Notwendigkeit ihre Antithese hervor.

267 Diese Redewendung geht auf den Roman «Auch Einer» von Friedrich Theodor Vischer (1879) zurück.

Dass es auch nicht-tragische und sogar glückliche Kontingenzen gibt, zeigt, dass das Bestimmungsmerkmal der Kontingenz nicht ausreicht, um das Tragische zu qualifizieren. Es müssen weitere Merkmale hinzukommen, vor allem die Erfahrungsqualität der Sinnlosigkeit.

4.2.3 Sinnlosigkeit

Das tragische Geschehen wird als sinnlos erfahren und führt damit vor die bittere Einsicht, dass es abgrundtief Sinnloses in der erfahrenen Wirklichkeit gibt. Es ist ohne Sinn oder sogar widersinnig und zieht damit die durchgehende Sinnhaftigkeit des Seins und Daseins in Zweifel. Je tiefer der Abgrund, umso heftiger das Erschrecken darüber. Das unschuldige Leiden ist der Inbegriff des Sinnlosen.

An dieser Stelle unterscheidet sich die hier vorgeschlagene Interpretation des Tragischen am markantesten von vielen der tragödientheoretischen (a), religiösen (b) und philosophischen (c) Deutungen.

(a) In der *Tragödie* steht der Held, auch wenn er an göttlichen Mächten oder an einer höheren Gerechtigkeitsordnung scheitert, in einem größeren Sinnzusammenhang. Die Tragödien beschreiben und inszenieren das tragische Geschick als ein letztlich sinnvolles, auch wenn sich der Sinn bzw. die Sinnordnung den Akteuren erst kurz vor oder in ihrem Untergang offenbart. Die Erkenntnisposition der Zuschauer ist dabei in der Regel gegenüber derjenigen, die die Akteure einnehmen, erhöht. Sie sehen das Unheil oft schon früher heraufziehen und erkennen die innere Notwendigkeit des Geschehensablaufs. Bis sich der Sinn des tragischen Geschehens zeigt, kann es jedoch als sinnlos *erscheinen*. Sinnlosigkeit ist nur Schein.

Wolfgang Schadewaldt deutet die Sinnwidrigkeit als Erfahrung des «Amphibolischen», in der

> «wir das Geschehen nicht nach einem Sinn ablaufen sehen, aber es ist auch nicht Unsinn, sondern wir treffen auf den Schein des Unsinns, der in Wahrheit eben doch nicht unsinnig ist. Man kann auch sagen, dass der Sinn so verhüllt ist, dass man nur zu ihm durchbrechen und das Geschehen transparent machen kann durch das Leiden.»[268]

268 Schadewaldt: Die griechische Tragödie (siehe Anm. 26), 58.

Nach Manfred Krüger gibt es keine Tragödie ohne eine «Sinngebung, Aufhebung, Erlösung im oder vom tragischen Untergang»[269].

(b) Ähnlich ist es in vielen *religiösen* Deutungen von tragischen Leiderfahrungen. Ihnen zufolge gründet die Erfahrungsqualität der Sinnlosigkeit in einem Mangel an Einsicht. Die tragischen Erfahrungen, die den Betroffenen als sinnlos erscheinen, folgen einem von Gott oder den Göttern gefügten Sinnmuster. Dieses liegt allerdings im Geschehensvollzug nicht vor Augen, sondern offenbart sich erst in der Rückschau. Im Erleiden der tragischen Situation soll es von den Glaubenden aber als verborgener Grund angenommen werden. Die Möglichkeit des wirklich und abgrundtief Sinnlosen wird dabei nicht zugestanden.

(c) Ebenso in den *philosophischen* Interpretationen: Die idealistischen Wirklichkeitsdeutungen leiten dazu an, zwischen den vordergründigen Erscheinungen und der eigentlichen Wirklichkeit zu unterscheiden. Damit nehmen sie eine Erkenntnisposition ein, welche die Erfahrungserkenntnis überbietet. Daraus kann sich dann die Depotenzierung tragischer Erfahrungen ergeben, indem diese auf einen höheren, dem Erfahrungssubjekt aber verborgenen Sinn zurückgeführt werden.

Nach Hegels dialektischer Deutung stellt das Tragische ein Moment im Fortschrittsprozess dar. Für Scheler besteht es darin, dass ein positiver (!) Wert sich selbst oder einen anderen positiven Wert vernichtet. Jaspers stellt es in den sinnstiftenden Ganzheitshorziont des Umgreifenden. So liegt dann auch im Untergang des tragischen Helden ein Sinn. All diese Deutungen unterscheiden zwischen der subjektiv erfahrenen Sinnlosigkeit und dem objektiv gegebenen Sinn. Die «Kollisionstheorie» stellte das Aufeinandertreffen verschiedener, in Spannung zueinander stehenden Sinnordnungen ins Zentrum der Tragödiendeutung. Dieser Theorie zufolge wird das Handlungssubjekt, das diesem Konflikt ausgesetzt ist, paralysiert und/oder durch die unvermeidliche Verletzung einer der beiden Sinnordnungen zu einem verwerflichen Handeln gezwungen. Aber beide sind sinnhaft. Beide haben ihren Platz in der insgesamt rationalen Matrix der Wirklichkeit.

Dagegen erachte ich das sinnlos Tragische nicht als eine bloß subjektive Erfahrung, die den objektiv gegebenen Sinn (noch) nicht zu erkennen vermag und damit defizitär bleibt. Es kann und soll nicht bestritten werden,

269 Manfred Krüger: Wandlungen des Tragischen. Drama und Initiation, Stuttgart 1973, 13.

dass es Geschehnisse und Situationen gibt, die als sinnlos erlebt werden, die sich retrospektiv bzw. in anderer Perspektive aber für die Betroffenen als sinnvoll erweisen. Man kann aber nicht prinzipiell zwischen der uneigentlichen Sinnerfahrung und der eigentlichen, aber der Erfahrung (noch) entzogenen Sinnwirklichkeit unterscheiden. Eine solche Unterscheidung tendiert dazu, der Sinnlosigkeitserfahrung mit «aufgesetzten» Sinnstiftungen zu begegnen, die sich dem abgrundtief Sinnlosen nicht wirklich aussetzen, sondern eine privilegierte Erkenntnisposition einzunehmen beanspruchen und von dort aus Sinnantworten geben. Damit unterschätzen sie den Realitätsgehalt des Sinnlosen und relativieren die Erfahrung der Sinnlosigkeit.

Bei Schopenhauer und Nietzsche schlägt das Pendel hingegen in die andere Richtung aus: Ihnen zufolge ist nicht nur das jeweilige tragische Geschehen, sondern die Wirklichkeit, in der es sich ereignet, und damit auch das gesamte Dasein des Menschen insgesamt sinnlos. Dabei liegt die Sinnlosigkeit nicht auf der Oberfläche der Erfahrung, sondern auf dem Grund der Wirklichkeit und in der *conditio humana.* Das Tragische als Sinnloses zeigt, wie brüchig die Matrix der Wirklichkeit des menschlichen Lebens und der Welt ist.

Gottfried Benn beschrieb die Welt im diametralen Gegensatz zu Leibniz als «prästabilierte Disharmonie»[270] und als die «qualerfüllteste aller denkbaren Welten»[271]. Er kehrte die *privatio-boni*-Lehre um: Das Gute ist die bloße Abwesenheit des Schlechten.

George Steiner sah die Tragödie als Ausdrucksform einer solchen Negativität, die wiederum in der Ur- bzw. Erbsünde verwurzelt ist:

> «This nucleus (Ur-grund) is that of ‹original sin.› Because of that fall or ‹dis-grace› […] the human condition is tragic. It is ontologically tragic, which is to say in essence. Fallen man is made an unwelcome guest of life or, at best, a threatened stranger on this hostile or indifferent earth […]. Thus the necessary and sufficient premise, the axiomatic constant in tragedy is that of ontological homelessness […] of alienation or ostracism from

270 In einem Brief an Erich Wasmuth vom 27.03.1951, in: Gottfried Benn: Ausgewählte Briefe, Wiesbaden 1957, 208.

271 Gottfried Benn: Prosa und Szenen, in: Gesammelte Werke, hg. von Dieter Wellershoff, Bd. 2, Wiesbaden 1958, 282.

the safeguard of licensed being. There is no welcome to the self. This is what tragedy is about.»[272]

Shakespeare lässt Macbeth ausrufen, das Leben sei ein «wandelnder Schatten» («walking shadow»): «it is a tale, told by an idiot, full of sound and fury, signifying nothing.»[273]

Das kann zum verzweifelten Wunsch führen, besser nie geboren worden zu sein. Schon der Chor in Sophokles' *Ödipus auf Kolonos* hatte gesungen: «Nie geboren zu sein: Höheres denkt kein Geist!»[274]

In solchen Negativierungen der Welt werden Erfahrungen des Tragischen und Sinnlosen zu einer philosophischen Weltanschauung vergrundsätzlicht, und nun umgekehrt die vielen Erfahrungen von Sinn*haftigkeit* depotenziert.

Wie in den Abschnitten 3.2.1 und 3.2.2 dargelegt, vermag ich diesem Pessimismus der nihilistischen Weltanschauungen nicht zu folgen. Sie stehen in der Gefahr, das Tragische zu mythisieren. Dabei werden Konflikte metaphysisch aufgestuft und für prinzipiell unlösbar erklärt, die Situation als absolut ausweglos definiert und Erfahrungen des Scheiterns für schicksalhaft unabwendbar deklariert. Eine solche Überhöhung des Tragischen kann die Unlösbarkeit, Ausweglosigkeit und Unabwendbarkeit zementieren und Auswege verbauen.

Nach meiner Deutung ist die Wirklichkeit nicht insgesamt sinnlos, aber es gibt Sinnloses in ihr und das Tragische gehört dazu. Wenn die ganze Welt sinnlos wäre, gäbe es keinen Sinnhorizont mehr, vor dem das Sinnlose *in* der Welt als sinnlos erkannt werden könnte. Das Postulat einer absoluten Sinnlosigkeit des menschlichen Daseins und der Welt nivelliert spezifische Erfahrungen von Sinnlosigkeit. Mehr noch: Ontologisierungen führen zu Legitimierungen: Wenn die Ursachen des Leides in der Seinsstruktur angelegt sind, ist das Leid «begründet». Bestenfalls seine Folgen können dann bekämpft werden.

Treten wir einen Schritt zurück und fragen, was Sinn und damit auch Sinnlosigkeit bedeutet. Bei der Beantwortung dieser Frage kann man vier eng miteinander verwobene Ebenen oder Dimensionen unterscheiden.

272 George Steiner: «Tragedy», reconsidered, in: New Literary History 35, 2004, 1–15, Zitat: 2f.

273 Shakespeare: Macbeth V/5, v.26–28.

274 V. 1225f (μὴ φῦναι τὸν ἅπαντα νικᾷ λόγον. Wörtlich: «Nicht geworden zu sein siegt über jeden Logos».

Die erste Ebene betrifft das Denken, die zweite das Handeln, die dritte das Erfahren und die vierte schließlich die Existenz des Menschen, also sein gesamtes Selbst- und Weltverhältnis.

(a) Auf der *theoretischen* Ebene des *Denkens,* Urteilens und Sprechens ist das Sinnlose das Unsinnige, das Irrationale, das Unvernünftige, das Undurchschaute und Unverstandene, das A-logische oder Anti-logische, das sich nicht in einen vernünftigen Sinnzusammenhang einordnen lässt. Metaphorisch gesprochen ist es das Dunkle.

Tragische Erfahrungen haben neben den physischen und psychischen immer auch reflexive Dimensionen. Bei ihrer reflexiven Verarbeitung kommt die rationale Uneinholbarkeit zu Bewusstsein. Sinnlosigkeit bedeutet dabei, dass sich diese Erfahrungen einer solchen Verarbeitung und nicht selten auch der rationalen Artikulation entziehen. Es gibt keine sinnstiftende Versöhnung der Vernunft mit der Sinnlosigkeit der tragischen Ereignisse. Im Blick auf seinen Grund ist das Sinnlose grundlos und im Blick auf sein Ziel ziellos. Im ersten Fall gibt es keinen zureichenden Grund dafür. Im zweiten Fall ist es das A-teleologische oder das Anti-teleologische, das zu nichts oder zu Negativem führt.

(b) Bezogen auf das *Handeln* hat Sinnlosigkeit die Bedeutung des Zwecklosen, des Vergeblichen, des Dysfunktionalen, das dem Erreichen eines Handlungsziels nicht dient oder sogar kontraproduktiv ist. Zwischen dem Handlungsmotiv, dem (naturhaften und sozio-kulturellen) Handlungskontext, der Handlung selbst und der Handlungsfolge besteht kein sinnvoller Zusammenhang. Dabei ist das Sinnlose zunächst nicht moralisch qualifiziert – als etwas Böses. Es kann auch in einer fruchtlosen Anstrengung bestehen, aus der kein Schaden entsteht. Doch selbst eine solche Vergeblichkeit kann für den Handelnden selbst und womöglich auch für die von der Handlung Betroffenen ein leidverursachendes Übel *(malum)* darstellen. Es ist dann zwar nicht böse, wohl aber «umsonst» oder sogar schlecht.

(c) Bezogen auf die *Erfahrung* von Situationen, Ereignissen und Geschehensabläufen besteht das Sinnlose nicht – wie beim Handeln – im Missverhältnis zwischen der Intention und dem tatsächlichen Resultat der Handlung, also zwischen Tun und Ergehen, sondern in der Diskrepanz bzw. Inkohärenz zwischen der erwarteten und der tatsächlichen Entwicklung eines Geschehensablaufs. Im Blick auf die mit ihnen verbundenen Erwartungen sind diese Situationen, Ereignisse und Geschehensabläufe fruchtlos oder zeitigen sogar schädliche Früchte. Sie laufen ins Leere. Das

Sinnlose ist das Chaotische, Unnütze, das für nichts gut ist. Es «taugt» nicht oder – wie man früher sagte: Es ist das, was nicht «frommt», abgeleitet vom althochdeutschen Wort *fruma* («Nutzen», «Wohl»).

Für (b) und (c) gilt: Sinnlose Handlungen, Situationen und Ereignisse dienen keinem höheren Guten und verhindern kein Übel; sie tragen nichts oder Negatives aus. Sinn hat ein Ereignis dagegen, wenn ein Wille, eine Absicht bzw. eine Zielsetzung, oder ein Prinzip, Wert oder Gut die Entstehung und Entwicklung bestimmt.

(d) Auf der *existenziellen* Ebene des Lebensvollzugs ist Sinn und Sinnlosigkeit nicht mehr auf partikulare Handlungen und Ereignisse bezogen, sondern auf den gesamten Erfahrungszusammenhang und damit auf die Verfassung des eigenen Lebens, einschließlich der Vorstellungen von dessen Gelingen. Hier besteht das Sinnlose im Verlust oder in der Entleerung der Grundbeziehungen des Menschen: der Beziehung zu anderen Menschen, der Beziehung zur außermenschlichen Umwelt, der Beziehung zu sich selbst und – für Glaubende – der Beziehung zu Gott. Es handelt sich dabei um Erfahrungen der Verlassenheit und Verlorenheit, der Entfremdung, des Selbstverlustes, um das Gefühl, dass das eigene Leben und sogar die eigene Person keinen Wert mehr haben. Die ontologische Geborgenheit («ontological security»[275]), d. h. das Urvertrauen in die Lebenswelt geht verloren. Die Konstitution des Selbstseins, des Selbstvertrauens (im tiefsten Sinn des Wortes) und der Selbstbestimmung werden erschüttert. Diese Erfahrungen können ausgelöst sein durch den Tod des Partners oder der Partnerin, durch eine Krankheit, die das bisherige Lebenskonzept aushebelt, durch den Verlust der sinnstiftenden Arbeit usw. Metaphorisch gesprochen ist das Sinnlose auf dieser existenziellen Ebene das Leere. Es ist nicht nur ein Sinndefizit, sondern der Absturz in ein Sinnvakuum. Dieses Geworfensein in einen Abgrund legt einen tiefschwarzen Schatten auf das Leben und die Welt insgesamt.

275 Anthony Giddens definiert «ontological security» als grundlegendes Bedürfnis nach «a sense of continuity and order in events, includig those not directly within the perceptual environment of the individual» (Anthony Giddens: Modernity and Self-Identity. Self and Society in the Late Modern Age, Stanford, CA, 1991, Nachdruck 2022, 243). Ihm zufolge gilt: «to be ontologically secure is to possess, on the level of the unconscious and practical consciousness, ‹answers› to fundamental existential questions which all human life in some way addresses» (a. a. O., 47).

Die unmittelbare Erfahrung des Tragischen ist vor allem auf der zweiten und dritten der vier Ebenen lokalisiert. Damit einher geht die Bemühung um die Deutung des Erfahrenen (erste Ebene) und die mehr oder weniger starke Erschütterung des Selbstverhältnisses (vierte Ebene). In gravierenden Fällen reißt diese pathische Erfahrung einen Menschen aus seiner existenziellen Verankerung. Bei der existenziellen Sinnlosigkeit geht es nicht mehr um ein sinnloses Übel. Hier ist die Sinnlosigkeit selbst das Übel. Nicht jede Erfahrung des Tragischen reicht in diese Tiefe, wo sie aber in solche Abgründe stürzt, wo also die «Passung» des eigenen Lebens mit der Mitwelt verloren geht, kann man mit Ludwig Marcuse von «absoluter Tragik» sprechen. Marcuse bezeichnete mit diesem Begriff das spezifisch moderne Verständnis des Tragischen als «tragischer Tragödie», die sich im «Leid ohne Sinn» ausspreche.[276] Während die Antike das Tragische zu deuten suchte und während die Klassik es überwinden wollte, bleibe in der Moderne «nur Verdichtung und Formulierung, als letzte, einzig noch mögliche Reaktion.»[277]

Die Empfindung von Sinnlosigkeit potenziert das Leiden. Es kann nicht mehr auf einen Grund zurückgeführt, damit in eine Sinnordnung integriert und auf diese Weise deutend bewältigt werden. So ist dem Leidenden die Möglichkeit genommen, das ihm widerfahrende unerträglich Negative wenigstens *ex post* reflexiv zu entmachten. Es gibt kein Deutenetz, das die Ohnmachtserfahrung auffangen könnte. In dieser Sinnlosigkeit des Leidens, nicht im Leiden selbst, sieht Nietzsche denn auch das

276 Ludwig Marcuse: Die Welt der Tragödie, Berlin 1923 (Nachdruck München 1977), 17f. Auch George Steiner hatte von der «absolute tragedy» (im Gegenüber zu «tempered tragedy») gesprochen (Steiner: The Death of Tragedy [siehe Anm. 69], xi–xiv). Damit ist die Entfremdung und die Unheimlichkeit der menschlichen Existenz in der Welt sowie die Ausweglosigkeit dieser Existenzverfassung bezeichnet: «a view of reality in which man is taken to be an unwelcome guest in the world» (a. a. O., xi; siehe auch die oben zitierte, in Anm. 272 belegte Aussage Steiners). Tragödien dieser Art sieht er weniger in der griechischen Antike (mit Ausnahme von einzelnen Tragödien des Euripides) als in der Moderne, also in Dramen des 19. und 20. Jahrhunderts. Erst hier werde eine gänzliche Bodenlosigkeit erreicht. Siehe auch: Steiner: «Tragedy», reconsidered (siehe Anm. 272), 1–15; ders.: A Note on Absolute Tragedy, in: Literature and Theology 4/2, 1.7.1990, 147–156.

277 Marcuse: Die Welt der Tragödie, 20.

eigentliche Problem: «[N]icht das Leiden selbst war das Problem, sondern dass die Antwort fehlte für den Schrei der Frage ‹wozu leiden?›»[278]

Wiederum gilt nicht der Umkehrschluss: Dass das Tragische sinnlos ist, bedeutet nicht, dass alles Sinnlose tragisch ist. Es gibt auch Sinnloses, das nicht als tragisch erfahren wird: So kann man etwa einen routinemäßig vollzogenen Ritus als sinnlos empfinden, ohne darin etwas Tragisches zu sehen. Die beiden Begriffe – das Tragische und das Sinnlose – sind also nicht deckungsgleich. Sie liegen auf unterschiedlichen Ebenen, berühren sich aber partiell.

Wie verhalten sich die beiden Bestimmungsmerkmale des Tragischen – das Sinnlose (auf der empirischen Ebene des Handelns und der Erfahrung) und das leidverursachende Übel *(malum)* – zueinander? Das Sinnlose ist nicht immer mit Leid verbunden – es gibt auch eine Sinnlosigkeit, der man apathisch und fatalistisch gegenübersteht. Und nicht jedes leidvolle Übel ist sinnlos. Es gibt auch ein «ethisches» Leiden, das einen Sinn hat.

- Eine Strafe etwa stellt für den Bestraften zwar ein Übel dar, aber sie hat in der Regel einen Sinn, der sie als gerechtfertigt erscheinen lässt. Dieser besteht (objektiv) in der Wiederherstellung des Rechtszustands und (subjektiv) in einer erzieherischen Maßnahme. Damit ist sie auf einen gesamtgesellschaftlichen Nutzen ausgerichtet.
- Ein medizinischer Eingriff kann Schmerzen verursachen und damit Leid zufügen, stellt damit aber die Gesundheit wieder her.
- Das Leiden einer Frau bei der Geburt eines Kindes ist ein lebensdienliches Leiden.

Das Tragische hingegen stellt ein *sinnloses* Übel dar, das *sinnloses* Leid zufügt; sinnlos, weil es durch keinen höheren Zweck zu rechtfertigen und für nichts gut ist. Es hat wohl eine Ursache, aber keinen Grund. Ihm wohnt keine Bedeutung und kein Wert inne. Es folgt nicht einer Ordnung und steuert nicht auf ein Ziel zu. Vielmehr stellt es den Einbruch des Chaotischen in eine lebensweltliche Ordnung dar. Zu seiner Beschreibung gebraucht man die Vorsilbe «Un»: Es ist das Un-Bestimmbare und Un-Fassbare, das Un-Zugängliche und Un-Verfügbare, das Un-Kontrollierbare, ein Un-Fall.

278 Friedrich Nietzsche: Zur Genealogie der Moral III, 28 (KSA 5, 411). In der Fortsetzung des Zitats heißt es: «Die Sinnlosigkeit des Leidens, nicht das Leiden war der Fluch, der bisher über der Menschheit ausgebreitet lag.»

4.2.4 Konflikt bzw. Kollision

Wie gesehen, stand in den philosophischen Tragiktheorien der Neuzeit das Moment der Kollision im Vordergrund. Demnach besteht das Tragische im Kern in einem verhängnisvollen Antagonismus, einer Antinomie oder Aporie. Diese wurde vornehmlich als Aufeinanderprallen objektiver Normen, Prinzipien, Gebote, Werte und Güter aufgefasst, die wiederum in ethische, soziale, politische oder metaphysische Ordnungen eingebunden sind. Daher betrifft der Konflikt auch die Ordnungen selbst. Die Tragödien, in denen solche Kollisionen dargestellt wurden, hat man als «Konflikttragödien» (→ 2.6) bezeichnet. Darin wird die «objektive» Kollision der Ordnungen in oder zwischen den handelnden Figuren ausgetragen.

Man kann verschiedene Dimensionen unterscheiden, in denen sich der Konflikt bzw. die Kollision vorrangig ereignet:

- Eine metaphysische Dimension, bei der es zur Kollision individueller Antriebe mit der überindividuellen Seins-, Sollens- oder Wertordnung oder zum Zusammenprall zweier konträrer Ordnungen kommt. Die Determinanten der moralischen oder rechtlichen Ordnung können dabei auf die Familie, die Gesellschaft, den Staat oder die Götter bezogen sein. Kollisionen dieser Art sind vor allem in den antiken Dramen dargestellt, können aber auch Gehalte gegenwärtiger Erfahrungen bzw. Erfahrungsdeutungen sein, denn die Säkularisierung der Kultur führt auch zu Refatalisierungen.
- Eine soziale Dimension, bei der die Absicht des Handelnden mit der Intention von Personen oder Gemeinschaften kollidiert, die anderen indispensablen Antrieben, unaufhebbaren Prinzipien oder absoluten Verpflichtungen folgen.
- Eine psychische Dimension, bei der sich der Konflikt als Zwiespalt *in* der betroffenen Person ereignet. Es kommt zu einer praktischen Aporie des Sollens, Wollens, Entscheidens und Handelns. Sollen, Wollen, Können und Tun fallen auseinander. Das Subjekt gerät in eine innere Dissonanz, die auch als Kampf mit bzw. gegen sich selbst erfahren werden kann.

Der Konflikt besteht dabei:

- In bzw. zwischen überindividuellen Normensystemen, aus denen sich kontradiktorische Handlungsaufforderungen ergeben. Die sich widerstreitenden Imperative können nicht zugleich befolgt werden.

- Zwischen Wollen und Handeln, d. h. zwischen einer Handlungsintention und dem tatsächlichen Handeln, das einem Handlungszwang unterliegt, sei es, dass dieser von einem inneren Antrieb oder von einer äußeren naturhaften Notwendigkeit ausgeht, sei es, dass er in einem herrscherlichen Diktat, einer sakrosankten moralischen Norm, einem politischen Gesetz oder einem göttlichen Gebot gründet.
- Innerhalb des Wollens, d. h. zwischen zwei unvereinbaren inneren Willensrichtungen, die inkompatible Handlungsziele vorgeben.[279]

Der zweite dieser drei Fälle – die Diskrepanz zwischen Wollen und Handeln – ist schon von Paulus angesprochen worden. In Röm 7,15–23 handelt der Apostel davon, dass das alte Ich gerade das tut, was es nicht will. Die Autonomie des Menschen ist hier nicht nur von außen, durch die Strukturen seiner Lebenswelt, sondern von innen, durch (in diesem Fall: «fleischliche») Deformationen des Willens und die Verselbstständigung des Handelns gegenüber dem Willen begrenzt, wobei diese Deformation auf die Macht der Sünde zurückgeht. Der Wille will nicht immer das für den Menschen wirklich Gute und das Handeln folgt nicht immer dem Willen. In 5.2 bespreche ich diesen Textabschnitt ausführlicher.

Beim dritten der genannten drei Fälle – dem Willenskonflikt – treffen verschiedene Willensrichtungen aufeinander. Diese können bestimmt sein durch:

- bewusste oder unbewusste Bedürfnisse des natürlichen Daseins, durch Triebe und Leidenschaften;
- die Vernunft, die mit rationalem Kalkül in der Situationsbeurteilung und Folgenabschätzung zu Werke geht;
- das Gewissen, das sich an indispensable ethische Normen und Gebote gebunden und in die tief empfundene Verantwortung vor den Instanzen gestellt weiß, die diese Normen und Gebote erlassen haben.

In tragischen Konflikten überkreuzen sich diese Dimensionen. Das Erstrebte tritt in Spannung zum Erstrebenswerten, die Selbstbestimmung des

279 Nach Emil Angehrn ist «[d]as Selbst-Gewählt-Haben des Nicht-Gewollten […] der Kern des tragischen Handelns, das darin nicht nur der Abgründigkeit der Schuld, sondern zugleich des Leidens begegnet» (Emil Angehrn: Konstellationen und Grenzen des Tragischen. Figuren der Negativität, in: Hühn/Schwab (Hg.): Die Philosophie des Tragischen [siehe Anm. 42], 39–59, Zitat: 49).

Willens kollidiert mit einer Wertordnung, die ihr entgegensteht. Es kommt zur «Selbstverunmöglichung des Guten, die auf das Subjekt zurückschlägt und seine ethische Selbstverwirklichung untergräbt».[280] Daraus können menschliche Tragödien entstehen. Diese Inkompatibilität der Handlungsoptionen und der Prinzipien, aus denen sich die Optionen ergeben, erzwingt Entscheidungen, die keine bzw. nur unheilvolle Lösungen bringen und die deshalb als Ausweglosigkeit erfahren werden. Das kann sich in der Sphäre des Psychischen als Zerrissenheit zwischen affektiven, rationalen und ethischen Willensbestimmungen, in Bezug auf die Praxis als aporetische Handlungssituation, im Sozialen als tiefer Loyalitäts- und Rollenkonflikt, im Bereich des Soziostrukturellen als Zusammenprall gesellschaftlicher Ordnungen ereignen.

Wenn es sich um einen Konflikt zwischen moralischen oder rechtlichen Ansprüchen handelt, können diese auf der gleichen Ebene liegen, aber auch auf verschiedenen Ebenen. Ersteres ist etwa in einem Loyalitätskonflikt zwischen zwei im Prinzip gleichrangigen weltlichen Autoritäten bzw. Verantwortungsinstanzen der Fall oder beim Aufeinandertreffen von sittlichen Geboten, die in einer bestimmten Situation in einen Widerspruch zueinander geraten. So kann beispielsweise die Verpflichtung, wahrheitsgemäß Auskunft zu geben, in Konflikt geraten mit dem Gebot, einen Verfolgten zu schützen, wenn die Verfolger nach dessen Aufenthaltsort fragen. Dabei kann zwar eine Gewichtung der Gebote vorgenommen werden, aber als ethische Verpflichtungen liegen beide auf einer prinzipiell gleichen Ebene. Das zweite ist etwa dann der Fall, wenn ein göttliches Gebot mit einer unbedingt zu befolgenden menschlichen Handlungsanweisung kollidiert, wie es in Sophokles' *Antigone* der Fall ist. Ein «absolutes», weil in einer göttlichen Verfügung gründendes sittliches Gebot kollidiert hier mit der Anordnung des Königs.

Doch auch im Blick auf dieses Kennzeichen ist zu sagen: Nicht jeder ausweglose Konflikt hat die Qualität des Tragischen, sondern nur ein solcher zwischen zwei konträren Geboten oder auch zwischen zwei sich widersprechenden Verboten oder zwischen zwei je für sich unaufgebbaren Gütern, also nicht zwischen gut und böse bzw. schlecht, sondern zwischen gut und gut, oder zwischen zwei unausweichlichen Übeln, also zwischen schlecht und schlecht. Die Person, die sich zwischen diesen konträren Ge-

280 A. a. O., 43.

boten und Verboten, Gütern oder Übeln entscheiden muss, wird unausweichlich an einem von ihnen schuldig. Eine Lösung ist nicht mehr durch eine rationale Abwägung zwischen Gütern oder zwischen Übeln möglich, sondern nur durch eine mehr oder weniger transrationale Entscheidung. Wie sie auch ausfällt, sie wird «falsch» sein. Nur solche unlösbaren Konflikte haben den Charakter des Tragischen, in denen die rationale und ethische Willensbestimmung und Handlungsorientierung zum Scheitern verurteilt ist.

> Ein Beispiel aus der jüngeren deutschen Geschichte: Dietrich Bonhoeffer kannte das Gebot aus Röm 13,2: «Wer sich gegen die Autorität des Staates auflehnt, der widersetzt sich der Anordnung Gottes». Das kollidierte mit dem von ihm empfundenen Imperativ, Widerstand zu leisten gegen die nationalsozialistische Obrigkeit. Er war sich der Schuld bewusst, die er mit seiner Entscheidung, Widerstand zu leisten, gegenüber dem göttlichen Gebot auf sich nahm. Ein weiteres, aktuelleres Beispiel wäre ein überzeugter Pazifist, der in einer Nothilfesituation Gewalt anwenden muss, um Leben zu schützen. Das Tragische besteht hier in der Unausweichlichkeit der Schuld. Was die handelnde Person auch tut, sie wird schuldig und bezahlt das mit der persönlichen Integrität und in manchen Fällen auch mit dem Leben.

Die Schärfe der tragisch zu nennenden Konflikte zwischen relativ gleichrangigen Gütern oder zwischen verhältnismäßig gleichgewichtigen Übeln besteht auch darin, dass sie in vollem Bewusstsein ihrer Ausweglosigkeit durchlitten werden. Diese Bewusstheit steigert die Intensität des Leidens. Es kann nicht darauf gehofft werden, dass das Tragische durch die Bewusstmachung der wahren Situationsumstände auf seinen Grund hin durchschaut und damit gelindert oder sogar überwunden werden kann.

Die philosophischen Deutungen des Tragischen fragten nach den Tiefenstrukturen der Kollisionen und bestimmten diese als Grundkonflikt zwischen Freiheit und Notwendigkeit (Schelling), zwischen gleichberechtigten sittlichen Kräften (Hegel), als Widerstreit des Willens mit sich selbst (Schopenhauer), Auseinandersetzung zwischen dem Dionysischen und dem Apollinischen (Nietzsche) oder als Konflikt innerhalb positiver Werte und ihrer Träger (Scheler). Philosophische Konzepte der Postmoderne haben die Konfliktualität abgeschwächt. Sie bejahen Differenzen, überführen sie ins Ästhetische und stimmen ein Loblied der Pluralität an. Widersprüche werden vermittelbar; Gegensätze erscheinen als Nebeneinander von Optionen.

Auch für das von mir vorgeschlagene Verständnis des Tragischen spielt es zunächst keine Rolle, ob die erfahrene Sinn- und Ausweglosigkeit «wirklich» absolut sinn- und ausweglos und der Konflikt «wirklich» unlösbar ist, oder ob sich mit etwas weniger Starrsinn und mehr Kompromissbereitschaft doch ein Ausweg aus der tragischen Situation finden ließe. Entscheidend ist die *Erfahrung* der Unlösbarkeit, der Sinn- und Ausweglosigkeit. Hier hat das Tragische seinen Ort. Genau genommen ist daher nicht der Konflikt selbst tragisch, sondern die Verwicklung des Erfahrungssubjekts in den Konflikt und in das Geschehen, das aus ihm folgt.

Nietzsches Frage: «Kann ein *Esel* tragisch sein? – Dass man unter einer Last zu Grunde geht, die man weder tragen, noch abwerfen kann?»[281] ist demnach mit einem Nein zu beantworten. Der Esel ist kein Erfahrungssubjekt und kann daher auch keine Konflikte erfahren. Ein Mensch, der den Esel zugrunde gehen sieht, kann diese Situation aber sehr wohl als eine tragische empfinden.

Konflikt bzw. Kollision als Kennzeichen des Tragischen ist vor allem auf die aktive Erfahrung, den Willen und das Handeln des Menschen bezogen, auch wenn dahinter unbewusste Antriebe oder suprahumane (soziale, politische) Mächte und Ordnungen stehen. In manchen Fällen dominieren diese Antriebe und Mächte aber nicht nur das Geschick eines Menschen, sondern auch dessen Handeln und sogar seinen Willen, aus dem sich das Geschick ergibt. Das ist etwa dann der Fall, wenn die Betroffenen von Suchtstrukturen beherrscht sind. Sie sind dann keine «starken», sich selbstbewusst entscheidenden Handlungssubjekte mehr, sondern Getriebene, die gegenüber diesen «Mächten» auf eine ohnmächtige Passivität zurückgeworfen sind, und denen eine innere Fremdbestimmung aufgezwungen wird, die sie oft gar nicht als solche empfinden. Sie handeln «freiwillig», also ihrem Willen gemäß, aber dieser ist von der Sucht beherrscht. Sie haben keine Hoheit über ihre psychischen Dispositionen und sind unverstandenen und/oder unkontrollierbaren Dynamiken ausgesetzt, die den Willen formieren und tyrannisieren. Tragische Erfahrungen in Konstellationen wie diesen sind dann nur noch bedingt nach dem Schema von Konflikt bzw. Kollision zu erfassen. Im Folgenden will ich mich nun

281 Nietzsche, Götzen-Dämmerung: Sprüche § 11 (KSA 6, 60).

solchen Erfahrungen des Tragischen zuwenden, in denen die bewusste Willensbildung und Handlungsorientierung unterlaufen wird.

4.2.5 Verfehlung, Verkehrung und Lähmung der Handlungsabsicht

Das Unheil kann als *Verfehlung* der Handlungsabsicht, d. h. als *Scheitern* erfahren werden. Es geht dabei nicht um einen Konflikt *in* der Handlungsorientierung, sondern um ein krasses Missverhältnis zwischen Handlungsintention, Handlungsvollzug und Handlungsfolge, bzw. Wollen und Vollbringen, Tun und Ergehen. Das ist etwa dann der Fall, wenn übermenschlich starke Kraftanstrengungen bis hin zur Selbstaufopferung ein wert- und nutzloses Resultat zeitigen. Statt den Heldenstatus zu erlangen, wird der Opferbereite zum Gespött.

Eine solche Verfehlung kann durch externe suprahumane Mächte und Ordnungen erzwungen sein; sie kann sich aus affektiven Antrieben ergeben; sie kann aber auch aus läppischen Missgeschicken, banalen Missverständnissen, kleinen Unaufmerksamkeiten, leicht vermeidbaren Pannen oder schlicht aus einem trivialen Versehen hervorgehen. Im zuletzt genannten Fall stolpert das Handlungssubjekt über Belangloses und stürzt in einen Abgrund. Seine hochgespannten Ziele, Pläne und Projekte werden durch solche Banalitäten durchkreuzt. In weniger gravierenden Fällen spricht man von «Pech», in schwerwiegenden von «Tragik».

Die Handlungsabsicht wird dabei nicht durch eine bewusste Willensentscheidung oder eine intendierte Handlung unterlaufen, sondern durch unabsichtliches Agieren. Nicht nur die Folgen, sondern die Aktionen selbst sind dann unbeabsichtigt. Genau genommen kann man hier gar nicht mehr von Handeln sprechen, denn Handeln ist immer durch Intentionalität konstituiert. Es handelt sich vielmehr um ein bloßes Verhalten. Das Tragische ergibt sich dann aus der Eigendynamik des Geschehensablaufs, der durch dieses Verhalten ausgelöst wird. Daher ist auch die Zuschreibung der Verantwortung für den entstandenen Schaden nur bedingt möglich.

Nach Aristoteles kann es sich bei der *hamartia* («Verfehlung», grundsätzlicher: «Fehlbarkeit»), die das tragische Geschehen heraufbeschwört, auch um einen Irrtum oder um eine menschliche Erkenntnisschwäche handeln, also nicht nur um ein bewusstes Vergehen und damit um einen

Verstoß gegen eine moralische oder rechtliche Norm.[282] Dieser Fehler liegt in der Logik des Handlungszusammenhangs («Mythos»), er drängt sich mit einer gewissen Notwendigkeit auf, wird vom Handelnden aber in Freiheit und nicht selten sehenden Auges vollzogen.

Die *Verkehrung* der Handlungsabsicht geht über deren Verfehlung noch hinaus. Sie torpediert diese nicht nur, sondern pervertiert sie. Dabei werden die Intentionen, Chancen und Projekte der Handelnden nicht nur durchkreuzt, sondern in ihr Gegenteil verkehrt. Ihr aufopferungsvolles Bemühen hat desaströse Folgen für sie selbst und für andere. Tragisch ist es, wenn aus der gutgemeinten Absicht ein verheerender Schaden erwächst oder wenn aus Bagatell-Faktoren, die man in der Handlungsplanung nicht berücksichtigen konnte oder die dafür unwichtig erschienen, eine unbeabsichtigte unheilvolle Wirkung entsteht, oder wenn eine gänzlich unintentionale Aktion zu einem katastrophalen Verlust führt. Tragisch ist es, wenn aus dem Versuch, Versöhnung, Einheit und Frieden zu bewirken, Trennung, Fragmentierung und Krieg entsteht. In Anlehnung an den Titel des Romans von John Irving «Gottes Werk und Teufels Beitrag» (1985) könnte man hier von «Des Menschen Werk und Teufels Beitrag» sprechen. Die Verkehrung der Handlungsabsicht spielt auch in den Tragödien eine zentrale Rolle: Das Tragische liegt dabei in der Unausweichlichkeit, mit der die Zentralfigur der Tragödie ihr eigenes Unheil bewirkt.

Weniger auf soziales und mehr auf (im weitesten Sinn) «technisches» Handeln bezogen ist das Missverhältnis zwischen Zweck, Mittel und Wirkung. Hier spielen die eingesetzten Mittel zur Erreichung eines Zwecks eine größere Rolle. Sie sind kontraproduktiv. Das Zweckdienliche wird zum Zweckwidrigen. Die eingesetzten Mittel verfehlen nicht nur den angestrebten Zweck, sondern bewirken das Gegenteil dessen, wozu sie dienen sollten. Asmus Trautsch spricht von der «Verselbständigung der Handlungsmittel»[283].

Es gibt allerdings auch tragische Situationen, in denen keine Handlungsabsichten verfehlt oder verkehrt werden, weil solche gar nicht bestehen. Das Tragische bricht dabei nicht in einen Handlungszusammenhang, sondern in eine Lebenssituation ein. Es betrifft nicht nur die Verwirklichung von Zielsetzungen, sondern die gesamte Existenz eines Menschen.

282 Ausführlich: Heriberto Rubio: Tod und Tragik (siehe Anm. 43), 96–105.
283 Trautsch: Der Umschlag von allem in nichts (siehe Anm. 26), 205.

Tragische Situationen dieser Art überrollen die Handlungsorientierung und -steuerung. Sie nehmen den Betroffenen die Handlungsmacht. Diese sind der Situation ausgeliefert und können darauf nicht mehr «sinnvoll» reagieren. Das tragische Geschehen verfehlt und verkehrt nicht das Wollen und Handeln, sondern *lähmt* es. «Intellektuelles Vermögen schlägt in kognitive Ohnmacht um, Kraft in Schwäche, Orientierung in Orientierungslosigkeit.»[284] Dabei kann sich eine solche Lähmung der Willensbildung und Handlungssteuerung auch von «innen», d. h. von den zuvor beschriebenen psychischen Konflikten her ergeben, die auf konträre Imperative und/oder auf unvereinbare soziale Verbindlichkeiten zurückgehen.

In all diesen Fällen werden Gelingenserwartungen durchkreuzt. Bei der Verfehlung oder Verkehrung der Handlungsabsichten beziehen sich diese Erwartungen auf das Erreichen des Handlungsziels, beim Einbruch in eine Lebenssituation auf die Hoffnung auf ein «gelingendes Leben».

Auch hier gilt es wiederum festzuhalten: Nicht jede Form des Scheiterns und Misslingens, der Verfehlung, Verkehrung und Lähmung der Handlungsabsicht kann als tragisch bezeichnet werden. Es müssen die oben genannten Kennzeichen erster Ordnung hinzukommen: Verursachung von exzessivem Leid, Kontingenz und Sinnlosigkeit. Als tragisch wird demnach besonders das Scheitern erfahren, das aus dem eigenen und von guten Absichten geleiteten Wollen und Tun erwächst; ebenso das Scheitern an vermeidbaren äußeren Umständen und an Widerständen, die von anderen Menschen – wiederum aus guten Absichten – verursacht werden; und nicht zuletzt das Scheitern an sich selbst.

4.2.6 Aufbegehren gegen das Tragische

In vielen Deutungen, die das Tragische an den Tragödien abzulesen versuchen, ist der Blick auf das tragische Heldentum fokussiert. Die Eigenschaften und Haltungen des tragischen Helden sind nach Laurence Michel

> «seine Vision des Guten, seine Auflehnung gegen seine Vision des Bösen, sein Stolz, sein Tatendrang, seine Ausdrucksfähigkeit, Spannkraft; Meisterschaft; das Streben, der nach vorne gerichtete Blick, das Sehnen, die

284 A. a. O., 390.

> Vision, die sein Vorkämpfertun beseelt, und die Schöpferkraft, die Zielstrebigkeit seiner Antwort auf das, was er dunkel und betrüblich findet;»[285]

Das Tragische wird in der «Größe» des Helden, in seiner Selbstbehauptung, in seinem Heldenmut gesehen, mit dem er sich gegen die ihm begegnenden Widerstände und das verhängnisvolle Geschick auflehnt.

Es soll nicht bestritten werden, dass der Untergang eines heroisch für eine gerechte Sache Kämpfenden tragisch ist. Seinem Gewissen folgend rebelliert er gegen die damit unvereinbare Pflicht, die er zu erfüllen hat, und zahlt einen hohen Preis dafür. Seinem Schicksal stellt er sich mit kühner Tat entgegen, doch er unterliegt. Das edle Aufbäumen endet im Fall. Vielleicht gewinnt er die Bewunderung der Mitstreitenden und Zuschauenden, aber er verliert sein Leben. Nicht nur in den Tragödien, sondern auch im gelebten Leben wird ein solches Heldentum, das im Martyrium bzw. mit dem Tod endet, als tragisch empfunden. Die Selbstbehauptung kann dabei allerdings auch im Eigensinn gründen und mit der Unnachgiebigkeit einhergehen, die sich weigert, das Recht des Anderen einzusehen und zuzugestehen.

Das heroisch Erhabene kann aber auch in einer eher vergeistigten Form auftreten. Es besteht dann weniger im «leiblichen» Kampf und mehr in einer Geisteshaltung, die sich vom tragischen Geschehen und von den Mächten, die dieses herbeiführen, nicht erschüttern lässt. Wer diese Geisteshaltung einzunehmen imstande ist, stellt sich über das Tragische.[286] Er weigert sich (wie Hiob), das Unverdiente für verdient, die Ungerechtigkeit Gottes als höhere Gerechtigkeit anzusehen.

Aber das Tragische begegnet auch in vielen anderen und viel banaleren Erscheinungsformen. Dazu gehören Situationen, in denen kein agonales Handeln und keine Auflehnung möglich ist, die keinen Widerstand zulassen und in denen die davon Betroffenen ohnmächtig ihrem «Schicksal» ausgeliefert sind. Die «Größe» kann dann nur noch darin bestehen, dass

285 Laurence Michel: Die Möglichkeit einer christlichen Tragödie, in: Sander (Hg.): Tragik und Tragödie (siehe Anm. 213), 177–208, Zitat: 178f.

286 Hegel sprach vom Bewusstsein, welches dem Tod als «dem Negativen ins Angesicht schaut, bei ihm verweilt. Dieses Verweilen ist die Zauberkraft, die es [das Negative] in das Sein umkehrt.» (Hegel: Phänomenologie [siehe Anm. 118], 36).

die Betroffenen das ihnen widerfahrene Unrecht auf sich nehmen, es aushalten, ohne zu resignieren, und sich auf diese Weise mit der Instanz, die ihnen dieses Unrecht zugefügt hat, «versöhnen». Mehr noch: Sie kann darin bestehen, die Verantwortung dafür zu übernehmen und für die nicht intendierten Handlungsfolgen einzutreten. Auf diese Weise gewinnen sie eine Art Hoheit über die tragische Situation. Dass dies bestenfalls mit zeitlichem Abstand zum traumatischen Widerfahrnis gelingen kann, liegt auf der Hand.

4.2.7 Schuld

Es geht beim Tragischen nicht nur um schuldloses Leiden, sondern – wie gesehen – oft auch um schuldlose Schuld.[287] Mit Emil Angehrn kann man drei aufsteigende Ebenen bzw. Stufen des Tragischen unterscheiden: das faktisch erlittene, das selbst bewirkte und das aus Schuld und Unrecht hervorgegangene.[288] Die erste Stufe ist dabei auch in den beiden anderen enthalten, die zweite auch in der dritten. Das aus Schuld und Unrecht hervorgegangene Tragische ist also ein Spezialfall des Tragischen.

In den Deutungen des Tragischen lassen sich drei Auffassungen von Schuld unterscheiden: im ersten Fall (a) ergibt sie sich aus dem Handeln («Tatschuld»), im zweiten Fall (b) aus der Willensbildung, die dem Handeln vorausgeht («Entscheidungsschuld») und im dritten Fall (c) liegt sie der menschlichen Existenz zugrunde («metaphysische Schuld»).

(a) Ein Verstoß gegen metaphysische, sittliche, soziale, politische Ordnungen kann zum Auslöser des tragischen Geschehens werden. Der Handelnde ist dann selbst schuld an seinem tragischen Geschick. Die Tragik besteht dabei nicht im bloßen Unheil, das aus dem Fehlverhalten und/oder dem Schuldspruch resultiert – das wäre nicht tragisch –, sondern in der Disproportionalität zwischen Tun und Ergehen, bzw. schuldhaftem

287 Die Rede vom schuldlosen Schuldigsein geht auf Schelling zurück: Friedrich W. J.: Schelling: Philosophie der Kunst (1802f) (Historisch-kritische Ausgabe, Bd. II/6,1, hg. von Christoph Binkelmann u. a., Stuttgart 2018, 375, passim; in der von Karl F. A. Schelling hg. Werksausgabe: Bd. I/5, 695). Søren Kierkegaard sprach von der «eigentlich tragische[n] Schuld in ihrer zweideutigen Schuldlosigkeit» (Entweder – Oder. Ein Lebensfragment. Erster Teil, Leipzig 1885, 141).

288 Angehrn: Konstellationen (siehe Anm. 280), 44.

Handeln und dessen Folge: Aus einer geringfügigen Schuld erwächst maßloses Unheil. Die Tat wird für die Täter zum Fluch. Er ist Täter und Opfer zugleich.

(b) In den Tragödientheorien und der Philosophie des Tragischen wurde die Frage nach Schuld vor allem im Kontext der Kollisionstheorie thematisiert (s. o.). Der Zwang zur Entscheidung zwischen zwei unaufgebbaren, sich aber widersprechenden Gütern oder Übeln, Geboten oder Verboten führt unausweichlich dazu, an einem von ihnen schuldig zu werden. Diese Kollision der Handlungsforderungen wird der handelnden Person zum unentrinnbaren Verhängnis. Die Schuld liegt dann nicht – wie bei der Tatschuld – dem tragischen Geschick voraus und führt in es hinein; sie besteht vielmehr *im* tragischen Geschehen selbst und macht dieses aus. In einem Entscheidungskonflikt, für den sie nicht verantwortlich ist, muss die betroffene Person ein «Schuld-Opfer» erbringen, aus dem dann sogar ein Selbstopfer resultieren kann. Es gibt keinen schuldlosen Ausgang aus dieser Situation. Die Tragik besteht in der Unausweichlichkeit des Schuldigwerdens. Daher spricht man von der schuldlosen Schuld. Wenn die tragische Entscheidung im Handeln vollzogen wird, geht die Entscheidungsschuld in eine Tatschuld über, sodass die Selbstwidersprüchlichkeit des Wollens zur Selbstzerstörung im Tun führt. «Deine Selbstbestimmung hat Dich zerstört» singt der Chor in *Antigone*.[289]

In diesen beiden Fällen (a) und (b) handelt es sich um eine Schuld, die – wenn auch oft nur bedingt und gebrochen – der handelnden oder entscheidenden Person zugerechnet werden kann. In den antiken «Schuldtragödien» resultierte die Schuld zumeist daraus, dass der tragische Held mit den normativen Prinzipien der göttlichen bzw. kosmischen Seinsordnung in Konflikt gerät. In den neuzeitlichen Tragödien war es dagegen eher eine moralische Schuld, die aus dem Verstoß gegen das sittlich Gebotene resultierte.

Dabei macht es aber einen wichtigen Unterschied, ob sich die Person selbst schuldig fühlt und sich für schuldig erklärt, oder ob der Schuldspruch von einer äußeren (metaphysischen, moralischen, sozialen, politischen) Instanz ausgeht. Wenn die Person ihr Handeln als gerechtfertigt empfindet und auf ihrer Unschuld beharrt, wird sie gegen einen solchen

289 Z. 875 (σὲ δ' αὐτόγνωτος ὤλεσ' ὀργά. Wörtlich: «Dich hat ein aus der eigenen Erkenntnis resultierender / selbst gewählter Trieb zugrunde gerichtet.»).

Schuldspruch rebellieren und gegen das empfundene Unrecht protestieren. Das tragische Leiden ist dann nicht die unmittelbare Folge des «schuldhaften» Handelns, sondern Folge des Schuldspruchs und der Rebellion dagegen.

(c) Von Schuld kann aber auch in einem überindividuellen Sinn die Rede sein, sodass man hier von einer metamoralischen Schuldverstrickung sprechen kann, die allem Handeln und Entscheiden vorausliegt. Schopenhauer stellte eine Verbindung zur christlichen Lehre von der Ur- bzw. Erbsünde her und bezog sich dabei auf die christlichen Trauerspiele von Calderón (→ 3.2.1). Schuld wird dabei zum metaphysischen Daseinsprinzip vergrundsätzlicht. Das Tragische hat seinen Grund in einer Urschuld, die über der ganzen Menschheit liegt. Wenn aber der Seinsgrund verdorben ist, gibt es kein Entrinnen aus Schuld und Verderben. Die Grundbefindlichkeit des Lebens besteht dann in einer Urangst vor der Wirklichkeit.

Auch Friedrich Hebbel postulierte eine dem Menschen auferlegte Erbschuld, die in dessen Vereinzelung besteht:

> «Diese Schuld ist eine uranfängliche, von dem Begriff des Menschen nicht zu trennende und kaum in sein Bewusstsein fallende, sie ist mit dem Leben selbst gesetzt. Sie zieht sich als dunkelster Faden durch die Überlieferungen aller Völker hindurch und die Erbsünde selbst ist nichts weiter, als eine aus ihr abgeleitete, christlich modifizierte Konsequenz.»[290]

Gegenüber diesen Deutungen gilt der gleiche Einwand, den ich oben gegen die pessimistischen und nihilistischen Weltanschauungen erhoben habe: Wenn ein solch allgemeinmenschliches Schuldverhängnis postuliert und das Tragische darauf zurückgeführt wird, erscheint dieses als normaler und erwartbarer Teil des Daseins. Wenn aber das ganze Dasein tragisch ist, verliert die spezifische einzelne tragische Erfahrung ihre Einmaligkeit und Besonderheit, in der sie erfahren wird. In Abschnitt 6.3.2 werde ich allerdings noch einmal auf die Lehre von der Ur- bzw. Erbsünde zurückkommen und sie einer Umdeutung unterziehen, um sie damit für die theologische Deutung des Tragischen fruchtbar zu machen.

290 Friedrich Hebbel: Mein Wort über das Drama. Eine Erwiderung an Professor Heiberg in Copenhagen (1843), in: Werke, Bd. 3, München 1965, 545–576, Zitat: 568f.

Blicken wir noch einmal zurück auf die Tatschuld, also auf den ersten der oben genannten drei Fälle: Wie schon früher angesprochen, gibt es tragische Geschehensverläufe, die aus einem unbeabsichtigten Handeln entstehen, sodass bestenfalls von einer fahrlässigen Verursachung die Rede sein kann: manche, die aus einem komplexen Zusammenwirken verschiedener Handlungsinstanzen im Kontext widriger Umstände hervorgehen, sodass keine eindeutigen Verantwortlichkeiten zugewiesen werden können, und andere, in denen menschliches Handeln gar keine Rolle spielt. Der Aufweis einer individuellen Schuld am tragischen Geschehen und Geschick ist dabei oft nicht möglich und in anderen Fällen nicht hinreichend zur Erklärung dieses Geschehens. In vielen Fällen ist es gerade der Skandal des unschuldigen Leidens, der in der Erfahrung des Tragischen eine wichtige Rolle spielt. Der Aufweis von Schuld greift zu kurz und nimmt den Verhängnischarakter des Tragischen, seine Ungeheuerlichkeit, Abgründigkeit, Bodenlosigkeit, Rätselhaftigkeit und Unheimlichkeit nicht ernst genug.

Wie es auch das eingangs angedeutete Stufenschema Angehrns ausweist, ist die Tatschuld daher nur in bestimmten Fällen ein zentrales Kennzeichen des Tragischen. Das tragische Geschehen kann eine Folge von Schuld sein, aber auch von einem grundlos erlittenen Unrecht ausgehen oder in diesem bestehen. Beides kann auch zusammenkommen, wie im Fall des Michael Kohlhaas.

> Die Tragik besteht in dieser Novelle darin, dass die verständliche Absicht, Genugtuung für ein Unrecht zu erlangen, zu einem schuldhaften Handeln führt, aus dem eine Staatsaffäre und ein Bürgerkrieg wird. Ist Kohlhaas für diese Folge vollumfänglich verantwortlich zu machen?

Auch die Entscheidungsschuld steht nur bei bestimmten Erscheinungsformen des Tragischen im Zentrum. Neben den aporetischen Kollisionen, die in der Regel von starken Persönlichkeiten durchlitten werden, gibt es auch tragische Situationen, in denen das Subjekt seines Subjektseins beraubt wird. Im ersten Fall müssen die Betroffenen zur Schuldübernahme bereit sein und damit ein «Schuld-Opfer» (im Sinne von *sacrificium*) erbringen. Im zweiten Fall wird ihre Selbstbestimmung desavouiert und sie werden zu passiven Opfern (im Sinne von *victima*) gemacht. Es kann dann nur noch um die Bewältigung des Leides und der Trauer gehen. Beide Fälle – der aktive und der passive – sind allerdings nur analytisch zu unterscheiden. In der Wirklichkeit tragischer Erfahrungen sind Aktivität und

Passivität, Tun und Erleiden, Schuld und Verhängnis miteinander verquickt. Das Leiden erscheint dann als «Buße» für ein Vergehen, das ein Verhängnis darstellt und das deshalb eher den Charakter eines Fluchs als den einer gerechten Vergeltung hat.

Doch kann auch die schuldlose Schuld subjektiv ein starkes Schuldbewusstsein auslösen und damit das Leiden der davon Betroffenen noch vertiefen. Entlastend kann es dagegen wirken, wenn die Schuld einer äußeren Instanz zugeschrieben wird, etwa dem Schuldspruch einer missgünstigen Gottheit, dem Gebot eines Herrschers oder sogar einem apersonalen System.

4.3 Bilanz: Das Tragische weiter denken

Das Tragische ist an die Erfahrung des Menschen gebunden. Das, *was* erfahren wird, darf aber nicht anthropozentrisch verengt werden. Es gibt tragische Situationen, in denen das bewusste Wollen und Handeln von Menschen, die sich in tragische Verhängnisse verstricken und die darin untergehen, nur eine geringe oder gar keine Rolle spielen. Das ist im Blick auf die Auslöser, den Verlauf und die Folgen tragischer Geschehenszusammenhänge zu bedenken:

- In Bezug auf die *Auslöser* sind auch Faktoren in Rechnung zu stellen, die sich der Willensbildung und Handlungsorientierung von Menschen ganz oder weitgehend entziehen, sei es, dass sie aus unbeabsichtigtem Verhalten hervorgehen, sei es, dass sie in destruktiven äußeren Widerfahrnissen gründen, durch die unverhältnismäßiges Leid unter kontingenten Situationsumständen über die Betroffenen hereinbricht, diese traumatisiert und zu vollkommener Passivität zwingt.
- Der *Verlauf* ist durch die lawinenartige Eigendynamik des Geschehens bestimmt, von der die davon Betroffenen überrollt werden.[291] Das Geschehen ergibt sich nicht linear aus deren Wollen und Han-

291 Nach Simone Weil besteht das Tragische darin, z. B. im Krieg einer Eigendynamik unterworfen zu sein. Siehe dazu: Katherine T. Brueck: The Redemption of Tragedy. The Literary Vision of Simone Weil, Albany, NY, 1994.

deln, sondern folgt ziellos seinen eigenen unberechenbaren Vektoren. Der Ereignisverlauf ist vom Ort und der Zeit sowie von den Ausgangs- und den Rahmenbedingungen der Situation abhängig. Für die darin aktiv oder passiv Involvierten ist er nicht (oder kaum) vorhersehbar.

- Die *Folgen* betreffen nicht nur Menschen, seien es solche, die in diesem Geschehenszusammenhang verwickelt sind, seien es Außenstehende. Sie können auch im sinnlosen Verlust von extrahumanem Leben, in der Zerstörung ökologischer Lebensräume und in der Vernichtung bedeutender Sachwerte bestehen.

Um diesen weiteren Horizont zu öffnen, habe ich das Tragische in *Situationen* lokalisiert. Das Wollen, Handeln und Ergehen von *Personen* spielt darin oft eine wichtige Rolle. Es gibt aber auch Situationen, in denen das Geschehen ohne jede menschliche Mitwirkung tragisch verläuft und sogar solche, in denen das Unheil nicht unmittelbar Menschen trifft.

In tragischen Ereignungssituationen geschieht kontingentes und sinnloses Unheil von gravierendem Ausmaß, das in keinem erwartbaren Verhältnis zu den Ausgangsbedingungen steht. Die Erfahrung des Tragischen liegt nicht eigentlich in dem sich ereignenden Geschehensablauf selbst, sondern in dieser Unverhältnismäßigkeit, in seiner Nicht-Notwendigkeit, in seinem Hereinbrechen an ausgerechnet diesem Ort zu dieser Zeit, unter diesen Ausgangs- und Rahmenbedingungen, in den sich daraus ergebenden destruktiven Wirkungen, die das Geschehen auf die Lebens- und Handlungsmöglichkeiten des oder der Betroffenen oder auf etwas ihnen überaus Wertvolles hat, und nicht zuletzt in seiner Sinnlosigkeit.

Mit diesem erweiterten Verständnis des Tragischen lässt sich dieses auch von der individuellen auf die soziostrukturelle Ebene übertragen: An sich lebensdienliche Beziehungen, Strukturen und Institutionen können aufgrund immanenter Perversionen, etwa durch den «Fall» in kollektiven Egozentrismus, destruktiv werden und für ein ganzes Sozialwesen tragisches Unheil heraufbeschwören. In der tragischen Situation zerbricht dann nicht nur die individuelle menschliche Autonomie, sondern der selbstbestimmte Daseinsvollzug einer Gemeinschaft.

5. Theologische Interpretationshorizonte des Tragischen

Nachdem wir dem Tragischen in den Tragödien und der Philosophie nachgegangen sind und uns an einer Phänomenologie tragischer Erfahrungen versucht haben, steht nun die theologische Betrachtung an. Dabei müssen wir zunächst die Abneigung der Kirche und ihrer Vordenker gegen die Tragödien sowie gegen tragische Weltanschauungen und Philosophien in den Blick nehmen und den Gründen für diese Abneigung nachgehen (5.1). Weil das Tragische aber nicht nur als Kunstform, sondern auch als Lebenserfahrung (auch vieler Glaubender) begegnet, konnte es nie ganz aus der theologischen Reflexion ausgeschieden werden. Immer wieder gab es Versuche, tragische Konstellationen auch in biblischen Überlieferungen ausfindig zu machen. Einige dieser Motivkomplexe beleuchte ich in 5.2. Dann werfe ich einen Seitenblick auf eine antike jüdische Tragödie (5.3). Im Anschluss betrachte ich ausgewählte christliche Tragödien (5.4). Schließlich wende ich mich systematisch-theologischen Auseinandersetzungen mit den Tragödien und dem Tragischen zu (5.5).

5.1 Aversionen gegen Tragödien und tragische Weltsichten

Man kann drei Linien der christlich-theologischen Kritik an den Tragödien und dem Tragischen unterscheiden, wobei sich die zweite und die dritte partiell überlagern: Erstens die Kritik an den Schauspielen (5.1.1), zweitens die Zurückweisung der «heidnischen» mythischen Weltanschauung, die im Hintergrund der griechischen Tragödien präsent ist (5.1.2), und drittens die theologischen Auseinandersetzungen mit dem philosophisch bestimmten Tragischen, die vor allem seit dem 19. Jahrhundert vorgenommen wurden. Diese Auseinandersetzungen waren und sind auf die Philosophien des Tragischen bezogen, wurden aber auch im Blick auf die Tragödien geführt, auf die auch die philosophischen Ansätze Bezug nehmen (5.1.3). In 5.1.4 frage ich dann nach den Basisüberzeugungen des christlichen Glaubens, die zur Ablehnung tragischer Lebens- und Weltdeutungen geführt haben und führen.

5.1.1 Kritik an den Schauspielen

In ihrer Frühzeit stand die christliche Kirche und Theologie dem Theaterwesen ablehnend gegenüber. Die Kritik richtete sich dabei nicht vornehmlich gegen Tragödien, sondern gegen die Schauspiele überhaupt. Tragödien spielten im damaligen Theaterbetrieb keine große Rolle mehr. Lediglich Seneca ist als Tragödiendichter hervorgetreten, wobei er griechische Vorlagen (wie die *Medeia* des Euripides) aufnahm und sie im Sinne der stoischen Philosophie bearbeitete (→ 5.2). Der metaphysische Bezug auf Göttergestalten trat dabei gegenüber den griechischen Stücken zurück. Seneca wollte die fatalen Folgen eines affektgesteuerten Handelns vorführen.

Die Kritik der christlichen Theologen, aber auch nichtchristlicher Intellektueller zielte jedoch nicht eigentlich auf diese Tragödien, sondern vor allem auf die Volksbelustigungen, wie sie besonders der *Mimus* mit seiner oft derben Sprache und seinen obszönen Darstellungen bot, um die Schaulust des sensationslüsternen Publikums zu befriedigen. Doch nicht nur die Spektakel dieses Volkstheaters, sondern auch die Schauspiele, die höhere Gesellschaftsschichten anzogen, boten den Zuschauern viel erotische Freizügigkeit und drastisch inszenierte Grausamkeiten. Von den christlichen Kritikern wurden diese Aufführungen wegen der unmoralischen Inhalte der Stücke, ihrer ostentativen Darstellungsformen und ihrer verderblichen Wirkung auf das Publikum als anstößig empfunden. Hinzu kamen religiöse Ablehnungsgründe, wie der Hinweis auf die «heidnischen» Ursprünge mancher Stücke. Das konnte dann auch die Tragödien betreffen, die ihren Ursprung in den rituell begangenen Festspielen des Dionysos und den Eleusinischen Mysterien haben und auch später in kultischen Kontexten aufgeführt wurden. Es waren also moralische, pädagogische und religiöse Gründe, die gegen die Schauspiele ins Feld geführt wurden: Unsittlichkeit, der schädliche Einfluss auf die Zuschauer und Götzendienst.

Die Kritik am Theaterwesen konnte sich dabei auf Platon berufen (→ 2.1). Mit der Rezeption der platonischen Philosophie im frühen Christentum wurde auch dessen Verwerfungsurteil gegen die Schauspiele im Allgemeinen und die Tragödien im Besonderen von den Theologen aufgenommen. Lateinische Kirchenväter wie Tertullian, Laktanz und Augustin[292] übten ebenso scharfe Kritik an diesen Aufführungen wie die Theologen der Ostkirche, vor allem Chrysostomus.

292 Siehe dazu: Werner Weismann: Kirche und Schauspiele. Die Schauspiele

Tertullian verfasste eine katechetische Schrift «Wider die Schauspiele» («De spectaculis»)[293], in der er auf die Ursprünge des Theaters aus paganen Kulten hinwies und die Schauspiele als Götzendienst brandmarkte. Der Teufel nutze sie, um das Publikum zu verblenden. Christen sollten sich von diesem sündigen Treiben fernhalten. Bei der Taufe hätten Christen dieser «Pracht des Teufels» abgeschworen.[294] Später – in den Synoden von Elvira (im ersten Jahrzehnt des 4. Jahrhunderts) und Arles (314 n. Chr.) – wurde dekretiert, dass Schauspieler diese Tätigkeit aufgeben mussten, wenn sie getauft werden und zur christlichen Gemeinde gehören wollten. Sie galten als unehrenhafte Personen.

Nach Laktanz soll man die Schauspiele meiden,

> «denn sie tragen mächtig zur Verführung der Herzen bei, und dann sind sie zur Verherrlichung der Götterfeste eingeführt worden. [...] Wer also Schauspielen beiwohnt, kann den Anschein nicht mehr vermeiden, als habe er den Dienst des wahren Gottes verlassen und heidnischen Religionsgebräuchen sich zugewandt.»[295]

Augustin machte die griechischen und römischen Götter selbst für die Einführung der (kultischen) Schauspiele verantwortlich:

> «[D]ie Bühnenspiele, diese Schaustellungen von Schändlichkeiten und diese Freistätten der Nichtswürdigkeit, sind nicht durch die Lasterhaftigkeit der Menschen, sondern auf Befehl eurer Götter in Rom eingeführt worden.»[296]

> Die Götter hätten «durch strengen Befehl, fast möchte man sagen durch Erpressung, es dahingebracht [...], daß sie [die Schauspiele, R. B.] ihnen

im Urteil der lateinischen Kirchenväter unter besonderer Berücksichtigung von Augustin, Würzburg 1972.

293 CPL 6, BKV I/107 (https://bkv.unifr.ch/de/works/cpl-6/versions/uber-die-schauspiele-bkv [18.05.2025]), bes. § 16f.

294 A. a. O., § 24.

295 Laktanz: Auszug aus den göttlichen Unterweisungen (Epitome divinarum institutionum) (CPL 86, BKV I/36), § 58 (https://bkv.unifr.ch/de/works/cpl-86/versions/auszug-aus-den-gottlichen-unterweisungen-bkv/divisions/60 [18.05.2025]).

296 Augustinus: De civitate Dei 1/32 (CPL 313, BKV I/1) (https://bkv.unifr.ch/de/works/cpl-313/versions/zweiundzwanzig-bucher-uber-den-gottesstaat-bkv/divisions/35 [18.05.2025]).

> feierlich abgehalten und zu ihren Ehren geweiht wurden.»[297] Solche Götter verdienten keine Verehrung. Es handele sich um «Teufelsdienst»[298].

Chrysostomus hat vor allem in der Predigt «Gegen Spiele und Theater» («Contra ludos et theatra»)[299] in z. T. polemischer Schärfe die moralische Freizügigkeit des Theaters, aber auch sein Wesen als Täuschung, d. h. als Vorspielen einer fiktionalen Wirklichkeit, und nicht zuletzt die Ruhmsucht der Schauspieler kritisiert. Wie schon Platon weist er auf den verderblichen Einfluss hin, der davon auf die Zuschauer ausgehe. In seiner 7. Predigt zum Matthäusevangelium schreibt Chrysostomus: «[I]ch werde nicht eher aufhören, als bis ich das Theater des Teufels geleert und die Versammlung der Kirche gereinigt habe.»[300]

Auch in späteren Epochen der Theologie und Kirchengeschichte gab es eine z. T. heftige Kritik am Theaterwesen[301], so etwa im England des 16. Jahrhunderts. Vor allem von den Puritanern wurden die Schauspiele als Quelle der Sünde angesehen. In einer Predigt führte Thomas White die 1577 in London wütende Pest auf diese Sünde zurück: «the cause of plagues is sin, if you look to it well: and the cause of sin are plays: therefore the cause of plagues are plays.»[302] 1642 wurden die Theater geschlossen.

5.1.2 Kritik an der mythischen Weltanschauung der Tragödien

Auch in der Kritik an der mythischen Weltanschauung, die durch die Tragödien hindurchschien, konnte die christliche Theologie nicht nur in der

297 Augustinus: De civitate Dei 2/8 (CPL 313, BKV I/1) https://bkv.unifr.ch/de/works/cpl-313/versions/zweiundzwanzig-bucher-uber-den-gottesstaat-bkv/divisions/48 [18.08.2024]).

298 Augustinus: De civitate Dei 4/26 (CPL 313, BKV I/1) (https://bkv.unifr.ch/de/works/cpl-313/versions/zweiundzwanzig-bucher-uber-den-gottesstaat-bkv/divisions/128 [18.08.2024]).

299 PG 56, 263–270.

300 PG 57. 82D (CPG 4424, BKV I/23) (https://bkv.unifr.ch/de/works/cpg-4424/versions/kommentar-zum-evangelium-des-hl-matthaus-bkv/divisions/59 [18.08.2024]).

301 Siehe dazu die Übersicht in: Ferdinand Barth: Art. «Theater», in: TRE 33 (2002), 175–195.

302 Zitiert nach: Edmund K. Chambers: The Elizabethan Stage, Bd. 4, Oxford 1923, Nachdruck 2009, 197 (sprachlich angepasst).

Antike, sondern auch in späteren Epochen an Platon anschließen. Das betraf zunächst die Ablehnung der polytheistischen Religionskultur und die Vorstellung, die Götter seien unberechenbar und agierten willkürlich, zuweilen sogar bewusst böswillig; der Mensch sei ihren irrationalen und unmoralischen Launen ausgeliefert. Schon die Vorsokratiker wiesen solche anthropomorphen Gottesverständnisse zurück. Auch in einigen der Tragödien selbst – etwa in denen des Euripides – finden sich Ansätze zu einer Entmythologisierung. Platon logifizierte und ethisierte das mythische Tragische. Er stellte dem Mythos der Tragödien die Vorstellung einer rationalen und gerechten Seinsordnung sowie die Verpflichtung auf das mit der Vernunft erkennbare Gute entgegen. Ausgehend von der Identifikation des ideellen Seinsgrundes mit dem Wahren (Vernünftigen) und dem Guten (Werthaften) kann es kein genuin und schlechthin Böses, Unvernünftiges oder Sinnloses geben. Dieses hat kein Sein, ist also Nichts: *privatio boni.*[303] Anders gesagt: Es hat eine parasitäre Existenz.

Die platonische Weltanschauung war für die christliche Theologie rezipierbar. Augustin nahm die Deutung des Übels und des Bösen als *privatio boni* auf.[304] Seiner theologischen Deutung zufolge gipfeln die Hierarchien des Wahren und Guten in Gott. Wenn aber alles Sein, alles Wahre und Gute seinen Grund in Gott hat und es – wenn auch in unterschiedlichen Graden – an diesem Grund partizipiert, dann kann das Widergöttliche kein eigenes Sein haben. Es kann keinen Abgrund geben, der letztlich von Gott trennt, und keine Ausweglosigkeit, die nicht von Gott überwunden werden könnte. Die Unvermeidlichkeit des tragischen Scheiterns ist mit dem Glauben an das Wirken eines gnädigen und gerechten Gottes, der im Gebet ansprechbar ist, nicht in Einklang zu bringen.

In der tragischen Weltanschauung – so kann man die theologische Kritik zusammenfassen – komme entweder die Willkür der Götter oder eine über Götter und Menschen erhabene «kalte», gnadenlose Gerechtigkeit des Schicksals zum Ausdruck. Die anonyme, apersonale Schicksalsmacht lasse keinen Raum für das Vertrauen auf die gütige Vorsehung und das herrscherliche Walten Gottes über Natur, Geschichte und über das Leben jedes einzelnen Menschen. Der Mensch ist vielmehr der strengen Ordnung des Seins und Sollens, den Gesetzen der Natur und der Geschichte

303 So dann bei Plotin: Enneaden I/8.
304 Confessiones 7/12, 18.

schutzlos ausgeliefert, wie auch seinen eigenen Unzulänglichkeiten. Er kann sich nicht in der Fürsorge Gottes bergen; er kann nicht auf einen gerechten Ausgleich für erlittenes Übel hoffen; er kann nicht davon ausgehen, dass die Geschichte einen sinnvollen Verlauf nimmt. Odo Marquard hat vom «Antifatalismus des Christentums» gesprochen.[305]

Die theologische Kritik an der mythischen Weltsicht der Tragödiendichter bezog sich dabei zumeist auf die attischen Tragödien. Vor allem bei Aischylos herrscht ein unpersönliches Schicksal mit unerbittlicher Notwendigkeit über Götter und Menschen. Ohne Ansehen der Person vergilt es deren Vergehen nach dem Maß einer harten Gerechtigkeit. Es ist ein mächtiges metamoralisches, ontisches Gesetz, das keine Gnade kennt. Dabei muss die Strafe für das Vergehen nicht unbedingt die frevelnde Person selbst treffen, sie kann auch – ggf. in zeitlicher Distanz – an ihrem Geschlecht (d. h. ihren Nachkommen) oder an anderen Personen vollzogen werden. Entscheidend ist, dass dem absoluten Prinzip der Gerechtigkeit Genüge getan wird, sodass es zu einer Wiederherstellung der kosmischen, gesellschaftlichen und moralischen Ordnung kommt. David Bentley Hart sieht die griechischen Tragödien von einem «pagan metanarrative of ontological violence» unterlegt.[306] Darin werde die Wirklichkeit als ein Gewaltzusammenhang verstanden, der immer wieder Opfer – Menschenopfer – verlangt. Die tragische Weltsicht sei im Grunde sakrifiziell.[307]

305 Odo Marquard: Ende des Schicksals. Einige Bemerkungen über die Unvermeidlichkeit des Unverfügbaren, in: ders.: Abschied vom Prinzipiellen. Philosophische Studien, Stuttgart 1981, 67–90, Zitat: 69.

306 David Bentley Hart: The Beauty of the Infinite: The Aesthetics of Christian Truth, Grand Rapids, MI, 2003, 383. Hart erklärt: «a narrative of being according to which the cosmos is primordially a conflict of irreconcilable forces, embraced within the overarching violence of fate; and the wisdom it imparts is one of accommodation, resignation before the unsynthesizable abyss of being, a willingness on the part of the spectator to turn back toward the polis as a refuge from the turmoils of a hostile universe, reconciled to its regime and its prudential violences, its martial logic. This is the opiate of tragic consciousness» (ebd.). Diese Deutung ist von René Girard beeinflusst.

307 Auch Walter Benjamin deutete das Geschick des tragischen Helden in der griechischen Tragödie als Sühnopfer, das «dem Leben der noch ungeborenen Volksgemeinschaft den Segen bring[t]» (Benjamin: Der Ursprung

In der christlichen Antike nahmen christliche Theologen allerdings auch immer wieder Motive aus der griechischen Mythologie und den Tragödien auf, um sie – vergleichbar den alttestamentlichen Überlieferungen – für die christliche Verkündigung und moralische Belehrung in Anspruch zu nehmen. Darauf hat etwa Hugo Rahner hingewiesen.[308] Er bezog sich dabei vor allem auf Clemens von Alexandria, der immer wieder Bezug auf die griechischen Tragödien, besonders die des Euripides, genommen hat.[309] Nach Clemens reißt die Tragödie von den Schattenbildern fort und «lehrt zum Himmel hinaufzublicken».[310] Anspielungen auf die griechischen (und römischen) Tragödien finden sich auch bei anderen Theologen der Spätantike.[311] Boethius etwa sieht in ihnen dargestellt, wie das menschliche Leben von Einflüssen bestimmt wird, über die der Mensch keine Macht hat.[312] Besonders die mittelalterliche Aristoteles-Rezeption hat die Tragödien wieder ins Blickfeld gerückt.[313] Doch geht es in den sporadischen theologischen Bezugnahmen nicht um die Tragödien als Kunstform und schon gar nicht um das Tragische als Thema. Vielmehr werden selektiv einzelne Aspekte herausgegriffen und in eine christliche Argumentationsintention eingefügt, die von didaktischen und moralischen Interessen geleitet ist. Philipp

[siehe Anm. 50], 285). Nach Walter Benjamin geht es in der Tragödie um Erlösung durch einen gemeinschaftsstiftenden Opfertod.

308 Hugo Rahner: Griechische Mythen in christlicher Deutung. Gesammelte Aufsätze, Zürich 1945, Freiburg i. Br. 1992.

309 Siehe dazu: Francesco Massa: Reading and Rewriting Euripides in Clement of Alexandria, in: Michael Schramm (Hg.): Euripides-Rezeption in Kaiserzeit und Spätantike, Berlin/Boston 2020, 335–350 (https://doi.org/10.1515/9783110677072).

310 Stromateis V, 14 (MPG 9, 169 B).

311 Siehe dazu etwa: Paul M. Blowers: Visions and Faces of the Tragic: The Mimesis of Tragedy and the Folly of Salvation in Early Christian Literature, Oxford 2020.

312 Boethius: De consolatione Philosophiae II, 2, 39; I, 6, 48–60.

313 Eine umfassende Studie ist mir nicht bekannt. Hinweise finden sich etwa in: Carol Symes: The Tragedy of the Middle Ages, in: Ingo Gildenhard, Martin Revermann (Hg.): Beyond the Fifth Century. Interactions with Greek Tragedy from the Fourth Century BCE to the Middle Ages, Berlin/New York 2010, 335–369 (https://doi.org/10.1515/9783110223781.335). Siehe auch: Regina Toepfer: Höfische Tragik. Motivierungsformen des Unglücks in mittelalterlichen Erzählungen, Berlin/Boston 2013.

Melanchthon weist vor allem auf die Darstellung moralischer Schuld in ihnen hin.[314] Die kritische Gegenüberstellung «des Tragischen» und «des christlichen Glaubens» ergibt sich erst in den Philosophien des Deutschen Idealismus, als «das Tragische» per Abstraktion aus den Tragödien herausgearbeitet und ein bestimmtes philosophisches Verständnis des christlichen Glaubens entwickelt wird.

5.1.3 Kritik an den philosophischen Konzepten des Tragischen

Die Frage nach der Kompatibilität des christlichen Glaubens mit den Tragödien und dem darin implizierten Verständnis der Welt und des menschlichen Existenzvollzugs wurde besonders vor dem Hintergrund der philosophischen Diskussionen um das Tragische seit dem Ende des 18. Jahrhunderts aufgeworfen und diskutiert. Das Konzept einer tragischen Weltanschauung, das man aus den antiken Tragödien herauszulesen versuchte, ist somit nicht zuletzt ein Produkt der Philosophie des Deutschen Idealismus im Zusammenspiel mit der Tragödientheorie der Klassik. Daher stellt die theologische Zurückweisung der tragischen Weltanschauung immer auch eine Auseinandersetzung mit dieser Philosophie und ihrer Deutung der Tragödien, vor allem mit Nietzsche, dar. Es handelt sich beim Postulat einer tragischen Weltanschauung und der theologischen Kritik daran also um ein modernes Phänomen. Diese Kritik hat aber – wie in 5.1.2 gesehen – eine lange Vorgeschichte. Dabei ging es immer auch um das Verhältnis der christlichen Theologie zur griechisch-hellenistischen Philosophie insgesamt. Dieses Verhältnis ist ambivalent. Zum einen konnte die Theologie vor allem an die platonische und neuplatonische, seit dem Mittelalter auch an die aristotelische Philosophie anknüpfen, zum anderen stand sie in einer so deutlichen Spannung dazu, dass schon Tertullian rhetorisch fragen konnte «Was hat also Athen mit Jerusalem zu schaffen, was die Akademie mit der Kirche, was die Häretiker mit den Christen?»[315]

314 Philipp Melanchthon: Epistola de legendis Tragoediis et Comoediis (CR 5, Sp. 567–572). Siehe dazu die Dissertation von Eick Sternhagen: Ethik und Drama bei Melanchthon, Münster 2006.

315 De Praescriptione Haereticorum 7.9 (CPL 5). Zitiert nach BKV 1/24 (https://bkv.unifr.ch/de/works/cpl-5/versions/die-prozesseinreden-gegen-die-haretiker-bkv/divisions/8 [19.05.2025]).

Mit der philosophischen Abhebung des Tragischen von den Tragödien seit dem ausgehenden 18. und im 19. Jahrhundert verschob sich auch der Skopus in der Deutung des Tragischen. Wie im dritten Kapitel gesehen, wurde das Metaprinzip einer unausweichlichen Notwendigkeit historisiert, d. h. vom metaphysisch Kosmischen ins geschichtlich Menschenweltliche (Historische, Soziale, Politische) übersetzt und es wurde dialektisch im Sinne der Kollisionstheorie gedeutet. Das Tragische besteht nicht mehr im vergeblichen Aufbäumen gegen die willkürlichen Verfügungen der Götter bzw. gegen das Diktat des Schicksals, sondern im selbst herbeigeführten Scheitern am Sittengesetz, an geschichtlichen Notwendigkeiten, sozialen Strukturen oder politischen Herrschaftsverhältnissen. Es ist auf Prinzipien hin transparent gemacht und liegt im Konflikt zwischen dem Wollen und Handeln der Personen einerseits und dem von den Prinzipien Geforderten oder Erzwungenen andererseits. Die (seit der Aufklärung betonte) Autonomie des Subjekts trifft auf Notwendigkeiten, die ihr entgegenstehen. Die theologische Kritik bezog sich nun vorwiegend auf *dieses* Verständnis des Tragischen.

Was sind nun die inhaltlichen Gründe für die christliche Kritik an den Tragödien und am Tragischen? Der tiefste Unterschied zwischen dem christlichen Glauben und einer tragischen Weltsicht wurde immer wieder darin gesehen, dass diese Weltsicht «heillos» ist. Nach Ludwig Wittgenstein besteht die Tragödie darin, «daß sich der Baum nicht biegt, sondern bricht»[316]. Und zwar so bricht, dass keine Heilung mehr zu erwarten ist, sondern bestenfalls ein vollständiger Neuanfang nach der Zerstörung. Es geht beim Tragischen um Verhängnisse, in denen es für die darin Verstrickten keine Lösung, keine Überwindung, keinen Ausweg gibt. Paul D. Janz sieht in der «finality of non-resolution» das wichtigste Kennzeichen der tragischen Weltsicht.[317] Viele der Tragödien führen den Zuschauern die Rebellion des Helden gegen diese Ausweglosigkeit vor Augen. Daher ist die Tragödie für Wittgenstein etwas «unjüdisches»[318] – und man kann

316 Ludwig Wittgenstein: Vermischte Bemerkungen, in: Werkausgabe, Bd. 8, Frankfurt a. M. [15]2017, 452.

317 Paul D. Janz: God, the Mind's Desire. Reference, Reason and Christian Thinking, Cambridge 2004, 174f.

318 Wittgenstein: Vermischte Bemerkungen (siehe Anm. 316), 452.

hinzufügen: etwas unchristliches und unislamisches. Die Religion hingegen sei «sozusagen der tiefste ruhige Meeresgrund, der ruhig bleibt, wie hoch auch die Wellen oben gehen.»[319]

Das soteriologische Narrativ des christlichen Glaubens folgt grob gesprochen einem U-Verlauf von Descensus und Ascensus: Gott geht in Jesus Christus in die Geschichte ein, überwindet das dort herrschende Unheil im Tod und in der Auferstehung Jesu und nimmt die auf diese Weise Gerechtfertigten in seine Gegenwart auf. Die Tragödien und die tragischen Weltsichten folgen demgegenüber einem Verfallsmodell. Die handelnden Figuren laufen auf einen Abgrund zu.

Ich bringe nun sechs exemplarische Stimmen zu Gehör, die eine Inkompatibilität zwischen dem Tragischen und dem Christlichen konstatieren bzw. propagieren:

- Hans Ehrenberg urteilt:

> «Das Christentum löscht die Tragödie. Die Tragödie des Kreuzes ist keine Tragödie mehr, und die letzte Tragödie ist das erste Mysterium. Das Mysterium besiegt das Tragische, und dieses verschwindet für ein ganzes Weltalter.»[320]

- Schon der Titel des Bandes «Beyond Tragedy» von Reinhold Niebuhr zeigt die darin vertretene These an. Sie besteht in der Behauptung

> «that the Christian view of history passes through the sense of the tragic to a hope and an assurance which is ‹beyond tragedy›. […] Christianity's view of history is tragic insofar as it recognizes evil as an inevitable concomitant of even the highest spiritual enterprises. It is beyond tragedy inasfar as it does not regard evil as inherent in existence itself but as finally under the dominion of a good God.»[321]

319 A. a. O., 525. In der Tragödie sieht der christliche Glaube nach Wittgenstein eine vermessene Inanspruchnahme göttlicher Autorität: «Im Christentum sagt der liebe Gott gleichsam zu den Menschen: Spielt nicht Tragödie, das heißt Himmel und Hölle auf Erden. Himmel und Hölle habe ich mir vorbehalten» (a. a. O., 469).

320 Hans Ehrenberg: Tragödie und Kreuz, Bd. 2: Die Tragödie unter dem Kreuz, Würzburg 1920, 3, siehe auch 9.

321 Reinhold Niebuhr: Beyond Tragedy. Essays on the Christian Interpreta-

- Nach Karl Jaspers lebt die biblische Religion ohne tragisches Bewusstsein bzw. in überwundener Tragik:

«Die eigene Erlösungsmöglichkeit vernichtet die tragische Ausweglosigkeit. Daher gibt es keine eigentlich christliche Tragödie, weil im christlichen Schauspiel das Mysterium der Erlösung die Grundlage und der Raum des Geschehens ist und das tragische Wissen von vorneherein befreit ist in der Erfahrung der Vollendung und Rettung durch die Gnade.»[322]

- Nach George Steiner ist die Tragödie dem jüdisch-christlichen Welt- und Gottesverständnis, das auf Gerechtigkeit, Verstehbarkeit und Vertrauenswürdigkeit gründet, fremd.[323] Der Glaube an eine im Grunde gute Schöpfung, an die in Christus erwirkte Erlösung und an die Vollendung des Schöpfungswerkes stehen dem tragischen Szenario eines ausweglosen Untergangs entgegen.
- Für Laurence Michel gilt: Mit dem christlichen Glauben

«an die Wirksamkeit der Menschwerdung Christi und der Auferstehung und der Erlösung: daran, daß die Vorherrschaft des Teufels ein für allemal zerstört wurde [sei] [d]er Gordische Knoten des Tragischen […] durchschnitten worden».[324]

Daher könne es auch keine christliche Tragödie geben. «Christentum ist nicht mit Tragödie in Einklang zu bringen. Tragödie bockt und scheut das Christentum.»[325]

tion of History, New York 1937, x–xi; dt: Jenseits der Tragödie. Betrachtungen zur christlichen Deutung der Geschichte, München 1947.

322 Jaspers: Über das Tragische (siehe Anm. 213), 98. Wer sich in dieser Gewissheit wiegt, der blickt nach Jaspers «aus sicherem Hafen auf die Welt», als ob er nicht mehr mit seinem Geschick in ihr «auf ungewissem Schiffe das Ziel suchte» (a. a. O., 133).

323 Steiner: The Death of Tragedy (siehe Anm. 69), bes. 4 und 193f. «[T]he Metaphysics of Christianity […] are anti-tragic» (a. a. O., 324). Siehe auch: ders.: Tragedy, Pure and Simple, in: Silk (Hg.): Tragedy and the Tragic (siehe Anm. 19), 534–546; Steiner: «Tragedy», reconsidered (siehe Anm. 272), 1–15.

324 Laurence Michel: Die Möglichkeit einer christlichen Tragödie, in: Sander (Hg.): Tragik und Tragödie (siehe Anm. 213), 177–208, Zitat: 208.

325 A. a. O., 206.

- Walter Lesch lehnt eine theologische Rezeption des Tragikbegriffs mit folgender Begründung ab:

> «Letztlich steht Tragik in Spannung zu einer christlichen Weltsicht, die als weniger fatalistisch gilt und das Individuum nicht als Spielball antagonistischer Kräfte sieht. Zwar ist stets mit schuldhaften Verstrickungen des erlösungsbedürftigen Menschen zu rechnen, nicht aber mit dessen Irreführung durch dunkle Mächte, die ein unerbittliches Schicksal arrangieren.»[326]

Der Kreis derer, die auf solche Weise die Kompatibilität der Tragödien und des Tragischen mit dem christlichen Glauben bestreiten, ließe sich leicht noch weiterziehen.[327]

5.1.4 Antitragische Grundüberzeugungen

Es sind vor alle drei christliche Basisüberzeugungen, die dem Tragischen entgegenstehen: die schöpfungstheologische, die christologisch-soteriologische und die eschatologische. Nicht zufällig stimmen sie mit den drei Artikel des trinitarischen Glaubensbekenntnisses zusammen.

(a) Der Schöpfungstheologie zufolge ist der Kosmos eine im Grunde gute und d. h. sinnvolle Ordnung Gottes. Diese Ordnung besteht aus einem grundlegend ungebrochenen Seins- und Sinnzusammenhang. Wenn Gott der Grund allen Seins und damit auch der Grund allen Sinns im Sein ist, kann es kein wirklich Sinnloses geben. Das Sinnlose, das es nun aber offensichtlich doch gibt, kann nur als Abweichung von der guten Schöpfungsordnung gedeutet werden: als Sünde. «*Grundlegend* ungebrochen» bezieht sich dabei auf die (nicht im zeitlichen, sondern im sachlichen Sinn zu verstehende) *creatio originalis,* also auf die Schöpfung, wie sie von Gott her «gedacht» ist. Dass es darin naturbedingtes Leiden, menschliche Sünde und eben auch tragische Ereignisse gibt, ändert nichts an ihrer Grundlegung.

Hinzu kommt die Überzeugung von der fortwährenden Herrschaft Gottes über die Geschichte, die sich als *creatio continua* bzw. als Vorsehungshandeln manifestiert, wobei besonders der Aspekt der *gubernatio* im

326 Walter Lesch: Art. «Tragik», in: $LThK^3$, 2001, 162.

327 Zu nennen wären etwa: Hart: The Beauty of the Infinite (siehe Anm. 306), 373–394.

Vordergrund steht.[328] Nicht ein unpersönliches Fatum regiert die Welt, sondern ein personal zu denkender gütig-gerechter Gott. Diese Überzeugung steht einem Verständnis der Wirklichkeit entgegen, in dem ausweglose Verhängnisse das letzte Wort haben können. Der geschichtsmächtige Gott kann immer einen Ausweg eröffnen. Das Grundübel besteht hier nicht in der Abweichung vom Handlungsrahmen, den das übermächtige Schicksal setzt, sondern in der Sünde, d. h. in der Abwendung von Gott bzw. im Ungehorsam gegenüber Gott, wie er für den «alten Adam» charakteristisch ist.

Auch die Religionsphilosophie des Hellenismus verstand die Welt als einen göttlich geordneten Seinszusammenhang, in dem die Ordnung über die Unordnung, die Vernunft über die Unvernunft und das ewige Sein über den bloßen Schein des Vergänglichen dominiert. Sie führte diesen Ordnungszusammenhang aber nicht auf den Willen und das Handeln eines personalen Gottes zurück, an dem sich dann auch das menschliche Wollen und Handeln zu orientieren hat. Eine von ewigen Prinzipien getragene Seins-, Sitten- und Naturordnung, wie sie die hellenistische Religionsphilosophie vor Augen stellt, ist apersonal, ungeschichtlich, unbeweglich und unbewegbar. Selbst die Triebkräfte des Geschichtsprozesses gelten als übergeschichtlich. Der Seins-, Sitten- und Naturordnung gegenüber besteht eine Konformitätsnotwendigkeit. Die individuelle Existenz muss vernunftbasiert im Einklang mit der kosmischen, politischen, sozialen und moralischen Ordnung sein. Wo die Konformität verletzt wird, unterbietet der Mensch seinen Status als Vernunftwesen.

In Bezug auf den Schöpfungsglauben an einen personal gedachten Gott besteht kein wesentlicher Unterschied zwischen dem jüdischen, dem christlichen und dem islamischen Wirklichkeitsverständnis. Alle drei Religionstraditionen gehen von der fundamentalen Geordnetheit, Rationalität und Verhältnismäßigkeit der Welt aus und sehen diese Eigenschaften im Schöpfungshandeln Gottes begründet. Mag diese ursprüngliche Ordnung auch immer wieder durch die selbstzentrierte Eigendynamik der weltlichen Wirklichkeit und des menschlichen Handelns gestört werden, so herrscht doch die Zuversicht vor, dass Gott mit seiner das Unheil überwindenden Macht die Schöpfungsordnung bewahrt, wiederherstellt und vollendet.

328 Siehe dazu: Reinhold Bernhardt: Was heißt «Handeln Gottes»? Eine Rekonstruktion der Lehre von der Vorsehung Gottes, Gütersloh 1999; Berlin ²2008.

Das islamische Gottes- und Schöpfungsverständnis steht allerdings dem Neuplatonismus näher als das jüdische und christliche. Es betont weniger die Geschichtlichkeit in der Beziehung Gottes zur Welt und mehr die übergeschichtliche Offenbarung. Der Gott Israels ist als Mitgehgott bezeugt, der mit seinem Volk durch die Geschichte geht, sich darin offenbart und vergegenwärtigt. Er lenkt die Geschichte souverän, aber auch «interaktiv», indem er auf Geschichtsereignisse eingeht, Boten sendet, Gebote erlässt und seine richterlich-gnädige Gerechtigkeit ausübt. Der Islam betont demgegenüber stärker die radikale Transzendenz Gottes.

(b) Die zweite Basisüberzeugung bezieht sich auf die Wiederherstellung der verletzten Schöpfungsordnung und die damit ermöglichte «Heilung» der Grundbeziehungen des Menschen zu Gott, zu den Mitmenschen, zur außermenschlichen Schöpfung und zu sich selbst. Diese Überzeugung wird in der *Soteriologie* reflektiert. Sie besagt, dass die durch menschliche Schuld (also dadurch, dass sich der Mensch nicht am Wollen und Handeln Gottes orientiert) gestörte Ordnung von Gott «in Christus» erneuert und der sündige Mensch von den Folgen dieser Schuld befreit worden ist. Alles Leid, alle Schuld und selbst der Tod sind auf diese Weise im Grunde überwunden. Verankert ist die Soteriologie besonders im Glauben an die heilsstiftende Bedeutung des Kreuzestodes und der Auferstehung Jesu Christi.

So schließt Hans Ehrenberg seine Vorlesungen zum Thema «Tragödie und Kreuz» mit den Worten:

> «Der wahre Held der Menschheit, er, der einzige, der Sterben und Leben ganz in eins verband, ist der Schöpfer der menschlichen Geschichte; seine Tragödie wird zur Mittelszene des Menschheitsdramas. In ihm wird die Welt neu; er ist die große Peripetie des Weltschauspiels, in der das Drama des Leidens zum Drama der Erlösung umgebogen wird. Die Geschichte des Leidens wird zur Geschichte des Heils und das Schicksal der Welt zum Wachsen des Gottesreichs. Christus durfte tragisch werden, weil er von Natur übertragisch ist, als Sohn Gottes; so ja gerade überwand er die tragische Geschichte und gestaltete sie zur Erlösungsgeschichte um.»[329]

Ganz ähnlich betont der Literaturwissenschaftler Geoffrey Brereton in seiner Studie «Principles of Tragedy» den antitragischen Charakter der christlichen Heilsbotschaft, wobei er den Blick stärker auf die Auferstehung Jesu

329 Ehrenberg: Tragödie und Kreuz (siehe Anm. 320), 250.

lenkt. Damit sei dessen Lebensopfer «not a ‹disaster›, but a triumph.»[330] Und weiter:

> «The moment one envisages either a successful sacrifice of expiation or a reward beyond death one has moved away from the tragic, for these things can only imply, on some plane or another, a happy ending.»[331]

(c) Die dritte – die *eschatologische* – Basisüberzeugung besteht in der Vollendungshoffnung, die im christlichen Glauben enthalten ist: Sie basiert auf der Verheißung, dass alles Unheilvolle, Tragische und Sinnlose am Ende der Zeit in einen ewigen Heilszustand überführt wird. Auf diese Weise konnten und können Unheilserfahrungen in einen auf letztlichen Ausgleich bedachten Gerechtigkeitszusammenhang eingeordnet werden. Das Tragische geht in der eschatologischen Neuschöpfung auf. Es wird in den Messianismus aufgenommen und büßt dabei seine Abgründigkeit ein.

Die zweite und die dritte Basisüberzeugung werden in der christlichen Theologie oft mit der dialektischen Denkfigur des «schon und noch-nicht» einander zugeordnet: In Christi Kreuz und Auferstehung ist das Heil *schon* erworben, seine Realisierung und Vollendung *steht aber noch aus*. Die Überwindung des Unheils muss sich in der Geschichte erst noch durchsetzen.

Mit der Schlacht von Stalingrad im Gedächtnis schrieb Oskar Cullmann:

> «Die Entscheidungsschlacht ist bereits gewonnen, aber der Krieg dauert noch fort bis zu dem schon gesicherten, jedoch noch unbestimmten Tag, an dem die Waffen ruhen. Die Entscheidungsschlacht wären Tod und Auferstehung Christi, der Tag des Waffenstillstandes seine Parusie.»[332]

Der in solchen Aussagen bekundete heilsgeschichtliche Optimismus, um nicht zu sagen: Triumphalismus lässt keinen Raum für eine letzte Heillosigkeit. Beim Tragischen geht es aber genau darum. «Es gibt kein Licht am Ende des tragischen Tunnels.»[333]

Und so verwundert es nicht, dass der Begriff und die «Sache» des Tragischen von der Theologie weitgehend gemieden, bestenfalls in kritischen

330 Geoffrey Brereton: Principles of Tragedy. A Rational Examination of the Tragic Concept in Life and Literature, London 1968, Nachdruck 2022, 51f.

331 Ebd.

332 Oskar Cullmann: Christus und die Zeit. Die urchristliche Zeit- und Geschichtsauffassung, Zollikon-Zürich 1946, [3]1962, 26.

333 Trautsch: Der Umschlag von allem in nichts (siehe Anm. 26), 456.

Randbemerkungen abgehandelt oder sogar mehr oder weniger scharf zurückgewiesen wurden.[334] In der Bibel sowie der christlichen Frömmigkeits- und Theologiegeschichte ist zwar sehr nachdrücklich vom Bösen, von Sünde und von vielfältigen Leiderfahrungen von Menschen die Rede – seit Leibniz wurde die «Theodizeefrage» intensiv diskutiert –, die spezifische Erfahrung des Tragischen aber war kein prominenter Gegenstand der theologischen Reflexion. Und wenn, dann wurde sie nur im Zusammenhang mit dem Bösen, dem Übel oder dem Leid thematisch, zumeist in der Absicht, sie zu depotenzieren, positiv gewendet: um Sinn zu stiften. Generell ist Sinnstiftung eine der Grundfunktionen der Religion – und auch ihrer Reflexionsform: der Theologie.

Daher mussten besonders zwei der im vorigen Kapitel benannten Kennzeichen des Tragischen Anstoß erregen: zum einen die Polarität von Kontingenz und Notwendigkeit, zum anderen die Sinnlosigkeit.

(a) Tragische Erfahrungen sind im Spannungsfeld von Kontingenz und Notwendigkeit lokalisiert (→ 4.2.2). Es handelt sich dabei nicht um einen Gegensatz. Ein insgesamt kontingentes Geschehen kann nach einer ihm immanenten Notwendigkeit ablaufen. Erst dann, wenn man eine äußere Notwendigkeit am Werk sieht, tritt das Moment des Kontingenten zurück. Das gilt erst recht, wenn diese Notwendigkeit auf ein höheres Prinzip zurückgeführt wird – sei es die kosmische Seinsordnung, eine unpersönliche Schicksalsmacht oder eine göttliche Verfügung.

Sowohl die Annahme einer schieren Kontingenz als auch die einer nicht im Willen Gottes verankerten Notwendigkeit sind theologisch anstößig. Das gilt jedenfalls für eine Theologie, die einem «klassischen Theismus» anhängt, also der Vorstellung von einem allmächtigen Gott, der das Weltgeschehen mit souveräner Hand leitet, sodass darin nichts aus purem Zufall geschieht. Von dieser Annahme aus stellt sich die Frage, wie sich die Erfahrung des Tragischen mit ihrer Implikation des Kontingenten und/oder des schicksalhaft Notwendigen zum theologischen Postulat einer von Gott wohlgeordneten und gnädig regierten Schöpfung verhält. Bei

334 Eine der wenigen Ausnahmen in der deutschsprachigen Theologie der jüngeren Vergangenheit war Dietrich Ritschl, der in dieser Hinsicht von Donald MacKinnon beeinflusst war. Er legte zwar keine eigene Studie zu diesem Thema vor, mahnte aber eine theologische Auseinandersetzung damit an (Dietrich Ritschl: Zur Logik der Theologie. Kurze Darstellung der Zusammenhänge theologischer Grundgedanken, München 1984, 235–240).

einer theologischen Reflexion des Tragischen steht dieses Postulat, mit dem ein großer Teil der christlichen Frömmigkeitstradition und der kirchlichen Praxis verbunden war und ist, zur Debatte.

(b) Dass es Widerfahrnisse geben mag, die Menschen als sinnlos *erfahren,* konnte und musste man natürlich zugestehen. Aber die Annahme, dass es Konflikte gibt, die ausweglos *sind,* und dass es Ereignisse gibt, die abgrundtief sinnlos *sind,* der Gedanke also, dass es sich beim sinnlosen Tragischen nicht nur um eine Kategorie der Erfahrungsdeutung handelt, die noch nicht zur Einsicht in den tieferen Sinn gelangt ist, sondern um die Erfahrung einer *wirklich* und unheilbar aporetischen Unheilssituation – dieser Gedanke vertrug sich nicht gut mit den Basisannahmen des christlichen Glaubens. Und so wurde das Tragische ontologisch veruneigentlicht.

Der Erfahrung des Tragischen wurde die Gewissheit bzw. der Zuspruch entgegengesetzt, dass diese Erfahrung keine Letztgültigkeit hat. Sie ist von Gottes Heilshandeln überholt und in dieses hineingenommen. Demnach bedarf sie der Aufklärung über sich selbst, d. h. sie muss in das Licht des Auferstehungsglaubens gestellt und damit zur Einsicht ihrer eigenen Uneigentlichkeit geführt werden. Anders gesagt: Denjenigen, die die Erfahrung des Sinnlosen machen, müssen die Augen geöffnet werden für den Sinn, der *gegeben* ist, den sie aber nicht zu erkennen vermögen. Die Annahme eines wirklich Sinnlosen beruht demzufolge auf einer Verblendung. Auf diese Weise wird die Erfahrung des Sinnlosen depotenziert – als eine im Angesicht Gottes defizitäre Erfahrung. Bei Gott hat alles Geschehen letztlich einen Sinn.

Doch so sehr man auch die *Erfahrung* des Sinnlosen und Tragischen im Licht des Auferstehungsglaubens als etwas bloß Vorletztes zu deuten versuchte: Die *Wirklichkeit* des Sinnlosen und Tragischen im Leben von Menschen und in der Welt fällt den theologischen Deuteversuchen immer wieder mit der ihr eigenen Brutalität ins Wort. Zwischen der christlichen Heilsbotschaft und der Erfahrung tatsächlichen Unheils, das bis zur Vernichtung reichen kann, bleibt eine schmerzliche Diskrepanz und Dissonanz bestehen.

Nach Wilhelm Grenzmann ist «das ‹Tragische› […] eines jener Worte, in denen der Schmerz der Menschheit zum Ausdruck kommt»[335]. Als sol-

335 Wilhelm Grenzmann: Über das Tragische, in: Sander (Hg.): Tragik und

ches wird es auch von vielen Christinnen und Christen für ihre Existenzdeutung in Anspruch genommen. Schon deshalb kann dieses Thema theologisch nicht irrelevant sein, wenn Theologie die Aufgabe hat, die Wirklichkeit, wie sie von Menschen erfahren wird, mit der Verheißung Gottes zu «versprechen», ohne sie dabei durch eine vorgängige theologische Umdeutung zu verklären.

Was Botho Strauß allgemein formuliert, gilt im Besonderen auch für die Theologie: «Verhängnisvoll ist es, keinen Sinn für Verhängnis mehr zu besitzen, unfähig zu sein, Formen des Tragischen zu verstehen […].»[336]

Und David Tracy postuliert,

> «that any vision (whether commonsensical or scientific, elite or nonelite, philosophical, artistic, religious, social scientific, natural scientific) that does not acknowledge and allow itself to be transformed by the tragic cultural unconscious of the West, is doomed to irrelevancy»[337].

5.2 Tragisches in der Bibel

Die Frage, ob es Tragisches in der Bibel gibt, führt wieder in den oben (→ 1.2) beschriebenen Zirkel von Konzept (d. h. der Bestimmung des Tragischen) und Phänomenen (in diesem Fall: den anvisierten biblischen Überlieferungen). Je enger man das Verständnis des Tragischen an die klassischen Tragödien bindet, umso weniger Tragisches wird man in der Bibel finden. Je mehr man dagegen die Begriffsbestimmung von den Tragödien löst, sie ausdehnt und modifiziert, umso mehr Tragisches kommt in den Blick. Oder man spricht nur von *Analogien* zu den Tragödien oder von tragischen *Motiven, Dimensionen* und *Strukturen*.[338]

Tragödie (siehe Anm. 213), 166–176, Zitat: 166.

336 Botho Strauß: Anschwellender Bocksgesang, in: Schwilk/Schacht (Hg.): Die selbstbewusste Nation (siehe Anm. 8), 26.

337 David Tracy: Horrors and Horror: The Response of Tragedy, in: Social Research 81/4, 2014, 739–767, Zitat: 750. Siehe auch: ders.: On Tragic Wisdom, in: Hendrik M. Vroom (Hg.), Wrestling with God and Evil. Philosophical Reflections, Amsterdam/New York 2007, 13–24.

338 Mehrheitlich vertreten die Bibelwissenschaftler und Bibelwissenschaftlerinnen, die sich mit diesem Thema beschäftigt haben, die Auffassung, die W. Lee Humphreys folgendermaßen summiert: «The Hebraic

Nach Ben Quash gibt es «tragic tropes» in der Bibel.[339] Der Begriff «trope» wurde 1953 von Donald Cary Williams in die Analytische Philosophie eingeführt.[340] Er bezeichnet Eigenschaften von einzelnen Entitäten, die sich gleichen, aber nicht aus einem übergeordneten Allgemeinen ableitbar sind. Angewendet auf Erscheinungsformen des Tragischen bedeutet dies: Es lassen sich tragische Motive in biblischen Überlieferungen identifizieren, die aber nicht von «dem Tragischen» als einer ihnen übergeordneten oder ihnen zugrunde liegenden Gegebenheit abgeleitet werden können. Es gibt nicht «das Tragische», das sich in einzelnen Erscheinungen instanziiert, sondern nur partikular Tragisches. Um dieses zu identifizieren, braucht es dann allerdings eine Begriffsbestimmung. Diese fällt bei Quash recht unspezifisch aus: Das Tragische besteht ihm zufolge in einem Verhängnis, in das Menschen geraten, sei es durch ihr eigenes Handeln, sei es durch göttliche Fügung.[341] Vor allem in der Geschichte Sauls sieht er wahrhaft tragische Züge.

tradition did not produce tragedy in any sustained way or much material informed by the tragic vision. But at their best, expressions of that tradition had behind them intimations of the tragic» (W. Lee Humphreys: The Tragic Vision and the Hebrew Tradition, Philadelphia 1985, 140). Die Rede von einer «tragic vision» begegnet auch in anderen englischsprachigen Beiträgen zu dieser Diskussion, etwa bei J. Cheryl Exum (Tragedy and Biblical Narrative. Arrows of the Almighty, Cambridge 1992). Exum versteht das Tragische als «a vision of fundamental disorder and cosmic unintelligibility contained within the literary work that [...] it undermines from within» (a. a. O., 151). Siehe dazu auch: Eva Bartsch: Dramaturgie der Gerechtigkeit. Tragödienerfahrung im Lichte alttestamentarischen Geschichtsdenkens, Münster 2002.

339 Ben Quash: Four Biblical Characters: In Search of a Tragedy, in: Kevin Taylor / Giles Waller (Hg.): Christian Theology and Tragedy. Theologians, Tragic Literature, and Tragic Theory, Farnham/Burlington, VT, 2011, 15–34.

340 Donald Cary Williams: On the Elements of Being, in: Review of Metaphysics 7, 1953, 3–18.171–192.

341 The tragic «shows us to be the prisoners of dungeons of our own making: our capabilities turned to culpabilities. But it also shows us to be prisoners of dungeons not of our own making (made instead by the gods, for example): held to be culpable even when we have no capability» (Quash: Four Biblical Characters [siehe Anm. 339], 16).

Ich gehe im Folgenden zunächst auf diese Erzählung ein und frage nach ihrem tragischen Gehalt. Dann wende ich mich zwei weiteren alttestamentlichen Gestalten zu, in deren Tun und Ergehen man Analogien zu Tragödien gesehen hat: Jiftach und Hiob. Im Anschluss an die Betrachtung dieser «tragischen Gestalten» blicke ich auf einen Überlieferungsstrang der Weisheitstradition und frage, ob in Aussagen wie Pred 1,2 und 12,8 eine tragische Weltsicht artikuliert ist. Schließlich setze ich mich mit Röm 7,14–25 auseinander. Lässt sich in der dort beschriebenen «Zerrissenheit des alten Ich» – so ist dieser Abschnitt in der Zürcher Bibel überschrieben – eine tragisch zu nennende Selbsterfahrung erkennen? Weil die Erzählung von der Passion Jesu für meine eigenen theologischen Überlegungen zum Tragischen so zentral ist, behandle ich sie nicht hier, sondern in Abschnitt 6.4.

Man könnte den Blick noch weiten und andere Figuren (wie Simson, Josia, den leidenden Gottesknecht, Jeremia oder Judas Ischariot) und Überlieferungsstränge (wie die sogenannte Sündenfallerzählung in Gen 3 [→ 6.3], das ganze Deuteronomistische Geschichtswerk, Deuterojesaja, die Klagepsalmen und Klagelieder, das Markusevangelium[342] und das Johannesevangelium[343]) betrachten.[344] Ich belasse es bei den genannten Exempeln.

(a) *Saul* (1Sam 8–31): Widerwillig erfüllt Gott den Wunsch des Volkes, einen König haben zu wollen, und beauftragt Samuel, Saul zum ersten König Israels zu salben. Der zunächst erfolgreich agierende Saul vollstreckt den Bann gegen die Amalekiter nicht vollständig, so wie Gott es geboten

342 Jeff Jay: The Tragic in Mark. A Literary-Historical Interpretation, Tübingen 2014. Jay zufolge ist das Markusevangelium «a work composed by an artful writer over whom tragedy exerts considerable influence» (18). Die Stilmittel tragischer Literatur – «reversal, recognition, revenge, lamentation, high emotion, as well as active gods, oracles, and the deus ex machina» (76) – fänden sich darin. Jay unterscheidet zwischen «mode» und «genre». Das Evangelium gehöre gattungsmäßig nicht zu den Tragödien, sei aber in einem «tragic mode» geschrieben.

343 Vgl. dazu auch: Dennis R. Macdonald: The Imitation of Euripides' «Bacchae» in the Gospel of John, in: Georg Rechenauer / Sergiusz Kazmierski (Hg.): Vom Grund des Tragischen. Ansätze zur Interpretation der Tragödie, Regensburg 2020, 311–324.

344 Siehe dazu auch: Helmut Utzschneider: Art. «Drama (AT)», in: WiBiLex, https://bibelwissenschaft.de/stichwort/200072/ (25.07.2025).

hatte. Aufgrund dieses Ungehorsams entzieht Gott ihm seinen Geist «und ein böser Geist vom Herrn versetzte ihn in Schrecken» (1Sam 16,14). Es kommt zur Auseinandersetzung mit David, der – nachdem er heimlich zum König gesalbt worden ist – als Harfenspieler an den Hof gelangt. Um sich der Verfolgung zu entziehen, geht David zu den Philistern. Es kommt zur Schlacht mit den Philistern. Die Lage erscheint Saul aussichtslos und Gott verweigert seinen Rat. So wendet sich Saul, der zuvor die Totenbeschwörer und Wahrsager im Land verfolgt hatte, verkleidet an die Totenbeschwörerin von En-Dor und gibt ihr den Auftrag, den Geist des verstorbenen Propheten Samuel anzurufen. Dieser sagt Saul voraus, dass er die Schlacht gegen die Philister verlieren und dabei zu Tode kommen werde; David werde das Königtum übernehmen.

Diese Erzählung hat vielfältige, z. T. spekulative bzw. allegorische Auslegungen nach sich gezogen.[345] Sie wurde auch immer wieder literarisch und dramatisch verarbeitet, so etwa von Botho Strauß.[346] Die Analogien zu tragischen Helden sind offensichtlich.[347] Saul ist eine Person von hohem sozialen und politischen Status, die in einem Gemenge von persönlichem Fehlverhalten (und daraus resultierender Schuld, die Saul selbst eingesteht, vgl. 1Sam 26,21), verfänglichen Beziehungen (vor allem die Rivalität zu David), widrigen politischen Umständen und für ihn nicht durchschaubaren göttlichen Interventionen zu Fall kommt. Sein Untergang bezieht sich auf sein politisches Amt, seinen militärischen Erfolg, seine psychische Verfassung (Eifersucht, Misstrauen, Wahnvorstellungen, Verzweiflung) und auf sein physisches Leben, dem er selbst ein Ende setzt. Das Unheil, das ihn ereilt, steht dabei in keinem «gerechten» Verhältnis zu seiner Schuld. Ethisch betrachtet trägt Gott mit seinem Auftrag, die Amalekiter vollständig zu vernichten, die viel größere Schuld.

345 Die Figur der «Hexe» von Endor hat schon die Kirchenväter (Origenes, Eustathius von Antiochien und Gregor von Nyssa) beschäftigt. Verweise, in: Reallexikon für Antike und Christentum 14, 1273f.

346 Botho Strauß: Saul, Hamburg 2019.

347 Siehe dazu etwa: Humphreys: The Tragic Vision (siehe Anm. 338), 23–66; Exum: Tragedy and Biblical Narrative (siehe Anm. 338), 16–42; Georg Hentschel: Saul. Schuld, Reue und Tragik eines Gesalbten, Leipzig 2003; Heinrich Krauss / Max Küchler: Saul – der tragische König. Das erste Buch Samuel in literarischer Perspektive, Freiburg (CH) 2010; Meik Gerhards: Homer und die Bibel. Studien zur Interpretation der Ilias und ausgewählter alttestamentlicher Texte, Neukirchen-Vluyn 2015, 320–383.

Gerhard von Rad kommentiert:

> «Tatsächlich hat Israel nie mehr eine dichterische Gestaltung hervorgebracht, die sich in gewissen Einzelzügen so nah mit dem Geist der griechischen Tragödie berührt.»[348]

Man kann in dieser Erzählung in der Tat Parallelen zu griechischen Tragödienhelden wie Ödipus, aber auch zu Figuren aus den Tragödien Shakespeares, wie Macbeth und Othello, sehen. Wie diese, so ist Saul Täter und Opfer zugleich, man kann sogar sagen: Opfer der Ambiguität und Unberechenbarkeit Gottes. Saul begegnet der dunklen Seite Gottes.[349] Seine Schuld

> «ist das Verhängnis, das den überkommt, von dem Gott sich abgewandt hat. Saul mußte handeln, aber gerade in seinem Handeln vollzieht er selbst sein Schicksal»[350].

(b) Der vom Stamm Gilead zum Anführer bestimmte und von Gott mit seinem Geist gesalbte Richter *Jiftach* (Ri 11,1–12,7) kämpft siegreich gegen die Ammoniter. Vor der Schlacht hatte er das Gelübde abgelegt, nach einem Sieg dasjenige Lebewesen zu opfern, das ihm bei seiner Rückkehr als erstes aus seinem Haus begegnet (Ri 11,31). Nun ist es sein einziges Kind, seine Tochter, die ihm tanzend entgegenkommt. Er hält, was er gelobt hat, und opfert sie (nach der von ihr erbetenen Schonfrist von zwei Monaten). Anders als bei der Opferung Isaaks (Gen 22,1–19) greift Jahwe nicht ein, sondern nimmt das Menschenopfer, das er nicht gefordert hat, an. Dabei kommt diesem Opfer auch für Gott kein Sinn zu, wie es der Fall wäre, wenn es sich um eine göttliche Strafe handelte.

Ein ähnliches Motiv findet sich in der Erzählung von Idomeneus, dem König von Kreta. Als er auf der Rückreise aus dem Trojanischen Krieg mit seiner Flotte in einen Sturm geriet, gelobte er, die erste Person, der er bei seiner Rückkehr begegnen werde, dem Poseidon als Opfer darzubringen.

348 Gerhard von Rad: Theologie des Alten Testaments, Bd. 1, München 1992, 337.

349 In Bezug auf Aischylos sprach Paul Ricœur vom «paradoxe eschylien du dieu méchant et de la culpabilité humaine» (Ricœur: La symbolique du mal [siehe Anm. 91]). Dieser Ausdruck lässt sich durchaus auf die Saul-Erzählung anwenden.

350 Von Rad: Theologie des Alten Testaments (siehe Anm. 348), 337.

Es war dies sein Sohn Idamantes. Poseidon verzichtete aber auf das Opfer.[351]

Die Erzählung von Jiftach und seiner Tochter wurde auch in Beziehung zu Euripides' *Iphigenie in Aulis* gesetzt.[352]

Tragische Motive wurden aber nicht nur in der durch das eigene Gelübde herbeigeführten und von Gott akzeptierten Opferung der Tochter, sondern auch im Aufstieg Jiftachs aus sozialer Marginalisierung zum Führer seines Stammes gesehen. Gilead hatte ihn außerehelich mit einer Prostituierten gezeugt. Die Söhne von Gileads Frau vertrieben ihn und drohten ihm die Enterbung an. Er musste vor ihnen fliehen. Als *outcast* hat er sich die Führungsposition erkämpft.

Während die Verfolgung durch die Brüder nicht auf ein eigenes Verschulden zurückzuführen ist, hat sich Jiftach die Opferung seines einzigen Kindes und damit die Auslöschung seines ganzen Familiengeschlechts selbst zugezogen. Und trägt nicht auch Gott Mitverantwortung dafür – durch sein Schweigen? Die Verbindung von eigener Entscheidung, deren Auswirkungen in dem Moment, in dem sie getroffen wurde, noch gar nicht absehbar sind, kontingenten Ereignissen (dass ausgerechnet die Tochter ihm als erstes entgegenkommt) und göttlicher Mitwirkung bzw. Zulassung haben wir oben als Kennzeichen des Tragischen ausgewiesen. Jiftach bezahlt sein erfolgreiches Handeln als Heerführer mit seinem Leiden als Vater. Die politisch-militärische und die familiäre Ordnung kollidieren miteinander. Jiftach hadert nicht mit Gott oder kämpft gegen ihn, sondern schreibt in seiner Verzweiflung der Tochter eine Schuld an seinem Leid zu (Ri 11,35). Tragische Ironie, der aber auch wesentliche Merkmale klassischer Tragödien – wie die innere Zerrissenheit des Helden oder das

351 Das ist allerdings nur in den späteren Versionen des Stücks der Fall (auch in Mozarts Oper *Idomeneo*), nicht im ursprünglichen Mythos.

352 Thomas Römer: Why Would the Deuteronomists Tell about the Sacrifice of Jephtah's Daughter?, in: Journal for the Study of the Old Testament 77, 1998, 27–38, bes. 35–38; Rüdiger Lux: Jiftach und seine Tochter. Eine biblische Tragödie, Leipzig 2021, 13–20. Es bestehen allerdings gravierende Unterschiede zwischen beiden Erzählungen: Bei Jiftach hat Gott das Opfer nicht gefordert, bei Iphigenie fordert Artemis es ausdrücklich, weil Agamemnon gegen ihren Willen verstoßen hat. Durch das Opfer soll die göttliche Strafe aufgehoben werden. Anders als bei Jiftach wird das Opfer nicht vollzogen. Artemis entrückt Iphigenie zu den Göttern.

bewundernswerte, aber vergebliche Aufbäumen gegen das Geschick oder der einsame Untergang – fehlen.

In überlieferungsgeschichtlicher Perspektive fällt auf, dass sich in dieser Erzählung kein kritisches Wort zur Tötung der Tochter findet, obwohl das Menschenopfer im Alten Testament mehrfach verurteilt wird (so etwa in Lev 18,21 und 20,2–5; Dtn 12,31 und 18,10). In Hebr 11,32 wird Jiftach sogar zu den Vorbildern des Glaubens gezählt. Tragödienhelden sind hingegen ambivalente Figuren und werden auch so beurteilt.

Die Jiftach-Erzählung ist keine Tragödie, sie trägt aber die Kennzeichen tragischer Situationen, die ich in Abschnitt 4.2 benannt habe.[353] Ulrich Hübner sieht in dieser Erzählung die

> «Chance, in einer über weite Strecken unheilen und unsinnigen Welt Un-Sinn bewusst wahrzunehmen, ihn nicht immer wieder in Sinn umzudichten, sondern ihm theologisch standzuhalten und ihn zu verarbeiten».[354]

(c) Die *Hiob*-Erzählung wurde nicht nur ihres Inhalts wegen, sondern auch im Blick auf ihre Darstellungsform schon früh als Tragödie gedeutet. So hat etwa Theodor von Mopsuestia das Buch Hiob als eine Dichtung im Stil griechischer Tragödien bezeichnet und dafür plädiert, es aus dem Kanon der biblischen Bücher auszuscheiden.[355] 1753 setzte der englische Lordbischof Robert Lowth das Hiobbuch in Beziehung zur Tragödiendefinition des Aristoteles, grenzte es davon aber deutlich ab, weil ihm etwa die von Aristoteles geforderte Einheitlichkeit der fortschreitenden Handlung fehlte.[356] Bis in die Gegenwart wird diese Frage im Rahmen der Gattungsbestimmung des Hiobbuchs diskutiert[357] und dabei auf Ähnlichkeiten, aber auch auf die Unterschiede zwischen dem Buch Hiob und den

353 Deutungen dieser Überlieferung unter dem Aspekt des Tragischen finden sich u. a. in: Exum: Tragedy and Biblical Narrative (siehe Anm. 338), 45–69; Lux: Jiftach und seine Tochter (siehe Anm. 352).

354 Ulrich Hübner: Hermeneutische Möglichkeiten. Zur frühen Rezeptionsgeschichte der Jefta-Tradition, in: Erhard Blum u. a. (Hg.): Die Hebräische Bibel und ihre zweifache Nachgeschichte (FS Rolf Rendtorff), Neukirchen-Vluyn 1990, 489–501, Zitat: 500f.

355 Expositio in Jobum, in: Migne, Series Graeca (PG), Bd. 66, Paris 1959, 697f.

356 De Sacra Poesi Hebraeorum. Praelectiones academicae, Oxford 1753, englisch: 1787, Praelectio XXXIII.

357 Siehe dazu: Markus Witte: Die literarische Form des Buches Hiob – Robert Lowth und seine Erben, in: John Jarick (Hg.): Sacred Conjectures.

attischen Tragödien hingewiesen. Besonders der in Versform gehaltene Dialogteil ließ es als ein Stück erscheinen, das für eine Aufführung gedacht gewesen sein könnte. Theodor Beza teilte das Drama in fünf Akte und Szenen ein.[358]

Die Unterschiede sah man vor allem darin, dass sich Hiob nicht einer anonymen Schicksalsnotwendigkeit ausgesetzt sieht, sondern vor dem ihm vertrauten Gott steht, an dem er zwar verzweifelt, den er aber in seiner empörten Klage anspricht und mit dem er ringt; Hiob kämpft nicht bis zum Untergang, sondern kapituliert und wirft sich dem Gott, der ihn terrorisiert hat, in die Arme und Gott spricht zu ihm. Im Epilog der Rahmenerzählung erfolgt sogar eine Wiederherstellung und Belohnung; die Hiob-Geschichte nimmt einen guten Ausgang. All das scheint nicht zum Darstellungsschema griechischer Tragödien zu passen.[359] Auch gerät Hiob nicht durch das Zusammenwirken von eigenem Verschulden, widrigen Umständen, kontingenten Widerfahrnissen und göttlicher Einwirkung in sein leidvolles Unheil, sondern allein durch die willkürliche Verfügung Gottes: «Die Pfeile Schaddais stecken in mir, mein Geist hat ihr Gift getrunken, die Schrecken Gottes greifen mich an» (Hiob 6,4).

Doch braucht uns die formale und inhaltliche Beziehung des Hiobbuchs zu den griechischen Tragödien hier nicht weiter zu interessieren. Das Interesse gilt dem Tragischen. Einige der oben – im vierten Kapitel –

The Context and Legacy of Robert Lowth and Jean Astruc, New York/London 2007, 92–123; abgedruckt in: ders.: Hiobs viele Gesichter. Studien zur Komposition, Tradition und frühen Rezeption des Hiobbuches, Göttingen 2018, 37–64; Bernhard Klinger: Im und durch das Leiden lernen. Das Buch Ijob als Drama, Berlin 2007. Klinger interpretiert das Hiobbuch durchgehend nach dem Modell einer griechischen Tragödie. Zur jüdischen Auslegungsgeschichte siehe: Gabrielle Oberhänsli-Widmer: Hiob in jüdischer Antike und Moderne. Die Wirkungsgeschichte Hiobs in der jüdischen Literatur, Neukirchen-Vluyn 2003.

358 Jobus Theodori Bezae partim Commentariis partim Paraphrasi illustratus, Genf 1589, Einleitung, 2–6.

359 Nach Aristoteles darf die Tragödienhandlung nicht zeigen «wie völlig integre Menschen vom Glück ins Unglück geraten» (Poetik, 13, 1452b, 35, in der Übersetzung von Schmitt [siehe Anm. 43], S. 17). Zudem darf ein «kunstgemäß konstruierter Mythos […] nicht vom Unglück ins Glück umschlagen, sondern im Gegenteil vom Glück ins Unglück» (Poetik, 13, 1453a, 13–15, in der Übersetzung von Schmitt [siehe Anm. 43], S. 18).

zusammengestellten Bestimmungsmerkmale des Tragischen finden sich deutlich ausgeprägt darin, vor allem im Dialogteil (Hiob 3–42,6).

Im Prolog erfahren die Leser, dass Hiob gottesfürchtig und gerecht ist; daran besteht also von Anfang an kein Zweifel. Sie erfahren auch, dass Hiob mit Billigung und im Auftrag Gottes zum Spielball des Satans wird, der seine Frömmigkeit zerbrechen lassen will. Gott lässt sich von Satan «aufreizen», Hiob «ohne Grund zu verderben» (Hiob 2,3). Er bzw. Satan nimmt ihm seine zehn Kinder, seine Knechte und Mägde, sein Vieh, seinen Besitz; er wird mit Krankheit geschlagen, seiner Frau entfremdet und der Verachtung ausgesetzt. Hiob verliert alles, womit er zuvor gesegnet war. Sein Untergang steht dabei nicht am Ende, sondern am Anfang der «Tragödie». Das Tragische besteht in seinem Umgang damit, der von Ergebenheit über Selbstverfluchung bis zur erbitterten Anklage Gottes reicht. Claus Westermann hat das Hiobbuch als dramatisierte Klage bezeichnet.[360]

Hiob kämpft nicht nur gegen das ihm auferlegte Leid und gegen Gott, der dafür verantwortlich ist, sondern auch gegen die von seinen Freunden an ihn herangetragenen Sinndeutungen, die sein Leid nur noch vergrößern: «ihr alle seid leidige Tröster» (Hiob 16,2).

> «What makes Job tragic is not his suffering, but his struggle to know its cause and his refusal to accept blame.»[361]

Hiob akzeptiert nicht, sein Leiden als eine gerechte Strafe, eine Erziehungsmaßnahme oder eine Probe Gottes zu sehen, sondern besteht darauf, dass es ungerecht und sinnlos ist. Er kämpft um die Anerkennung seiner Gerechtigkeit, um Rechtfertigung und um die Berechtigung seiner Rebellion gegen Gott: «warum sollte ich nicht ungeduldig sein?» (Hiob 21,4). Er wehrt sich dagegen, sein Leiden auf einen zureichenden Grund zurückzuführen, ihm einen Sinn zuzuschreiben und es damit erklärend abzumildern. Es ist sinnlos und ungerecht. Damit aber ist der von den Freunden repräsentierte Glaube infrage gestellt, dass vor Gott alles einen Grund und Sinn hat, besonders das von Gott selbst Auferlegte. Gott verweigert sich den Sinnforderungen und verurteilt die Sinnangebote der Freunde (Hiob 42,7). Dabei wird klar: Es gibt Ungerechtigkeit bei Gott, vor Gott und sogar von Gott. Das heißt im Umkehrschluss: Es gibt keine Theodizee

360 Claus Westermann: Der Aufbau des Buches Hiob, Tübingen 1956, 11.37.

361 Exum: Tragedy and Biblical Narrative (siehe Anm. 338), 11.

und keinen sinnvollen Zusammenhang von Tun und Ergehen, keine Vergeltungslogik, kein Äquivalenzprinzip, sondern nur sinnloses Leiden.

Die Leserinnen und Leser blicken aus der Gott-Perspektive auf das Geschehen. Sie wissen von vornherein von der Gerechtigkeit Hiobs und vom satanischen Spiel, dem er unterworfen wird. Von dieser Erkenntnisposition aus verfolgen sie den Kampf des Gerechten gegen die göttliche Ungerechtigkeit. Die «Katharsis», zu der sie angeleitet werden, besteht darin, die Unergründlichkeit Gottes anzunehmen und sich vom unergründlichen Gott annehmen zu lassen. Doch steht die Glaubwürdigkeit Gottes auf dem Spiel.

In seinen beiden Reden in Hiob 38–41 gibt Gott keine Antwort auf Hiobs Frage nach dem Grund seines Leidens. Er verweist auf das Ganze der Schöpfung, auf ihre Ordnung, Funktionalität und Schönheit. Die anthropozentrische Sicht wird aufgebrochen und die Erwartung zurückgewiesen, dass es in diesem so gut eingerichteten, bestellten und von Gott fürsorglich geführten Schöpfungshaus kein Leid geben könnte oder dürfte. Das Leid geht auf die gleiche Quelle zurück, die auch all diese Herrlichkeit hervorgebracht hat (Hiob 1,21; 2,10). Gott wird nicht nur als gnädig und gerecht, sondern auch als ungerecht, unberechenbar und feindselig erfahren, nicht nur als der offenbare, sondern auch als der verborgene *Deus absconditus,* der «dunkle Seiten» hat; in Hiob 11,7 ist von den «Tiefen Gottes» die Rede. Hiob findet sich in einem von Gott verfügten Unheil vor, das ihn in eine nicht (oder: nur von Gott her) aufzuhebende Spannung zu seiner Geschöpflichkeit stellt – eine wahrhaft tragisch zu nennende Situation.

Auch in anderen biblischen Überlieferungen ist diese Ambiguität der Beziehung Gottes zur Welt und zum Menschen nachdrücklich beschrieben. Darin kommen Erfahrungen der Gottesverfinsterung, des Schweigens, der Unergründlichkeit, der Abwesenheit und des Zorns Gottes zum Ausdruck. Gott verstockt, verhärtet die Herzen, verblendet, verwirft und verdammt. Die Gotteserkenntnis steht in der Spannung zwischen dem Kataphatischen und dem Apophatischen. Demnach verstellt Gott selbst dem Menschen den Blick für das Rechte, stellt ihn in innere Zerreißproben oder setzt ihn äußeren Unheilswiderfahrnissen aus. Gott selbst verfügt die sündige Abwendung des Menschen von ihm und macht ihn damit schuldlos schuldig.

Diese biblischen Überlieferungen lassen sich als Versuche verstehen, tragische Erfahrungen unter dem Postulat der Allmacht und der Allwirksamkeit Gottes zu deuten. Damit wird das Tragische im Willen Gottes selbst verankert.

(d) Im Hiobbuch (vor allem in der Rahmenerzählung) spiegelt sich die «Krise der Weisheit»[362]: Gottes Weisheit, mit der er die Erde gegründet hat (Spr 3,19) und sein Ratschluss, mit dem er «alles so herrlich regieret»[363] sind nicht erkennbar, wie es der weisheitliche Optimismus angenommen hatte. Wenn die Weisheit Gottes aber nicht erkannt, d. h. von menschlicher Weisheit erfasst werden kann, wird sowohl die theologische Weltdeutung als auch das Bemühen um eine dem Willen Gottes gemäße Lebensführung prekär (vgl. Pred 7,23f; 8,16f). Im Zentrum dieser Verunsicherung steht der Zweifel am göttlich garantierten Tun-Ergehen-Zusammenhang. Er kommt in den Büchern Hiob und Kohelet (Pred) deutlich zum Ausdruck. Das Missverhältnis zwischen Tun und Ergehen ist – so haben wir gesehen – auch ein Merkmal des Tragischen. Es geht dabei um Gerechtigkeit und Sinn. Wenn aber die kosmische Gerechtigkeit und die Sinnhaftigkeit der Lebensordnungen und damit des Handelns fraglich werden, bewegt man sich auf eine tragische Weltanschauung zu. Dieser zufolge ist nicht nur einzelnes, sondern im Grunde alles tragisch, ungerecht und sinnlos. Tragik, Ungerechtigkeit und Sinnlosigkeit bilden die Signatur der Wirklichkeit. Im Buch Kohelet gibt es Aussagen, die in diese Richtung zu weisen scheinen. Sollte es also auch in der Bibel Ansatzpunkte für eine tragische Weltanschauung geben? Ich will dieser Frage kurz nachgehen, um sie aber sogleich negativ zu beantworten.

In Pred 1,2 und 12,8 findet sich eine Aussage, die nach der Übersetzung der «Neues Leben»-Bibel lautet: «Es ist alles sinnlos und bedeutungslos, sagt der Lehrer, unnütz und bedeutungslos – ja, es ist alles völlig sinnlos». Die Zürcher Bibel übersetzt: «Flüchtig und nichtig, sprach Kohelet, alles ist flüchtig», die Lutherbibel (2017): «Es ist alles ganz eitel».[364] Das

362 Die in der alttestamentlichen Wissenschaft geführte Diskussion um die Begriffe «Krise der Weisheit» und «kritische Weisheit» muss uns hier nicht beschäftigen.

363 Nach dem Lied «Lobe den Herren» (Gesangbuch der Evangelisch-reformierten Kirchen der deutschsprachigen Schweiz, Nr. 242), 2. Strophe.

364 Die English Standard Version übersetzt: «Vanity of vanities», die New International Version: «Meaningless! Everything is meaningless!». Nicht

hebräische Wort *häbäl,* das hier mit «sinnlos», «flüchtig», «nichtig» oder «eitel» übersetzt wurde, bedeutet wörtlich «Windhauch». Alles ist wie ein Windhauch. Die Einheitsübersetzung nimmt diese Bedeutung auf: «Windhauch, Windhauch, sagte Kohelet, das ist alles Windhauch». Ähnlich Martin Buber und Franz Rosenzweig: «Dunst der Dünste, spricht Versammler, Dunst der Dünste, alles ist Dunst». Das Wort *häbäl,* das in den Übersetzungen so unterschiedlich wiedergegeben wird, kommt 38-mal in diesem Buch vor. Auf diesen Ton ist das ganze Buch Kohelet gestimmt. Exegeten vermuten eine Beeinflussung durch hellenistische Philosophien. Nach Udo Schnelle herrscht im Buch Kohelet

> «ein religiös-philosophischer Pessimismus vor, der eine deutliche Nähe zum griechischen Skeptizismus, aber auch zu Epikur zeigt. Es gilt, die wenigen Momente der Lebensfreude und des Glücks zu ergreifen (vgl. Pred 5,17–19; 9,7–10; 11,9), die einem zufällig vergönnt sind. Dieses ‹carpe diem› vertraut nicht mehr der unerschütterlichen Ordnung Gottes, sondern weiß sich in einer von Nichtigkeit geprägten Welt auf sich selbst gestellt.»[365]

Aber es geht in diesen Aussagen und im Buch Kohelet insgesamt nicht um die Nichtigkeit der Welt, sondern um eine bestimmte Lebenshaltung angesichts der Vergänglichkeit des Lebens und aller Werke des Menschen. Die Adressaten des Predigers werden dazu aufgefordert, ihre Werke, Güter und Werte nicht mit einer Ewigkeitsbedeutung zu versehen, sondern ihrem vergänglichen Leben einen zeitlichen Sinn zu geben, indem sie «sich selbst und anderen im Rahmen der von Gott gesetzten Möglichkeiten und Grenzen den Genuss des Guten […] gönnen» sollen, wie es Thomas Krüger formuliert.[366] «Es gibt Nichtiges, das auf Erden geschieht» (Pred 8,14), das bedeutet aber nicht, dass alles im Grunde nichtig wäre. Es gibt Tragisches, das ist aber noch kein Grund, in einen Pantragismus zu verfallen.

(e) Ich beende diese exemplarische Spurensuche nach dem Tragischen in der Bibel mit einem Blick auf Röm 7,7–25. Darin beschreibt Paulus,

gerade «feinsinnig» ist die Wiedergabe in der Volxbibel: «Eh alles egal. Unwichtig! Alles für den Arsch! Das bringt es nicht, geht sowieso alles den Bach runter».

365 Udo Schnelle: Die ersten 100 Jahre des Christentums. 30–130 n. Chr. Die Entstehung einer Weltreligion, Göttingen ²2016, 78.

366 Thomas Krüger: Kohelet (Prediger) (BKAT XIX), Neukirchen 2000, 361.

wie der von Sünde beherrschte Mensch tut, was er nicht will, und will, was er nicht tut. Er wird sich selbst zum Rätsel. Der Konflikt zwischen dem Wollen des Guten und dem Tun des Sündhaften entsteht durch die Ambivalenz des Gesetzes Gottes. Das an sich heilige, lebensdienliche Gesetz Gottes (die Thora) wird von der transpersonalen Sünde instrumentalisiert und dadurch pervertiert. Gegen seine eigene Intention hat es mit seinem Verbot der Begierde («Du sollst nicht begehren») genau diese Begierde geweckt und damit die (als Disposition im Fleisch des Menschen sitzende) Sünde aktiviert. Die eingefleischte Sünde besetzt das Subjektzentrum des Menschen und verführt ihn zum Sündigen. So bewirkt nun das Gesetz indirekt Sündiges statt Gutes, Verderben statt Gedeihen, Unheil statt Heil, Tod statt Leben.

Das Gesetz hat auch eine epistemische Funktion (im Sinne des *usus elenchticus legis*): Es lässt das Gute ebenso wie die Sünde erkennen. Der Mensch weiß also, was das Gute ist, und will es auch tun, doch unter dem Einfluss der Sünde folgt er seiner Begierde und tut, was dem Gesetz zuwiderläuft.

Christus aber hat die Sünde verurteilt und es damit möglich gemacht, dass der Geist Gottes und nicht die Triebe des Fleisches wieder die leiblichen Vollzüge des Menschen und sein Handeln bestimmt. So kann der auf diese Weise befreite Mensch nun das Gute nicht nur wollen, sondern auch tun.

Ganz offensichtlich begegnen in der Ambivalenz des Gesetzes und mehr noch in der Kollision zwischen Wissen (bzw. Verstehen), Wollen und Vollbringen unter der Fremdherrschaft der Sünde *(hamartia)* zentrale Merkmale des Tragischen. Der Mensch in der vorchristlichen Existenz[367] handelt gegen das Gesetz und sich selbst, indem er das vom Gesetz Gebotene und das von ihm Gewollte *nicht* tut. So rennt er in sein Verderben. Und ausgerechnet das heilige Gesetz hat ihn dazu angestachelt, sodass er nun seinen Begierden ausgeliefert ist. Das Demonstrativpronomen *hautä*, das Paulus in Röm 7,10 gebraucht («Das Gebot, das doch zum Leben füh-

367 Ich beziehe das «Ich», das Paulus in Röm 7 sprechen lässt, auf den «vorchristlichen» Menschen in seinem unerlösten Dasein. Es gibt allerdings auch die (von Luthers «simul iustus et peccator» inspirierte) Deutung, dass der hier beschriebene Konflikt auch die christliche Existenz bestimmt. Belege nennt Klaus Haacker: Der Brief des Paulus an die Römer (ThHKNT 6), Leipzig ^{4}2019, 173, Anm. 8.

ren sollte, *genau dieses [hautä],* führte zum Tod»), kann man hier mit «ausgerechnet dieses» übersetzen, mit dem Wort also, in dem ich einen Signalbegriff für die Identifizierung tragischer Situationen sehe. Das Heilige setzt Unheiliges frei; es bringt die Sünde zur Wirkung.

In v.24 geht die Diagnose des Unheilszustandes in eine *Klage* über, von der aus dann aber in v.25 die Rettung aus dem Todesleib (d. h. vor dem Unheilstod) durch Christus in den Blick genommen wird. Auch die Klage ist ein wiederkehrendes Motiv in Tragödien.

Man hat in dieser Darstellung eine Parallele zur Klage der Medeia (latinisiert: Medea) gesehen, die in der Tragödie des Euripides von ihrem Rachebedürfnis besessen das Böse tut (indem sie ihre Kinder umbringt), obwohl sie es als solches erkannt hat. In ihrem Monolog bekennt sie, dass sie von einem Affektsturm überwältigt ist:

> «ich werde besiegt von den Übeln. Und wohl verstehe ich, welche grauenvollen Dinge ich im Begriff bin zu tun, aber der leidenschaftliche Aufruhr in mir (/der affektive Zorn) ist stärker als meine Überlegungen (/Ratschläge); er, der die Ursache der größten Übel für die Sterblichen ist.»[368]

Gegen ein derart affektgesteuertes Handeln wendet sich Platon mit seiner Auffassung, dass ein Mensch zur Selbstkontrolle seiner Leidenschaften mithilfe der Vernunft fähig und dazu verpflichtet ist. Hat Paulus das Medeia-Motiv, also den Verlust der Selbstkontrolle *(akrasia)* und die Zügellosigkeit *(akolasia)* adaptiert und dieses nicht auf menschliche Schwäche, sondern auf das Beherrschtsein von der Macht der Sünde zurückgeführt? Dass die Aussage des Paulus Bestandteil des antiken *akrasia*-Diskurses ist, lässt sich nach Michael Wolter nicht von der Hand weisen. Haben wir es also hier mit einer Rezeption eines (philosophisch diskutierten) Tragödienstoffes zu tun? Paulus hat das Medeia-Motiv

368 Euripides: Medeia, v.1077–1080, zitiert nach: Reinhard von Bendemann: Die kritische Diastase von Wissen, Wollen und Handeln. Traditionsgeschichtliche Spurensuche eines hellenistischen Topos in Römer 7, in: ZNW 95, 2004, 35–63, Zitat: 39. Die Übersetzung von Ernst Buschor, in: Euripides. Sämtliche Tragödien und Fragmente: Griechisch-deutsch. Bd. 1: Alkestis. Medeia. Hippolytos, München 1972, ist weniger präzise. – Siehe dazu auch den Kommentar von Georg Otten: Die Medea des Euripides. Ein Kommentar zur deutschen Übersetzung, Berlin 2005, 235–257. – In Euripides' Drama «Hippolytos Stephanophoros», 377–383 gibt es eine ähnliche Aussage.

vermutlich nicht direkt aus der Tragödie des Euripides aufgenommen, wohl aber aus den Nachklängen im zeitgenössischen Hellenismus des römischen Reiches. Gleichwohl sind die Unterschiede unverkennbar. Im Blick auf die euripideische Medeia fragt Reinhard von Bendemann sogar, «inwieweit die Welten, auf die man in diesen Texten stößt, überhaupt begegnungsfähig sind»[369]. Auch Wolter weist auf die Unterschiede hin. Der erste besteht ihm zufolge darin, dass Medeia bei Euripides das Böse, das sie als Böses erkennt, will und tut, während sich bei Paulus das Wollen des Menschen auf das Gute richtet, auch wenn er es nicht tut. Bei Euripides besteht der Konflikt also zwischen Wissen und Wollen/Tun, bei Paulus zwischen Wissen/Wollen und Tun. Die Sünde beherrscht das Tun, nicht den Willen. Ein zweiter Unterschied betrifft die Kraft, die das Böse hervorbringt. Bei Paulus ist es die Sünde, bei Euripides sind es die Affekte. Drittens unterscheiden sich die beiden Interpretationen im Blick auf die Erkenntnisquelle des Guten. Bei Euripides liegt sie in der ethischen Erkenntnisfähigkeit des Menschen, also *in* ihm, bei Paulus im göttlichen Gesetz, das von außen auf ihn zukommt. Als weiteren Unterschied kann man noch den kulturellen Erzählzusammenhang benennen, in den die beiden Überlieferungen eingeordnet sind: Paulus bezieht sich auf die Sündenfallerzählung aus Gen 3, Euripides greift auf den Pelias- und Iason-Sagenkreis aus der griechischen Mythologie zurück.

Den modifizierten Rezeptionen des Medeia-Motivs in der römischen Dichtung und der Stoa bei Ovid, Seneca und Epiktet, also in zeitlicher Nachbarschaft des Neuen Testaments, steht Röm 7 etwas näher, doch auch hier überwiegen die Differenzen in der Darstellungsintention und im Kontext.[370] Je genauer man den Vergleich anstellt, umso deutlicher treten sie hervor. Vergrößert man dagegen die interpretatorische Distanz, dann zeigen sich Gemeinsamkeiten. Diese bestehen vor allem in der Kollision zwischen ethischer Erkenntnis, Handlungsorientierung und tatsächlichem Handeln. Seneca setzt den Akzent dabei stärker auf den Konflikt zwischen zwei affektbestimmten Willensrichtungen. Epiktet betont die Einsicht der Medeia in den Selbstwiderspruch, in den sie sich mit ihrem verfehlten

369 Von Bendemann: Die kritische Diastase (siehe Anm. 368), 48.

370 Siehe dazu Michael Wolter: Der Brief an die Römer (EKK, Neubearbeitung), Bd. 1: Röm 1–8, Göttingen 2019, 449–452; von Bendemann: Die kritische Diastase (siehe Anm. 368), 55–61.

Wunsch begeben hat. Damit wird sie zum Demonstrationsobjekt der stoischen Vernunftethik, der zufolge der Mensch Wissen, Wollen und Handeln in Einklang bringen kann und soll.

Den damit verbundenen anthropologischen Optimismus kann Paulus nicht teilen. Ihm zufolge ist der nicht erlöste Mensch unter die Sünde versklavt. Hier besteht die Kollision zwischen dem fleischlichen und dem geistlichen Gesetz im Menschen. Die vorchristliche Existenz befindet sich damit in einer tragisch zu nennenden tiefen Zerrissenheit. Der Mensch kann das von Gott Gebotene, um das er weiß, nicht tun. Doch gibt es einen Ausweg aus dieser Situation und dieser besteht im Sein in Christus, sodass nun nicht mehr die Sünde, sondern Christus das Subjektzentrum des Menschen bestimmt. Diesen Ausweg kann sich der Mensch aber nicht selbst bereiten; er ist auf Fremderlösung angewiesen. Weil Christus diese Erlösung bereits erwirkt hat, ist der Mensch nicht letztlich dazu verflucht, in der tragischen Existenzverfassung zu bleiben und in ihr unentrinnbar seinem Verderben entgegenzugehen. Diese Existenzverfassung kommt überhaupt erst in der Rückschau, also in der Perspektive ihres Überwundenseins, in den Blick. Doch bedeutet die Überwindung der Sündenherrschaft noch nicht, dass der Mensch nun in der Auferstehungsherrlichkeit leben würde. Wie Paulus gegenüber den Korinthern eingeschärft hat, vollzieht sich christliche Existenz «unter dem Kreuz».

(f) Nach diesem Durchgang durch biblische Überlieferungskomplexe kann man zusammenfassend festhalten, dass die Unterschiede zu den griechischen Tragödien und ihrer römischen Aufnahme sowie zur griechischen und römischen Philosophie unverkennbar groß sind. In ihren Quellen, Kontexten, Darstellungsintentionen und inhaltlichen Ausrichtungen unterscheiden sie sich charakteristisch. Edward Farley konstatierte, die Schriften von Judentum und Christentum seien

> «less worried about the tragic than with the disobedient, hard-hearted turn against God and neighbor manifested in injustice and cruelty»[371].

Das ist eine sehr pauschale, aber im Kern doch zweifellos zutreffende Feststellung. Und doch finden sich in diesen Überlieferungen tragische Motive und Erzählstränge, die auch für die christliche Existenzdeutung von erheblicher Erschließungs- und Erhellungskraft sind.

371 Edward Farley: Divine Empathy. A Theology of God, Minneapolis, MN, 1996, 65.

5.3 Eine jüdische Tragödie

So wie man immer wieder bestritten hat, dass es christliche Tragödien gibt und geben kann, so hat man auch dem Judentum einen Sinn für das Tragische abgesprochen. Ludwig Wittgenstein hatte die Tragödie als etwas unjüdisches bezeichnet.[372] George Steiner konstatierte: «Tragedy is alien to the Judaic sense of the world.»[373] Dem stehen allerdings konträre Aussagen gegenüber wie die von Richard B. Sewall:

> «Of all ancient peoples, the Hebrews were most surely possessed of the tragic sense of life. It pervades their ancient writings to an extent not true of the Greeks.»[374]

Wieder hängt die Einschätzung davon ab, wie man «Tragödie» und das Tragische versteht.

Unstrittig ist, dass es im zweiten vorchristlichen Jahrhundert eine (hellenistisch beeinflusste, in griechischer Sprache verfasste) jüdische Tragödie gibt: die *Exagōgē* («Herausführung») von Ezekiel (bzw. Ezechiel), dem Tragiker. Sie ist nur in Fragmenten erhalten, die von Eusebius von Caesarea[375] und Clemens von Alexandria überliefert sind.[377] Darin wird die Geschichte vom Auszug der Israeliten aus Ägypten von Ex 1 bis Ex 15,27 basierend auf der Septuaginta in dramatischer Form dargestellt. Vorgänge, die sich nicht dramatisch darstellen lassen, werden von Figuren erzählt, in einer Gottesrede wiedergegeben oder von Boten berichtet. Das

372 S. o., Anm. 318.

373 Steiner: The Death of Tragedy (siehe Anm. 69), 4.

374 Richard B. Sewall: The Vision of Tragedy, New Haven 1959, Neuausgabe: New York 1990, 9.

375 Eusebius: Praeparationes Evangelicae, IX, Kap. 28f. Karl Mras: Eusebius Werke, Bd. 8: Die Praeparatio Evangelica, Berlin 1954, 524–538.

376 Clemens von Alexandria: Stromateis (CPG 1377; BKV II, 17), 1, 23 (155,1–156,2).

377 Siehe: Ernst Vogt: Tragiker Ezechiel, in: ders.: Literatur der Antike und Philologie der Neuzeit. Ausgewählte Schriften, hg. von Erich Lamberz, Berlin/Boston 2013, 174–194 (https://doi.org/10.1515/9783110263916.174); ders.: Das Mosesdrama des Ezechiel und die attische Tragödie, in: ders.: Literatur der Antike (a. a. O.), 195–208 (https://doi.org/10.1515/9783110263916.195).

ähnelt den Botenberichten in griechischen Tragödien. Die *Exagōgē* war wohl ursprünglich wie die griechischen Tragödien in fünf Akte gegliedert.

Dabei handelt es sich um die älteste Dramatisierung einer biblischen Erzählung. Ernst Vogt vermutet, Ezekiel habe vor allem für griechisch sprechende Juden geschrieben,

> «denen er mit der dramatischen Bearbeitung des Buches Exodus eine Alternative zu der für einen Juden unannehmbaren Behandlung griechischer Mythen auf der Bühne schaffen will»[378].

Eusebius bezeichnet Ezekiel ausdrücklich als Tragiker und sein Stück als Tragödie[379] und Drama[380]. Die Kompositionstechnik ist deutlich von Euripides beeinflusst. So wird etwa die Vorgeschichte des Dramas im Prolog erzählt. Auch viele inhaltliche Motive sind den attischen Tragödien und der griechischen Literatur entnommen oder klingen an diese an.[381] Gegenüber den Bestimmungsmerkmalen, die Aristoteles für die Tragödien genannt hat, zeigen sich aber deutliche Abweichungen. So gibt es keine Einheit der Handlung; die Orte wechseln. Allein die Gestalt des Moses, der sein Volk gegen alle Widerstände aus der Sklaverei herausführt, integriert das Stück. Doch ist diese Figur deutlich von den Helden der griechischen Tragödie unterschieden. Diese kämpfen heroisch gegen ihr Schicksal und gehen unter. Mose handelt dagegen im Auftrag Gottes und führt die ihm aufgetragene Mission aus.

5.4 Christliche Tragödien?

Die biblischen Überlieferungen, die gottesdienstlichen Liturgien, aber auch Narrative aus der Traditionsgeschichte des Christentums bieten vielfältiges Material für Dramatisierungen. In der Christentumsgeschichte wurde reichlich aus diesem Fundus geschöpft. So entstanden liturgische

378 Vogt: Das Mosesdrama, 203.
379 Eusebius: Praeparationes IX, 28, 3.
380 Eusebius: Praeparationes IX, 29, 14.
381 Das gilt vor allem für den von Ezekiel geschilderten Traum des Moses, der an den Traum Atossas in den Persern und an den Traum Klytaimestras in den Choephoren anknüpft. Siehe dazu: Vogt: Tragiker Ezechiel (siehe Anm. 377), 176f.

Dramen, die an der Messe orientiert waren und in Gottesdiensten aufgeführt wurden, Passions- und Osterspiele, die auf Plätzen der Städte zu sehen waren, die christlichen Mysterienspiele, die vor allem in Frankreich und England Popularität erlangten, die Inszenierungen von Heiligenerzählungen usw.

Sofern sich diese Stücke auf das Neue Testament beziehen, entnehmen sie ihren Stoff zumeist aus den Passionserzählungen der Evangelien. Gattungstypisch lassen sie sich allerdings kaum als Tragödien bezeichnen. Oft werden sie eher der Gattung der Komödie zugeordnet. Denn sie enden nicht mit dem Kreuzestod, sondern mit der Auferstehung und der Heilsbotschaft. Mit Domenico Pietropaolo kann man sagen:

> «It is tragic, in the classical sense of the term, in so far as the Passion and its typological associations are recalled for the suffering that they entail; but it is positive and therefore comic, in the Dantean sense of the term comedy, in so far as the Passion is regarded as the necessary condition for the salvation of all mankind.»[382]

Für die Dramaturgie macht es dabei einen Unterschied, welchem der Evangelien die Passionsspiele folgen, ob sie etwa das Leiden und die Gottverlassenheit Jesu nach dem Markusevangelium betonen oder nach dem Johannesevangelium die Passion als Weg der Verherrlichung darstellen. Allen Vorlagen zufolge ist Jesus als die Zentralfigur des Dramas – anders als die Tragödienhelden – aber frei von aller Schuld. Er handelt nicht nur im Auftrag Gottes, sondern ist selbst göttlichen Wesens. Nicht aus der *hamartia,* sondern aus dieser Göttlichkeit ergibt sich der Konflikt mit den politischen und religiösen Autoritäten, der unvermeidlich auf den Leidensweg führt, in dem sich aber – wie vor allem das Lukasevangelium hervorhebt – ein göttlicher Heilsplan realisiert.

Das Darstellungsinteresse ist dabei nicht auf das Damals des Lebens und Leidens Jesu ausgerichtet, sondern auf die Bedeutung dieser Passion für die Zuschauenden in der Gegenwart. Es wird ihnen vor Augen geführt, um sie in das Heilsdrama des erlösenden Leidens einzubeziehen. Durch das dabei vermittelte Sünden- und Erlösungsbewusstsein sollen sie eine Art

382 Domenico Pietropaolo: Whipping Jesus Devoutly. The Dramaturgy of Catharsis and the Christian Idea of Tragic Form, in: Gildenhard/Revermann (Hg.): Beyond the Fifth Century (siehe Anm. 313), 397–424, Zitat: 409 (https://doi.org/10.1515/9783110223781.397).

heilige *katharsis* erfahren. Im Grund handelt es sich dabei um eine performativ entfaltete Messfeier, die ja ihrerseits schon eine dramatische Vergegenwärtigung der Heilsbotschaft darstellt.

Ich gehe im Folgenden nicht weiter auf die Passionsspiele ein und beziehe auch die musikalischen Interpretationen der Passionsgeschichte nicht in die Betrachtung ein.[383] Exemplarisch greife ich zwei Autoren heraus, die man als Verfasser christlicher Tragödien oder – um ihre Stücke von den Tragödien zu unterscheiden – als Verfasser christlicher Trauerspiele (→ 2.3) bezeichnet hat: Pedro Calderón und Jean Racine. Karl Jaspers würdigte ihre Stücke als «Höhepunkte der christlichen Tragödie»[384].

(a) Jean Racine gilt als größter Tragödiendichter der französischen Klassik. In seinem Fall legt sich in besonderer Weise die (allerdings unbeantwortbare) Frage nahe, ob seine traumatischen Kindheitserfahrungen mit dazu beigetragen haben, dass er sich dieser Kunstgattung zugewendet hat. Schon mit drei Jahren hat er seine Eltern verloren und nachdem er – ohne seine Schwester – von den Großeltern aufgenommen worden war, starb auch der Großvater und die Großmutter ging in ein Kloster. Er besuchte eine jansenistisch geprägte Schule und verinnerlichte dabei deren strenge, an Augustins Gnadenlehre orientierte Frömmigkeit und Theologie, der zufolge der Mensch unter der Herrschaft der Erbsünde steht, zum Unheil prädestiniert ist und nur durch Gottes Gnade – ohne eigene Mitwirkung – erlöst werden kann.

Nachdem sich Racine von dieser religiösen Prägung distanziert hatte, verfasste er Tragödien, deren Stoffe z. T. aus der griechischen und römischen Antike entnommen waren. Die leidenschaftliche, aber unerfüllte Liebe wurde zu einem seiner Hauptthemen. In seiner letzten Schaffensperiode wendete er sich mit den Tragödien «Esther» (1689) und «Athalie» (1691) biblischen Überlieferungen zu und näherte sich auch wieder dem Jansenismus an. Ich werfe einen kurzen Blick auf das zweite dieser Werke, das als formvollendet und den griechischen Tragödien ebenbürtig galt. Voltaire würdigte es als «le chef-d'œuvre de l'esprit humain»[385].

383 Siehe dazu etwa: Winfried Verburg: Passion als Tragödie? Die literarische Gattung der antiken Tragödie als Gestaltungsprinzip der Johannespassion, Stuttgart 1999.

384 Jaspers: Über das Tragische (siehe Anm. 213), 92.

385 Voltaire: Discours historique et critique, 1769 (Œuvres complètes de Voltaire / Complete Works of Voltaire, Bd. 66, Liverpool 1999, 505).

Die Tragödie «Athalie» inszeniert die Geschichte der gleichnamigen Königin, die um 840 v. Chr. über Juda regierte (2Chr 22,10–23; 2Kön 11). Um ihre Herrschaft zu sichern, tötete sie ihre Enkel. Nur einer der Nachkommen, Joasch (bzw. Joas), wurde von Jehoscheba (bzw. Josabet), der Stieftochter von Athalie, gerettet. Später verschworen sich Jehoscheba und ihr Mann, der Jahwepriester Jehojada (bzw. Joad), gegen Athalie, ließen Joasch zum König salben und Athalie töten. Es geht in dieser Erzählung auch um den Konflikt zwischen dem von Jehojada, Jehoscheba und Joasch repräsentierten Jahweglauben und der von Athalie betriebenen Baalsverehrung. Die Erzählung endet mit der Zerstörung des Baaltempels und der Tötung des Baalspriesters. Sie stellt den Sieg Jahwes über den Baalskult dar.

Obwohl die Tragödie ein alttestamentliches Narrativ inszeniert, ist sie von christlichem Denken geprägt. So wird etwa in der siebten Szene des dritten Akts die Heilsverheißung aus Jes 45,8 aufgenommen und inkarnationstheologisch auf die Geburt des Heilands hin ausgelegt. Dieser steht nach neutestamentlicher Überlieferung in der Nachfolge Davids. Diese Abstammungslinie drohte mit dem Enkelmord Athalies unterbrochen zu werden, wurde durch Gottes Handeln aber bewahrt.

Sarah I. Fengler bezeichnet «Esther» und «Athalie» als «scriptual revenge tragedies»[386], weil das Motiv der Rache im Zentrum stehe. Die handelnden Figuren rechtfertigen ihre Verbrechen mit dem, was ihnen angetan wurde. Dabei lassen sie sich nicht in gute und böse einteilen, sondern werden als ambivalent charakterisiert, als Täter und Opfer zugleich. Diese Ambivalenz gilt auch für die «Figur» Gottes, der in der Tragödie als eifersüchtig und gewalttätig dargestellt wird. Unter seiner Herrschaft bewegt sich das Königtum in einer Spirale der Gewalt und Vergeltung. Der Priester Jehojada verficht mit fanatischem Eifer die Ausschließlichkeit der Jahweverehrung, während die Baalsanhängerin eher für religiöse Pluralität und Toleranz steht und dem Fanatismus der Jahweverehrer zum Opfer fällt.

(b) Auch Pedro Calderón hat seine Eltern früh verloren und auch er wurde in einer katholischen Bildungseinrichtung – im Jesuitenkolleg in Madrid – erzogen und auch er wendete sich von der Theologie ab und der

386 Sarah I. Fengler: Divine Vengeance in Racine's Biblical Plays: *Esther* and *Athalie* as Scriptual Revenge Tragedies, in: Adam Hansen u. a. (Hg.): Revisiting Revenge Tragedy. New Perspectives, Leiden/Boston 2024, 84–106.

Literatur zu. Schon bald wurde er als bester Dramatiker seiner Zeit angesehen und 1635 in dieser Funktion an den Königshof berufen. Nach einer durch den Tod seiner Frau verursachten Lebenskrise kehrte er zum Glauben und zur Theologie zurück, trat in den Franziskanerorden ein, wurde Priester, Domherr in Toledo und schließlich Kaplan am Königshof.

Sein Werk umfasst 120 Dramen und 80 Fronleichnamsspiele («Autos sacramentales»).[387] Nicht nur die religiösen Dramen und die Fronleichnamsspiele, sondern auch viele der anderen Stücke sind dabei von christlichen, genauer: katholischen Vorstellungen und Lehren wie auch von philosophischen Reflexionen geprägt. So übersetzt Calderón etwa das Motiv des undurchschaubaren und unausweichlichen Schicksals in einen christlich geprägten Bezugsrahmen, der vom Glauben an die Herrschaft Gottes, seiner Providenz und Prädestination bestimmt ist. Die Frage der menschlichen Willensfreiheit spielt dabei eine wichtige Rolle.[388] Aus dem politischen Bereich werden Machtdiskurse der spanischen Monarchie aufgenommen und in Beziehung zu christlichen Moralvorstellungen gesetzt, wie sie sich auch in den zeitgenössischen Fürstenspiegeln niedergeschlagen haben. Bei den zentralen Figuren handelt es sich oft um Mächtige, die sich in ihren Ambitionen verstricken und in moralische Dilemmata geraten. In alledem herrscht heroische Erhabenheit. Weniger niedere Leidenschaften und mehr das Streben nach Ehre bestimmen den Willen und das Handeln der Zentralfiguren. Doch gerade darin liegt die Versuchung zur Sünde: in der Ehrsucht und Hybris. Demgegenüber werden aristokratische Tugenden, edle Liebe, die demütige Treue zum König und vor allem der Gehorsam gegen Gott idealisiert.

Ich greife eines seiner bekanntesten Werke heraus: «Das Leben ist ein Traum» (Uraufführung 1635), aus dem Schopenhauer zitiert hat (→ 3.2.1).

387 Siehe dazu: Christoph Strosetzki: Calderón, Stuttgart, Weimar 2001.

388 Im Hintergrund steht die Auseinandersetzung zwischen dominikanischen Thomisten und jesuitischen Molinisten um die Auslegung der Gnaden- und Prädestinationslehre sowie die Zurückweisung des reformatorischen Gnadenmonismus. Calderón neigt eher zur jesuitischen Auffassung, der zufolge Gott dem Menschen die Entscheidungsfreiheit lässt, die Gnade anzunehmen oder nicht; doch sieht Gott diese Entscheidung voraus. Auch in Bezug auf das weltliche Handeln des Menschen betont Calderón die relative Willensfreiheit des Menschen und die damit einhergehende Möglichkeit zu sündigen.

Es gehört zur Gattung der «Comedia seria»[389] und wurde neunmal von Calderón bearbeitet. Das zeigt, wie ihn das darin verhandelte Thema umgetrieben hat. Darin geht es um die Frage der göttlichen Vorbestimmtheit des menschlichen Lebens im Gegenüber zur willentlichen Selbstbestimmung des Handelns, aber auch um die Deutung des menschlichen Lebens und der Welt zwischen Schein und Sein, Traum und Realität.

König Basilius von Polen sieht in den Sternen, dass sein neu geborener Sohn Sigismund später eine Tyrannenherrschaft in Polen aufrichten wird. Um das zu verhindern, lässt er ihn in einen Turm einsperren. Als sich nach vielen Jahren die Frage der Königsnachfolge stellt, entschließt sich Basilius, den Sohn für einen Tag zum König einzusetzen, um seine Eignung dafür zu testen. Doch die Befürchtung bestätigt sich: Der Sohn regiert mit äußerster Brutalität. So lässt ihn der Vater wieder gefangen nehmen und in den Glauben versetzen, der eine Tag seines Königtums sei nur ein Traum gewesen. Sigismund kommt zur Einsicht, dass das ganze Leben nur ein Traum ist und ändert seine Lebenseinstellung, indem er sich auf das Überweltliche, das Tugendhafte und Wahre ausrichtet. Nachdem er von Rebellen aus dem Gefängnis befreit worden ist und die Truppen des Vaters besiegt hat, wird er zum König eingesetzt und regiert mit Milde und Gerechtigkeit.

Das Stück zeigt zunächst die Kurzsichtigkeit des menschlichen Machtstrebens und die Vergänglichkeit weltlicher Wertsetzungen. Die Orientierung am Willen Gottes führt demgegenüber zu einem lebensdienlichen Machtgebrauch. Aber es geht darüber hinaus um tiefe philosophische Fragen, die mit dem barocken Lebensgefühl *(vanitas)* einhergehen: Ist das Leben letztlich nur ein Traum und die Wirklichkeit ein Schein? Sigismund räsoniert:

> «Was ist Leben? Irrwahn bloß, / Was ist Leben? Eitler Schaum / Truggebild, ein Schatten kaum, / Und das größte Glück ist klein; / Denn ein Traum ist alles Sein, / Und die Träume selbst sind Traum.»[390]

389 Mit diesem Begriff werden Dramen bezeichnet, in denen komische mit ernsten Elementen verbunden sind. Ironie und Satire dienen dabei (als schwarzer Humor) der kontrastiven Verstärkung und Vertiefung der ernsten Inhalte.

390 Das Leben ist ein Traum. Schauspiel in drei Akten, übersetzt und hg. von Eugen Gürster, Stuttgart 1962, 63 (Ende des zweiten Aufzugs). Die Vorstellung, das Leben sei womöglich nur ein Traum, findet sich verbreitet

Diese Infragestellung des zeitlichen Lebens und der Welt führt nach Calderón jedoch nicht in einen weltanschaulichen Pessimismus und in die existenzielle Verzweiflung. Sie ist vielmehr ausgerichtet auf das «eigentliche», ewige Leben und das Reich Gottes. Lebenspraktisch folgt daraus keine Weltflucht. Der Mensch wird in das Welttheater hineingeboren und bekommt seine Rolle darin zugewiesen. Diese muss er dem Auftrag Gottes gemäß spielen und darüber nach dem Tod Rechenschaft ablegen. Wahre Freiheit besteht und bewährt sich darin, dass sie mit der Vorbestimmung in Einklang steht. Die Gnade Gottes verlangt die Mitwirkung des Menschen.

Auch die anderen Stücke Calderóns sind vom Geist des gegenreformatorischen spanischen Katholizismus geprägt. Sie kreisen mehr oder weniger um die Existenz des Menschen unter der Versuchung der Sünde und der Pflicht, ihr zu widerstehen, sowie unter dem providentiellen Welthandeln und dem erlösenden Heilshandeln Gottes. In religiöser Hinsicht besteht das Tragische in der Spannung von Tugend und Laster, Verwerfung und Gnade. Dabei herrscht die Gewissheit, dass das Mysterium der Erlösung die auf göttlichem Grund ruhende, aber in Erbsünde gefallene Welt umfängt. Der universale Schuldzusammenhang ist durch den Opfertod Jesu am Kreuz durchbrochen. Es gibt demnach keine absolute Ausweglosigkeit, keine ontische Bodenlosigkeit, keine existenzielle Sinnlosigkeit. Selbst wenn es zu einem tragischen Tod kommt, wartet noch ein Jenseits mit einer zurechtbringenden Gerechtigkeit.

Am Ende dieses exemplarischen Blicks auf einzelne Stücke, die man als «christliche Tragödien» bezeichnet hat, diskutiere ich nicht mehr die Frage, ob es sich dabei wirklich um solche handelt, und auch nicht die noch grundlegendere Frage, ob es überhaupt christliche Tragödien gibt und geben kann. Es ist dies eine fruchtlose Diskussion: ein Sich-Drehen im hermeneutischen Zirkel zwischen dem Konzept «Tragödie» und der Anwendung dieses Konzepts auf bestimmte Stücke. Weder für die theologische Reflexion des Tragischen noch für die christliche Lebensdeutung trägt dies etwas aus. Ergiebiger ist es, nach Spurenelementen des Tragischen in diesen Stücken – wie in Tragödien generell – zu fragen, diese also

im Barock. Sie geht vermutlich auf Pindars achte pythische Ode, V. 95f zurück: «Tagwesen! Was ist [man]? – was ist man nicht? – Eines Schattens Traum – | Der Mensch!» (Pindar: Siegesgesänge und Fragmente, griechisch-deutsch, hg. von Oskar Werner, München 1967, 188f).

für eine Heuristik des Tragischen zu nutzen. Auch dabei entkommt man dem hermeneutischen Zirkel nicht, dreht aber gewissermaßen seine Drehrichtung um: Es werden dann nicht die Tragödien von den Lebenserfahrungen oder von Tragödientheorien her gedeutet, sondern die Lebenserfahrung von den Tragödien her. Die Tragödien fungieren als Entdeckungszusammenhang für tragische Lebenserfahrungen.

Fragt man auf diese Weise, welche Einsichten aus den exemplarisch vorgestellten «christlichen Tragödien» gewonnen werden können, so stößt man in «Athalie» auf die Einbettung des Tragischen in Gewaltspiralen. Bei Calderón liegt das Tragische in der Spannung von Freiheit und Vorbestimmung, zeitlichem und ewigem Leben. Daraus lassen sich durchaus gegenwartsrelevante Einsichten gewinnen. Generell aber gilt: Je weiter ihr Entstehungs- und Tradierungskontext von der gegenwärtigen Lebenswelt entfernt ist und je stärker sie ästhetisch stilisiert sind, umso weniger werden sie die heuristische Aufgabe erfüllen können. Deshalb bringt man solche Stücke heute in aktualisierten Fassungen auf die Bühne. Es gibt allerdings auch zeitgenössische Stücke, die man als christliche Tragödien bezeichnen könnte – wie Rolf Hochhuths «Stellvertreter» oder Friedrich Dürrenmatts «Pilatus».[391] In dieses Feld will ich aber nicht weiter vordringen, weil es mir für die theologische Reflexion tragischer Erfahrungen nicht ertragreich zu sein scheint.

Statt mit der Frage, ob man von «christlichen Tragödien» sprechen kann, schließe ich dieses Kapitel mit der Frage, ob man von «christlichen tragischen Lebenserfahrungen» sprechen kann. In drei Fällen legt sich das nahe:

- Erstens dort, wo solche Erfahrungen durch das christliche Glaubensleben selbst hervorgerufen worden sind: wo Menschen an der Geheimnishaftigkeit Gottes verzweifeln; wo sie bei allem Bemühen um ein gottgerechtes Leben Gott als Widersacher erfahren; wo sie durch ihren Glauben auf einen Leidensweg geführt werden usw.

391 Siehe auch: Laurence Michel: Die Möglichkeit einer christlichen Tragödie, in: Sander (Hg.): Tragik und Tragödie (siehe Anm. 213), 177–208; Fionnuala O'Neill Tonning u. a. (Hg.): The Transformations of Tragedy. Christian Influences from Early Modern to Modern, Leiden/Boston 2019, besonders die Beiträge im dritten Teil: «Tragedy and Christianity in Transformation: Towards the Present».

- Zweitens können es solche Erfahrungen sein, die nicht durch den Glauben verursacht sind, ihn aber zutiefst erschüttern.[392]
- Und schließlich kann es sich dabei um Erfahrungen handeln, die im Licht des Glaubens gedeutet und verarbeitet werden. Sie *werden* dann gewissermaßen zu christlichen Erfahrungen.

Im ersten Fall entsteht das Tragische am Glauben, im zweiten kollidiert es mit ihm und im dritten Fall wird es von ihm aufgefangen.

5.5 Systematisch-theologische Ansätze zur Deutung des Tragischen

Nach *Joseph Bernhart* gibt es zwei Lager in der theologischen Interpretation des Tragischen:

> «[D]as eine möchte das Tragische zum Wesen der Seinswelt rechnen, ja es hineinziehen in die Gottwirklichkeit selbst, das andere bemüht sich, den reinen Lichtbezirk einer übertragischen Gottheit aufzubieten bis zur völligen Zerstreuung des tragischen Düsters».[393]

Während das Tragische im ersten Lager eine Apotheose erfährt, indem man es zur Theotragik erklärt, besteht im zweiten Lager die Gefahr, dass es als bloßer Kollateralschaden des Schöpfungswerkes verharmlost wird, der aus der Freiheit der Geschöpfe resultiert.

Dem ersten Lager kann man Nikolaj Berdjajew zurechnen, der von einer Tragödie in Gott gesprochen hat. Ihm zufolge wollte Gott aus Liebe Freiheit schaffen und Erlösung bewirken, das führte ihn aber ins Leiden. Es ist dies das Leiden des Sohnes Gottes und damit das Leiden Gottes selbst. Im göttlichen Leben spielte sich ein Konflikt, eine «Tragödie der Passion»[394] ab. Dies ist die wahre Tragödie in der menschlichen Ge-

392 So will Walter Sparn das Tragische in der Perspektive des christlichen Glaubens verstanden wissen (Walter Sparn: Art. «Tragik/Tragödie», in TRE 33 [2002], 751–762, bes. 759.

393 Joseph Bernhart: Tragische Welt, in: Hochland 31/1, 1934, 481–498, Zitat: 482. Abgedruckt unter dem Titel «Der Mensch in der tragischen Welt», in ders.: De Profundis, Weißenhorn [5]1985, 155–192, Zitat: 157.

394 Nikolaj Berdjajew: Der Sinn der Geschichte. Versuch einer Philosophie des Menschengeschicks, Darmstadt 1925, 89. Vgl. auch: ders: Geist und

schichte. Anders als in den antiken Tragödien herrscht hier – in der Tragödie der Freiheit – kein auswegloses Fatum und kein unentrinnbares Verhängnis. Gott zahlt gewissermaßen den Preis für seine freiheitschaffende Liebe. Jürgen Moltmann konnte diesen Gedanken im Rahmen seiner Theologie des Leidens Gottes aufnehmen.[395]

Bernhart hält solchen Positionen die rhetorische Frage entgegen:

> «aber wo bliebe die Tragik Hiobs, wenn er einen mitleidenden, mitseufzenden Gott sich gegenüber hätte? Eben der untragische Jahwe, der sowohl die Theodizee der Freunde Hiobs verachtet, wie er dunkel und unerklärbar bis zum Ende der Dichtung in der Wolke seiner Unerforschlichkeit verharrt, dieser Jahwe erst vollendet die Tragik des geschlagenen Gerechten auf dem Düngerhaufen seines Elends.»[396]

Die Rede vom (mit-)leidenden Gott nimmt dessen Transzendenz nicht ernst genug. Sie vermenschlicht Gott. Dabei kann man durchaus annehmen, dass das Unheil der Geschöpfe auch ein Unheil für den Schöpfer ist; es steht dessen Schöpfungsintention entgegen. In diesem Sinne kann man postulieren, dass es nicht nur für den Menschen, sondern auch für Gott eine Tragik gibt, die die Möglichkeit des Scheiterns einschließt. Die Geschichtsdeutungen der biblischen Überlieferungen bezeugen vielfach, dass Gott in der Durchsetzung seines Heilswillens an den Eigendynamiken der

Wirklichkeit, Lüneburg 1949. Siehe dazu: Charles Hartshorne: Whitehead and Berdyaev: Is there Tragedy in God? (1957), in: Whitehead's Philosophy. Selected Essays 1935–1970, Lincoln 1972, 183–208.

395 Jürgen Moltmann: Trinität und Reich Gottes. Zur Gotteslehre, Gütersloh [3]1994, 57–63. Der Abschnitt steht unter der Überschrift: «Die ‹Tragödie in Gott›» (57). Die These lautet, die Tragödie der menschlichen Geschichte sei auch Gottes eigene Tragödie (58). Moltmann zieht daraus die problematische Konsequenz, dass dort, wo Gott als leidensunfähig angesehen werde, die Passion Jesu «nur» als eine menschliche Tragödie erscheinen könne (Jürgen Moltmann: Wer ist Christus für uns heute?, Gütersloh 1994, 41) und unterstellt damit, dass Jesu Leiden durch Gottes Mitleiden über die Ebene des bloß menschlich Tragischen hinausgehoben werde. Demgegenüber halte ich daran, fest, dass Gott *im* menschlich Tragischen gegenwärtig ist. Dieses verliert für den davon betroffenen Menschen – und auch für Jesus – nicht die Qualität des Tragischen.

396 Bernhart: Tragische Welt (siehe Anm. 393), 183.

geschichtsbestimmenden Mächte, allen voran an individuellen und kollektiven Egozentrismen, immer wieder scheitert. Doch rechtfertigt das nicht, von einem Leiden Gottes zu sprechen. Dass es eine Tragik *vor* und *für* Gott gibt, bedeutet noch nicht, dass es eine Tragik *in* Gott gibt (→ 6.2).

Das zweite von Bernhart anvisierte Lager ist gefüllt mit idealistischen Philosophen von Platon über Schelling bis Hegel, der in seinen «Vorlesungen über die Philosophie der Religion» das Tragische als eine Kontrastfolie nutzt, um die christliche Weltanschauung davon abzuheben. In dieses Lager gehören auch die Theologinnen und Theologen, die Gott als *summum bonum* sehen und alles Negative von ihm fernhalten wollen. Sie rechnen es der gefallenen Schöpfung zu und betrachten es als Abwesenheit des von Gott ausgehenden Guten, als *privatio boni*. Das gilt auch für das Tragische. Es ist nur der Schatten des ansonsten scheinenden Lichts, hat aber *coram Deo* keine eigene Wirklichkeitsqualität und damit auch letztlich keine Macht über Menschen.

Bernhart selbst will das Tragische in der Konstitution des geschaffenen Seins verankern. Alle inneren Grundspannungen der Wirklichkeit ergeben sich demnach aus der Unterschiedenheit des Seienden von der Seinsfülle Gottes, aus seiner Individuation und Endlichkeit.

> «Was ist, ist immer nur als ein Etwas da, als Soseiendes bestimmt, als Bestimmtes begrenzt, als Begrenztes gehindert, schlechthin zu sein, das ganze Sein und das Sein selbst zu sein.»[397]

Ausgespannt zwischen Sein und Nichtsein haftet allem endlichen Seienden die Signatur des Fragmentarischen und Widersprüchlichen an: Geist und Fleisch, Leidenschaft und Vernunft stehen gegeneinander, Ideen kollidieren, Werte prallen aufeinander «Pflicht (steht) gegen Pflicht, Recht gegen Recht, Notwendigkeit gegen Notwendigkeit»[398]. Daraus ergibt sich hinsichtlich des Menschen, dass seine gesamte Existenz immer nur eine tragische sein kann. «Tragik ist das De profundis der Jahrtausende».[399]

Doch weist das Tragische nach Bernhart über sich hinaus auf den göttlichen Seins- und Sinngrund der Wirklichkeit, der in Christus Mensch geworden und d. h. sich die tragische Existenzverfassung zu eigen gemacht

397 Bernhart: Der Mensch in der tragischen Welt (siehe Anm. 393), 177.
398 A. a. O., 178.
399 A. a. O., 158.

hat. Darin wird offenbar, dass die Tragik allen geschöpflichen Seins im Willen des Schöpfers verankert und in Christus mit Gott verbunden ist.[400] Das bedeutet für Bernhart nicht, dass sie überwunden wäre; sie besteht, solange die Schöpfung bestehen wird. Es gibt keine Erlösung *von* der Tragik, wohl aber eine Gottergebenheit *in* ihr.

Bernhart gelingt es auf diese Weise, das Tragische schöpfungstheologisch in der Theologie zu verorten und damit die erste der in 5.1.4 genannten antitragischen Grundüberzeugungen zu modifizieren. Auch die zweite der Grundüberzeugungen wird auf das Tragische hin ausgedeutet: Die christologischen Überlegungen sind weniger soteriologisch und mehr offenbarungstheologisch angelegt: In Jesu Leben und Leiden zeigen sich die tragischen Grundspannungen des Seins. Indem sie als im Willen Gottes verankert erkennbar werden, kann man mit ihnen leben. Auf eine eschatologische Heilsvision verzichtet Bernhart. Damit leistet dieser Ansatz zunächst, was von einer Theologie zu fordern ist, die das Tragische uneingeschränkt ernst nimmt. Mit ihrer Verankerung des Tragischen in der Schöpfung nähert sie sich aber einer pessimistischen Weltsicht an. Demgegenüber halte ich daran fest, dass die Bedingungen der *Möglichkeit* tragischen Geschehens in der Schöpfung verankert ist, nicht aber das Tragische selbst. Es ist eine mögliche Erfahrung des menschlichen In-der-Welt-Seins. Mehr dazu in Abschnitt 6.3.

Weniger ontologisch und mehr (heils-)geschichtlich geprägt ist die «Christliche Theodramatik» von *Hans Urs von Balthasar*. Es geht ihm nicht um eine theologische Deutung tragischer Erfahrungen, sondern um ein dramatisches Verständnis der Heilsgeschichte. Gottes Offenbarung ist dem zufolge nicht nur von ihrem Inhalt, sondern von ihrer dramatischen Ereignung her zu verstehen. «Diese Offenbarung […] ist in ihrer ganzen Gestalt im Großen wie im Geringen dramatisch.»[401] Von Balthasar will ein «Kategorialsystem des Dramatischen»[402] aufstellen und in die Theologie einbringen. So stellt er Analogien zwischen Figuren des Alten Testaments und den Helden der griechischen, Shakespearschen und barocken Tragödien her.[403] Jiftach, Saul, David, Simson, Jeremia, Hiob und Hagar

400 A. a. O., 191.

401 Hans Urs von Balthasar: Theodramatik I. Prolegomena, Einsiedeln 1973, 113.

402 A. a. O., 116.

403 Indem er stirbt, verfällt der Glaubende des Alten Testaments nach Hans

portraitiert er als tragische Figuren. Im gefesselten Prometheus sieht er «eine Art Präfiguration[] des Kreuzes Christi».[404]

Den Kern der «Theodramatik» erblickte von Balthasar in der Spannung bzw. Kollision zwischen Schöpfer und Geschöpf, Gottes Werk und menschlicher Freiheit, Gnade und Natur. Er besteht darin, dass sich die Geschöpfe gegen den Schöpfer wenden, dieser aber den Sich-Abwendenden nachgeht und versucht, ihre unheilvolle Abwendung wiederum zu wenden. Das betrifft die Existenz des einzelnen Menschen und die Menschheit insgesamt. Mit dieser Deutung knüpft von Balthasar an die christlichen Tragödien, besonders an Calderóns «Das große Welttheater» an: Es geht um Schuld und Sühne, letztlich um Erlösung.

In der Tragödie Jesu Christi, besonders in seinem Verlassenheitsschrei am Kreuz, kulminiert die Theodramatik. Nicht nur die Tragödien, sondern alle menschliche Tragik ist hier überboten und vollendet.[405]

> «Im Theodrama geht es darum, daß Gott sich die Tragik des menschlichen Daseins bis in ihre letzten Abgründe zu eigen macht und sie so, ohne sie zu verharmlosen oder von außen zu überrunden, überwindet.»[406]

Mit dem Gedanken, dass Gott das Tragische in der Geschichte in sich aufnimmt und es in Christus überwindet, nähert sich die Theodramatik einer Theotragik an. Gott selbst übernimmt die aus menschlicher Freiheit erwachsene Schuld und wendet damit deren Folgen vom Menschen ab. Das Theodrama hat einen heilshaften Ausgang. Der Handlungsverlauf des

Urs von Balthasar «der Unterwelt, dem Infernum, dem Reich der leblosen Toten und Schatten, nicht anders als Achilles und Aias und Eurydike, einem Hades, in dessen Dunkel der Gott, für den der Glaubende gelebt hat, nicht mehr gepriesen werden kann» (Hans Urs von Balthasar: Die Tragödie und der christliche Glaube, in: ders.: Spiritus Creator. Skizzen zur Theologie III, Einsiedeln 1967, 347–365, Zitat: 354. Siehe auch: ders.: Reinhold Schneider und der tragische Christ, in: ders.: Spiritus Creator, 415–437).

404 Von Balthasar: Theodramatik I (siehe Anm. 401), 116.

405 Von Balthasar: Die Tragödie (siehe Anm. 403), 356.

406 Hans Urs von Balthasar: Theodramatik II/1, Einsiedeln 1976, 48. Im Anschluss an Hans Urs von Balthasar formuliert Ben Quash: «Godly life, in Christian terms, is hyper-tragic, not untragic» (Quash: Four Biblical Characters [siehe Anm. 339], 31) und fasst dessen Position damit treffend zusammen.

Stückes ist tragisch, nicht aber sein Zielpunkt. Dieser besteht in der Erlösung der Menschheit. Die Geschichte Gottes mit den Menschen wird – mit Calvin gesprochen – im *theatrum gloriae Dei* aufgeführt. Ihre tragische Dialektik kommt schließlich im Heilshandeln Gottes zur Ruhe.[407]

Weil es von Balthasar nicht um eine theologische Deutung tragischer Erfahrungen als einem Stück Theologie «von unten», sondern um ein «von oben» entwickeltes Konzept der Heilsgeschichte geht, ist dieser Ansatz für mein Projekt wenig hilfreich. So sehr er die geschichtliche Wirklichkeit des Tragischen ernst nehmen möchte, so sehr betont er auf der anderen Seite, dass diese Wirklichkeit in Gott aufgehoben ist. Im Kreuz ist es angenommen und geheilt. Alles menschliche Unheil ist auf diesen Kulminationspunkt hin ausgerichtet und findet dort seinen Sinn. Gegenüber diesem dramatischen Triumphalismus werde ich das Kreuz als Ort des sinnlosen Unheils vor Augen stellen.

Erkunden wir weitere Ansätze zur theologischen Rezeption der Tragödien und des Tragischen! *Hugo Rahners* Aufweis von patristischen Rezeptionen der griechischen Tragödien (→ 5.1.2) war nicht von einem historischen, sondern von einem theologischen Interesse geleitet: Er wollte die griechisch-römische Kultur als Teil der umfassenden Offenbarungsgeschichte Gottes ausweisen. Bei den vorchristlichen Dichtern und Philosophen finden sich ihm zufolge Aussagen, in denen sich die Christusoffenbarung ankündigt. So verweist er etwa auf die im zwölften Gesang der Odyssee überlieferte Erzählung von Odysseus, der sich am Mastbaum seines Schiffes festbinden ließ, um dem verführerischen Gesang der Sirenen

407 Zu von Balthasars «Theodramatik» siehe: Michael Greiner: Drama der Freiheiten. Eine Denkformenanalyse zu Hans Urs von Balthasars trinitarischer Soteriologie, Münster u. a. 2000; Ben Quash: Theology and the Drama of History, Cambridge 2005; Kevin Taylor: Hans Urs von Balthasar and the Question of Tragedy in the Novels of Thomas Hardy, London u. a. 2013; ders.: Hans Urs von Balthasar and Christ the Tragic Hero, in: Taylor/Waller: Christian Theology and Tragedy (siehe Anm. 339), 133–148; Michael Rasche: Das Phänomen des Tragischen und die tragische Dimension des Christentums, in: ThPh 89, 2014, 514–533, bes. 524–531.

nicht zu erliegen. Im frühen Christentum konnte man darin eine Andeutung der Kreuzigung Christi und ein Vorbild für die Christusnachfolge im Gegenüber zu den weltlichen Versuchungen erblicken.[408]

Andere katholische Theologen spitzten diese typologische Deutung auf die griechischen Tragödien zu. Sie identifizierten darin Motive und Figuren, die sie auf Christus hin auslegten. Nach *Cyprian Krause* wird in den *Bakchen* des Euripides zwischen dem epiphanen Gott Dionysos und Pentheus, dem geopferten König von Theben,

> «ein metaphorisches und zugleich kultmystisches Stellvertretungsverhältnis gezeichnet, das es späteren Zeiten ermöglichte, in dieser euripideischen Tragödie den Typus des ‹Christus patiens› zu finden».[409]

Im Christentum sieht er «die Tragik des Naturhaften in einer schöpferisch-innovativen und zugleich vernünftigen Metatragik» aufgefangen.[410] Darin sei das Himmlische und das Chthonische, die Lebensfülle und der Opfertod vereint. «Aller Schmerz ist im Wort vom Kreuz metatragisch verarbeitet, verwunden und gedeutet als Explikation der höchsten Liebe.»[411]

Im Anschluss an Hugo Rahner und Hans Urs von Balthasar schlägt *Jan-Heiner Tück* vor, das Motiv der freiwilligen Selbsthingabe bis hin zum Opfertod für andere, wie es Euripides in «Alkestis» oder in «Iphigenie auf

408 Vgl. Homer: Odyssee 12, 158–200; Hugo Rahner: Odysseus am Mastbaum, in: ders.: Griechische Mythen in christlicher Deutung, 281–328. Siehe dazu: Christoph Markschies: Odysseus und Orpheus christlich gelesen, in: Martin Vöhler / Bernd Seidensticker (Hg.): Mythenkorrekturen. Zu einer paradoxalen Form der Mythenrezeption, Berlin/Boston 2005, 69–92 (https://doi.org/10.1515/9783110918076.69); Raban von Haehling (Hg.): Griechische Mythologie und frühes Christentum. Die antiken Götter und der eine Gott, Darmstadt 2005.

409 Cyprian Krause: Ist Christentum tragisch? Die Bakchen des Euripides als Laboratorium metatragischer Stellvertretung: eine Hermeneutik zwischen Mysterium und Metapher, in: ZThK 103, 2006, 206–252, Zitat: 244. – *Christus patiens* ist ein christliches Mysterienschauspiel aus dem byzantinischen Hochmittelalter. Der Dichter ist unbekannt (siehe dazu: Krause: Ist Christentum tragisch? 244f). Krause sieht in der Passion des «Christus patiens» «menschliches Leiden und göttliches Mitleiden in unvermischter und ungetrennter Stellvertretung zusammenkommen» (a. a. O., 229).

410 A. a. O., 243.

411 A. a. O., 247.

Aulis» darstellt, als Präfiguration des Todes Jesu für andere im Anschluss an Paulus (etwa in Röm 5,6–7) und an die Abschiedsreden des Johannesevangeliums (vor allem Joh 15,13) auszulegen.[412] Hinzu kommt ein zweites Motiv in «Alkestis», von dem aus sich nach Tück ein Bezug zur christlichen Soteriologie herstellen lässt: Herakles rettet Alkestis vor dem Tod (Thanatos). Im Sterben für andere sieht Tück das Thema des Karfreitags, in der Überwindung des Todes das Thema von Karsamstag und Ostern anklingen.

Solche typologischen Deutungen stellen Analogien her, legen aber nicht immer offen, wie diese zu verstehen sind. Bei Hugo Rahner handelt es sich offensichtlich um eine offenbarungstheologisch begründete *analogia entis,* bei Jan-Heiner Tück hingegen um eine metaphorische Analogie. Alle diese Versuche sind von dem Interesse geleitet, eine schroffe Gegenüberstellung zwischen den Tragödien und dem Tragischen einerseits und der christlichen Theologie andererseits zu überwinden.

In der deutschsprachigen evangelischen Theologie der jüngeren Vergangenheit und Gegenwart gibt es nur wenige Auseinandersetzungen mit den Tragödien und dem Tragischen. Eine Ausnahme bildet *Paul Tillich.* Ihm zufolge führt die

> «Selbst-Transzendierung des Lebens, die sich dem Menschen als Größe des Lebens offenbart, […] unter den Bedingungen der Existenz zur Zweideutigkeit von Größe und Tragik.»[413]

Das mit der Selbst-Transzendierung des Lebens gegebene Streben nach Größe führt in die Gefahr des tragischen Falls. Doch darf der Mensch auf dieses Streben nicht verzichten; er muss es zulassen, sonst gerät er in eine noch größere Gefahr: «Die Angst vor der Tragik führt ihn zum tragischen Verlust seiner selbst.»[414] Im Rahmen seiner Überlegungen zur Schöpfungslehre betont Tillich, nicht die Endlichkeit als solche sei tragisch. Deshalb werde das Tragische nicht dadurch überwunden, dass man das Endliche soweit als möglich vermeidet.

412 Jan-Heiner Tück: Crux. Über die Anstößigkeit des Kreuzes, Freiburg i. Br. 2023, 27–45 und 46–58.

413 Paul Tillich: Systematische Theologie, Bd. 3, Berlin/New York 1987, 114.

414 A. a. O., 115. Siehe auch Tillichs Überlegungen zum moralischen und zum tragischen Element im Übergang vom essenziellen zum existenziellen Sein, in: ders.: Systematische Theologie, Bd. 2, Berlin/New York 1987, 43–46.

> «Das Tragische wird allein durch die Gegenwart des Sein-Selbst innerhalb des endlichen Seins überwunden.»[415]

Während Tillich mit seiner Deutung an die Tragödien anknüpft, heben andere evangelische Autoren das «christliche» Verständnis des Tragischen von den Tragödien ab und versehen dieses Verständnis demgegenüber mit einem Überbietungsanspruch. So argumentiert beispielsweise der Schweizer Theologe *Ernst Gerhard Rüsch*, dass es nicht nur in der Beziehung zur Welt und zu den Menschen, sondern auch in der Beziehung zu Gott Erfahrungen des Ausgeliefertseins gebe. Zur Existenzangst kommt die Gottesfurcht. Der Schrecken der menschlichen Ohnmacht vor Gott sei durch den christlichen Erlösungsglauben nicht aufgelöst und die Erlösung des Menschen keineswegs garantiert. Doch selbst in seinem Leid wisse sich der Gläubige in der Vorsehung Gottes geborgen. Damit sei alle griechische vorchristliche und alle moderne nachchristliche Tragik letztlich überwunden.[416] Dem Tragischen kann eine «vorläufige, propädeutische Stellung»[417] in der Sphäre des «natürlichen» Menschen zugewiesen werden.[418] Wer aber «in Christus» ist und damit glaubend am Heilsgeschehen Anteil bekommen hat, kann auf diese überwundene Unheilswirklichkeit zurückblicken, auch und gerade wenn er/sie durch das tragische Geschehen aufs tiefste erschüttert und im eigenen Wesen betroffen ist.

Deuteversuche dieser Art operieren mit einem «Ja-aber»-Schema. Sie gestehen die existenzielle Erschütterung durch tragische Erfahrungen zu, verweisen aber auf einen Sinngrund, in dem diese letztlich aufgehoben sind. Dieser Sinngrund ist auch der Seinsgrund, d. h. der Schöpfer; er ist in Jesus inkarniert und hat das Tragische wohl nicht eliminiert, aber doch entmächtigt.

In der englischsprachigen Theologie sind mittlerweile profunde Arbeiten zu diesem Thema vorgelegt worden.[419] Ein wichtiger Impulsgeber dafür war der schottische Anglikaner *Donald M. MacKinnon*, der zunächst

415 Systematische Theologie, Bd. 1 (siehe Anm. 233), 292.

416 Ernst Gerhard Rüsch: Das Problem des Tragischen in christlicher Sicht (1954), in: Sander (Hg.): Tragik und Tragödie [siehe Anm. 213], 109–128.

417 A. a. O., 120.

418 Vgl. auch: Eva Bartsch: Tragödie und Christentum, Bielefeld 2000, 9.54f.

419 Exemplarisch: Larry D. Bouchard: Tragic Method and Tragic Theology. Evil in Contemporary Drama and Religious Thought, University Park,

in Aberdeen und dann in Cambridge lehrte. Von Hans Urs von Balthasar angeregt beklagte er, dass die christliche Theologie sich vorwiegend an der griechischen Philosophie orientiert, die tiefe Lebensweisheit, die in den Tragödien exemplarisch dargestellt wird, aber weitgehend ignoriert. Die darin anschaulich gemachten Brüche, Fragmentierung und Dissonanzen böten der Theologie wertvolles Material. Mit ihrer «open-textured quality»[420] bildeten sie auch ein heilsames Gegengewicht gegen die Tendenz, kohärente Konzepte und abgerundete Systeme zu entwerfen, die ihre Geschlossenheit dadurch gewinnen, dass sie von der Lebenswirklichkeit weitgehend abstrahieren. Gegenüber solchen Erscheinungsformen einer *theologia gloriae* soll das Tragische im Rahmen einer *theologia crucis* Beachtung finden. Theoretisch wie praktisch ist das Tragische nicht handhabbar, geschweige denn lösbar. So fordert MacKinnon dazu auf, diese «borderlands of theology»[421] zu erkunden.

PA, 1989; Wendy Farley: Tragic Vision and Divine Compassion, Louisville, KY, 1990; Eagleton: Sweet Violence (siehe Anm. 109); ders.: Hope without Optimism, Charlottesville 2015; Ben Quash: Theology and the Drama of History, Cambridge 2005; ders.: Christianity as Hyper-Tragic, in: Christopher Hamilton u. a. (Hg.): Facing Tragedies. Perspectives on Social Ethics, Bd. 2, Wien u. a. 2009, 77–88; Tracy: On Tragic Wisdom (siehe Anm. 337); ders.: Horrors and Horror (siehe Anm. 337); Taylor/Waller: Christian Theology and Tragedy (siehe Anm. 339); Rowan Williams: The Tragic Imagination. The Literary Agenda, Oxford 2016; Kevin Taylor: Christ the Tragedy of God. A Theological Exploration of Tragedy, New York u. a. 2019; Khegan M. Delport: On Tragedy and Transcendence. An Essay on the Metaphysics of Donald MacKinnon and Rowan Williams, Eugene, OR, 2021.

420 MacKinnon: Theology and Tragedy (siehe Anm. 86), 168.

421 Donald MacKinnon: Borderlands of Theology and Other Essays, hg. von George W. Roberts / Donovan E. Smucker, Eugene, OR, 1968. Zu MacKinnons Deutung des Tragischen siehe: Kenneth Surin (Hg.): Christ, Ethics and Tragedy. Essays in Honour of Donald MacKinnon, Cambridge 1989; Giles Waller: Freedom, Fate and Sin in Donald MacKinnon's Use of Tragedy, in: Taylor/Waller: Christian Theology and Tragedy (siehe Anm. 339), 101–118; Rowan Williams: The Tragic Imagination (siehe Anm. 419), 108–115; Andrew Bowyer: Donald MacKinnon's Theology. To Perceive Tragedy Without the Loss of Hope, London/New York 2019; Delport: On Tragedy and Transcendence (siehe Anm. 419), 64–167.

Dieses Anliegen spiegelt sich auch in der Art, wie MacKinnon Theologie treibt: Er bietet keinen systematischen Entwurf, sondern präsentiert einzelne Reflexionen, die sich nicht leicht systematisieren lassen. Man muss seine Deutung des Tragischen aus diesen Bemerkungen rekonstruieren. Dabei kommt es mir nicht auf seine Deutung der Tragödien an, sondern auf die theologische Rezeption des Tragischen.

In der Erfahrung des Tragischen stößt der Mensch auf Dispositionen seiner Existenz, die seinem Handeln vorgegeben sind und denen er ausgesetzt ist. Darin besteht für MacKinnon die metaphysische Dimension des Tragischen. Metaphysik ist dabei nicht in einem spekulativen, die Wirklichkeit übersteigenden Sinn zu verstehen, sondern im Sinn eines tiefen (fundamentalethischen) Realismus. Zum theologischen Wirklichkeitsverständnis gehört die Einsicht, dass es unwiederbringlichen Verlust, nicht wiedergutzumachende Zerstörung, unabwendbares Scheitern, unvermeidliche Schuld gibt, dass kontingente Verhängnisse moralische Handlungsabsichten torpedieren und ontische Irrationalitäten das Verstehen der Wirklichkeit unterwandern. Diese ist opak (vgl. 1Kor 13,12). Das kommt MacKinnon zufolge in den Tragödien zur Darstellung. Doch stellen sie diese Zerstörung, das Scheitern und die Schuld zugleich in einen Transzendenzhorizont, in dem all das Negative über sich hinaus geführt wird. Dieser besteht in einer höheren Gerechtigkeit, ist also ethisch bestimmt, und zielt darauf, bei den Zuschauenden eine ethische Handlungsorientierung zu evozieren – wohl wissend, dass deren Befolgung wieder in tragische Konflikte führen kann.

Auf unterschiedliche Weise setzt MacKinnon die Tragödien und das Tragische in Beziehung zur Theologie. Ich greife drei zentrale Ansatzpunkte heraus:

(a) In den neutestamentlichen Gleichnissen sieht er strukturelle Analogien zu tragischen Erzählungen und Schauspielen. Sie erzählen, wie Unvorhersehbares eintritt, Erwartungen durchkreuzt werden, ethische Handlungsintentionen umschlagen und das Geschehen plötzliche Wendungen nimmt. Sie beschreiben kontingente Geschehensverläufe und öffnen kontingente Sinnhorizonte. Wie die Tragödien teilen auch die Gleichnisse nicht eine bestimmte Bedeutung mit, sondern bieten Deuteräume an, in denen sich die Rezipienten bewegen können. Es gibt keine normative Auslegung; Sinn wird in der Rezeption generiert und ist damit immer plural. Indem man diese Deuteräume bewohnt und sich von ihren Narrativen inspirieren lässt, schaffen sie Offenbarungen. Die Gleichnisse regen zu multiperspektivischen und dramatischen Lektüren an, die die Lesenden involvieren und sie zu imaginativen Extrapolationen anregen. So könnte das Gleichnis vom «Guten Samariter» nach MacKinnon daraufhin befragt werden, ob die gute Tat nicht auch egoistisch motiviert gewesen sein und sogar Unheil heraufbeschworen haben könnte. Sie hätte tragische Folgen gehabt haben können.[422] Mit solchen Imaginationen will MacKinnon allzu eindeutige Auslegungen aufbrechen und zeigen, dass auch die vermeintlich rein gute Tat der tragischen Verkehrung ausgesetzt ist.

(b) Auch in der Geschichte des Christentums zeigt sich nach MacKinnon eine Tragik: Aus der von Jesus verkörperten Menschenliebe Gottes ist eine Feindseligkeit gegenüber Juden geworden, die im Namen Jesu verfolgt wurden. Aus seinem Sieg über Sünde und Tod ist neue Sünde und neuer Tod entstanden. Schon im Neuen Testament ist dieser Antijudaismus angelegt; er zog sich durch die gesamte Christentumsgeschichte und trug nicht unwesentlich zur Shoa bei.[423]

(c) MacKinnons «Theologie des Tragischen» ist christologisch ausgerichtet. Mit der Inkarnation des Gotteswortes in Jesus, dem Christus, hat Gott sich dem Tragischen in der Geschichte ausgesetzt. Diese Kenose setzt sich in der Passion Jesu fort. Diese ist Ausdruck tiefster menschlicher Tragik und offenbart damit die Abgründe des menschlichen Seins in der Welt. Mit seinem Tod und seiner Auferstehung werden diese aber überwunden. Der Tod Jesu ist in einem objektiven Sinn als Sühneleistung zu verstehen. Eine Sühnehandlung verarbeitet einen nicht wieder gut zu machenden Verlust, indem sie eine Ersatzleistung dafür anbietet und damit Versöhnung ermöglicht. Die Realität des tragischen Verlustes erfordert eine reale Sühneleistung. Mit seinem Tod hat Jesus Sünde und Tod besiegt. Gott hat das Tragische der Schöpfung mit sich versöhnt. Das führt aber nicht zu dessen Aufhebung in der Geschichte.

Dabei steht Jesu Tod – wie im Johannesevangelium – schon ganz im Licht der Auferstehung. Der Kreuzestod ist ein Triumph. Doch darf man daraus nach MacKinnon keine triumphalistische Glaubensideologie machen. Christliche Existenz ist dem Tragischen ausgesetzt. Sie kann sich

422 MacKinnon: The Problem of Metaphysics, Cambridge 1974, 114–145, bes. 139f.

423 So etwa in: Donald MacKinnon: The Problem of the «System of Projection». Appropriate to Christian Theological Statements, in: Explorations in Theology 5, London 1979, 70–89.

dabei aber an der Beständigkeit orientieren, mit der Jesus auf seinem Leidensweg dem Osterlicht entgegengegangen ist. An dieser Stelle zeigt sich eine Kluft in MacKinnons Ansatz zwischen der «triumphalistischen» Christologie und Soteriologie einerseits und der Betonung des Tragischen in der Existenz «unter dem Kreuz» andererseits. Die Spannung wird nicht aufgelöst. Es kann nach MacKinnon niemals eine generell-theoretische Antwort auf das tragische Unheil geben, sondern nur eine auf die konkrete Situation bezogene praktische. Dafür braucht es aber keine «hohe» Christologie. Und so gilt:

> «Christianity, properly understood, might provide men with a faith through which they are enabled to hold steadfastly to the significance of the tragic.»[424]

In der jüngeren Vergangenheit hat *Rowan Williams* einen beachtenswerten Entwurf zur theologischen Deutung der Tragödien und des Tragischen vorgelegt.[425] Wie MacKinnon, von dem Williams beeinflusst ist, bietet auch er keine systematische Abhandlung des Themas, sondern stellt verschiedene Zugänge dazu nebeneinander. Auch hier greife ich nur zwei Aspekte heraus, die mir für die theologische Rezeption der Tragödien und des Tragischen in besonderer Weise relevant zu sein scheinen.

(a) Es geht Williams nicht um das Tragische im Leben,[426] sondern um die (literarische) Frage, wie das Tragische in den Tragödien imaginiert und repräsentiert wird und wie sich diese Imaginationen und Repräsentationen zu biblischen Überlieferungen und zur Theologie verhalten. Sein Buch ist in der Reihe «The Literary Agenda» erschienen.

In der Hiob-Erzählung, die er als «directly dramatic narrative»[427] bezeichnet, im Johannesevangelium und in der Feier der Eucharistie[428] sieht

424 Donald MacKinnon: The Problem of Metaphysics (siehe Anm. 422), 135.

425 Williams: The Tragic Imagination (siehe Anm. 419). Siehe dazu auch die Diskussionsbeiträge, in: Modern Theology 34/2, 2018, 220–279, und Williams' Antwort darauf (‹Not Cured, Not Forgetful, Not Paralysed›. A Response to Comments on *The Tragic Imagination*), a. a. O., 218–288; Delport: On Tragedy and Transcendence (siehe Anm. 419), 168–249.

426 «[T]his short reflection on tragic representing and imagining is not an essay about some essentially ‹tragic› quality in human existence» (Williams: The Tragic Imagination [siehe Anm. 419], 2).

427 A. a. O., 116.

428 Schon der Benediktinermönch Honorius Augustodunensis († ca. 1150)

Williams tragödienanaloge Darstellungsformen: Inszenierungen des Spannungsreichen, Gegenläufigen, Heterologen, Unaufgelösten. Offenbare und verborgene Bedeutungen überkreuzen sich, verschiedene Sinnebenen überlagern sich, so dass es zu Ironien und Vieldeutigkeiten kommt, die Interpretationsspielräume öffnen. Erkennen und Verkennen schieben sich ineinander. Göttliche Kundgaben treffen auf begrenzte menschliche Wahrnehmungen. In den johanneischen «Ich-bin»-Worten, den Dialogen mit Nikodemus (Joh 3,1–21) und mit der Samaritanerin (Joh 4,7–30), in der Erzählung von der Auferweckung des Lazarus (Joh 11,1–44), vor allem aber in der Darstellung der Passion Jesu sieht Williams Anklänge an die Erzählstrukturen der Tragödien. Im Ineinander von Leiden und Verherrlichung, Erniedrigung und Erhöhung, (Selbst-)Demütigung und Erhabenheit, Ohnmacht und Macht wird das Mysterium umschrieben (nicht: beschrieben). Die Leserinnen und Leser werden in die Darstellung involviert und ihren Spannungen und Uneindeutigkeiten ausgesetzt. Sie sollen diese Spannungen «durchschauen» und dazu ihre Vorverständnisse und Sinnerwartungen aufbrechen. Doch können sie das oft nicht oder nur ansatzweise. Immer wieder müssen sie sich die Augen dafür öffnen lassen, dass sie das göttliche Licht nicht sehen und das von ihm Erleuchtete nicht verstehen. Sie müssen ihr Nicht-Verstehen verstehen und selbst das gelingt ihnen nur sehr begrenzt.

In der Liturgie der Messe, besonders in der Feier der Eucharistie wird diese spannungsreiche Dramaturgie nach Williams repräsentiert. Sie vergegenwärtigt das tragische Narrativ rituell. Darin hebt sie das Mysterium mit seiner Spannung von Niedrigkeit und Erhabenheit sowie von Verstehen und Nicht-Verstehen nicht auf, sondern macht es leiblich erfahrbar. Das Leiden wird weder anästhesiert noch glorifiziert, sondern mit der Auferstehungswirklichkeit konfrontiert.

(b) Gegenüber einer «pessimistischen» Interpretation der Tragödien, die diese als Inszenierung einer «absoluten» Tragik,[429] d. h. eines unaufhaltsamen Falls in den Abgrund, sehen, weist Williams zum einen darauf hin, dass dies keineswegs für alle Tragödien gelte, und zum anderen, dass

stellte in seinem Werk «Gemma animae» (PL 172, 541–738) Parallelen zwischen der Messe, in der die Opfertat *(hostia)* Christi vergegenwärtigt wird, und dem Kampf des Tragödienhelden her (bes. 570). Die Messliturgie konnte auf diese Weise die Grundlage für christliche Tragödien bilden.

429 Siehe dazu Anm. 276.

diese allein schon durch ihre Darstellungsform, die das tragische Unheil imaginiert, narrativ artikuliert und inszeniert, eine Bewältigungsform anbieten. Sie schaffen einen Raum, in dem es erzählt und reflektiert werden kann. Die Traumaverarbeitung beginnt mit dem Erzählen und Darstellen. Klage und Trauer werden möglich, Verzweiflung und Hoffnungslosigkeit können zum Ausdruck kommen. Auf diese Weise behält das Leiden nicht das letzte Wort. Wer über Leiden sprechen und es in eine Geschichte fassen kann, ist von ihm nicht zerstört worden. Williams betont also die diskursive und performative Dimension der Tragödien. Es geht ihm nicht nur um das Dargestellte, sondern um die Darstellung, nicht um das Unheil selbst, sondern um dessen sprachliche und dramatische Repräsentation. Dabei wird das tragische Unheil vergemeinschaftlicht, auf ein «danach» ausgerichtet und damit der Resignation gewehrt. Das nimmt dem tragischen Unheil nicht seinen Schrecken, bleibt aber auch nicht in diesem Schrecken gefangen. Die imaginative und narrative Repräsentation des Tragischen kann einen (Lern-)Prozess zur Reifung der Persönlichkeit in Gang setzen und Impulse für transformatives Handeln geben. Williams zitiert aus Shakespeares «König Lear»: «The worst is not / So long as we can say ‹This is the worst›».[430]

Daraus lassen sich Konsequenzen für die Begleitung von Menschen ziehen, die tragisches Unheil erlitten haben: Sie müssen die Möglichkeit bekommen, ihre «Tragödie» zu erzählen oder in anderer Form (etwa malend) zum Ausdruck zu bringen. Sie brauchen einen Resonanzraum, in dem ihnen empathische Aufmerksamkeit entgegengebracht wird. Der erste Schritt, der über tragisches Unheil hinausführen kann, besteht im Zur-Sprache-Bringen dieses Unheils. Damit wird das Amorphe in eine Form gebracht. Es wird namhaft gemacht und auf diese Weise verstehbar und kommunikabel.[431] Das Sinnlose kommt auf eine sinnhafte Weise zum Ausdruck. Sinn haftet dabei nicht am tragischen Geschehen, sondern an der Artikulation.

Notabene: Dieser Schritt *kann* über tragisches Unheil hinausführen. Viele Traumata sind aber so einschneidend, dass sie sich der sprachlichen Artikulation entziehen. Von dieser Einsicht her fällt ein kritisches Licht

430 Williams: The Tragic Imagination (siehe Anm. 419), 41 und 113. Das Zitat stammt aus «The Tragedy of King Lear», IV.1.

431 Der priesterlichen Schöpfungserzählung zufolge wird das Chaos durch Unterscheidungen und Benennungen in Ordnung überführt.

auf Williams' Deutung des Tragischen, die in dieser Hinsicht doch eine Spur zu optimistisch ist.

Dieser Überblick über ausgewählte Beiträge zur theologischen Rezeption der Tragödien und des Tragischen zeigt, dass deren Ansatzpunkte und Zielrichtungen heterogen sind. Einigen geht es um metaphysische Deutungen des Tragischen im Rahmen einer theologischen Weltsicht, andere suchen eher nach Analogien zwischen biblischen Überlieferungen (und den darin beschriebenen Figuren) und den Tragödien. Philosophische, dogmatische, literarische, kunstgeschichtliche, und z. T. auch seelsorgerliche Anliegen überlagern sich. Allen gemeinsam ist es, die behauptete Unvereinbarkeit der Tragödien und des Tragischen einerseits und der christlichen Lebensdeutung und ihrer theologischen Reflexion andererseits zu bestreiten und dem Tragischen in der Theologie Raum zu geben.

6. Dem Tragischen Raum geben

Im letzten Teil meiner Überlegungen will ich nun das Tragische, wie es in den Tragödien zur Darstellung kam, wie es philosophisch durchdrungen wurde, wie ich es phänomenologisch als lebensweltliche Erfahrung rekonstruiert habe, wie man es in der Bibel aufzuweisen versuchte, in der Christentumsgeschichte inszenierte und in der Theologie reflektierte, einer eigenen theologischen Deutung unterziehen. Erfahrung und Begriff des Tragischen sollen in einen (systematisch-)theologischen Interpretationsrahmen gestellt und in Beziehung zu Grundüberzeugungen des christlichen Glaubens gesetzt werden. Während ich in Kapitel 5.5 theologische Diskussionsstränge, die in Vergangenheit und Gegenwart zu diesem Thema entwickelt wurden, nachgezeichnet habe, bemühe ich mich nun darum, im Sinne einer «constructive theology» eine eigene Ortsbestimmung des Tragischen in der Systematischen Theologie zu entwerfen.

Die Leitfragen lauten: Wie können die mit dem Tragischen verbundenen Erfahrungsqualitäten des übermächtig Unheilvollen, Kontingenten und Sinnlosen uneingeschränkt ernst genommen und doch auch in den weiten Raum göttlicher Verheißungen gestellt werden? Wie lässt sich das tragische Dunkel theologisch in den Blick nehmen, ohne es einerseits mit einem göttlichen Licht zu überblenden, das seine Realität in den Schatten stellt, ohne andererseits dieses Licht aber auch zu verdunkeln, das Tragische zur Letztwirklichkeit zu (v)erklären und die tragischen Erfahrungen zur tragischen Weltsicht zu überhöhen? Wie verhält sich die Erfahrung des Tragischen zum Glauben an Gottes schöpferische, heilende und vollendende Gegenwart?

Gegenüber der in 5.1 dargestellten Aversion der Theologie gegen die Tragödien und das Tragische geht es nun um die Widerständigkeit des Tragischen gegen die antitragischen Grundüberzeugungen des christlichen Glaubens (→ 5.1.4). Ich wende mich diesen Grundüberzeugungen – dem Verständnis der Welt als Schöpfung Gottes, der mit dem Christusglauben verbundenen Heilszusage und der eschatologischen Hoffnung auf eine Vollendung der Schöpfung – nochmals zu und füge theologische Kautelen als «Triumphalismusblocker» in sie ein. Es geht mir nicht darum, diese Glaubenslehren vollumfänglich neu zu entwerfen, um sie tragikkompatibel zu machen. Vielmehr will ich in bewusster Einseitigkeit

Gegenakzente setzen gegen eine Interpretation, die das Tragische unterbelichtet oder gänzlich abblendet. Dem Tragischen in der Theologie einen Platz zu geben, wird nicht ohne Revisionen mancher Auslegungen der Lehren abgehen.

Nach einer Vorbemerkung, in der ich die Ausgangs- und Eckpunkte der folgenden Überlegungen benennen will (6.1), gehe ich bei der inhaltlichen Entfaltung in fünf Schritten vor. Im ersten frage ich nach Inhalt und Bedeutung der mit dem christlichen Glauben gegebenen Verheißung (6.2). Dies stelle ich nicht an das Ende, sondern als «Evangelium» an den Anfang der theologischen Betrachtung, denn es ist das Vorzeichen vor der Klammer des christlichen Verständnisses des Menschen und der Welt. Dann gehe ich am Schema der drei Grundüberzeugungen entlang und hebe dabei Aspekte hervor, die mir für mein Anliegen, dem Tragischen darin Raum zu geben, wichtig zu sein scheinen: In Bezug auf den Schöpfungsglauben (6.3) erinnere ich an die fortwährende Bedrohung der Schöpfung durch das Chaotische (6.3.1) und erwäge ein neues Verständnis der Lehre von der Ursünde (6.3.2). In Bezug auf die Christologie und Soteriologie deute ich den Leidensweg und Tod Jesu aus der «vorösterlichen» Perspektive des leidenden Jesu und seiner Jünger als tragisches Geschehen und frage von dorther nach der Bedeutung von «Auferstehung» (6.4). In Bezug auf die eschatologische Vollendungshoffnung betone ich den Verheißungscharakter dieser Zusage (6.5). Damit schließt sich der Kreis.

6.1 Ausgangs- und Eckpunkte

Das Tragische drängt danach, erhellt zu werden. Wann immer sich die Philosophie und die Theologie damit beschäftigt haben, konnten sie nicht bei der *Beschreibung* von Erscheinungsformen des Tragischen und den Ansätzen zur Bewältigung dieser Erfahrungen stehen bleiben, sondern sahen sich veranlasst, ihnen auf den Grund zu gehen. Es ist ein Paradox: Das Bodenlose, das sich aller Schematisierung entzieht, will doch ergründet werden. Auch ich komme nicht umhin, über die Beschreibung des Tragischen hinaus nach seinen *Strukturen* und *Gründen* zu fragen. «Auf den Grund gehen» bedeutet dabei nicht, das Irrationale rationalisieren zu wollen und schon gar nicht, es zu begründen und damit in gewisser Weise auch zu legitimieren. Es geht vielmehr um die Frage, wie die Wirklichkeit, in der wir leben und in der wir Tragisches erfahren, theologisch zu verstehen ist. Dabei soll das Tragische nicht metaphysisch erklärt (schon gar nicht verklärt), sondern in theologischer Perspektive «hinterfragt» werden. Es lässt sich nicht konzeptualisieren und evoziert doch Verstehensbemühungen.

Bei der theologischen Deutung, die ich nun versuchen will, sollen alle philosophischen und theologischen Denkmöglichkeiten ausgeschlossen sein, die das Tragische seiner Abgründigkeit berauben, es bagatellisieren, harmonisieren und damit depotenzieren oder gleich ganz eliminieren. Kein Eskapismus! Tragische Situationen und Erfahrungen sind in ihrer oft unerträglichen Abgründigkeit unbedingt ernst zu nehmen. Sie dürfen nicht theologisch besänftigt, d. h. suspendiert, unterlaufen oder in ein höheres Sinnganzes aufgehoben werden, sondern müssen in ihrer Erfahrungsqualität und damit auch in ihrer Faktizität stehen bleiben. Diese Kritik betrifft eine optimistische Geschichtsdeutung, die vom Glauben an einen teleologischen (geradlinig oder dialektisch verlaufenden) Fortschritt getragen ist, und im Tragischen lediglich Sandkörner in diesem Getriebe sieht. Es betrifft auch eine heilsgeschichtliche Theologie, egal wie sie die Zuordnung von Heils- und Realgeschichte vornimmt: als Entgegensetzung, als Überordnung eines «zweiten Stockwerks» oder gar als Identifikation. Es gibt das Heil nicht *als* Geschichte, sondern bestenfalls in Lichtblicken in der Geschichte. Dort etwa, wo die von tragischen Widerfahrnissen geschlagenen Wunden verheilen und es zu Neuanfängen kommt. In vielen Fällen geschieht dies aber nicht. Manche der Wunden bleiben und vereitern; manche lassen schmerzhafte Narben zurück. Und selbst dann, wenn es zu Heilungen kommt, bleiben diese oft fragmentarisch und vulnerabel.

Zur anderen Seite hin soll die Überhöhung des Tragischen zu einer Weltanschauung aus der theologischen Reflexion ausgeschlossen sein. Das betrifft alle Versuche, das Tragische zu essenzialisieren und zu ontologisieren, d. h. im Seinsgrund zu verankern und ihm damit eine prinzipielle Unausweichlichkeit zu bescheinigen. Wo das Tragische zur Grundsignatur des Seins bzw. der menschlichen Existenz erklärt und in eine Weltsicht eingebettet wird, die von der letztlichen Sinnlosigkeit allen menschlichen Bemühens ausgeht und die Welt als Schauplatz des unabwendbaren Scheiterns versteht, bricht sich ein Pessimismus Bahn, der mit seinem immanenten Fatalismus in einer grundsätzlichen Spannung zu den Gewissheitsgrundlagen des jüdischen, christlichen und islamischen Gottes- und Weltverständnisses steht. Während die einseitig pessimistische Kodierung des Weltbildes leugnet, dass die Welt Schöpfung eines wohlwollenden Gottes ist, blendet die einseitig optimistische Sicht dagegen ihre Gebrochenheit und Zerbrechlichkeit aus.

Systematisch-theologische Reflexionen müssen auf die sich aus ihnen ergebende Lebensdeutung und Handlungsorientierung durchsichtig sein. Neben ihrer Aufgabe, die Inhalte des christlichen Glaubens theoretisch zu durchdringen, sollten sie immer auch die praktische Relevanz dieser Denkarbeit, also ihren Ertrag für die Ethik der Lebensführung, im Blick haben. Aus dem Bemühen um die theologische Ergründung des Tragischen müssen sich auch Impulse für die Beantwortung der Frage ergeben, wie auf der Basis des christlichen Glaubens damit umgegangen werden kann.

6.2 Verheißung statt Sinn

Meine Deutung des Tragischen setzt verheißungstheologisch an.[432] Alle theoretischen Deutungen des sinnlosen Unheils stehen in der Gefahr, diesem einen Sinn einzustiften; die Zurückführung auf einen Grund macht es intellektuell handhabbar. Möglich und geboten ist es jedoch, diesen Erfahrungen eine *dreifache kontrafaktische Verheißung* entgegenzuhalten, deren drei Dimensionen sich trinitätstheologisch einander zuordnen lassen. Die dreifache Verheißung besagt:

(a) dass Gott auch im tragischen Leiden gegenwärtig ist; dies lässt sich als ein Aspekt der *creatio continua,* der fortwährenden schöpferischen Kreativität Gottes verstehen;

(b) dass dem sinnlos Tragischen im Nachhinein ein neuer Sinn zukommen kann, sodass es auf diese Weise Heilung erfährt; dass sich, wenn nicht *in,* so doch *nach* der ausweglosen Situation unerwartete neue Wege ergeben können; dies lässt sich als ein Aspekt der *creatio nova,* symbolisiert im Bild der «Auferstehung» verstehen;

432 Dietrich Bonhoeffer notierte in seinen Gefängnisbriefen: «Der unbiblische Begriff des ‹Sinnes› ist ja nur eine Übersetzung dessen, was die Bibel ‹Verheißung› nennt.» (Dietrich Bonhoeffer: Widerstand und Ergebung. Briefe und Aufzeichnungen aus der Haft [DBW 8], hg. von Christian Gremmels u. a., Gütersloh 1998, 573 [Brief vom 21.8.44]).

(c) dass der fortwährende Schöpfungsprozess zu einem Friedenszustand führen wird, an dem aus den Ambiguitäten der Schöpfung kein tragisches Unheil mehr erwächst.

Jede dieser Verheißungen bedarf der Absicherung gegen die Gefahr, das Tragische abzumildern. Auf folgende Weise nehme ich diese Absicherung vor:

(a) Das Vertrauen darauf, dass Gott im tragischen Leiden, in Sinn- und Trostlosigkeit gegenwärtig ist, macht dieses nicht weniger leidvoll und sinnlos. Es eröffnet aber die Möglichkeit, die Leiderfahrung in der Klage vor Gott zu bringen und Kraft für das Ertragen der Situation zu erbitten. So wie Gott im Leiden und Sterben Jesu Christi gegenwärtig war – am Ort der äußersten Gottferne –, so darf auch seine Gegenwart in jedem anderen sinnlosen Leiden angenommen werden.

Von einer Gegenwart Gottes im (tragischen) Leiden zu sprechen, ist dabei nicht gleichbedeutend mit der Annahme, dass Gott leidet oder mitleidet.[433] In einer solchen Annahme sehe ich eine problematische Anthropomorphisierung des Gottesverständnisses. Wo diese noch trinitätstheologisch überhöht wird, indem von einem innertrinitarischen Liebes- und Leidensgeschehen zwischen «Vater» und «Sohn» gesprochen wird – wie es etwa bei Moltmann, von Balthasar und MacKinnon der Fall ist –, sind die Tore der (romantisierenden) spekulativen Projektion weit geöffnet.[434]

Diese Versuche, das Tragische in Gott einzuschreiben, es also zu vergöttlichen, nehmen ihm letztlich seine widergöttliche Negativität. Dass Gott im Tragischen gegenwärtig ist, berechtigt nicht zum Umkehrschluss, dass das Tragische in Gott ist. Die Gegenwart Gottes im Leiden ist zudem nicht primär passiv, sondern immer auch aktiv zu denken: Sie gibt Kraft, das Leiden zu ertragen und sich – soweit möglich – dagegen zu stemmen; Kraft zu Widerstand und Ergebung.

433 Dieses Verständnis lässt sich von der «Theologie des Leidens Gottes» im 20. Jahrhundert über Schellings Rede vom «menschlich leidenden Gott» (Philosophische Briefe über Dogmatismus und Kritizismus, 10. Brief [siehe Anm. 112]) und Anklänge bei Luther (so etwa im «Sermon von der Betrachtung des heiligen Leidens Christi» [1519], 10) bis zum altkirchlichen Patripassianismus zurückverfolgen.

434 Ausführlicher: Reinhold Bernhardt: Monotheismus und Trinität. Gotteslehre im Kontext der Religionstheologie, Zürich 2023, 213–244.

(b) Dass dem sinnlos Tragischen im Nachhinein ein neuer Sinn zukommen kann, bedeutet nicht, dass es doch sinnvoll gewesen wäre oder als solches sinnvoll werden würde. Es ist und bleibt, was es war und ist: sinnloses Unheil. Es ist auch keineswegs garantiert, dass daraus Neues erwächst. Doch bietet der Glaube die verheißungsbasierte Hoffnung, dass dies – in Analogie zur Auferstehung aus dem Tod – geschehen *kann.* Wo es geschieht, wird es als Gnade erfahren. Das Neue beginnt dabei nicht erst dort, wo die Wunden verheilen; es kann schon darin bestehen, dass den Betroffenen die Kraft zugespielt wird, mit offenen Wunden weiterzuleben, ohne davon gelähmt zu werden.[435]

Daraus, dass der Glaube eine verheißungsbasierte Hoffnung *bietet,* folgt nicht, dass diese Hoffnung auch ergriffen wird. Wer von bodenlosem Unheil betroffen ist, kann auch sein Vertrauen in Verheißungen verlieren und daraus keine Hoffnung mehr schöpfen. Die Verheißung kommt dann bestenfalls noch in der stellvertretenden Hoffnung anderer zur Geltung, die hoffen, dass die Betroffenen mit der Hoffnungslosigkeit leben können und sich nicht ganz gegenüber der Möglichkeit verschließen, dass Unverhofftes eintreten und die tragische Erfahrung wenn schon nicht unterwandern, so doch über sich hinausführen könnte.[436] Die paulinische Charakterisierung Abrahams: «wider alle Hoffnung hat er auf Hoffnung hin geglaubt» (Röm 4,18) würde dann wenigstes für diese anderen gelten.

435 Vgl.: Miguel A. De La Torre: Embracing Hopelessness, Minneapolis, MN, 2017. De La Torre weist das Konzept einer von Gott gelenkten Heilsgeschichte und die darauf gegründete Hoffnung zurück. Er plädiert dafür, die Hoffnungslosigkeit anzunehmen und sich ihr handelnd entgegenzustellen: «we can only and boldly engage in liberative praxis within the now – and hope for the best» (140).

436 Diese Überlegungen können anknüpfen an Paul Tillichs Reflexionen zur «Rechtfertigung des Zweiflers» (Paul Tillich: Rechtfertigung und Zweifel [1924], in: GW VIII, 85–100; abgedruckt in: Ausgewählte Texte, hg. von Christian Danz u. a., Berlin/New York 2008, 123–138; und in: Paul Tillich: Rechtfertigung und Neues Sein, hg. von Christian Danz, Leipzig 2018, 12–34. Siehe auch die Erläuterungen von Christian Danz dazu in: a. a. O., 66–111). Doch während Rechtfertigung für Tillich «das Aufbrechen des Sinngrundes als unbedingter Gegenwärtigkeit und zugleich unbedingter Forderung, um ihn zu ringen» bedeutet (Ausgewählte Texte, 129), verstehe ich «Rechtfertigung des Zweiflers» als die Zusage, dass die Verzweifelten in ihrer Verzweiflung von Gott angenommen sind, auch

(c) Dass es zu einer Erlösung der seufzenden und in Wehen liegenden Schöpfung (Röm 8,22) kommt, ist eine eschatologische Verheißung, *die ihrer Einlösung noch harrt.* Die Zusage eines Heilszustandes darf nicht zu einem schon bestehenden, durch Christus herbeigeführten Faktum umgedeutet und schon gar nicht in Heilsoptimismus übersetzt werden (→ 6.5).

6.3 Das Tragische in der Schöpfung

In diesem Kapitel frage ich, wie sich das Tragische zum Schöpfungsglauben verhält. Wie kann die Anschauung der Welt als Schöpfung Gottes das Tragische mit einbeziehen? Zur Deutung ziehe ich die Begriffe des Chaotischen (→ 6.3.1) und der (Ur-)Sünde (→ 6.3.2) heran. Sie bezeichnen nach meinem Verständnis die widergöttliche Eigendynamik der Schöpfung und die Willensrichtungen des Menschen, die sich immer wieder der Realisierung der Schöpfungsintention entgegenstellen. Diese Eigendynamik vollzieht sich mit einer ihr eigenen Macht. Es handelt sich dabei nicht um eine supranaturale Macht, sondern um Mächte in Natur und Geschichte, die man möglichst konkret benennen muss, um nicht in einen weltanschaulichen Dualismus zu geraten. Ein solcher wäre mit dem Schöpfungsglauben nicht vereinbar.

6.3.1 Das Tragische als Erscheinungsform des Chaotischen

Joseph Bernhart verortete das Tragische in der Schöpfung und damit im Willen Gottes (→ 5.5). Auf diese Weise wird das Tragische zwar ernstgenommen, wie ich es immer wieder gefordert habe, dabei aber überhöht. Es ist ontisch universalisiert und verewigt, um nicht zu sagen: «geheiligt», also vergöttlicht. Es muss als unausweichlich gelten.[437] Demgegenüber halte ich daran fest, dass das Tragische in historisch kontingenten Ereignissen und Situationen auftritt. Nur in diesem Sinn – als zusammenfassende Bezeichnung von tragischen Situationen – kann überhaupt von «dem Tragischen» gesprochen werden.

wenn sie diese Annahme *nicht* als Aufbrechen des Sinngrundes erfahren.

437 Gegen solche Überhöhungen hat auch David Bentley Hart – ohne Bezug auf Bernhart – dezidiert Einspruch erhoben (Hart: The Beauty of the Infinite [siehe Anm. 306], 373–394).

Was man aber schwerlich bestreiten kann, ist die Tatsache, dass die *Bedingungen der Möglichkeit* solcher tragischen Ereignisse und Situationen in der als Schöpfung verstandenen Wirklichkeit der Welt angelegt sind. Das Tragische gehört nicht zur Schöpfung Gottes, wie Bernhart meinte, es kommt aber immer wieder in der geschaffenen Welt vor. Es lässt sich verstehen als Erscheinungsform des Chaotischen, aus dem heraus der Kosmos geschaffen ist und das nach wie vor das Geschaffene bedroht. Gegenüber der göttlichen Bestimmung der Schöpfung, die unter der beschriebenen Heilsverheißung steht, ist es das Negative, das «Nichtige», das sinnlos Vernichtende, das weder ontologisch überhöht – wie bei Bernhart – noch durch eine *privatio boni*-Deutung unterbestimmt werden darf – wie bei Karl Barth.[438]

Dieses Negative kommt theologisch als Sünde, als das Böse, das Dämonische usw. zur Sprache. All diese Begriffe sind aber nicht, zumindest nicht ohne Präzisierung ihrer diesbezüglichen Bedeutung, geeignet, um Erscheinungsformen des Tragischen in deren Komplexität zu ergründen. Um sie daraufhin auszurichten, darf ihre Bedeutung nicht auf die moralische Qualität des Handelns beschränkt werden; vielmehr müssen sie auch auf ein Handeln beziehbar sein, das von guten Motiven geleitet ist, aber Unheil hervorbringt (in 6.3.2 lege ich den Begriff «Sünde» auf diese Weise aus). Doch bleiben sie auch dann auf menschliches Handeln bezogen. Tragische Situationen sind aber nicht nur durch menschliches Handeln bestimmt. Es braucht also zusätzlich noch einen weitergefassten Begriff, um ihnen auf den Grund zu gehen.

Begriffe wie die des «Elends» oder des «Übels», bzw. des *malum*[439] sind weniger auf die *Gründe* und stärker auf die *Erfahrung* des Unheils ausgerichtet. Für die *Beschreibung* tragischer Erfahrungen sind sie hilfreich, nicht aber für deren theologische *Ergründung*. Zudem sind sie zu unspezifisch, denn von den in 4.2 genannten Kennzeichen des Tragischen beziehen sie sich vor allem auf das erste (das Tragische als leidverursachendes Unheil).

438 KD III/3, § 50. Vgl. dazu: Matthias D. Wüthrich: Gott und das Nichtige. Eine Untersuchung zur Rede vom Nichtigen ausgehend von § 50 der Kirchlichen Dogmatik Karl Barths, Zürich 2006.

439 Ingolf U. Dalferth: Malum. Theologische Hermeneutik des Bösen, Tübingen 2008.

Ich ziehe den Begriff des «Chaotischen» heran, der die drei zentralen Kennzeichen des Tragischen (Unheil, Kontingenz und Sinnlosigkeit) einschließt. Das Tragische lässt sich als Erfahrung des *Tohuwabohu* verstehen. Dieser Ausdruck begegnet nicht nur in Gen 1,2 – bezogen auf das Urchaos – sondern auch in Jer 4,23 in einem Untergangsszenario. Die Beschreibung, die dort gegeben wird, kommt der Darstellung einer traumatischen tragischen Erfahrung nahe:

> «Mein Inneres, meine Eingeweide! Ich muss mich winden. Die Wände meines Herzens – mein Herz ist mir unruhig [...] Ich sah die Erde, und sieh: wüst und öde!, und sah zum Himmel: Sein Licht ist erloschen! Ich sah die Berge, und sieh, sie wankten, und alle Hügel schwankten. Ich sah hin, und sieh, da war kein Mensch, und alle Vögel des Himmels waren geflohen.» (Jer 4,19.23f)

Das Tragische wird als das Chaotische, als Verwüstung, als Leere und Verlassenheit erfahren. Mit einer Formulierung von Franz Rosenzweig kann man von der «Einsamkeit des Untergangs» sprechen.[440]

Mit dem geschaffenen Sein ist immer auch die Möglichkeit der (Selbst-)Vernichtung gegeben. Strukturen verfallen in Prozessen der Entropie, Substanzhaftes löst sich auf, Lebendiges altert, erkrankt und stirbt. Paul Tillich hat von einem «Erbteil des Nichtseins» in der Geschöpflichkeit des Seins gesprochen.[441] Das Chaotische untergräbt die Ordnung der Schöpfung. Diese Ordnung ist vulnerabel, man könnte auch sagen «fehlbar». Das ist der Kontext, in dem Tragisches sich ereignet.

Die Vulnerabilität der Schöpfung und der Geschöpfe kann man ausgedrückt finden in der Liedzeile aus dem Mittelalter «mitten im Leben sind wir vom Tod umgeben»[442]. «Tod» muss dabei nicht nur auf das Ende des Lebens bezogen sein, sondern kann in einem weiteren Sinn für die Vernichtung von Lebensmöglichkeiten und -ordnungen stehen, wie es in tragischen Erfahrungen der Fall ist.

440 Franz Rosenzweig: Der Stern der Erlösung (1921), Frankfurt a. M. 1993, 86.

441 Paul Tillich: Systematische Theologie, Bd. 1 (siehe Anm. 233), 292.

442 «Media vita in morte sumus». Mit diesen Worten beginnt ein gregorianischer Choral, der Notker I. von St. Gallen zugeschrieben wird. Luther nahm ihn 1524 in seinem Lied «Mitten im Leben sind wir vom Tod umfangen» (Gesangbuch der Evangelisch-reformierten Kirchen der deutschsprachigen Schweiz, Nr. 648) auf.

Ich versuche, das Tragische als das Chaotische näher zu bestimmen und ziehe dazu Leibniz' Unterscheidung dreier Arten des Übels heran: das *malum physicum,* das *malum morale* und das *malum metaphysicum.*[443] So sehr das durch Naturursachen hervorgebrachte *malum physicum* und das durch menschliches Handeln erzeugte *malum morale* in tragischen Geschehensabläufen eine wichtige Rolle spielen kann, so wenig lässt sich das Tragische doch auf jene beiden Ursächlichkeiten reduzieren. Es liegt im «vertrackten» Zusammenwirken von Naturprozessen, menschlichem Handeln, sozialen Interaktionen[444] und situativen Rahmenbedingungen, denen der Mensch ausgeliefert ist. In diesem Gemenge ereignen sich fatale Eigendynamiken. Ereignissequenzen verlaufen mit einer unberechenbaren, unvorhersehbaren «Fatalität». Es kommt zu kontingenten Überschneidungen von Kausalketten, aus denen nichtlineare Prozessverläufe resultieren. Je für sich erstrebenswerte Handlungsziele geraten in Konflikt miteinander. In Antrieben und Zuständen bestehen Ambiguitäten, die Leben fördern, aber auch zerstören können. Aus diesen Konstellationen kann Tragisches hervorgehen. Obwohl alle der genannten Faktoren zur «physischen» Wirklichkeit gehören, kann man in der «Vertracktheit» ihres Zusammenwirkens eine Erscheinungsform des *malum metaphysicum,* also der Unvollkommenheit allen Seins, also der Differenz zwischen Schöpfer und Schöpfung, sehen.

Je komplexer Funktionszusammenhänge sind, umso störungsanfälliger und konfliktträchtiger sind sie auch. Je höher entwickelt ein Wesen ist, umso mehr Möglichkeiten stehen ihm zur Verfügung, Unheil für sich und andere heraufzubeschwören. Je größer die Vielfalt in einem Lebensraum ist, umso wahrscheinlicher kommt es zu Spannungen und Konflikten. Diese Konstellationen erzeugen nicht notwendigerweise (tragisches) Leid. Sie stellen aber die Bedingungen für diese Erzeugung dar. Das aus ihnen hervorgehende Tragische muss als Kennzeichen der Endlichkeit der Schöpfung, der relativen Autonomie der geschöpflichen Prozesse und der Freiheit des Menschen verstanden werden.[445]

443 Leibniz: Theodizee, § 20f.

444 Dieser Aspekt des «malum sociale» wäre dem Leibnizschen Unterscheidungsschema noch hinzuzufügen. Er verweist auf das von sozialen, politischen und sozio-ökonomischen Strukturen und Prozessen ausgehende Unrecht.

445 So auch: Wendy Farley: Tragic Vision and Divine Compassion, Louisville, KY, 1990, bes. 60f.

In Natur und Geschichte lassen sich zahlreiche Ambiguitäten identifizieren, die Tragisches hervorbringen können. So dient etwa der Selbsterhaltungstrieb der Lebewesen zur Erhaltung ihres Lebens, er führt aber auch zur Vernichtung anderen Lebens. Im Menschsein ist eine «natürliche» Egozentrik angelegt, die auch in Kollektiven wirkt und sowohl zu Kooperationen im Innern als auch zu feindseligen Haltungen gegenüber anderen führen kann. Ein weiteres Beispiel stellt die Sexualität dar, in der die Liebe zur höchsten Erfüllung kommt, die aber auch missbraucht werden kann, um Menschen körperlich und seelisch zu ruinieren. Auch im Blick auf das außermenschliche Naturgeschehen lassen sich zahlreiche Beispiele benennen: Ein Vulkanausbruch zerstört Leben, schafft aber mit seiner erstarrten Lava später einen fruchtbaren Nährboden für neues Leben. Diese Ambiguitäten sind demnach nicht nur eine anthropologische, sondern auch eine kosmologische Erscheinung.[446]

Das Tragische liegt dabei nicht in den Ambiguitäten selbst, es kann aber aus ihnen hervorgehen; dann nämlich, wenn sich die beiden Seiten der ambigen Relation gegeneinander kehren. Die Ambiguitäten sind die Bedingung der *Möglichkeit* des Tragischen. Die Erlösungshoffnung richtet sich dementsprechend nicht auf die Überwindung der Ambiguitäten, sondern darauf, dass aus ihnen keine tragischen Situationen entstehen.

6.3.2 Das Tragische als Erscheinungsform der «Grundsünde»

Meine zweite schöpfungstheologische Deutelinie ist stärker als die erste auf das menschliche Handeln bezogen, das den tragischen Ereignisverlauf auslöst oder maßgeblich daran mitwirkt. Wie schon gesagt, eignet sich der

446 In ähnlicher Weise bezieht Edward Farley seine Deutung des Tragischen – prozessphilosophisch inspiriert – auf strukturelle Dissonanzen zwischen Entwicklungszielen von Entitäten und den Bedingungen ihrer Realisierung im Kosmos, auf Indeterminismus- bzw. Chaosphänomene in nichtlinearen Systemen in der Natur sowie auf Ambiguitäten und Konfliktkonstellationen (wie den Konflikt zwischen Idealität und Macht) in der Geschichte. «Cosmos, nature, and history are not designed to promote what each and every participant needs or desires. The very movement of the world in these three spheres leaves behind it a detritus of individuals, species, and whole ecosystems» (Farley: Divine Empathy [siehe Anm. 371], bes. 214f.222f.293f, Zitat: 294).

theologische Begriff «Sünde» nicht, um dieses Handeln zu bezeichnen, sofern er im Sinn eines moralischen Fehlverhaltens verstanden wird. Denn wie in der Phänomenologie der tragischen Erfahrung deutlich geworden ist, kann auch ein Handeln aus edlen moralischen Motiven das tragische Unheil heraufbeschwören. Geht man allerdings auf die Ursprungsbedeutung des griechischen Wortes *hamartia* zurück, das auch Aristoteles bei seiner Deutung der Tragödien gebrauchte, dann weitet sich das Bedeutungsfeld dieses Begriffs. Er bezeichnet dann allgemeiner die «Verfehlung» des Ziels, so wie der Bogenschütze sein Ziel verfehlt. Im übertragenen Sinne geht es um die Verfehlung des Handlungsziels. Es kann auch sein, dass die Handlung das intendierte Ziel erreicht, damit aber gegen eine höhere Ordnung verstößt (wie es in den griechischen Tragödien oft der Fall ist). Bei Aristoteles bezeichnet *hamartia* den «Fehler», mit dem der tragische Held das Unheil auslöst. Es ist dies eine subjektiv gerechtfertigte oder zumindest nachvollziehbare Handlung, die aber einen übergeordneten Handlungsrahmen verletzt. Das kann absichtlich oder unabsichtlich, wissentlich oder unwissentlich geschehen.[447]

Nicht nur in den Tragödien, sondern auch im gelebten Leben zeigt sich oft erst im Rückblick, dass eine bestimmte Handlung ein Fehler war. Die Aussagen, in der sich diese Einsicht artikuliert, beginnen dann mit «hätte ich doch …» oder «wie konnte ich nur …».

Bei einem solchen metamoralischen Verständnis von «Sünde» tritt die subjektive Dimension der Schuld zurück. Der Handelnde ist nicht im moralischen Sinn schuldig; er hat nichts Verwerfliches getan, sondern es vermutlich sogar gut gemeint. Und doch ist Unheil daraus entstanden, was sein Handeln retrospektiv als «Fehler» *(hamartia)* erscheinen lässt. Objektiv gesehen trägt er zumindest eine Mitschuld daran. In diesem Sinne ist er schuldlos schuldig.

Versteht man «Sünde» in diesem weiteren Sinn in einem theologischen Bezugsrahmen, dann ist damit nicht nur ein moralisch verwerfliches, sondern allgemeiner jedes Handeln bezeichnet, das der Schöpfungsbestimmung entgegenläuft. Diese besteht darin, lebensdienliche Strukturen bereitzustellen und Lebensordnungen vorzugeben, die den Lebewesen

447 Zu Aristoteles' Verständnis von *hamartia* siehe: Arbogast Schmitt: Einleitung zu: Aristoteles Werke in deutscher Übersetzung, Bd. 5: Poetik (siehe Anm. 43) 123f; Nancy Sherman: Hamartia and Virtue, in: Amély Oksenberg Rorty (Hg.): Essays on Aristotle's Poetics, Princeton, NJ, 1992, 177–196.

gerechte Lebensverhältnisse im «Schöpfungshaus» *(oikos)* Gottes gewähren. Sünde meint ein Handeln, das diese Strukturen schädigt und die Ordnungen verletzt. Daraus entsteht Unheil für die Menschen, aber auch für andere Lebewesen, für Sozialverbände innerhalb der Gesellschaft und für die Gesellschaft insgesamt, für die Kultur und die außermenschliche Natur.

Das gilt in gleicher Weise für das tragische Unheil. Die Tragik liegt dabei auch darin, dass oft nicht erkennbar ist, welches Handeln der heilshaften Schöpfungsintention Gottes entspricht. Dies zeigt sich erst im Rückblick und die dabei gewonnene Einsicht kann sich wiederum im Rückblick darauf als Täuschung erweisen. Es gibt keinen täuschungsfreien übergeschichtlichen Erkenntnisstandpunkt. Die Geschichte des Christentums enthält unzählige Beispiele dafür, wie ein aus tiefster Frömmigkeit motiviertes Handeln Unheil erzeugt hat, das man aus heutiger Sicht als widergöttlich bezeichnen muss.

Um den Begriff «Sünde» zur Deutung tragischer Ereignisverläufe heranzuziehen, muss man ihn also erstens in einem weiten, metamoralischen Sinn auffassen, der über ein schuldhaftes Handeln hinausgeht. Selbst in Fällen, in denen sich eine Tatschuld feststellen lässt, steht doch das daraus erwachsene Unheil im Missverhältnis dazu; es hat den Charakter des Verhängnisses. Man darf zweitens dieses Handeln nicht isoliert betrachten, sondern muss es im Zusammenhang der komplexen Handlungssituation sehen. Ein «Fehler» kann als Auslöser eine Rolle spielen, aber das Tragische liegt im Geflecht der Situationsbedingungen und im weiteren Verlauf der Ereignisse. Drittens muss man die Vorstellung eines linearen Verlaufs von Intention, Handlung und Handlungsfolge aufbrechen: Die Handlungsfolge kann die Intention pervertieren. Bei diesem dritten Punkt ist zwischen der Perspektive der Handelnden und der Perspektive der Beobachtenden zu unterscheiden. Selbst wenn in der Perspektive der Handelnden eine Kohärenz zwischen Intention, Handlung und Handlungsziel besteht, kann diese Handlung aus der Perspektive der Beobachtenden unheilvolle Folgen austragen, welche die Intention verfehlen. In der Retrospektive können auch die Handelnden die Beobachtendenperspektive einnehmen.

Gehen wir noch einen Schritt weiter und fragen grundlegender, ob (und ggf. in welcher Weise) sich die Vorstellung der *Grund-* bzw. *Erbsünde* zur Deutung des Tragischen heranziehen lässt. Nicht nur in der Theologie, sondern auch in philosophischen Tragödientheorien (etwa bei Schopenhauer

[→ 3.2.1])[448] und in «christlichen Tragödien» – etwa bei Calderón – wurde auf diese Lehre Bezug genommen.[449] Walter Benjamin sah darin das Pendant zum außerchristlichen Schicksalsglauben.[450] Nach Walter Sparn ist «Erbsünde» «[d]er Ort für die Bearbeitung tragischer Erfahrungen».[451]

Bittere Erfahrungen in der Geschichte der Menschheit führten zur philosophischen und theologischen Suche nach tieferen Gründen dafür, nach einem Grund-Übel. Nach Karl Jaspers wurden in und seit der von ihm sogenannten Achsenzeit immer wieder Versuche unternommen, die menschliche Not auf eine «Grundverfallenheit des Menschseins und der Welt (durch Nichtwissen, durch Sünde, durch Unordnung)»[452] zurückzuführen.

In der christlichen Theologie bildete sich die Vorstellung von einer Grundsünde der Menschheit zur Deutung von Unheilserfahrungen heraus. Man sprach auch von der Ur-, Erb-, Natur-, Wurzel-, Allgemein- oder «Adamssünde» und bezog sich dabei auf die Erzählung vom sogenannten «Sündenfall» (Gen 3).

> Narratologisch betrachtet lassen sich tragödienanaloge Erzählstrukturen in dieser mythologisch-ätiologischen Urgeschichte aufweisen: Schuldlos (weil von der Schlange dazu verführt) und zugleich schuldig (weil es seinem Begehren folgt und nach dem ihm Verbotenen greift) zieht sich das Urmenschenpaar die Strafe Gottes zu. Diese bestimmt die Existenzverfassung des Menschseins für alle Zeiten. Das Vergehen wird zum Fluch, die Einzelschuld zur Kollektivschuld.

Die Rede von einer «Grundsünde» bezieht sich nicht auf konkrete Handlungen, sondern auf grundlegende Handlungsorientierungen; nicht zuerst auf bestimmte Zustände, sondern auf Strukturen, die diese Zustände hervorgebracht haben; nicht zuerst auf bestimmte Faktoren und Entwicklungen, sondern auf deren Anfangs- und Rahmenbedingungen.[453]

448 Siehe das in Anm. 149 belegte Zitat.

449 Auch bei Friedrich Hebbel (→ 4.2.7) und George Steiner (→ 4.2.3) begegnete dieser Gedanke.

450 Benjamin: Der Ursprung (siehe Anm. 50), 308.

451 Sparn: Art. «Tragik/Tragödie» (siehe Anm. 392), 759.

452 Jaspers: Über das Tragische (siehe Anm. 213), 122.

453 Die von Max Scheler eingeführte Unterscheidung zwischen moralischer («schuldiger») Schuld, die «auf dem *Akt* der Wahl beruht» und tragischer

Der Lehre von der Grundsünde zufolge ist die grundlegende Willensrichtung des Menschen deformiert, was dann unausweichlich zu sündigem Handeln führt. Den Übeln, die aus Taten entstehen, liegt ein Grundübel voraus, das die menschliche Natur «vergiftet». Es betrifft also die ganze Menschheit. Der einzelne Mensch hat diesen Zustand nicht verschuldet, partizipiert aber an ihm. Bei der Urschuld handelt es sich mithin nicht um Schuld im Sinne einer individuellen Normabweichung und Vergehenszurechnung (Schuld-Haben), sondern um das Involviertsein in einen Schuldzusammenhang (Schuld-Sein). Innerhalb dieses Schuldzusammenhangs folgt der Wille in relativer Freiheit seiner verkehrten Ausrichtung. Was die Ausrichtung angeht, so hat er aber keine Freiheit. Er ist ein Knecht der Ursünde und hat ein «servum arbitrium». Unter diesem Joch kann der Mensch nicht nicht sündigen. Er unterliegt dem Verhängnis der menschheitlichen Urschuld, die immer wieder neue Schuld generiert.[454] Die Grundsünde konkretisiert sich in der Abwendung von Gott *(aversio a Deo),* in übersteigerter Selbstliebe *(amor sui, incurvatus in se)* und der damit verbundenen Unfähigkeit, Nächstenliebe zu praktizieren. Damit führt sie zu einer Selbstentfremdung des Menschen.

Grundsünde bezeichnet damit die «tragische» Verfassung des Menschseins, der unter göttlichen Geboten steht, die er nicht erfüllen kann, und unter einer göttlichen Bestimmung, der er nicht gerecht werden kann. Selbst wenn er danach strebt, gottwohlgefällig zu handeln und zu leben, vermag er es doch nicht. Seine sündigen Antriebe, für die er nichts kann, lassen es nicht zu. Von dieser «naturhaften» Notwendigkeit beherrscht, wird er schuldlos schuldig und ist doch unentschuldbar. Die Tragik liegt dabei auch darin, dass der Mensch diese Verwicklung durchschaut und sich doch nicht davon befreien kann. Er muss erlöst werden.

Diese Lehre versucht zu erklären, wie der Mensch, der doch als Ebenbild Gottes erschaffen ist (Gen 1,27), so viel Unheil hervorbringen kann. Sie beantwortet diese Frage mit dem Hinweis auf die Prädisposition des

(«unschuldiger») Schuld, die «auf der *Sphäre* der Wahl beruht» (→ 3.3.1) weist ebenfalls in diese Richtung.

454 Zur Lehre der Ur- bzw. Erbsünde siehe etwa: Siegfried Wiedenhofer (Hg.): Erbsünde – was ist das?, Regensburg 1999; Tatha Wiley: Original Sin. Origins, Developments, Contemporary Meaning, Mahwah, NJ, 2002; Helmut Hoping / Michael Schulz (Hg.): Unheilvolles Erbe? Zur Theologie der Erbsünde (QD 231), Freiburg i. Br. 2009; Eva Harasta (Hg.): Erbsünde. Neue Zugänge zu einem zwielichtigen Begriff, Neukirchen-Vluyn 2012.

menschlichen Willens durch eine urzeitliche «Verfehlung». Dies hat (besonders im Protestantismus) ein negatives Menschenbild zur Folge. In dieser anthropologischen Generalisierung des Negativen liegt das Problem.

Die Frage, wie die grundlegende Ausrichtung des menschlichen Willens zustande kommt, ist berechtigt und wichtig. Sie aber mit einer ultimativen Generaltheorie über die sündhafte Deformation des Willens zu beantworten, die den Menschen unausweichlich zum Sündigen nötigt, führt nicht zu einer differenzierten Sicht auf die menschliche Willensbildung, sondern postuliert nur die Erlösungsnotwendigkeit. Demgegenüber gilt es zu zeigen, wie konkrete Strukturen Macht über die Ausrichtung des Willens ausüben können. Dabei stellt sich zum einen die Frage, wie der menschliche Wille beschaffen ist, dass er solchen Fremdbestimmungen unterworfen werden kann, ohne dies als Fremdbestimmung zu empfinden; denn wo er von solchen machtvollen Strukturen besetzt ist, folgt er diesen «freiwillig».[455] Zum anderen gilt es, diese Strukturen möglichst präzise zu benennen. Bezogen auf das Individuum können dies zum Beispiel Süchte sein, unter deren Herrschaft der Mensch tut, was die Sucht von ihm fordert. Bezogen auf Kollektive können es rassistische Ideologien, nationalistische und/oder religiöse Fanatismen, Verschwörungstheorien (wie der Hexenwahn) usw. sein. Es sind dies menschenweltliche «Mächte», die man nicht supranatural überhöhen, dämonisieren oder gar satanisch personalisieren darf.

Die prozess- und befreiungstheologischen Deutungen der (Ur-)Sünde sehen deren Erscheinungsformen nicht zuerst im Gottes- und Selbstverhältnis des Menschen, sondern in dessen Sozial- und Weltbezug, bzw. in den politischen, ökonomischen und sozialen Verhältnissen. Sie setzen weniger bei der Willensbildung des Menschen, sondern stärker bei Machtstrukturen an, die zu ökonomischer Ausbeutung, sozialer Marginalisierung und politischer Repression führen, und deuten die durch die gesamte Ge-

455 Zeitgenössische Auseinandersetzungen mit der Erbsündenlehre stehen zumeist in Zusammenhang mit der Debatte um die (Willens-)Freiheit des Menschen. Siehe dazu etwa: Christoph Böttigheimer u. a. (Hg.): Die Erbsündenlehre in der modernen Freiheitsdebatte (QD 316), Freiburg i. Br. u. a. 2021.

schichte hindurch von Menschen ausgeübte Gewalt zum einen anthropologisch als eine im Menschen angelegte Neigung dazu und zum anderen politisch als Folge dieser Strukturen.[456]

Im Folgenden will ich den Versuch unternehmen, das Tragische in den Rahmen der Lehre von der Grundsünde zu stellen. Dabei muss ich aber die auf Augustin zurückgehende Erbsündenlehre einer grundlegenden Umdeutung unterziehen. Die Lehre selbst wird dabei vom *interpretans* zum *interpretandum*. Die von mir anvisierte Revision bezieht sich auf folgende Aspekte:

(a) Nicht Substanz, sondern Beziehungsgeschehen:
Die Rede von einer «*Erb*sünde» ist durch die von Augustin vertretene biologistische Auffassung bis zur Unbrauchbarkeit belastet. Dieser Deutung zufolge wird das «Virus» der Ursünde durch den Sexualakt schon dem Embryo eingepflanzt. Nach Luther ist die Erbsünde «ein eingeborenes Böses, welches uns des ewigen Todes schuldig macht und auch nach der

456 Nach Marjorie H. Suchocki besteht die Sünde vor allem in der Anwendung von Gewalt. Sünde ist «participation through intent or act in unnecessary violence that contributes to the ill-being of any aspect of earth and its inhabitants» (Marjorie H. Suchocki: The Fall to Violence: Original Sin in Relational Theology, New York 1994, 12). Die *Grund*sünde ist dementsprechend zu verstehen als eine dem Menschen zu allen Zeiten eigene Neigung zur Gewalt. Diese hat sich nach Suchocki in der biologisch-kulturellen Evolution des Menschengeschlechts ausgebildet, wo sie für das physische Überleben, besonders für die Nahrungsbeschaffung notwendig war. Durch die Weitergabe von Werthaltungen, Handlungsorientierungen und Weltsichten wird dem Menschen im Prozess seiner Sozialisation eine bestimmte Einstellung zu dieser Neigung vermittelt. Schließlich ist er durch die interrelationale Verwobenheit aller Geschöpfe miteinander in die «Solidarität der Sünde» gestellt, auch wenn er selbst keine sündigen Akte begeht. Diese drei Dimensionen – das biologische Erbe der Gewaltneigung, die erzieherische Mitteilung von gewaltfördernden oder -legitimierenden Haltungen sowie die aktive oder passive Teilhabe an Strukturen, die das geschöpfliche Wohl («well-being») verletzen – machen das Wesen der *Grund*sünde nach Suchocki aus. «My thesis is that original sin is created through a triadic structure constituted by a propensity toward violence, by an interrelational solidarity of the human species, and by social structures that shape the formation of consciousness and conscience» (a. a. O., 84f).

Taufe bleibt.»[457] Erbsünde wurde als eine die Natur des Menschen vergiftende Substanz betrachtet. In dieser Auffassung sehe ich – nicht zuletzt aufgrund ihrer unheilvollen Wirkungsgeschichte – einen Irrweg der Theologie.

Diese Lehre knüpft vor allem an Gen 3, Ps 51,7 und ausgewählte Stellen aus den Paulusbriefen (etwa Röm 3,10; 5,12–19) an, entbehrt aber insgesamt einer breiteren biblischen Grundlage. Zudem steht sie anderen biblischen Aussagen über die Sünde[458] und über den Menschen entgegen.[459]

Im Anschluss an ein relationales und aktuales Verständnis von Sünde, das diese als Akt einer Beziehungsstörung versteht, deute ich *Grund*sünde (bzw. Grundsündigkeit) als die Neigung zu einem Handeln, das solche Störungen hervorbringt. Das betrifft nicht nur die Beziehung zu Gott,[460] sondern alle Grundbeziehungen des Menschen, also auch die Beziehung zu sich selbst, zu den Mitmenschen und zur außermenschlichen Umwelt.

457 WA 39/1, 116, 22–117, 2. Siehe dazu: Gerhard Ebeling: Der Mensch als Sünder. Die Erbsünde in Luthers Menschenbild, in: ders.: Lutherstudien III. Begriffsuntersuchungen – Textinterpretationen – Wirkungsgeschichtliches, Tübingen 1985, 74–107.

458 Nach Ez 18,20f gibt es keine kollektive Schuldverstrickung. Vgl. Joh 9,1ff.

459 Mit Hilfe der Lehre von den zwei *status* – *status integritatis* und *status corruptionis* – wurde versucht, diese Vielstimmigkeit zu systematisieren. Die «Hoheitsaussagen» über den Menschen (wie Ps 8,6) bezog man auf den Menschen «vor dem Sündenfall», die «Niedrigkeitsaussagen» (wie Röm 3,4) auf den Menschen unter der Herrschaft der Sünde. Zur biblischen Anthropologie siehe: Gunda Schneider-Flume: Wenig niedriger als Gott. Biblische Lehre vom Menschen, Leipzig 2013.

460 Nach Christof Gestrich ist Erbsünde zuerst und vor allem die «allgemeine Verfehlung des rechten Verhältnisses zu Gott», die dann auch auf die anderen Beziehungen des Menschen ausstrahlt. (Christof Gestrich: Die Wiederkehr des Glanzes in der Welt. Die christliche Lehre von der Sünde und ihrer Vergebung in gegenwärtiger Verantwortung, Tübingen 1989, 265). Das Sündhafte der Sünde besteht ihm zufolge in der Selbstrechtfertigung des Menschen, in der Vertauschung von Schöpfer und Geschöpf und damit im Unglauben als Verstoß gegen das erste Gebot (Christof Gestrich: «Erbsünde» – das Verhängnis menschlicher Selbstrechtfertigung, in: Hoping/Schulz (Hg.): Unheilvolles Erbe? [siehe Anm.: 454], 161–177). Siehe auch: ders.: Peccatum – Studien zur Sündenlehre, Tübingen 2003.

Die Lehre von der Sünde und der Grundsünde ist somit in anthropologischen, ethischen, sozialen und politischen, ökonomischen usw. Dimensionen zu entfalten. Gleiches gilt für die Soteriologie.

Tragische Erfahrungen können ihren Ausgangs- oder Schwerpunkt in einer (metamoralisch verstandenen!) «Verfehlung» in den vier Elementarbeziehungen des Menschen haben:

- in der Beziehung zu sich selbst; etwa, wenn ein innerer Konflikt die Integrität der Person erschüttert;
- in der Beziehung zur sozialen Mitwelt; etwa, wenn ein Mensch zwischen konfligierenden Loyalitäten und den aus ihnen hervorgehenden Imperativen zerrieben wird;
- im Weltbezug des Menschen, etwa, wenn die tragische Situation durch eine pervertierte Prozessdynamik heraufbeschworen wird, die ein wertvolles Natur- oder Kulturgut zerstört;
- in der Beziehung zu Gott; etwa, wenn eine Person, die im Vertrauen auf Gottes Beistand lebt, sich von Gott verlassen oder gar verraten fühlt.

Die vier Grundbeziehungen sind dabei immer auch in ihrem Zusammenhang zu sehen – als Beziehungen in Beziehung zueinander. Störungen betreffen das gesamte Geflecht des menschlichen In-der-Welt-Seins, wenn auch in unterschiedlicher Weise. Sie betreffen auch das Gegenüber, zu dem hin die Beziehung besteht: die beschädigte Selbstidentität, den leidenden Mitmenschen, die seufzende Kreatur und den zurückgewiesenen Gott.

Die meisten tragischen Erfahrungen ereignen sich in den Überschneidungsbereichen zwischen den Grundbeziehungen; sie resultieren etwa aus Missverhältnissen zwischen dem ethisch Gebotenen, den äußeren Bedingungen, den Handlungsabsichten, den Handlungen und deren Folgen oder aus der Unvereinbarkeit zwischen dem Gott-Geschuldeten und menschenweltlichen Loyalitäten. Das Tragische betrifft das gesamte In-der-Welt-Sein des Menschen und damit die Verfassung der von ihm erfahrenen Welt selbst.

Doch bei weitem nicht jede Beziehungsstörung hat den Charakter des Tragischen. Dieser ist nur dann gegeben, wenn eine Kumulation der in Kapitel 4 benannten Kennzeichen vorliegt. Die Bedingung der Möglichkeit, dass es zu tragischen Situationen kommt, liegt in der Ambiguität, die dem Vollzug der Grundbeziehungen anhaftet. Sie können in einer lebensdienlichen Weise gepflegt werden; in ihnen kann aber auch leidverursachendes Unheil entstehen bzw. erzeugt werden.

(b) Nicht zeitliches Geschehen, sondern strukturelle Bedingtheit:
*Grund*sünde darf nicht in einem zeitlichen Sinn verstanden werden. Damit ist kein prähistorischer «Sündenfall» vor oder am Beginn der Menschheitsgeschichte gemeint, aus dem eine Urschuld resultiert und der eine göttliche (Todes-)Strafe für den Menschen nach sich zieht. Es geht um Unheil generierende Grundstrukturen, die das Handeln von Menschen disponieren und determinieren. Dabei kann es sich auch um im Grunde lebensdienliche Strukturen handeln, die sich aber lebensvernichtend auswirken. Also: Kein Dualismus, sondern Ambiguität!

> Diese Deutung lässt sich in mehrfacher Hinsicht in Beziehung setzen zur paulinischen Beziehungsbestimmung von Begierde, Gesetz und Sünde, wie ich sie in 5.2 beschrieben habe: Die Ursünde besteht nach Paulus in der Begierde.[461] Sie ist im Fleisch des Menschen angelegt, sodass der unerlöste Mensch ihrer Herrschaft *ausweglos* ausgeliefert ist. Durch das *ambige* Gesetz wird sie entfacht, sodass das Ich ihren Antrieben folgt, statt zu tun, was das Gebot Gottes gebietet. Die Sünde sündigt in ihm und doch ist er es, der sündigt. Er ist *schuldlos schuldig*. Die Sünde beraubt den Menschen seiner ethischen Selbstbestimmung. Das sündhafte Tun des Menschen wird nicht vom Gesetz selbst hervorgebracht; dieses bietet aber die *Bedingung der Möglichkeit* dafür. «Die Sünde ergreift die Gelegenheit» (Röm 7,8.11). Sie benutzt das lebensdienliche Gesetz, um ins Verderben zu führen.

In aktuellen Interpretationen hat man die Grundsünde auf zeitübergreifende Schuldzusammenhänge bezogen, in die Menschen hineingeboren werden und die über ihre individuelle Wirksamkeit hinauswirken. Das ist nicht im Sinne einer Kollektivschuld zu verstehen, sondern als Bewusstsein der intergenerationellen Verpflichtung, früheren Opfern etwas schuldig zu sein. Auch in der Phänomenologie des Tragischen spielt die überindividuelle, transpersonale Schuld eine Rolle (→ 4.2.7).

(c) Nicht nur Schuld, sondern Verhängnis:
Wie ich Sünde nicht nur auf ein moralisch schuldhaftes Handeln beziehe, so verstehe ich unter *Grund*sünde auch nicht eine seinshafte Urschuld.

461 Siehe dazu: Wolter: Der Brief an die Römer (siehe Anm. 368), 431.

Grundsünde bezeichnet eine verhängnisvolle Willensrichtung, die sich der menschlichen Selbstbestimmung weitgehend entzieht. Damit ist dieses Konzept geeignet, den Verhängnischarakter der tragischen Erfahrung zu erfassen: die schuldlos-schuldige Verstrickung in einen Ereignis- und Handlungszusammenhang, die Pervertierung des Handelns, die unauflösbaren Konflikte der Handlungsorientierung usw. Der Bezugsrahmen von Schuld, Buße und Sühne ist dafür zu eng. In tragischen Situationen spielt menschliches Handeln zwar eine Rolle, doch nicht immer ist es ein (subjektiv) schuldhaftes Handeln und nicht immer ist es der Auslöser der Ereignisverläufe und selbst wenn dies der Fall ist, lässt sich der Verlauf nicht linear auf diese Ursprungsaktivität zurückführen. Das erzeugte Unheil verhält sich dysproportional zum Handeln. Die tragische Erfahrung ist eher durch Verlorenheit, Autonomieverlust und Unterjochung unter die o. g. «Mächte und Gewalten» (Kol 2,10.15) als durch (eigene oder fremde moralische) Schuld gekennzeichnet.

Piet Schoonenberg hat die Lehre von der transpersonalen Sünde mit dem Hinweis auf die «Situiertheit» des Menschen in sozialen und kulturellen Zusammenhängen zu erhellen versucht. Diese Situationen sind historisch gewachsen, d. h. vom (sündigen) Handeln früherer Generationen geprägt. Sie bilden den Rahmen, in dem der Mensch handelt und beschränken damit seine Freiheit. Der Handelnde partizipiert an der «Situationssünde», in die er eingebettet ist, noch bevor er handelt.[462] Dieser Deuteansatz kommt meinem situativen Verständnis des Tragischen (→ 4.1) entgegen. Das «Ursündige» betrifft demnach primär die Konstellation der Situation, in der und aus der heraus Tragisches entsteht.

Der Schuldaspekt des Tragischen besteht dabei nicht primär in einem Schuld*haben,* auch nicht in einem Schuld*sein,* sondern darin, dass der Mensch Gott, seinen Mitmenschen, der außermenschlichen Kreatur und sich selbst immer etwas *schuldig bleibt,* dass er den vier Grundbeziehungen nie vollumfänglich gerecht zu werden vermag. Schon aufgrund der Begrenztheit ihrer Möglichkeiten und Fähigkeiten bleiben Menschen in ihren Grundbeziehungen ihrem jeweiligen Gegenüber immer etwas schuldig.

462 Piet Schoonenberg: Der Mensch in der Sünde, in: Johannes Feiner / Magnus Löhrer (Hg.): Mysterium Salutis. Grundriß heilsgeschichtlicher Dogmatik. Bd. 2: Die Heilsgeschichte vor Christus, Einsiedeln 1967, 845–941, bes. 906–927.

Von diesem überindividuellen und metamoralischen Schuldverständnis her eröffnet sich die Möglichkeit, den Schuldzusammenhang als ein zweiseitiges Geschehen zu verstehen: nicht nur hinsichtlich dessen, was ein Mensch Gott, anderen Menschen, seiner Lebensumwelt und sich selbst schuldig bleibt, sondern auch im Blick auf das, was *ihm* in diesen Beziehungen an Lebensmöglichkeiten vorenthalten wird. Die alttestamentlichen Klagepsalmen artikulieren diese Umkehr der Schuldzuweisung in eindrücklicher Form.

«Ursündigkeit» wäre demnach nicht nur auf den Willen und das Handeln zu beziehen, sondern als Signatur der menschenweltlichen Wirklichkeit zu verstehen, in der sich Menschen immer wieder in Gemengelagen von Schuld und Verhängnis verfangen können, aus denen dann tiefe Einschnitte in ihren Existenzvollzug hervorgehen und Unheil für andere erwächst. Im Begriff der Ursündigkeit ist die Erfahrung kondensiert, dass Menschen in Situationen geraten können, die über ihre Absichten und Handlungsmacht hinausgehend Lebensmöglichkeiten beschädigen, Projekte scheitern lassen und Beziehungen zerstören können, was sich selbst mit bestem Willen und klugem Handeln nicht abwenden lässt.

In diesem weiter gefassten, nicht nur auf den Menschen, sondern auf die Welt bezogenen Sinn, besteht die Ursündigkeit nicht in der Unausweichlichkeit des Schuldigwerdens als einer immer neuen Folge des Ur-Schuldigseins, sondern darin, dass sich Lebensdienliches immer und überall in Lebensfeindliches verkehren kann, dass Lebewesen, Lebensräume, Lebensmöglichkeiten, ethische, rechtliche und politische Lebensordnungen, lebensdienliche Beziehungen und Gemeinschaften usw. zerstört statt zur Entfaltung und Vollendung gebracht werden. So verstanden artikuliert sich in der Lehre von der Ursündigkeit die Erfahrung von der universellen Vulnerabilität des Lebens.

(d) Keine Notwendigkeit, aber Tendenz bzw. Potenz:
Mit der traditionellen Erbsündenlehre war der Gedanke der Notwendigkeit verbunden. Nach Augustin ist die Sündenverfallenheit des Menschen nicht nur faktisch, sondern notwendig gegeben. Die reformatorische Theologie hat sich dieser Auffassung weitgehend angeschlossen.[463] Demnach

463 Das Konzil von Trient dekretierte demgegenüber, dass der Mensch nur zur Sünde «geneigt» sei (DH 1515). Daraus folgt, dass er an seiner Rechtfertigung mitwirken kann.

bringt die Ursünde mit Notwendigkeit Sünde hervor. Die damit verbundene Schuld ist unausweichlich.

Demgegenüber verstehe ich Ursündigkeit als *allgegenwärtige Möglichkeit,* mehr noch: als *Tendenz bzw. Potenz,* die heilshafte Schöpfungsbestimmung zu verfehlen, weil das menschliche Handeln evolutionsgeschichtlich von Interessen und Antrieben geleitet ist, die nicht auf die Realisierung dieser Bestimmung ausgerichtet sind. Die Ursündigkeit ist demnach die Neigung zu einem Handeln, das diese Bestimmung «verfehlt» *(hamartia),* woraus Unheil erwächst.[464] Das Gleiche ist auch vom Chaotischen zu sagen (→ 6.3.1). Auch dieses stellt die allgegenwärtige Möglichkeit, Tendenz und Potenz dar, die Schöpfung zu bedrohen.

Darin liegt aber noch nicht das eigentlich Tragische. Dieses tritt erst dort auf, wo sich etwa ein Handeln, das ganz auf die Realisierung der Schöpfungsbestimmung ausgerichtet ist, als kontraproduktiv erweist und Unheil hervorbringt, wo lebensdienliche Ordnungen ins Lebensfeindliche umschlagen, wo es zu unlösbaren Konflikten beim Versuch kommt, die Schöpfungsbestimmung zu erkennen und zu realisieren usw. Das Tragische ist demnach *eine* Erscheinungsform von Ursündigkeit.

6.3.3 Das Tragische als Fallgrube in der Schöpfung

Tragische Erfahrungen lassen sich verstehen als Manifestationsgestalten des Chaotischen und des Ursündigen. Dabei ist das Chaotische (als Tendenz zur [Selbst-]Zerstörung des Geschaffenen) und das Ursündige (als Neigung des Menschen, die Schöpfungsbestimmung zu verfehlen) nicht identisch mit dem Tragischen. Dieses kann aber daraus hervorgehen. Für

464 Die Deutung der Grundsünde als einer *Neigung* der Handlungsorientierung nähert sich Kants Konzept des «radikal Bösen» an. Kant sah im Menschen eine natürliche Prädisposition zum Bösen angelegt, die «den Grund aller Maximen verdirbt» (Immanuel Kant: Die Religion innerhalb der Grenzen der bloßen Vernunft [1794], B 35, in: Kants Werke [hg. von W. Weischedel], Bd. 6, Darmstadt 1966, 649–879, Zitat: 685). Damit verbindet sich für Kant allerdings ein sittlicher Vernunftoptimismus, den ich nur bedingt teile: Ihm zufolge kann der Menschen dem Hang zum Bösen die Orientierung an ethischen Prinzipien entgegensetzen. Er ist also nicht zum Sündigen verdammt und auf Erlösung angewiesen. Die Macht des «radikal Bösen» wird damit m. E. unterschätzt.

die theologische Sicht des Tragischen bedeutet das: Die *Möglichkeitsbedingungen* des Tragischen gehören zur Schöpfung, seine *Ereignung* aber läuft der Schöpfungsbestimmung entgegen. Das Tragische ereignet sich nicht notwendig, sondern kontingent. Es ist auf keinen notwendigen Ereignungsgrund zurückzuführen und von keiner höheren Notwendigkeit umfangen. Vielmehr stellt es die Realisierung einer Möglichkeit dar, die unter anderen Umständen unrealisiert geblieben wäre.

Schöpfungstheologisch betrachtet ist das Tragische ein Störfaktor, der aus menschlichen Handlungen und/oder aus den relativ eigengesetzlichen Emergenzen des Natur- und Geschichtsprozesses resultiert und jederzeit auftreten kann. Aus der im Grunde guten Schöpfungsordnung kann Unheil erwachsen. Nicht nur die Sintfluterzählung, sondern weite Teile der deuteronomistischen Geschichtsdeutung und der prophetischen Verkündigung handeln davon. Aus den geschaffenen Bedingungen, die Leben entstehen ließen und es zur Entfaltung kommen lassen, können sich leidverursachende und lebenszerstörende Entwicklungen ergeben. Das lebensdienliche «Gesetz», die Thora, kann pervertiert werden. Die gleiche Komplexität und Vielfalt, die den Reichtum der Lebenswelt ausmacht, kann zu Konflikten führen, die Freiheit zu Unterdrückung, die Rationalität zum Aufbau gewaltiger Zerstörungspotenziale.

Die Warum-Frage – warum es diese *Möglichkeitsbedingungen* gibt und warum daraus tragische Situationen entstehen – lässt sich daher nur so beantworten, dass die in der Schöpfung angelegten Potenziale polyvalent sind: Sie können lebensdienliche und lebensvernichtende Wirkungen hervorbringen. Darin liegt die Ur-Tragik der Schöpfung.

Im Tragischen kommt nicht die Verderbtheit der menschlichen Natur zum Ausdruck, sondern die undurchschaubare Rätselhaftigkeit, Gebrochenheit und Zerbrechlichkeit des menschlichen In-der-Welt-Seins. Doch ist diese Gebrochenheit kein unabwendbares *fatum,* das notwendig Böses gebärt, auch keine von Gott auferlegte Strafe, Versuchung oder Erziehungsmaßnahme, wie Hiobs Freunde mutmaßen. Es geht vielmehr aus der (nach Gen 1,3.10.12.18.21.25.31) im Grunde guten Schöpfung, aus deren Strukturen und Eigendynamiken hervor.

So verstanden ist das Tragische Ausdruck nicht des «Gefallenseins» der Menschheit bzw. der Welt, sondern – bildhaft gesprochen – der Fallgruben, in die der Mensch, andere Lebewesen, natürliche Systeme und Kulturgüter jederzeit stürzen können bzw. sich selbst stürzen.

Das Tragische führt dem Menschen vor Augen, dass seine Erkenntnis-, Entscheidungs- und Handlungsmöglichkeiten begrenzt sind. Sein Existenzvollzug ist von Spannungen durchzogen und Gefährdungen ausgesetzt. Diese manifestieren sich etwa in den tragischen Konfliktsituationen, die vor eine aporetische Wahl stellen, oder in Situationen, die gar keine Wahl lassen, weil ein katastrophisches Ereignis allen Handlungsspielraum zerstört hat, oder in der Beschränktheit der menschlichen Erkenntnis. Tragische Situationen gehen nicht selten mit der von den Betroffenen nicht zu verantwortenden Unkenntnis des gesamten Netzwerks der Einflussfaktoren einher. Die darin verwickelten Menschen können die Situationsdynamik nicht vorhersehen und überschauen, erleben sie aber im klaren Bewusstsein.

Wenn das Tragische auf diese Weise in Beziehung zum Chaotischen und der Ursünde gesetzt wird, so ist daraus nicht die Konsequenz zu ziehen, dass es fatalistisch hinzunehmen wäre. So wie es sich bei der Ereignung des Tragischen um eine *Möglichkeit* handelt, so besteht immer auch die Möglichkeit und sogar die ethische Verpflichtung, Einfluss auf die leidverursachenden Bedingungen zu nehmen und auf diese Weise das Leiden zurückzudrängen oder doch wenigstens in helfender Solidarität mit den Leidenden seine Folgen zu mildern. Das dazu erforderliche menschliche Mitgefühl kann von keinem tragischen Geschehen zerstört werden, denn dieses Geschehen deformiert nicht die Humanität des Menschen (wie es die klassische Erbsündenlehre besagte), sondern verlangt nach ihrer Bewährung.

6.4 Die Tragik Jesu

6.4.1 Das Kreuz als Inbegriff tragischer Sinnlosigkeit

Sofern der Kreuzestod Jesu in der christlichen Theologie überhaupt mit dem Tragischen in Verbindung gebracht wurde, beharrte man in aller Regel darauf, diese Verbindung negativ zu bestimmen. So schreibt etwa Dietrich Ritschl:

> «Das Leiden und Sterben von Jesus kann nicht als tragisch bezeichnet werden, wenn Tragik die zukunftslose Ausweglosigkeit bedeutet, in der jede Entscheidung in den Abgrund oder zur Schuld führt.»[465]

Wenn das Tragische so verstanden wird, kann der Leidensweg und der Tod Jesu in der Tat nicht als tragisch bezeichnet werden. Wenn man das Tragische aber weiter fasst in dem Sinn, wie ich es im vierten Kapitel versucht habe, dann ergibt sich ein anderes Bild. Die dort genannten sieben Kennzeichen des Tragischen lassen sich durchaus auf den Lebens- und besonders auf den Leidensweg Jesu anwenden. Den Kulminationspunkt seiner aktiven Passion, den Kreuzestod, deute ich als Inbegriff tragischer Sinnlosigkeit und widerspreche damit der in der Theologie verbreiteten Auffassung, mit diesem Tod sei das Tragische abgetan und überwunden.

Nicht selten wurde das Kreuz – anknüpfend an die Darstellung im Johannesevangelium – verherrlicht[466] statt es realistisch als Folterinstrument zu sehen. Meine Deutung geht demgegenüber vom Markusevangelium aus und setzt beim Verlassenheitsschrei Jesu an. Nach Mk 15,34 schrie Jesus vor seinem Tod die Worte aus Ps 22,2: «Mein Gott, mein Gott, warum hast Du mich verlassen». Nimmt man diese Aussage in ihrer ganzen Abgründigkeit ernst, dann zeigt sie an, dass Jesus sein Vertrauen in den letzten Sinngrund verloren hatte.

Geoffrey Brereton spielt diese Interpretationsmöglichkeit im Konjunktiv durch. Wenn es sich beim Verlassenheitsschrei wirklich um die letzten Worte Jesu handeln würde «it would mean that at the end Jesus realised the failure of the mission to which his life had been dedicated and he would become an authentically tragic figure.»[467] Genau davon gehe ich aus.[468]

465 Ritschl: Zur Logik der Theologie (siehe Anm. 334), 235.

466 So spricht etwa Hans Ehrenberg vom «Jubel des Kreuzes»: «Im Jubel des Kreuzes herrscht weder Tragik noch Komik. Die Wirklichkeit wird fertig: Gott, Welt und Mensch, alle drei im Heidentum Fragmente, werden zu Ende geführt.» (Ehrenberg: Tragödie und Kreuz [siehe Anm. 320], 3f).

467 Geoffrey Brereton: Principles of Tragedy. A Rational Examination of the Tragic Concept in Life and Literature, London 1968, Nachdruck 2022, 52.

468 Zu den wenigen, die diese Sicht teilen, gehört Terry Eagleton: «Jesus's crucifixion is genuinely tragic» (Eagleton: Sweet Violence [siehe Anm. 109], 37). Eagletons Überlegungen stehen im Zusammenhang einer (marxisti-

Auch wenn man zwischen der Erzählung und dem Erzählten, d. h. zwischen der theologisch geprägten und literarisch stilisierten Überlieferung der Evangelien und dem darin berichteten historischen Geschehen unterscheiden muss, so lässt sich dieses Geschehen doch mit hinreichender Deutlichkeit aus ihnen erkennen. Es geht mir im Folgenden nicht um die Frage, ob die Passions*erzählung* Merkmale einer Tragödie – etwa einer Märtyrertragödie – aufweist, sondern um die darin erzählten Ereignisse, also um den Leidensweg Jesu und sein bitteres Ende. Diese sehe ich als das Resultat tragischer Situationsumstände, in die sich Jesus mehr oder weniger absichtsvoll hineinbegeben hat, die dann aber in ihrer Eigendynamik desaströse Folgen für ihn hatten. Die genannten Kennzeichen des Tragischen treffen darauf zu, auch das der Sinnlosigkeit: In seiner brutalen Faktizität ist dieser Foltertod ein abgrundtief sinnloses Geschehen.

Bei dieser Interpretation darf der Blick nicht auf Jesus als tragische Figur verengt werden. Die Tragik liegt vielmehr in der ganzen Situation bzw. Ereignissequenz, in die auch andere Figuren – wie Judas, Petrus, Pontius Pilatus usw. verwickelt sind. Schon vor seiner Passion nahm Jesus teil an den tragischen Zweideutigkeiten des Lebens, wie Paul Tillich zu Recht feststellt,[469] und der Leidensweg selbst besteht aus einer Serie tragischer Erfahrungen: das Ringen mit Gott im Garten Gethsemane, der Verrat durch Judas, die Anklage wegen Gotteslästerung, die Verleugnung durch Petrus, die Verurteilung durch Pontius Pilatus, die Zurschaustellung und Verspottung, der Weg zum Kreuz, die Kreuzigung selbst und das höhnische Lachen der Vorübergehenden sowie der Hohen Priester und Schriftgelehrten unter dem Kreuz – Szenen einer Tragödie, die dann in der weiteren Christentumsgeschichte als Stationen des Kreuzwegs dargestellt und inszeniert wurden.

Das Tragische liegt dabei nicht primär im Erleiden dieser Widerfahrnisse, sondern in den inneren Spannungen, die sie prägen: Der Gerechte wird zum Sündenbock. Seine Mission kehrt sich gegen ihn und fordert das Opfer seines Lebens von ihm. Der «Gottessohn», der sich von Gott gesandt wusste, gerät in der Ausführung dieser Mission nicht nur in Konflikt

schen) Kulturkritik der kapitalistischen Moderne. Die Deutung der Kreuzestodes Jesu als tragisches Geschehen steht bei ihm allerdings nicht im Fokus und wird auch nicht weiter vertieft. Siehe dazu die Diskussionsbeiträge in: Literature and Theology 19/2, 2005.

469 Tillich: Systematische Theologie, Bd. 2 (siehe Anm. 414), 143–145.

mit den religiösen und politischen Autoritäten, sondern auch in Konflikt mit Gott. Die Ereignisse bewegen sich im Spannungsfeld von Kontingenz und Notwendigkeit. Sein Handeln löst diese Ereigniskette zwar aus, doch diese überrollt ihn in ihrer Eigendynamik und führt zu einem Resultat, dessen unheilvolle Dimension weit über den Auslöser hinausgeht. In gewisser Weise ist er selbst an seinem Ergehen schuld, Gott gegenüber aber schuldlos.

Diese Sicht ergibt sich, wenn man den Leidensweg Jesu zunächst nicht aus der «österlichen» Perspektive, also im Licht der Auferstehung betrachtet, sondern aus einer «vorösterlichen», so wie der leidende und sterbende Jesus und seine Jünger die Ereignisse erfahren haben mögen. In diesem Geschehen liegt nichts Einzigartiges, nichts Herrliches und schon gar nichts Heilshaftes. Es ist die Unheilserfahrung einer «totalen Tragik»[470]. Das Sendungsbewusstsein Jesu spielt darin eine wichtige Rolle, doch ist der Leidensweg Jesu nicht das Resultat einer von Gott verordneten Notwendigkeit. Der Foltertod wurde von menschlichen Akteuren verursacht. Das Kreuz ist der Inbegriff menschengemachter Vernichtung gottgegebenen Lebens.[471]

6.4.2 «Auferstehung» zu neuem Sinn

Mitten im Trauma der Jünger brach in ihnen die Erkenntnis auf, dass die Beziehung Gottes zu Jesus auch über die Todesgrenze hinweg unverbrüchlich Bestand hatte. Bei Gott war er lebendig. Die «Auferstehung» Jesu ereignete sich in der Auferstehungserfahrung der Jünger. Diese grundstürzende Erfahrung riss sie aus ihrem Trauma heraus. Eine intensive Sinnfindungs- und Sinnbildungsarbeit setzte in der Nachfolgegemeinschaft ein, die zu den Deutungen geführt hat, die im Neuen Testament auf das Leiden und den Tod angewendet wurden.[472] In der Retrospektive konnte dieser Tod als Erfüllung eines heilshaften Zwecks gesehen werden. In

470 Siehe Anm. 276.

471 Siehe dazu: Reinhold Bernhardt: Jesus Christus – Repräsentant Gottes. Christologie im Kontext der Religionstheologie, Zürich 2021, 271–282; Katharina Merian (Hg.): Repräsentation. Ein neues christologisches Modell im Kontext der Religionen, Zürich 2025.

472 Siehe dazu die Zusammenfassung in: Bernhardt: Jesus Christus (siehe Anm. 471), 271–273, dort findet sich weitere Literatur.

dieser «österlichen» Perspektive erschien er nun als sinnvoll und notwendig.

Das betrifft vor allem den sündentheologischen Bezugsrahmen der Kreuzesdeutung, in dem Jesu Tod als Opfer, als Mittel der Sühne, der Sündenvergebung und der Versöhnung mit Gott verstanden wird. Diese Ansätze der Sinnfindung oder Sinnstiftung greifen auf Traditionen zurück, die im sozialen, kulturellen und religiösen Kontext der damaligen Zeit verfügbar waren. Ihnen gemeinsam ist, dass sie das Unheilsereignis in eine *soteriologische* Perspektive stellen und es als ein Heilsereignis sehen, entweder so, dass es von Gott als ein solches intendiert war, oder so, dass es von Gott zu einem solchen gewendet wurde.

Wenn man das Leiden und Sterben Jesu in dieser soteriologischen Perspektive in den Blick nimmt, darf man die Perspektivität nicht vergessen, in der sich diese Sicht ausgebildet hat. Sie stellt eine spätere Verarbeitung der ursprünglich traumatischen Erfahrung dar. Zwischen der Erfahrung und dieser Verarbeitung liegt ein Weg, den man nicht überspringen darf, wenn man einen kreuzestheologischen Triumphalismus vermeiden will. Schiebt man die späteren Sinnstiftungen in die Leidenserfahrung hinein, sodass dieses Leiden als etwas an sich Sinnvolles oder sogar Notwendiges, weil von Gott Gewolltes erscheint, wirft das unweigerlich einen dunklen Schatten auf das Verständnis Gottes, bis dahin, dass diesem Gott Sadismus vorgeworfen wird, wie Dorothee Sölle es getan hat.[473]

Das Bildwort von der «Auferstehung» Jesu besagt nach meinem Verständnis, dass die Sinnlosigkeit dieses Todes in Gott aufgehoben ist. Dadurch wird dieser Tod aber nicht sinnvoll. Der Leidensweg Jesu bleibt in seiner Tragik stehen; die Erfahrung der Gottverlassenheit ist eine reale, der Kreuzestod ein tragisches Ereignis. Aber indem Jesus seinen Verlassenheitsschrei an den Gott adressiert, von dem er sich verlassen weiß, legt er die sinnlose Tragik seines Leidens und Sterbens in Gott hinein. Gott vergegenwärtigt sich dieser Sinnlosigkeit. Er hält sie aus und führt sie über sich hinaus, indem er am Gekreuzigten auch in dessen Tod festhält, sodass aus diesem Tod Neues entstehen kann.

Nach dieser Deutung muss *diese,* wie *jede* Erfahrung von sinnloser Tragik nicht religiös verklärt, nicht verdrängt, als uneigentlich erklärt oder umgedeutet werden. Sie kann in ihrer ganzen Abgründigkeit ernstgenom-

473 Dorothee Sölle: Leiden, Stuttgart ^{7}1987, 34f.39.

men werden, ohne dass dieser Abgrund als die letzte Instanz gesehen werden müsste. Das Tragische ist durch Jesu Leiden und Sterben *nicht* ein für allemal überwunden. Doch jede Erfahrung des Tragischen – wie überhaupt jeder Tiefpunkt menschlicher Existenzerfahrung – ist in Gott aufgehoben.

Der Trost des christlichen Glaubens liegt darin, dass der Gott, von dem sich Jesus verlassen wähnte, in alledem bei ihm war und dass die Beziehung zu Gott, die ihn im Leben getragen hat, auch an der Todesgrenze nicht endete. Darin besteht nach meinem Verständnis «Erlösung»: in der Gewissheit, dass uns nichts trennen kann von der Liebe Gottes, auch das tragische Unheil nicht (in Abwandlung von Röm 8,38). Diese Gewissheit löst die Angst, in einen bodenlosen Abgrund zu fallen und führt zu einer gelösten Lebenshaltung (unter der von Paulus in 1Kor 7,29–31 beschriebenen Devise des «haben, als hätte man nicht»).[474]

«Auferstehung» besagt zudem, dass das Sinnlose nicht sinnlos bleiben muss. Es kann einen Sinn *bekommen*. In der Sinnleere kann sich Neues bilden und es hat sich in diesem Fall Neues gebildet: Die Jünger Jesu wurden zu einer neuen Lebenseinstellung «auferweckt», eine Nachfolgegemeinschaft ist entstanden, die zu einer großen Weltreligion geworden ist und zahllosen Menschen gerade auch in Erfahrungen von Tragik und Sinnlosigkeit Halt und Orientierung gegeben hat.

Doch noch einmal sei betont: Dass aus Unheilserfahrungen etwas Neues, Heil- und Sinnvolles entstehen kann, ändert nichts daran, dass sie in sich und an sich sinnlos sind. Auch wenn das sinnlos Tragische für die von Unheilserfahrungen Betroffenen nachträglich einen Sinn *bekommen* kann, heißt das nicht, dass es einen Sinn *hat*.

474 Zu Recht warnt Walter Sparn vor einer Prinzipalisierung der Erlösungsvorstellung: «Die in Christus geschehene und im Glauben angenommene Erlösung ist kein Prinzip ‹Erlöstheit›, aus dem die Abwesenheit des Tragischen im christlichen Leben zu folgern wäre» (Sparn: Art. «Tragik/Tragödie» [siehe Anm. 392], 760). Doch geht auch er von der schon geschehenen Erlösung aus und nähert sich damit einem soteriologisch begründeten Antitragismus: «Das Evangelium von Jesus Christus setzt der tragischen Konstellation, die es unter Sündern vorfindet, kraft seiner wirksamen Gegenwart im Glauben an die Vergebung persönlicher und schicksalhafter Schuld ein Ende. Es führt aus der Rechtfertigung von Schuld in die Rechtfertigung des in Schuldzusammenhänge verstrickten Menschen.» (A. a. O., 759).

6.4.3 Karsamstag als Erfahrungsort des Tragischen

In diesem Abschnitt ziehe ich die am Ende von 6.4.2 schon angelegte Verschränkung der Tragik Jesu mit den tragischen Erfahrungen von Menschen aller Zeiten weiter aus, benenne den Karsamstag als existenziellen «Ort» dieser Erfahrungen und frage nach Ansätzen zu ihrer praktischen Bewältigung. Dazu leisten die Studien zu Trauma und Resilienz wertvolle Erkenntnishilfen.[475]

Auf die traumatische «Karfreitagserfahrung» des Tragischen folgt für die vom Unheil Betroffenen der posttraumatische «Karsamstag». Sie stehen wie die Jünger nach dem Tod Jesu noch ganz unter dem Schock des erlittenen Unheils und ahnen nichts von einer «Auferstehung». Das Markusevangelium endet in seiner ursprünglichen Fassung ohne eine Auferstehungserzählung. Ohne dass ein Weg erkennbar wäre, der über das Trauma hinausführt, sind die Traumatisierten der Erfahrung von Verzweiflung, Verlassenheit, Verlorenheit und Sinnlosigkeit – also den Erfahrungsqualitäten tragischer Situationen – ausgesetzt. Die Flucht in die Apathie, die unberührbare Leidlosigkeit der Indifferenz, legt sich nahe.

In der Begleitung von Menschen, die am Erfahrungsort des Karsamstags stehen, gilt es, diese Erfahrung mit ihnen auszuhalten, den Erkenntnisstandpunkt des Karsamstags nicht vorschnell zu verlassen, um eine «österliche» Perspektive einzunehmen, in der das Leiden der von tragischen Widerfahrnissen Traumatisierten in das Licht einer Auferstehungshoffnung gestellt wird. Es wäre dies kein Trost, sondern eine Vertröstung: Opium für die Betroffenen und nicht zuletzt auch für die Tröster selbst. Wirklicher Trost besteht darin, den Traumatisierten an ihrem Karsamstag beizustehen und sie bei ihren posttraumatischen Gehversuchen zu begleiten, so wie der auferstandene Jesus die Jünger auf dem Weg nach Emmaus begleitet hat.

Man kann die Sinnlosigkeit des Tragischen nicht ausschalten, sondern nur aushalten. Und auch das kann man oft nicht. Wenn man nicht in die Gefahr des Zynismus geraten will, sollte man nicht versuchen, einen Sinn im Tragischen aufzuspüren oder hineinzulegen. Allein die von tragischen Unheilssituationen Betroffenen selbst haben das Recht, im Rückblick zur Einsicht zu gelangen, dass etwas Neues daraus erwachsen ist. Man kann ihnen aber anbieten, sie ein Stück weit auf diesem beschwerlichen Weg zu

475 Exemplarisch: Lucy Bond / Stef Craps (Hg.): Trauma, London 2020; Rebecca Böhme: Resilienz. Die psychische Widerstandskraft, München ^{2}2024.

begleiten, sodass der Schmerz und die Trauer nicht von ihnen allein getragen werden müssen.

Für die Betroffenen gilt es zunächst, aus der paralysierenden Fixierung auf die tragische Erfahrung – man könnte sagen: aus ihrem Bann – herauszukommen, Distanz dazu zu gewinnen und sie als Teil der eigenen Lebensgeschichte zu akzeptieren. «Trotzdem» ist das Leitwort dabei: Es gilt, dem Erlittenen zu trotzen, aus der Lähmung heraus in Bewegung zu kommen (damit ist nicht nur die seelische, sondern durchaus auch die körperliche Bewegung gemeint) und dabei für neue Perspektiven, Empfindungen, Wertungen und Praxisformen empfänglich zu werden. Daraus kann eine neue Selbstbestimmung und Selbstverwirklichung erwachsen.

Es ist eine Gnade, wenn es ihnen gelingt, von der quälenden Warum-Frage, die auf ihren Karfreitag zurückblickt und (vergeblich) nach einem Sinn im Sinnlosen sucht, allmählich frei zu werden und die Fragerichtung umzukehren: von der rückwärtsblickenden Warum-Frage zur nach vorne gerichteten Wozu- oder Wofür-Frage, die Ausschau hält, was daraus werden kann. Diese Umkehrung öffnet den Blick für die Möglichkeit von Auferstehungserfahrungen, d. h. dafür, dass aus dem Sinnlosen Neues erwachsen kann. In einem langen und schmerzlichen Verarbeitungsprozess können sich neue Sinnmuster bilden, in die die tragische Erfahrung eingewoben ist. Auf diese Weise kann sie retrospektiv – im Rückblick von den Transformationen, die sie bewirkt hat – für die Betroffenen einen Sinn bekommen, sodass sie sagen können: «Ich habe dadurch eine neue Sicht auf mein Leben und auf das, was wirklich wichtig ist, gewonnen».

Die existenzielle Sinnfrage kann nicht intellektuell beantwortet werden, weder durch den Aufweis einer kausalursächlichen Erklärung des Geschehens noch durch die Unterstellung einer finalursächlichen Zweckhaftigkeit. Es geht nicht um die Beantwortung einer Frage, sondern um die möglichst weitgehende Heilung einer Wunde, die vermutlich nie ganz verheilt. Die Erfahrung des Tragischen als einer Zerrissenheits- oder Zerbrochenheitserfahrung verlangt nach Heilung im Sinne der Ganzwerdung, der Wiederherstellung der Integrität, der Befähigung, wenn möglich gegen das Tragische aufzustehen, sich aufzurichten und einen Weg in die Zukunft zu finden. Das wird immer nur graduell gelingen und beginnt mit dem Annehmen des Unannehmbaren. Glaubende können diesen Weg im Vertrauen auf die «österliche» Verheißung Gottes gehen.

Im Blick auf die Deutung des Kreuzestodes Jesu wie im Blick auf die Begleitung von Menschen, die traumatische Erfahrungen erlitten haben,

> scheint es mir geboten zu sein, beide Perspektiven – die «vorösterliche» und die «österliche» weder in ein gegenseitig exklusives, noch in ein inklusiv-überbietendes, sondern in ein komplementäres Verhältnis zueinander zu setzen. Demzufolge löst die österliche Perspektive die vorösterliche nicht ab und betrachtet sie auch nicht als etwas Vorletztes, demgegenüber sie ihr letztes Wort zu sagen hätte. Vielmehr stehen beide nebeneinander, ergänzen und kritisieren sich gegenseitig. Jede hat ihr volles Recht und bringt eine tiefe Wahrheit zum Ausdruck. Die Spannung zwischen ihnen bleibt unaufgelöst.[476] Man darf Kreuz und Auferstehung nicht voneinander trennen, man muss diese beiden Signaturen christlicher Existenz aber deutlicher, als es die theologische Tradition oft getan hat, unterscheiden.

Hans Urs von Balthasar hat den Karsamstag als Thema der Theologie profiliert.[477] In seiner Karsamstagstheologie nimmt die Gottverlassenheitserfahrung Jesu zwar auch eine zentrale Stellung ein (→ 5.5), doch wird sie nicht als Absturz in die tiefste Verzweiflung am Ende eines tragischen Leidenswegs verstanden, sondern als Heilsereignis, in dem Gott aus tiefster

476 Jean Zumstein schreibt: «Losgelöst von der Auferstehung ist das Kreuz für ihn [Paulus] eine sinnlose Tragödie. Umgekehrt aber ist die Auferstehung, wenn sie behauptet, das Kreuz aufzuheben oder es an Bedeutung zu übertreffen, eine irreführende Lesart der Geschichte Jesu.» (Jean Zumstein: Das Wort vom Kreuz als Mitte der paulinischen Theologie, in: ders. / Andreas Dettwiler [Hg]: Kreuzestheologie im Neuen Testament, Tübingen 2002, 27–42, Zitat: 30).

477 In seiner «Theologie der drei Tage» (Einsiedeln 1969, [3]2011) deutet von Balthasar den Abstieg Jesu ins Totenreich zum einen inklusiv-stellvertretend (als Solidarität mit den Toten), zum anderen exklusiv-stellvertretend (als Übernahme des Todes, der der Sünde Sold ist). In seinen späteren Überlegungen zum Karsamstag (u. a. in der «Theodramatik», Bd. 4: Das Endspiel, Einsiedeln 1983, 273–293, und insbesondere in der «Theologik», Bd. 2: Wahrheit Gottes, Einsiedeln 1985, 289–329) tritt die exklusive Deutung immer weiter in den Vordergrund. Die Hölle wird als Gnadengeschenk Gottes verstanden. Siehe dazu: Susanne Hegger: Die Hölle als Gnadengeschenk Gottes bei Hans Urs von Balthasar, Würzburg 2012. Eine aktuelle Auseinandersetzung mit von Balthasars Karfreitagstheologie findet sich in: Riyako Cecilia Hikota: And Still We Wait. Hans Urs von Balthasar's Theology of Holy Saturday and Christian Discipleship, Eugene, OR, 2018. Katharina Merian arbeitet derzeit an einer Habilitationsschrift zur reformierten «Theologie des Karsamstags», in der sie sich mit von Balthasars Karsamstagstheologie auseinandersetzt.

Liebe die äußerste Gottferne des Todes auf sich nimmt und damit die Menschheit von der Macht des Todes erlöst. Es ist dies ein Stück kontemplative heilsgeschichtliche Theologie «von oben». In dem Heilsgeheimnis, das sich durch Kreuz, Höllenfahrt und Auferstehung des Gottessohnes vollzieht, offenbart sich Gottes trinitarische Liebe. Im Anschluss an den Philipperhymnus beschreibt von Balthasar das Heilsgeschehen als einen mit der Menschwerdung des Gottessohnes beginnenden Prozess der Entäußerung und Erniedrigung. Am Karfreitag erleidet Jesus den Kreuzestod in tiefster Einsamkeit stellvertretend für die sündige Menschheit. Am Karsamstag steigt er noch weiter hinab: in das Reich des Todes als Ort der absoluten Gottesferne. In der «ewige[n] Gottlosigkeit des Ganztoten»[478] erreicht die Kenose ihren Tiefpunkt. Indem Gott den Toten vom Tod auferweckt, erhöht und verherrlicht, ist der Bann des Todes für die Menschheit insgesamt gebrochen. In der Hölle ereignet sich der Tod des Todes. Danach ist für Gott keine menschliche Höllenerfahrung mehr fremd. Deshalb ist der Karsamstag ein Heilstag, sogar der Heilstag schlechthin. Die Karsamstagstheologie von Balthasars ist eine *theologia gloriae*.

Das ist bei Shelly Rambo nicht der Fall. Sie hat in kritischem Anschluss an von Balthasar theologische Überlegungen zur Deutung und Verarbeitung von Traumata angestellt, die auch für die Interpretation des Tragischen unmittelbar relevant sind.[479] Dabei kommt sie meinem Anliegen entgegen, traumatische Erfahrungen nicht vorschnell in eine Auferstehungsperspektive zu stellen. Leidenserfahrungen finden in einem «Zwischen» zwischen Tod und Auferstehung statt. So stark auch das Bedürfnis sein mag, dieses leidvolle Zwischen hinter sich zu lassen; es muss durchlebt werden. Dabei braucht es den Beistand (das Dabeibleiben: «remaining») von Menschen, die sich dieser Karsamstagserfahrung aussetzen. Sie besteht im Warten und Suchen, in Ungewissheit und Desorientierung. Die bisherige Lebensform ist zerbrochen und eine neue noch nicht in Sicht. Dabei sieht Rambo den Geist Gottes gerade in diesem Zwischen am Werk: als «Middle Spirit», der Gott an diesem existenziellen Ort zwischen Tod und

478 Philipp Stoellger: coram cruce. Deutungspotentiale der Kreuzestheologie, Tübingen 2024, 335. Zur Karsamstagstheologie insgesamt: 328–338.

479 Shelly Rambo: Spirit and Trauma. A Theology of Remaining, Louisville, KN, 2010; dies.: Spirit and Trauma, in: Interpretation: A Journal of Bible and Theology 69/1, 2015, 7–19.

Leben gegenwärtig macht, dem nach unten ziehenden Sog entgegenwirkt, die Aufmerksamkeit auf Keime neuen Lebens lenkt und diese befruchtet. Die spirituelle «Heilkraft» wirkt langsam und erfährt viele Rückschläge. Doch hilft sie auf die ihr eigene subtile Weise mehr als Heilsversprechen, die das tragische Leid als in Christus schon überwunden proklamieren.[480]

Mit Ingolf U. Dalferth kann man sagen:

> «Es geht darum, aus der Unterbrechung des Lebens durch Unverfügbares und Unbegreifliches einen Weg zurück in das Leben zu finden, der das Unverfügbare und Unbegreifliche nicht negiert, minimiert und auflöst, sondern mit ihm und angesichts von ihm zu leben erlaubt.»[481]

Doch ist dies ein steiniger Weg. Der Karsamstag ist auch ein Tag der Dunkelheit, der Trauer und Klage. Kein «Morgenglanz der Ewigkeit» in Sicht! In dieser Hinsicht gilt, was Henning Luther den Seelsorgenden ins Stammbuch geschrieben hat:

> «In Klage und Verzweiflung liegt mehr ehrliche Hoffnung als in Beteuerung von Sinn und Lebensgewissheit. Die Trauer hält die Treue zum Anderen, zum Besseren, zum Ende des Leidens, den die Affirmation des Daseins längst verraten hat. Nur wer klagt, hofft.»[482]

Seelsorge hat nach Henning Luther zuerst der Klage und der Verzweiflung unzensiert Raum zu geben, satt Sinnantworten zu vermitteln, so wie Hiob es von seinen belehren wollenden Tröstern fordert: «Hört doch, hört mein Wort, und das sei der Trost, den ihr mir gewährt. Ertragt es, dass ich rede» (Hiob 21,2f).

480 Philosophische und theologische Reflexionen zu Traumaerfahrungen finden sich auch bei William Desmond: Being at a Loss. Reflections on Philosophy and the Tragic, in: Georgopoulos (Hg.): Tragedy and Philosophy (siehe Anm. 102), 154–186. Desmond deutet die traumatische und posttraumatische Erfahrungsperspektive als ein doppeltes «crossing over»: zunächst vom Leben in den Tod, von wo aus auf das Leben zurückgeblickt wird, dann umgekehrt vom Tod ins Leben, um von dort auf den Tod zurückzublicken. Siehe auch: Cathy Caruth: Unclaimed Experience. Trauma, Narrative, and History, Baltimore 1996, 57–72.

481 Dalferth: Malum (siehe Anm. 439), 524.

482 Luther: Die Lügen der Tröster (siehe Anm. 6), 170. Ähnlich: Catherine Keller: On the Mystery. Discerning Divinity in Process, Minneapolis, MN, 2008, 73.

Für die Begleitung der von tragischen Erfahrungen Betroffenen braucht es *Empathie,* d. h. die Bereitschaft, sich auf die Erfahrung des anderen einzulassen, um sie so weit wie möglich von innen heraus zu verstehen, ohne von ihr absorbiert zu werden. Eine einfühlsame Distanz der sie Begleitenden ermöglicht es den Betroffenen, dann auch selbst Distanz zur tragischen Erfahrung zu gewinnen, um sich so zu dieser Erfahrung in Beziehung zu setzen. Auf diese Weise können sich Resilienzen bilden.[483]

Dies geschieht durch eine konstruktive *Erinnerung,* die mehr ist als ein bloßes Sich-Zurückversetzen in die Vergangenheit. Sie «gedenkt» dessen, was war, bezieht dabei auch die nicht-verwirklichten Möglichkeiten mit ein, bewertet das Gewesene und macht es so für die Gegenwart und Zukunft fruchtbar. Sie deckt die Einflussfaktoren auf, die zur tragischen Situation führten, und die Prägungen, die das Handeln darin bestimmt haben. Damit wird eine Selbstunterscheidung von diesen Prägungen und eine selbstbewusste Weiterentwicklung möglich.

Je mehr sich die Fähigkeit zur *Imagination* mit der Erinnerung verbindet, umso stärker richtet sich der Blick nach vorne auf die Überschreitung der aus der Vergangenheit herausgewachsenen Gegenwart auf Möglichkeitsspielräume der Zukunft. So sehr deren Verwirklichung auch von vorgegebenen Bedingungen abhängt, so wird sie doch auch von der Kraft von Visionen und Hoffnungen bestimmt. Das ermöglicht es, schrittweise die Lähmung zu transzendieren, welche die tragische Erfahrung hinterlassen hat, die ja durch Ausweglosigkeit, d. h. durch das Fehlen von Entwicklungsmöglichkeiten charakterisiert war.

Doch vermag kein therapeutisches Handeln das geschehene Unheil ungeschehen zu machen und die geschlagenen Wunden zu heilen. Bei aller menschlichen Zuwendung wird bei den Betroffenen immer die posttraumatische Narbe zurückbleiben, so wie beim auferstandenen Jesus die Narben der Kreuzigung zurückblieben. Auf dem Weg zur Verarbeitung der tragischen Erfahrung wird diese nie ganz überwunden. Wenn man überhaupt von einem Heilwerden sprechen kann, so besteht es in der Bildung neuer Vertrauensgrundlagen, tragfähiger Beziehungsnetze und der Ausrichtung auf einen gangbaren Weg in die Zukunft.

483 Auch Wendy Farley betont die Bedeutung des Mitgefühls bzw. Mitleids für die Bewältigung tragischer Situationen: «Compassion is the resilience of the passion for justice that survives tragedy and in fact resists and defies it» (Farley: Tragic Vision [siehe Anm. 445], 39).

6.5 Gläubiger Realismus statt Heilsoptimismus

Es mag dem Heilsbedürfnis der Glaubenden entgegenkommen, das Tragische als im Grunde schon überwunden anzusehen. Doch handelt es sich dabei nicht um den gläubigen Realismus, den schon Paulus – etwa gegenüber den Enthusiasten in Korinth – einforderte. Die christliche Erlösungshoffnung darf nicht zu einer Verherrlichung der tragischen Erfahrungswirklichkeit führen. Wenn die tragischen Erfahrungen und die ihnen zugrunde liegenden Urspannungen des menschlichen Existenzvollzugs immer schon aus der Perspektive ihrer eschatologischen Überwundenheit betrachtet werden, hilft das nicht, um im Tragischen bestehen zu können und therapeutische Impulse freizusetzen, sondern es stellt eine Sedierung dar, die den Opfern nur als Zynismus erscheinen kann.

Die christliche Erlösungshoffnung verweist auf eine durch die «Auferstehung» Jesu bekräftigte Verheißung, deren Erfüllung noch aussteht. Als solche kann sie dann durchaus auch die Existenzhaltung eines Menschen in der Gegenwart bestimmen und auf diese Weise im Vorschein ihrer gänzlichen Erfüllung anfangshaft realisiert werden. Das rechtfertigt aber nicht, die Welt und den Menschen als schon erlöst zu sehen.

Zu Recht weist Dietrich Mack darauf hin, dass eine präsentische Eschatologie in der Gefahr steht, den christlichen Glauben in einen naiven Heilsoptimismus abgleiten zu lassen.[484] Die Möglichkeit, tragisches Unheil zu erleiden, in ausweglose Konflikte zu geraten, zu scheitern, der Sinnlosigkeit ausgesetzt zu sein, ist allgegenwärtig. Jesus hat all das nicht überwunden, sondern erlitten.

Nach Röm 6,1–11 steht die Teilhabe an der Auferstehungswirklichkeit noch aus (vgl. auch 2Tim 2,18). Die Existenz der Christen ist eine Existenz «unter dem Kreuz». Dazu gehört die Erfahrung von sinnlosem Unheil. Es ist dies keine bloß uneigentliche Erfahrung, sondern eine ganz und gar eigentliche.

Theologisch sachgemäß von göttlicher Verheißung zu sprechen, bedeutet demnach, die Differenz von Verheißung und Erfüllung in Rechnung zu stellen. Karl Barth hat diese Differenz in seinen frühen Schriften eingeschärft:

> «Verheißung ist nicht Erfüllung. Verheißung bedeutet, dass Erfüllung uns versprochen ist. Verheißung hebt die Notwendigkeit zu glauben nicht auf,

484 Mack: Ansichten zum Tragischen und zur Tragödie (siehe Anm. 19), 128.

> sondern begründet sie. Verheißung ist des Menschen Teil, Erfüllung ist Gottes Teil. […] Vorweggenommene Erfüllung raubt uns auch die Verheißung.»[485]

Geradezu tragisch ist es, dass Barth auf dem Weg zur Ausbildung seiner christozentrischen Wort-Gottes-Theologie diese Einsicht hinter sich gelassen zu haben scheint und nun die Auffassung vertrat, dass in Christus die Verheißung Gottes ein-für-allemal erfüllt ist und die Glaubenden an dieser erfüllten Verheißung partizipieren.

> In der «Theologie der Krise» nach dem Ersten Weltkrieg fand eine programmatische Abwendung vom heilsgeschichtlichen Denken statt. Gott wurde als der ganz Andere vorgestellt, der gewissermaßen als Kritiker der Geschichte «senkrecht von oben» spricht und handelt. Wolfhart Pannenberg sprach von einer «antihistorischen Revolution»[486]. Damit war die Möglichkeit eröffnet, die menschliche Existenz und die Geschichte in ihrer Abgründigkeit, Gebrochenheit und in ihren tragischen Verstrickungen zu sehen. Diese Möglichkeit blieb aber in den Weiterentwicklungen der Dialektischen Theologie weitgehend ungenutzt. Stattdessen überwölbte die Wort-Gottes-Theologie die Realgeschichte mit der Gottesgeschichte – «Gott in der Geschichte seiner Taten» sei der Gegenstand evangelischer Theologie, postulierte Karl Barth.[487] Diese Geschichte hat ihren Kulminationspunkt in der heilshaften Gottesoffenbarung in Jesus Christus. Für das Tragische ist letztlich kein Platz darin.

In seiner *Kirchlichen Dogmatik* schreibt Barth dann 1940:

> «In der Erkenntnis und im Bekenntnis der Barmherzigkeit Gottes zerbricht gerade das, was man als die Tragik der menschlichen Existenz so ernst zu nehmen pflegt. Es gibt etwas Ernsteres als sie, nämlich dies, dass unsere Not – und zwar gerade die Not unserer Sünde und Schuld – in

485 Karl Barth: Not und Verheißung der christlichen Verkündigung (1922), in: ders.: Das Wort Gottes und die Theologie, München 1924, 99–124; abgedruckt, in: Karl Barth Gesamtausgabe, Bd. 19, Zürich 1990, 65–97, Zitat: 89.

486 Wolfhart Pannenberg: Problemgeschichte der neueren evangelischen Theologie in Deutschland. Von Schleiermacher bis zu Barth und Tillich, Göttingen 1997, 354 u. ö.

487 Karl Barth: Einführung in die evangelische Theologie, Zürich ^{3}1985, 15 (kursiv).

> Freiheit aufgenommen, in Gott selber ist und dort erst, nur dort, wirkliche Not ist.»[488]

Das heißt im Umkehrschluss: Die als Tragik erfahrene Not ist für den Menschen keine wirkliche, ernsthafte Not. Es scheint ihm nur so – aus der Perspektive *remoto Christo*. Auch hier begegnen wir wieder einer theologischen Abmäßigung tragischer Erfahrungen, die das Tragische bagatellisiert. Es wird zu einer uneigentlichen, weil noch nicht vom Auferstehungsglauben erleuchteten Erfahrung herabgestuft, die im Lichtkegel des göttlichen Heilshandelns nur begrenzte Aufmerksamkeit verdient. Die Seelsorge kann ihre Aufgabe darin sehen, dieser Erfahrung mit der Verkündigung der Heilsgewissheit zu begegnen.

Die in Christus besiegelte eschatologische Heilshoffnung kommt aber nur dann wirklich zur Geltung, wenn zum einen die geschichtlichen und existenziellen Unheilserfahrungen uneingeschränkt ernst genommen werden und wenn zum anderen der «eschatologische Vorbehalt» nicht eingezogen wird. Dieser erinnert daran, dass es sich eben um eine *Hoffnung* handelt. In der Geschichte realisiert sich das Heil Gottes nur fragmentarisch. Diese Realisierungen heben das tragische Unheil nicht auf, vermögen aber die Hoffnung zu stärken und auf diese Weise den Absturz in die Apathie zu verhindern.

Die mit dem christlichen Glauben gegebene Hoffnung hat verschiedene Reichweiten: In kurzer Reichweite besteht sie darin, dass die göttliche Kreativität neue Möglichkeitsspielräume eröffnen und Impulse zur Verarbeitung der tragischen Erfahrung in diese Spielräume einspielen kann; dass sich heilsamer Beistand findet und Kraftquellen auftun, um erste Schritte auf dem Weg zu einer neuen Lebensorientierung zu gehen. Auf diese Weise kann das Tragische punktuell transzendiert werden. Rowan Williams spricht in diesem Zusammenhang in Anlehnung an Martha Nussbaum von «a moment of ‹healing without cure›»[489].

In großer Reichweite richtet sich die Hoffnung des christlichen Glaubens auf die Erfüllung der eschatologischen Verheißungen, wie sie etwa am Ende der Johannesapokalypse ausgesprochen sind: Gott wird «abwischen […] jede Träne von ihren Augen, und der Tod wird nicht mehr sein, und kein Leid, kein Geschrei und keine Mühsal wird mehr sein»

488 KD II/1, 420.

489 Williams: The Tragic Imagination (siehe Anm. 419), 14, unter Bezugnahme auf: Nussbaum: The Fragility of Goodness (siehe Anm. 26), 82.

(Apk 21,4). Das berechtigt zur Hoffnung, dass die Geschichte Gottes mit der Menschheit nicht in tragisch zu nennenden Verhängnisstrukturen endet, sondern die allgegenwärtige Möglichkeit des Tragischen in die heilshafte Allgegenwart Gottes aufgehoben wird.

Die Theologie kann nicht bei der Beschreibung, der Deutung und Ergründung tragischer Erfahrungen stehen bleiben; sie hat ihnen etwas entgegenzusetzen, kommt also nicht umhin, ein «Ja-aber»-Schema anzuwenden. Doch darf das «Aber» nicht in der Behauptung eines Faktums bestehen – des Faktums, dass das Tragische in Christus ein für allemal besiegt ist. Eine solche Zusage hat als vorweggenommene Erfüllung den Charakter einer Illusion, der die Verheißung abhanden kommt. Gläubiger Realismus besteht demgegenüber darin, der allgegenwärtigen Möglichkeit, in tragische Verhältnisse zu geraten, unverblendet ins Auge zu schauen und aus dem Glauben an die verwandelnde Kraft Gottes Resilienzpotenziale für den Umgang mit solchen Erfahrungen zu aktivieren. Das Vertrauen darauf, dass Gottes Möglichkeiten weiter reichen als alles Menschenmögliche kann eine Kraft freisetzen, die dazu hilft, im Erleiden des Tragischen bestehen zu können, an und in der Erfahrung des Scheiterns nicht zugrunde zu gehen. Das «Aber» besteht in einer offenzuhaltenden Möglichkeit: in der Verheißung, dass daraus Neues erwachsen kann; so wie aus Jesu Tod neues Leben einer Nachfolgegemeinschaft erwachsen ist und so wie es Apk 21,5 in Aussicht stellt: «Siehe, ich mache alles neu».

Das christliche «Aber» definiert nicht Sinn ins Sinnlose hinein, sondern ermutigt zum Aufbruch aus der Lähmung, welche die tragische Erfahrung erzeugt hat. Es ist ein Bewegungsimpuls nach Mt 11,5: «Blinde (werden) sehen und Lahme gehen». Nicht Sinn im sinnlosen Tragischen zu suchen ist die Aufgabe der Theologie und der kirchlichen Verkündigung, sondern Denkformen anzubieten, die das Tragische verstehbar machen, und zu neuen Erfahrungen zu ermutigen, die über das Tragische hinausgehen.

Personenregister

Die Namen der Autorinnen und Autoren der in den Fußnoten angegebenen Literatur sind nicht in das folgende Register aufgenommen.